丛书主编：缪树权

刑法常见罪名立案追诉标准
与疑难指导
丛书

渎职罪

立案追诉标准
与疑难指导

国家检察官学院职务犯罪研究所
编
缪树权 著

中国法制出版社
CHINA LEGAL PUBLISHING HOUSE

“刑法常见罪名立案追诉标准与疑难指导”丛书

总　序

2020年11月16日至17日，中央全面依法治国工作会议在北京召开。这次会议的一个重要成果，就是首次提出了习近平法治思想。习近平法治思想内涵丰富、论述深刻、逻辑严密、系统完备，深刻回答了新时代为什么实行全面依法治国、怎样实行全面依法治国等一系列重大问题，是全面依法治国的根本遵循和行动指南。当前，国际形势发生了复杂深刻的变化，我国经济发展进入新常态，社会结构发生新变化，违法犯罪也表现出一些新形式、新特点，政法工作面临许多前所未有的新情况、新问题，给政法队伍提出新的时代课题、赋予新的历史使命。面对形势任务新变化、党和人民新要求，政法队伍建设面临许多亟待解决的问题。习近平总书记强调，全面推进依法治国，建设一支德才兼备的高素质法治队伍至关重要。[①] 坚持建设德才兼备的高素质法治队伍是习近平法治思想的重要内容。为深入学习贯彻习近平法治思想、引导司法实务人员正确理解《中华人民共和国刑法》（以下简称刑法）和相关规定的真实内涵、分析解答司法实务人员在适用刑法当中遇到的疑难问题、提升司法实务人员办案的能力和素质，同时为了激发专家学者及司法实务人员对刑法理论和实务的研究热情、为广大读者提供学习参考，我们组织了相关领域兼具理论造诣和实践经验的专家和学者编写了这套“刑法常见罪名立案追诉标准与疑难指导”丛书。

本套丛书的设计和撰写着力体现三个特点：

一是聚焦刑法常见罪名，重点解决疑难问题。根据司法办案实际，本丛书重

---

① 习近平：《加快建设社会主义法治国家》，载《求是》2015年第1期。

点选择了近些年来司法实践中多发、高发、新增的罪名为研究对象，使丛书的研究更具针对性和实用性。同时，丛书坚持以问题为导向，全面梳理刑事案件在司法认定中常见的争议和疑难问题，分析观点要义、解读办案依据、提出解决方案或倾向性意见，切实提升司法实务人员办理疑难案件的能力和水平、开拓刑法学理论研究的深度和广度。

二是反映刑事立法的新发展，全面梳理各罪办案依据。丛书紧跟新时代刑事立法和司法工作的发展，结合新颁布的刑法修正案、司法解释、最高人民法院指导性案例、最高人民检察院指导性案例和其他司法文件编写，并将这些办案依据按罪名进行了全面、集中的梳理和列举，方便司法实务人员和法学研究人员查询参考，是很实用的桌边工具书。

三是注重理论实践密切结合，呈现刑法研究新成果。本丛书既不同于一般的教材讲义，也不同于法律法规汇编。丛书在阐明各罪一般理论、梳理办案依据的同时，将解决司法疑难问题作为写作的重点和亮点；在强调解决司法实务问题的同时，又着力进行刑事政策、刑法理论的分析解读，从而全面提升办案人员的政治素养、理论素养、业务能力，也使刑法研究更加贴近实务、有的放矢。

我们希望通过编写、出版本丛书，与广大司法实务人员和法学研究人员一道，促进对习近平法治思想的学习理解和贯彻落实，不断提升办案和研究能力，助力高素质法治队伍的建设，切实履行好维护国家安全、社会安定、人民安宁的重大责任，让人民群众切实感受到公平正义就在身边，为建设更高水平的平安中国、法治中国做出积极贡献。

缪树权
2022 年 7 月

目 录

Contents

第一章 滥用职权罪

【立案追诉标准】

滥用职权案（《刑法》[①] 第 397 条）

一、涉嫌下列情形之一的，应予立案：

国家机关工作人员滥用职权，涉嫌下列情形之一的，属于“致使公共财产、国家和人民利益遭受重大损失”，处三年以下有期徒刑或者拘役：

1. 造成死亡 1 人以上，或者重伤 3 人以上，或者轻伤 9 人以上，或者重伤 2 人、轻伤 3 人以上，或者重伤 1 人、轻伤 6 人以上的；

2. 造成经济损失 30 万元以上的；

3. 造成恶劣社会影响的；

4. 其他致使公共财产、国家和人民利益遭受重大损失的情形。

二、涉嫌下列情形之一的，属于“情节特别严重”，处三年以上七年以下有期徒刑：

1. 造成伤亡达到前款第 1 项规定人数 3 倍以上的；

2. 造成经济损失 150 万元以上的；

3. 造成前款规定的损失后果，不报、迟报、谎报或者授意、指使、强令他人不报、迟报、谎报事故情况，致使损失后果持续、扩大或者抢救工作延误的；

---

① 《中华人民共和国刑法》简称为《刑法》，以下不再标注。

4. 造成特别恶劣社会影响的；

5. 其他特别严重的情节。

三、滥用职权重特大案

重大案件：

1. 致人死亡 2 人以上，或者重伤 5 人以上，或者轻伤 10 人以上的；

2. 造成直接经济损失 50 万元以上的。

特大案件：

1. 致人死亡 5 人以上，或者重伤 10 人以上，或者轻伤 20 人以上的；

2. 造成直接经济损失 100 万元以上的。

四、国家机关工作人员滥用职权，有下列情形之一，致使盗窃、抢劫、诈骗、抢夺的机动车被办理登记手续，数量达到 3 辆以上或者价值总额达到 30 万元以上的，以滥用职权罪定罪，处三年以下有期徒刑或者拘役：

1. 明知是登记手续不全或者不符合规定的机动车而办理登记手续的；

2. 指使他人为明知是登记手续不全或者不符合规定的机动车办理登记手续的；

3. 违规或者指使他人违规更改、调换车辆档案的；

4. 其他滥用职权的行为。

国家机关工作人员实施前款行为，致使盗窃、抢劫、诈骗、抢夺的机动车被办理登记手续，达到前款规定数量、数额标准 5 倍以上的，或者明知是盗窃、抢劫、诈骗、抢夺的机动车而办理登记手续的，属于“情节特别严重”，处三年以上七年以下有期徒刑。

国家机关工作人员徇私舞弊，实施上述行为，构成犯罪的，依照刑法第 397 条第 2 款的规定定罪处罚。

五、林业主管部门工作人员之外的国家机关工作人员，违反森林法的规定，滥用职权，致使林木被滥伐 40 立方米以上或者幼树被滥伐 2000 株以上，或者致使防护林、特种用途林被滥伐 10 立方米以上或者幼树被滥伐 400

株以上，或者致使珍贵树木被采伐、毁坏4立方米或者4株以上，或者致使国家重点保护的其他植物被采伐、毁坏后果严重的，或者致使国家严禁采伐的林木被采伐、毁坏情节恶劣的，按照刑法第397条的规定以滥用职权罪追究刑事责任。

《最高人民法院、最高人民检察院关于办理渎职刑事案件适用法律若干问题的解释（一）》（2012年12月7日）；《人民检察院直接受理立案侦查的渎职侵权重特大案件标准（试行）》（2001年8月4日）；《最高人民法院、最高人民检察院关于办理与盗窃、抢劫、诈骗、抢夺机动车相关刑事案件具体应用法律若干问题的解释》（2007年5月9日）；《最高人民检察院关于渎职侵权犯罪案件立案标准的规定》（2006年7月26日）①

【犯罪构成及刑事责任】

滥用职权罪，是指国家机关工作人员超越职权，违法决定、处理其无权决定、处理的事项，或者违反规定处理公务，致使公共财产，国家和人民利益遭受重大损失的行为。构成本罪需要具备以下四个要件：

1. 客体要件。本罪侵犯的客体，是国家机关正常行使国家权力、管理国家事务的活动。

2. 客观要件。本罪在客观方面表现为，国家机关工作人员滥用职权，致使公共财产、国家和人民利益遭受重大损失的行为。从客观方面认定滥用职权罪应从三个方面来把握：

首先，行为人实施了滥用职权的行为。滥用职权主要是指行为人超越其职权，违法决定、处理其无权决定、处理的事项，或者在其职权范围内，违反规定的标准和程序处理公务的行为。具体有两种表现：

---

① 此处列明作者梳理立案追诉标准的主要依据，所涉条文参见“办案依据”部分，以下不再标注。

（1）越权行使的行为，即超越职权，违法决定、处理其无权决定、处理的事项，通俗地讲就是行为人行使职权已经超出了其所拥有的职权范围，即不正确地使用职权。如某县县长擅自决定，在该县境内走私三类物品的允许罚款放行，结果给国家造成重大损失，该县县长的行为就属于越权行使的行为。

（2）不当行使的行为，即在其职权范围内，违反规定的标准和程序处理公务的行为。也就是说应该这么做却那么做，应该那么做却这么做，或者应该做而不做，不应该做而做等。例如，某国家机关工作人员在听到上级决定在本省对领导干部进行异地交流的消息后，违背有关规定，在没有与当地组织部门进行沟通，并且没有进行民主推荐和组织考察的情况下，就突击提拔多名干部的行为等。

上述两种表现的区别是：后者是在其职权范围内，不正确地使用其职权；前者则是其不正确地使用职权已经超出了其所拥有的职权范围。

其次，滥用职权罪在客观方面还必须发生了致使公共财产，国家和人民利益遭受重大损失的严重后果。即并不是所有滥用职权的行为都构成滥用职权罪，如果仅有滥用职权行为而没有发生致使公共财产、国家和人民利益遭受重大损失的严重后果，那么不能仅以滥用职权的行为就认为行为人构成滥用职权罪，即使行为人滥用职权行为性质恶劣，情节严重，但如果没有发生致使公共财产，国家和人民利益遭受重大损失的结果，也不能认为构成滥用职权罪。如前述国家机关工作人员的行为虽然属于滥用职权，但由于其并没有导致公共财产、国家和人民利益遭受重大损失的严重后果，那么他不能因此而受到刑事追究。致使公共财产、国家和人民利益遭受重大损失的严重后果的具体情形请参照《最高人民检察院关于渎职侵权犯罪案件立案标准的规定》（以下简称《渎职立案标准》）、《人民检察院直接受理立案侦查案件立案标准的规定（试行）》（以下简称《立案标准（试行）》）以及《最高人民法院、最高人民检察院关于办理渎职刑事案件适用法律若干问题的解释（一）》（以下简称《渎职司法解释（一）》）的相关内容。

最后，滥用职权罪在客观方面还表现为滥用职权行为与公共财产，国家和人民利益遭受重大损失的客观危害结果之间必须具有刑法因果关系，即只有滥用职权的行为与重大损失的客观危害后果之间存在刑法因果关系，才可以据此追究行为人滥用职权罪的刑事责任；如果滥用职权行为与重大损失的客观危害结果之间不存在刑法因果关系，那么即使客观上存在国家机关工作人员滥用职权的行为和重大损失的客观危害后果，也不能就想当然地据此追究国家机关工作人员行为的刑事责任。

3. 主体要件。本罪的主体为特殊主体，即只能是国家机关工作人员，非国家机关工作人员不能成为本罪主体。

4. 主观要件。本罪在主观方面，通常表现为故意犯罪，但在某些情况下，过失也可以成为本罪的主观要件。

根据《刑法》第 397 条第 1 款的规定，犯本罪的，处三年以下有期徒刑或者拘役；情节特别严重的，处三年以上七年以下有期徒刑。本法另有规定的，依照规定。

根据本条第 2 款规定，徇私舞弊犯本罪的，处五年以下有期徒刑或者拘役；情节特别严重的，处五年以上十年以下有期徒刑。本法另有规定的，依照规定。

【疑难指导】

一、渎职罪主体的理解和认定

1997 年修订《刑法》对 1979 年《刑法》关于渎职罪的规定作了较大幅度的修改，其中一个重大的修改就是渎职罪的主体由原来的“国家工作人员”限制为“国家机关工作人员”（故意泄露国家秘密罪和过失泄露国家秘密罪除外），非国家机关工作人员不能作为渎职犯罪的主体并单独构成渎职罪。1997 年《刑法》虽然对渎职犯罪的主体作了一些修改，但是在之后的司法实践中，执法人员仍然遇到了一些问题。

为解决上述问题，2002 年 12 月 28 日，第九届全国人民代表大会常务委员会第三十一次会议通过了《关于〈中华人民共和国刑法〉第九章渎职罪主体适用问题的解释》（以下简称《渎职主体立法解释》）。该立法解释规定：在依照法律、法规规定行使国家行政管理职权的组织中从事公务的人员，或者在受国家机关委托代表国家机关行使职权的组织中从事公务的人员，或者虽未列入国家机关人员编制但在国家机关中从事公务的人员，在代表国家机关行使职权时，有渎职行为，构成犯罪的，依照《刑法》关于渎职罪的规定追究刑事责任。根据上述立法解释，《渎职立案标准》对渎职罪的主体作了相应的解释和细化。该解释在附则第3项规定：“本规定中的‘国家机关工作人员’，是指在国家机关中从事公务的人员，包括在各级国家权力机关、行政机关、司法机关和军事机关中从事公务的人员。在依照法律、法规规定行使国家行政管理职权的组织中从事公务的人员，或者在受国家机关委托代表国家行使职权的组织中从事公务的人员，或者虽未列入国家机关人员编制但在国家机关中从事公务的人员，在代表国家机关行使职权时，视为国家机关工作人员。在乡（镇）以上中国共产党机关、人民政协机关中从事公务的人员，视为国家机关工作人员。”根据上述规定，渎职犯罪的主体范围应当包括：

1. 在国家机关中从事公务的人员，这类人员即传统意义上的国家机关工作人员，又可称为纯正的国家机关工作人员，主要包括在国家各级权力机关、行政机关、监察机关、司法机关和军事机关中从事公务的人员。

2. 在依照法律、法规规定行使国家行政管理职权的组织中从事公务的人员。主要包括以下几种情况：一是某些法律、法规直接授权规定某些非国家机关的组织在某些领域行使国家行政管理职权、监督职权。例如中国证券监督管理委员会和中国银行保险监督管理委员会等。二是在机构改革中，有些国家机关被调整为事业单位，但仍然保留着某些行政管理的职能，例如，国家专利局、国家知识产权局、中国气象局、国家地震局、中国科学院、中国社会科学院等单位都属于国务院直属事业单位，但是，由于我国法律、法规明确规定了它们在相关行业的行政管理职权，因而这些单位在行使管理职权时就具有行政机关的性质，相应地，在这些单位行使行政管理职权时从事公务的人员，应视为国家机关工作人员。三是在一些非国家机关所设的具有国家机关性质的机构，如铁路、林业、油田等系统内设立的审计以及公安机构等，它们都属于企业编制，经费也来自本系统、企业自身的经营收入，但它们事实上行使着国家管理职能，因而应视为国家机关，对于在这些机关中从事公务的人员实施的渎职行为，只要符合犯罪构成的其他条件，就应以渎职罪论处。最高人民检察院在《关于企业事业单位的公安机构在机构改革过程中其工作人员能否构成渎职侵权犯罪主体问题的批复》中就体现了这一精神。

3. 在受国家机关委托代表国家机关行使职权的组织中从事公务的人员。2021年1月22日第十三届全国人民代表大会常务委员会第二十五次会议修订的《中华人民共和国行政处罚法》第20条规定：行政机关依照法律、法规、规章的规定，可以在其法定权限内书面委托符合条件的组织实施行政处罚。行政机关不得委托其他组织或者个人实施行政处罚。委托行政机关对受委托组织实施行政处罚的行为应当负责监督，并对该行为的后果承担法律责任。受委托组织在委托范围内，以委托行政机关名义实施行政处罚；不得再委托其他组织或者个人实施行政处罚。很显然，接受委托的组织行使的仍是国家的行政处罚权。在受委托的组织中从事公务的人员，与委托授权的国家机关工作人员所拥有的该项行政处罚权是相同的。

此外，全国人民代表大会常务委员会《关于〈中华人民共和国刑法〉第九十三条第二款的解释》曾规定，村民委员会等村基层组织人员协助人民政府从事代征、代缴税款以及管理和经营国有土地等行政管理工作时，属于《刑法》第93条第2款规定的“其他依照法律从事公务的人员”。我们认为，依据《渎职主体立法解释》的精神，这些人员实际上是受国家机关委托代为行使管理职权的人员，应当视为国家机关工作人员。同样，城市居民委员会尽管在该立法解释中并未作规定，但如果其协助国家机关从事行政管理工作时，其中的工作人员也应视为国家机关工作人员，依法可以成为渎职罪的主体。

4. 虽未列入国家机关人员编制但在国家机关中从事公务的人员。这主要是指那些虽不属于国家机关的正式在编人员，但由于临时借调、聘用等关系而在国家机关中行使国家机关职权的人员。如对外代表各级人民代表大会或人民代表大会常务委员会履行职能的各级人民代表大会代表；各级政协委员；各级人民法院的人民陪审员；在监狱行使监管、看守职责的合同制民警、武警战士等。需要说明的是，上述人员有可能具有双重身份，这时候需要具体分析他们是否在以上述身份从事公务，比如各级人民代表，在各级人民代表大会开会期间是以人民代表的身份出现并行使国家职权的，此时属于国家机关工作人员范围。在人民代表大会闭会期间，人民代表是以本职工作单位人员身份出现，主要从事非国家职权活动的，此时一般认为他们不具有国家机关工作人员身份。如果某人民代表在人民代表大会闭会期间非法拘禁他人，不能以《刑法》第 238 条第 4 款认定为国家机关工作人员，适用从重处罚，而只能以一般主体的非法拘禁罪予以处罚。在人民代表大会开会期间，人民代表行使的人民代表大会的监督、检查等职权，具有国家公共管理的性质，此时他们应属于国家机关工作人员范围。而各级人民代表大会常务委员会是常设机构，行使国家公共管理职能具有经常性，且常务委员会组成人员数量少，工作集中，具有持续性的特点，因而应被认定为国家机关工作人员。

5. 在中国共产党的各级机关、各级政协机关、各民主党派机关、人民团体中从事公务的人员。从刑法的意义上说，中国共产党各级机关的工作人员属于国家机关工作人员。但是，需要说明的是，对党的机关里的人员要进行合理划分。作为国家机关工作人员的，应当是指参与对某一区域的党的事务进行管理的工作人员，而并不是指所有党员，因此：

（1）根据宪法和法律规定，国家机关的最低一级为乡（镇），与此对应，只有中共中央及其各部委党组和省（自治区、直辖市）、市、县（包括自治州、自治县）、镇、乡的中国共产党委员会才可以作为国家机关，而中国共产党的基层组织，如党支部、党小组等，仅是党的一级组织，其所从事的工作同国家管理没有直接联系，本质上并非公务行为，因此，其工作人员不能作为刑法意义上的国家机关工作人员。

（2）只有能够领导国家和国家武装力量的党中央、中央军委，实行党委领导下的行政负责制的国务院和各级地方政府、各类国家机关中的中国共产党各级党委的工作人员应当属于国家机关工作人员，而那些在不具有国家机关性质和职能的公司、企业、事业单位、各人民团体和群众性自治组织中的各级党组织中工作的人员则不属于国家机关工作人员。

从严格意义上讲，人民政协不是国家机关，但正如我国宪法序言当中明确指出的那样："中国人民政治协商会议是有广泛代表性的统一战线组织，过去发挥了重要的历史作用，今后在国家政治生活中、社会生活和对外友好活动中，在进行社会主义现代化建设、维护国家的统一和团结的斗争中，将进一步发挥它的重要作用。"尤其是政协还具有自己的章程和全国委员会专门委员会通则，不仅具有宪法依据，而且具有一些规范性文件作保证，且有国家划拨全额经费，担负着政治协商和民主监督的职能，它同国家权力机关的活动有着十分密切的联系。所以，从这一意义上讲，人民政协各级机关中的专职工作人员，也应当列入国家机关工作人员的范围内，属于《渎职主体立法解释》中所规定的“在依照法律、法规规定行使国家行政管理职权的组织中从事公务的人员”，应作为渎职罪的主体。

在有关的文件中，我们也可以找到将党的各级机关的工作人员和政协各级机关的工作人员作为国家机关工作人员的规定。例如，《渎职立案标准》指出：在乡（镇）以上中国共产党机关、人民政协机关中从事公务的人员，视为国家机关工作人员。最高人民法院于2003年11月13日下发的《全国法院审理经济犯罪案件工作座谈会纪要》也指出：“在乡（镇）以上中国共产党机关、人民政协机关中从事公务的人员，司法实践中也应当视为国家机关工作人员。”

此外，各民主党派在我国是非常重要的政治组织，在我国的政治生活中发挥着重要的参政、议政作用，该作用具有国家管理的性质，符合国家机关工作人员的本质特征——从事公务，因而其工作人员应视为国家机关工作人员。人民团体是指由于历史原因而形成的具有一定的行政管理职能、由国家编委统一制定编制、费用由国家财政支付、没有在民政部门登记的团体，具体包括乡级以上工会、妇女联合会、科学技术协会、青年联合会、共青团、华侨联合会、工商联合会等。人民团体的性质决定了其从事管理事务的工作人员具有从事公务的性质，应视为国家机关工作人员。值得注意的是，人民团体与社会团体是两个完全不同的概念。所谓“社会团体”，根据1998年10月25日颁布、2016年新修订的《社会团体登记管理条例》的规定，是指中国公民自愿组成，为实现会员共同意愿，按照其章程开展活动的非营利性社会组织。二者的区别表现在：（1）人民团体费用由国家财政支付，社会团体则费用自筹；（2）人民团体在现行体制下行使一定的行政管理职能，社会团体则行使自我约束、自我管理、自我规范、自我发展的职能；（3）人民团体由国家编委统一制定编制，社会团体则没有编制；（4）人民团体由国家组织，无须在民政部门登记，而社会团体则必须经业务主管单位审查同意，在民政部门登记。

《渎职司法解释（一）》第7条规定：依法或者受委托行使国家行政管理职权的公司、企业、事业单位的工作人员，在行使行政管理职权时滥用职权或者玩忽职守，构成犯罪的，应当依照《渎职主体立法解释》的规定，适用渎职罪的规定追究刑事责任。由于《刑法》在国家机关工作人员渎职罪之外还于第 168 条规定了国有公司、企业、事业单位人员的失职、滥用职权犯罪，实践中对于该立法解释规定的“组织”是否包括国有公司、企业、事业单位存在不同意见。根据上述《渎职司法解释（一）》第 7 条的规定可以得出结论：《刑法》第 168 条与立法解释的规定并不冲突，前者针对企业管理事务，后者限于国家行政管理事务。

二、“从事公务”的含义和特征

这里的“公务”是指公共事务，它包括国家事务和集体事务两个方面，这是确定无疑的。对国家工作人员从事的公务包括国家事务，理论界和司法界并无异议，争议的焦点是应否把集体事务包括在《刑法》中的公务范围之内？我们认为，无论从《刑法》的立法沿革上看，还是从 1997 年《刑法》的有关规定上看，都不应将集体事务包括在《刑法》中的公务之内。显而易见，作为在国家机关中从事公务的国家机关工作人员，其所从事的“公务”就更应严格地限定在国家事务的范畴中。具体而言，这里所说的公务，是指对国家事务所进行的管理、组织、领导、监督等活动。它具有如下四个特征：

1. 管理性，即对国家事务进行管理。它的范围很广，涉及国家对政治、经济、文化、军事、文体、卫生、科技以及与社会秩序有关的各种事务的管理。这种管理，是从事组织、领导、监督、实施等管理性的职务活动，处于管理主体地位，它不同于直接从事具体的物质生产或社会服务性的劳务活动。

2. 国家代表性，即从事公务必须以国家机关的名义进行。国家机关工作人员从事的公务活动当然具有国家代表性，但在具体表现形式上，它是以国家机关名义进行的。如果某种行为是以个人名义实施的，即使行为人具有国家机关工作人员的身份，也不能成为公务活动，也就不可能构成渎职罪。

3. 人员特定性，即公务活动必须是具有一定职务身份的人员所进行的职务活动。公务活动是国家对政治、经济、文化等各项事业的管理活动，从事公务的人员为了更好地进行自己的工作，就需要享有一定的管理权限。因此，国家依一定程序赋予这些人员一定的职务身份，使他们在职务范围内具有一定的权力，以利于他们从事活动。

4. 合法性，即公务活动必须在国家赋予的管理权限内（即法律规定的权限内）行使，超出权限范围进行活动就不是从事公务。

因此，所谓“从事公务”是指代表国家机关、国有公司、企业、事业单位、人民团体等履行组织、领导、监督、管理等职责。

在理论上和司法实践当中，正确理解“从事公务”这一特征，需要认清“公务”与“职务”“劳务”“私务”的区别。

所谓职务，在一般意义上，是指“职位所规定应该担任的工作”①。而在法律意义上，职务则意味着获得一定的法定身份，代表国家、集体或者社会团体执行一定的具有管理性质的事务。职务与公务是有区别的，职务的范围比较广泛，妨碍职务行为、破坏职务应承担的责任并不一定会破坏到国家管理职能。但是公务行为则不同，它的范围有一定的限制，即它不仅如职务一样需要一定的法定权力和身份，而且这种行为还必须是一种国家管理行为或者由国家管理行为所派生出来的行为，所以在该种行为中的一些非正常现象（如渎职、主体廉洁性遭破坏等），就会破坏国家的管理职能。可见，公务带有国家管理的性质，而职务则包含社会管理的性质，公务的范围要比职务狭窄。②

公务的上述特征决定了它不同于劳务和私务。何谓“劳务”，当前众说纷纭。我们认为，所谓劳务不单是指直接从事物质资料生产的体力性活动，它是一个泛指，凡一切以劳力为主从事生产性、经营性、社会服务性的活动，都叫劳务。公务与劳务的区别表现在：（1）公务只能存在于国家机关、国有公司、企业、事业单位、人民团体中，而劳务既可以存在于国家机关、国有公司、企业、事业单位、人民团体中，也可以存在于非国有单位中；（2）公务是在国家机关、国有公司、企业、事业单位、人民团体的各种职能部门中，从事组织、领导、监督、管理等职务活动，它与一定的管理职权、履行一定的职务密切相关，一般不直接从事物质生产活动，而劳务主要是从事物质生产活动或服务性劳动；（3）从事公务的人员一般按其职务享有处理一定国家事务的权力，而从事劳务的人，一般都接受从

① 《现代汉语词典（修订本）》，商务印书馆1996年版，第1616页。

② 孙谦、尹伊君：《国家工作人员职务犯罪论》，载《法学研究》1998年第4期。

事公务人员的管理，在其管理之下进行活动，不具有处理国家事务的权力。公务与私务的区别表现在：（1）公务是代表国家，以国家名义进行的活动，而私务是代表个人，以个人名义进行的活动；（2）公务具有国家事务的管理性质，而私务则不具备这种性质，即使私务中存在一定的管理职能，也只是一种个人行为，而不是管理国家事务的行为；（3）公务是以国家利益为中心，为国家利益服务，而私务是以个人利益为中心，以实现个人目的为宗旨，为个人利益服务。[①]

三、渎职罪是否都属于结果犯

渎职罪是否都属于结果犯的问题，实际上是研究渎职罪既遂形态类型的问题。根据我国刑法分则对各种直接故意犯罪构成要件的不同规定，刑法理论一般认为，犯罪既遂包括结果犯、行为犯、危险犯和举动犯四种类型。结果犯是指不仅要实施具体犯罪构成客观要件的行为，而且必须发生法定的犯罪结果才构成既遂的犯罪。这里法定的犯罪结果，是专指犯罪行为通过对犯罪对象的作用而给犯罪客体造成物质性的、可以具体测量确定的、有形的损害结果。行为犯是指以法定的犯罪行为的完成作为既遂标志的犯罪。危险犯是指以行为人实施的危害行为造成法律规定的发生某种危害结果的危险状态作为既遂标志的犯罪。举动犯是指按照法律规定，行为人一着手犯罪实行行为即告犯罪完成和完全符合构成要件，从而构成既遂的犯罪。

我们认为，我国《刑法》中渎职罪既遂形态的类型，包括结果犯和行为犯两种。其中，结果犯居多，比如，滥用职权罪，滥用管理公司、证券职权罪，徇私舞弊不征、少征税款罪，徇私舞弊发售发票、抵扣税款、出口退税罪等；行为犯为少数，比如，徇私枉法罪，私放在押人员罪，徇私舞弊减刑、假释、暂予监外执行罪等。在现行《刑法》的渎职罪规定当中，没有危险犯和举动犯的规定。

四、渎职罪之间的法条竞合的认定和处理

为了使渎职罪的规定更加科学严谨，对渎职罪的打击更加有效，1997 年《刑法》对滥用职权型、玩忽职守型渎职犯罪采用了一般规定和特别规定（即普通法

---

① 郝守才：《我国刑法中国家工作人员的界定标准》，载《河南省政法管理干部学院学报》2002 年第 4 期。

与特别法）相结合的规定方式。首先，《刑法》在第 397 条对滥用职权罪和玩忽职守罪作了一般性的规定。通过这一规定不仅使我们对滥用职权型罪和玩忽职守型罪的特征和犯罪构成有了一个全局性的把握，也使得《刑法》在惩治这两类犯罪时法网严密，不会遗漏司法实践中的相关犯罪行为，起到了拾遗补阙的作用。其次，为了突出打击的重点，《刑法》还在渎职罪一章中，对司法实践中多发的、需要严厉打击的一些发生在特定国家机关工作人员、特定国家机关和部门中特殊的滥用职权和玩忽职守行为作了特别的规定。其中，滥用职权罪的特别规定包括：《刑法》第 400 条所规定的私放在押人员罪；第 403 条所规定的滥用管理公司、证券职权罪；第 407 条所规定的违法发放林木采伐许可证罪；第 410 条所规定的非法批准征收、征用、占用土地罪，非法低价出让国有土地使用权罪；第 415 条所规定的办理偷越国（边）境人员出入境证件罪；第 416 条第 2 款所规定的阻碍解救被拐卖、绑架妇女、儿童罪等。玩忽职守罪的特别规定包括：《刑法》第 400 条第 2 款所规定的失职致使在押人员脱逃罪，第 406 条所规定的国家机关工作人员签订、履行合同失职被骗罪，第 409 条所规定的传染病防治失职罪，第 412 条第 2 款所规定的商检失职罪，第 413 条第 2 款所规定的动植物检疫失职罪，第 419 条所规定的失职造成珍贵文物损毁、流失罪和《渎职司法解释（一）》第 9 条所规定的食品药品监管渎职罪等。《刑法》这样的规定方式，既突出了打击的重点，又不会遗漏犯罪，有利于打击犯罪。

由此可见，既然《刑法》第 397 条规定的滥用职权罪和玩忽职守罪与上述列举的罪名之间是一般和特殊的关系，那么它们之间实际上就是包含和被包含的关系，因此属于《刑法》中的法条竞合关系。

如何把握一般罪名与特别罪名的关系，实践中存在不同看法，集中体现在两个问题上：一是同时符合特别罪名规定和一般罪名规定，特别罪名的法定刑轻于一般罪名的，能否以处罚更重的一般罪名处理？二是不符合特别罪名规定但符合一般罪名规定的，能否以一般罪名定罪处罚？

基于量刑需要提出的第一个问题根本上属于立法问题。鉴于《刑法》第 397 条已明确规定“本法另有规定的，依照规定”，故不管特别罪名的法定刑高于一般罪名还是低于一般罪名，凡是符合特别罪名构成要件的，应一律以特别罪名追究刑事责任。据此，《渎职司法解释（一）》第 2 条第 1 款也规定，“国家机关工作人员实施滥用职权或者玩忽职守犯罪行为，触犯刑法分则第九章第三百九十八条至第四百一十九条规定的，依照该规定定罪处罚”。

对于第二个问题，上述《渎职司法解释（一）》持肯定立场，规定：国家机关工作人员滥用职权或者玩忽职守，因不具备徇私舞弊等情形，不符合刑法分则第九章第 398 条至第 419 条的规定，但依法构成第 397 条规定的犯罪的，以滥用职权罪或者玩忽职守罪定罪处罚。主要考虑是：（1）特别法优于一般法原则主要针对的是法条竞合条件下同时构成多个犯罪的罪名选择问题，而这里只触犯了一般罪名规定，不存在法条竞合和罪名选择的问题；（2）就立法而言，特别法优于一般法并非绝对性原则，《刑法》在生产、销售伪劣商品罪一节中明确规定，不构成特别罪名但构成一般罪名亦即生产、销售伪劣产品罪的，可以以一般罪名定罪处罚；（3）司法解释在法律规定限度内可以具有一定的补漏功能，对于因不具备徇私舞弊等要件而不构成特别罪名的严重渎职行为以一般罪名处理，体现了实践打击的需要，也不违反立法本意。适用本规定时，需要注意徇私的理解问题。对《刑法》规定中的“徇私”作何理解，长期存在争议，一种意见认为仅指徇个人私情、私利；① 另一种意见认为不仅包括徇个人之私，而且还包括徇单位、集体之私。②《渎职司法解释（一）》未对“徇私”的理解作出明确规定，但本条规定实际上间接回应了徇私舞弊的理解和相关定罪思路，即在坚持“徇私”应为徇个人私情、私利的基础上，通过转适用一般罪名解决为单位利益实施的渎职行为的刑事责任追究问题。

五、渎职罪有相伴的共生犯罪时，行为人性质的认定

在司法实践当中，徇私舞弊、滥用职权型的渎职罪，其渎职行为的内容往往就是庇护、放纵他人的犯罪行为，因此这些渎职罪往往与他人的犯罪行为具有共生性。例如，徇私舞弊不征、少征税款罪与偷税罪，放纵走私罪与走私罪，在实践中往往并发。由此便产生一个问题：当渎职者在明知其渎职行为所庇护的对象

---

① 参见《最高人民法院关于印发〈全国法院审理经济犯罪案件工作座谈会纪要〉的通知》。

② 参见《最高人民检察院关于办理徇私舞弊犯罪案件适用法律若干问题的解释》(已失效)。

（他人）实施犯罪行为的情况下，对渎职者究竟应当认定为渎职罪还是他人所犯之罪的共犯呢？我们认为，在这种情况下，渎职者的渎职行为实际上兼有渎职罪构成要件和共犯构成要件的双重性质，即其同一个行为在观念上、形式上同时符合两个犯罪构成，属于想象竞合犯形态，依照想象竞合犯的处罚原则，对行为人应当择一重罪处断。以徇私舞弊不征、少征税款案件为例，如果税务机关工作人员在税收征收管理中，与纳税人相互勾结，共谋税务机关工作人员在纳税人缴纳税款过程中少征税款或者干脆不征税款（这种情形，有时是税务机关工作人员对偷税人的偷税行为予以积极帮助、配合，甚至出谋划策；有时是税务机关工作人员和偷税人双方对偷税行为心照不宣，前者假装不知）并付诸实施，致使国家税收遭受重大损失的，则税务机关工作人员的行为，一方面符合《刑法》第 404 条规定的徇私舞弊不征、少征税款罪的构成，另一方面也符合偷税罪共犯的构成。在这种情形下，应当以税务机关工作人员所少征、未征的税款（亦即偷税人所偷税款）的实际数额依据，在比较徇私舞弊不征、少征税款罪和偷税罪二罪的刑罚轻重后，选择处罚较重的一罪定罪从重处罚。

但需要补充说明的是，如果渎职者的行为不构成相应渎职罪时，则应以他人所犯之罪的共犯处理。仍以徇私舞弊不征、少征税款案件为例，如果国家机关工作人员的徇私舞弊不征、少征税款的行为不构成徇私舞弊不征、少征税款罪，同时他所帮助的人又构成了逃税罪，则对渎职者应以逃税罪的共犯论处。

此外，在这样的情形下，通常渎职者和他罪的行为人主观上的共同故意和意思联络是显而易见的。比如，放纵走私罪中的走私犯，要想实现走私就一定要通过渎职的海关工作人员来实现，而海关工作人员明知他人走私还放纵，一般是有默契、有计划而实施的行为。但是，也不能排除在某些极特殊的情况下，二者确实没有共同犯罪的故意，比如走私者没有事先和海关人员密谋、联络而冒险实施走私行为，有关的海关工作人员在没有和走私者有任何沟通，完全没有准备的情况下发现了他人的走私行为，但该海关人员违背自己的职责要求，为发泄私愤、实施报复，胆小怕事等原因，而放纵了走私行为。此时，渎职者和走私者没有共同犯罪的故意，不能形成典型的共同犯罪。渎职者既是走私罪的间接实行犯，同时其帮助行为又单独构成放纵走私罪，此时还是属于想象竞合犯的情形，应择一重罪处断。

总之，当渎职罪有相伴的共生犯罪时，分三种情况处理：1. 如果渎职者的渎职行为构成犯罪，此时行为人的行为属于想象竞合犯，应择一重罪处断；2. 如果渎职者的渎职行为不构成犯罪，则应以他人所犯之罪的共犯处断；3. 如果渎职者单方有帮助他人犯罪的故意和行为，而被帮助者完全不知情时，渎职者的行为属于想象竞合犯，应择一重罪处断。

《渎职司法解释（一）》第4条规定：国家机关工作人员实施渎职行为，放纵他人犯罪或者帮助他人逃避刑事处罚，构成犯罪的，依照渎职罪的规定定罪处罚。

国家机关工作人员与他人共谋，利用其职务行为帮助他人实施其他犯罪行为，同时构成渎职犯罪和共谋实施的其他犯罪共犯的，依照处罚较重的规定定罪处罚。

国家机关工作人员与他人共谋，既利用其职务行为帮助他人实施其他犯罪，又以非职务行为与他人共同实施该其他犯罪行为，同时构成渎职犯罪和其他犯罪的共犯的，依照数罪并罚的规定定罪处罚。

六、如何理解滥用职权罪中的“职权”

这里所研究的“职权”并非一般意义上的，而是特定在滥用职权罪中的。滥用职权罪中的“职权”，是指国家所赋予的，行为人个人所享有的，对国家事务进行管理的职责和权力。这里的“职权”应当反映出以下特点：

1. 国家性。即这种权力的来源是国家，国家机关工作人员是代表国家行使权力的。

2. 公务性（管理性）。滥用职权罪的主体是国家机关工作人员。国家机关工作人员是指在国家机关中从事公务的人员。因而，在滥用职权罪中，犯罪主体所拥有的“职权”和其所从事的“公务”具有密不可分的内在联系。所谓公务，是指对国家事务所进行的管理活动（包括组织、领导、监督、实施等活动）。这里要区分公务与职务。所谓职务，在一般意义上，是指“职位所规定应该担任的工作”。[①] 而在法律意义上，职务则意味着获得一定的法定身份，代表国家、集体或者社会团体执行一定的具有管理性质的事务。如前文所述，公务带有国家管理的

① 《现代汉语词典（修订本）》，商务印书馆1996年版，第1616页。

性质，而职务则含有社会管理的性质，公务的范围要比职务狭窄。[①] 作为滥用职权罪中的权力应是指公务而非职务。

3. 个人所属性。就是说这里的“职权”只是归渎职行为人个人所有的，而非他人的或者单位的。当然，从实质上讲，其“职权”属于其所属单位，属于国家，但是其滥用的只能是国家、单位赋予了其特定的那部分权力。

七、如何理解“超越职权，违法决定、处理其无权决定、处理的事项，或者违反规定处理公务”的规定

所谓行为人“超越职权，违法决定、处理其无权决定、处理的事项”的行为，是指行为人超越法律、法规规定的权限或授权、委托范围，擅自行使他无权行使的权力，并违法地对相关事项作出决定、处理的行为。该行为有两个特征：一是超越了行为人的职权范围；二是越权行为与其自身的职权具有密切的关联性，即本来属于行为人职务有权处理的事项，但在实体上或者程序上超越了其职务上有权处理的限度。司法实践中，逾越职权行为主要包括以下三种类型：(1) 横向越权，指行为人行使了属于其他国家机关的专有职权，或者说不同性质的国家机关之间的越权。(2) 纵向越权，指具有上下级隶属关系的同一性质但不同级别国家机关之间的越权。既包括上级对下级职责范围内的工作滥用指令，也包括下级对上级职权范围的侵犯。(3) 内部越权，指依照有关规定，某类问题应由该单位或机关通过内部民主讨论后形成决策，而行为人却独断专行、不倾听或不采纳别人的意见。

所谓“行为人违反规定处理公务”的行为，是指行为人在其所享有的法律、法规规定的或授权、委托的职权范围内，违反了行使职权的特定标准或特定程序，处理公务的行为。该行为有两个特征：一是行为人没有超越其应当享有的职权范围；二是行为人处理公务时违反了相应的标准和程序。司法实践中，该行为通常表现为行为人随心所欲、胡作非为，应当这样做却那样做，不应当做却做，应当做却不做等。比如海关工作人员应依法对进口货物进行检查，本应抽样检查，却强制全部开箱检查；或者本应全部开箱检查，却随心所欲，擅自决定抽样检查；或者对进口货物本不应放行，却胡作非为予以放行；或者对进口货物本应放行却不予放行等。

---

① 孙谦、尹伊君：《国家工作人员职务犯罪论》，载《法学研究》1998 年第 4 期。

八、滥用职权是否包含放弃职守

滥用职权是否包含放弃职守的问题，实际上也是滥用职权行为是否限于作为的问题。我们认为，滥用职权行为只能是作为，故意放弃职守的行为不属于滥用职权。理由是：

其一，滥用职权与放弃职守具有不同的含义，前者是已经行使了职权，即作为；而后者则是未履行职责，即不作为。既然有职不守，有权不用，何来滥用之说？

其二，从行政诉讼的角度看，在滥用职权案件中，双方当事人争议的焦点是被诉具体行政行为是否合法或适当；在行政不作为（含放弃职守）案件中，双方当事人争议的焦点是被告是否具有相应的法定职责和是否存在不履行或拖延履行法定职责的事实。对于滥用职权的行为，人民法院应当判决撤销或者部分撤销，并可以判决被告重新作出具体行政行为，对于行政不作为人民法院应当判决被告在一定期限内履行。根据我国行政诉讼法的有关规定，将故意放弃职守的行为确认为滥用职权既不合法，也不科学。

其三，从犯罪特征看，故意放弃职守与过失放弃职守同属于玩忽职守的行为，不应将犯罪客观方面特征迥异的滥用职权的行为与故意放弃职守的行为合二为一，硬性结合为一个罪名。[①] 此外，从滥用职权罪的立法过程来看，《刑法》修改前，对于滥用职权和故意不履行职责的行为都是以玩忽职守罪论处的。而上述两种情况下行为人的主观方面常常表现为故意的心理态度，很多人认为这与玩忽职守罪的主观要件不符，因而建议将玩忽职守罪分解为三类犯罪：一是玩忽职守罪；二是滥用职权罪；三是故意不履行职责罪。[②] 立法机关只是部分采纳了上述建议，即将实践中表现比较突出的滥用职权的行为独立出来规定为一类犯罪。所以，故意不履行职责（放弃职责）的行为仍属于玩忽职守罪的范畴。

九、本罪罪与非罪的界限

根据《刑法》第397条的规定，滥用职权行为是否致使公共财产、国家和人民利益遭受了重大损失，是划分滥用职权罪与一般的滥用职权违法行为的界限。

---

① 李永鑫、吴步钦：《滥用职权罪散论》，载《人民检察》1998年第3期。

② 参见敬大力主编：《刑法修订要论》，法律出版社1997年版，第214页、第317页、第337页；陈兴良：《刑法疏议》，中国公安大学出版社1997年版，第650~654页、第680~681页。

如果滥用职权行为仅仅造成了一般损失，不能以犯罪论处，只能按照一般违法行为对行为人进行相应的处分；如果损失重大，则应论之以滥用职权罪。具体可根据《渎职立案标准》和《渎职司法解释（一）》的规定判断。

上述《渎职司法解释（一）》第1条第1款规定在上述《渎职立案标准》关于滥用职权案、玩忽职守案有关规定基础上作了适当修改，主要修改之处如下：一是将滥用职权罪和玩忽职守罪的定罪量刑标准合二为一。《渎职立案标准》中滥用职权案的立案标准略低于玩忽职守案，现将两罪标准合二为一，主要考虑是：《刑法》第397条对滥用职权罪和玩忽职守罪作了并列规定，两罪的法定刑完全相同，实践中滥用职权罪和玩忽职守罪在立案阶段有时难以区分，规定统一的入罪门槛既有利于及时立案，也不影响判决时根据案件具体情况准确定罪和在量刑时予以区别。本款中将滥用职权罪和玩忽职守罪的定罪量刑标准作统一规定，并不是否认两罪犯罪构成上的本质区别，而只是规定统一的入罪门槛和量刑幅度。二是对伤亡人数的比例关系进行了调整，大体上按照1死亡、3重伤、9轻伤的比例进行规定。三是删去“严重中毒”的规定，这主要是考虑到“严重中毒”与伤亡后果存在一定的交叉，而且实践中对“严重中毒”缺少明确的认定依据。四是在经济损失的认定上作统一规定，不区分“个人财产与公共财产或者法人、其他组织财产”，也不区分“直接经济损失与间接经济损失”。前者主要是出于平等保护，方便实践操作；后者主要是认为区分直接经济损失和间接经济损失的做法有时会影响损失计算的确定性，为此，《渎职司法解释（一）》第8条对“经济损失”的认定作出专门规定。此外，将滥用职权罪的定罪标准由《渎职立案标准》确定的20万元上提至30万元，也符合当前社会发展实际。五是删去“造成公司、企业等单位停业、停产……破产”的规定，这主要考虑到公司、企业有大有小，以此判断危害后果具有不确定性，统一以经济损失为判断标准更具有合理性和可操作性。六是删去了《渎职立案标准》关于滥用职权案应予立案情形中“弄虚作假，不报、缓报、谎报或者授意、指使、强令他人不报、缓报、谎报情况，导致重特大事故危害结果继续、扩大，或者致使抢救、调查、处理工作延误的”的规定。七是删去《渎职立案标准》中玩忽职守案应予立案情形中“海关、外汇管理部门的工作人员严重不负责任，造成100万美元以上外汇被骗购或者逃汇1000万美元以上的”的规定。八是删去《渎职立案标准》中“严重损害国家声誉”的规定，主要考虑国家声誉比较抽象、原则，实践中不易把握，用“造成恶劣社会影响”也可以概括。

需要注意的是，在司法实践中，对国家机关工作人员滥用职权或者玩忽职守造成上述“严重中毒”“公司、企业等单位停业、停产……破产”“严重损害国家声誉”等后果的，不意味着就不定罪处罚，而是应该根据案件具体情况，认定造成的人员伤亡、经济损失、社会影响等情形，有的适用该《渎职司法解释（一）》第1条第1款的相应规定，有的适用该《渎职司法解释（一）》第1条第1款第4项的兜底条款“其他致使公共财产、国家和人民利益遭受重大损失的情形”追究刑事责任。

该《渎职司法解释（一）》第1条第2款是关于滥用职权罪和玩忽职守罪第二档量刑幅度的适用标准，即滥用职权或者玩忽职守“情节特别严重”的认定问题，具体包括五种情形：（一）造成伤亡达到前款第1项规定人数3倍以上的；（二）造成经济损失150万元以上的；（三）造成前款规定的损失后果，不报、迟报、谎报或者授意、指使、强令他人不报、迟报、谎报事故情况，致使损失后果持续、扩大或者抢救工作延误的；（四）造成特别恶劣社会影响的；（五）其他特别严重的情节。相对于第1款规定而言，第2款规定有如下特点：一是规定对人身伤亡数量标准3倍的比例关系，经济损失数额标准5倍的比例关系。二是将“造成前款规定的损失后果，不报、迟报、谎报或者授意、指使、强令他人不报、迟报、谎报事故情况，致使损失后果持续、扩大或者抢救工作延误的”作为“情节特别严重”的情形之一予以规定。这里采用结果加情节的标准，既明确了处罚的依据是造成了损失后果，又将有不报、迟报、谎报作为加重处罚的情节，体现了对此类行为的从严处理，增强了可操作性。三是作了“造成特别恶劣社会影响的”和“其他特别严重的情节”的兜底性规定。

十、行为人收受贿赂后又滥用职权的定性

实践中，对实施《刑法》第399条规定以外的渎职犯罪同时构成受贿罪的是从一重处罚还是数罪并罚存在认识分歧，有必要通过司法解释予以明确。

《渎职司法解释（一）》第3条明确规定，国家机关工作人员实施渎职犯罪并收受贿赂，同时构成受贿罪的，除《刑法》另有规定外，以渎职犯罪和受贿罪数罪并罚。其主要考虑：一是从一重罪论处不能全面体现法律对国家机关工作人员渎职犯罪和利用职权受贿犯罪的否定评价，既不利于更好地实现罪刑相适应原则，也不利于对渎职犯罪的查处。实践中存在两种倾向：一种倾向是，受贿罪的法定刑一般都会比徇私舞弊类渎职犯罪的法定刑高，这类犯罪往往仅立案为单纯的贪污贿赂案件，只要查实了受贿问题后往往就不再追查渎职问题，致使受贿行为造成的严重渎职后果被掩盖；另一种倾向是，在查办受贿上积极性不高，甚至人为掩盖较大数额的受贿犯罪，造成重罪轻判，影响打击效果。二是受贿犯罪不以为他人实际谋取利益，更不以渎职为他人谋取非法利益为构成要件，渎职犯罪和受贿犯罪的犯罪构成相互独立，行为人实质上实施了两个独立的犯罪行为，不存在重复评价的问题。

十一、本罪与贪污罪的竞合问题

行为人利用职权侵吞、骗取公共财物，从本质上讲亦具有滥用职权的性质，如果因其贪污行为又致使其他公共财产、国家和人民利益遭受重大损失的，则同时触犯本罪与贪污罪，属想象竞合，对之宜择一重罪处罚。

【办案依据】

一、《刑法》规定

第三百九十七条 国家机关工作人员滥用职权或者玩忽职守，致使公共财产、国家和人民利益遭受重大损失的，处三年以下有期徒刑或者拘役；情节特别严重的，处三年以上七年以下有期徒刑。本法另有规定的，依照规定。

国家机关工作人员徇私舞弊，犯前款罪的，处五年以下有期徒刑或者拘役；情节特别严重的，处五年以上十年以下有期徒刑。本法另有规定的，依照规定。

二、立法解释

（一）《全国人民代表大会常务委员会关于〈中华人民共和国刑法〉第九章渎职罪主体适用问题的解释》（2002年12月28日）[①]

全国人大常委会根据司法实践中遇到的情况，讨论了刑法第九章渎职罪主体的适用问题，解释如下：

---

① 本书所标规范性文件的日期为该文件的通过、发布、修订后公布、实施日期之一。以下不再标注。

在依照法律、法规规定行使国家行政管理职权的组织中从事公务的人员，或者在受国家机关委托代表国家机关行使职权的组织中从事公务的人员，或者虽未列入国家机关人员编制但在国家机关中从事公务的人员，在代表国家机关行使职权时，有渎职行为，构成犯罪的，依照刑法关于渎职罪的规定追究刑事责任。

现予公告。

(二)《全国人民代表大会常务委员会关于〈中华人民共和国刑法〉第三百一十三条的解释》(2002年8月29日)

全国人民代表大会常务委员会讨论了刑法第三百一十三条规定的“对人民法院的判决、裁定有能力执行而拒不执行，情节严重”的含义问题，解释如下：

刑法第三百一十三条规定的“人民法院的判决、裁定”，是指人民法院依法作出的具有执行内容并已发生法律效力的判决、裁定。人民法院为依法执行支付令、生效的调解书、仲裁裁决、公证债权文书等所作的裁定属于该条规定的裁定。

下列情形属于刑法第三百一十三条规定的“有能力执行而拒不执行，情节严重”的情形：

(一)被执行人隐藏、转移、故意毁损财产或者无偿转让财产、以明显不合理的低价转让财产，致使判决、裁定无法执行的；

(二)担保人或者被执行人隐藏、转移、故意毁损或者转让已向人民法院提供担保的财产，致使判决、裁定无法执行的；

(三)协助执行义务人接到人民法院协助执行通知书后，拒不协助执行，致使判决、裁定无法执行的；

(四)被执行人、担保人、协助执行义务人与国家机关工作人员通谋，利用国家机关工作人员的职权妨害执行，致使判决、裁定无法执行的；

(五)其他有能力执行而拒不执行，情节严重的情形。

国家机关工作人员有上述第四项行为的，以拒不执行判决、裁定罪的共犯追究刑事责任。国家机关工作人员收受贿赂或者滥用职权，有上述第四项行为的，同时又构成刑法第三百八十五条、第三百九十七条规定之罪的，依照处罚较重的规定定罪处罚。

现予公告。

（三）《全国人民代表大会常务委员会关于惩治骗购外汇、逃汇和非法买卖外汇犯罪的决定》（1998 年 12 月 29 日）（节选）

六、海关、外汇管理部门的工作人员严重不负责任，造成大量外汇被骗购或者逃汇，致使国家利益遭受重大损失的，依照刑法第三百九十七条的规定定罪处罚。

三、司法解释

（一）《最高人民法院、最高人民检察院关于办理渎职刑事案件适用法律若干问题的解释（一）》（2012 年 12 月 7 日，法释〔2012〕18 号）

为依法惩治渎职犯罪，根据刑法有关规定，现就办理渎职刑事案件适用法律的若干问题解释如下：

第一条　国家机关工作人员滥用职权或者玩忽职守，具有下列情形之一的，应当认定为刑法第三百九十七条规定的“致使公共财产、国家和人民利益遭受重大损失”：

（一）造成死亡 1 人以上，或者重伤 3 人以上，或者轻伤 9 人以上，或者重伤 2 人、轻伤 3 人以上，或者重伤 1 人、轻伤 6 人以上的；

（二）造成经济损失 30 万元以上的；

（三）造成恶劣社会影响的；

（四）其他致使公共财产、国家和人民利益遭受重大损失的情形。

具有下列情形之一的，应当认定为刑法第三百九十七条规定的“情节特别严重”：

（一）造成伤亡达到前款第（一）项规定人数 3 倍以上的；

（二）造成经济损失 150 万元以上的；

（三）造成前款规定的损失后果，不报、迟报、谎报或者授意、指使、强令他人不报、迟报、谎报事故情况，致使损失后果持续、扩大或者抢救工作延误的；

（四）造成特别恶劣社会影响的；

（五）其他特别严重的情节。

第二条　国家机关工作人员实施滥用职权或者玩忽职守犯罪行为，触犯刑法分则第九章第三百九十八条至第四百一十九条规定的，依照该规定定罪处罚。

国家机关工作人员滥用职权或者玩忽职守，因不具备徇私舞弊等情形，不符合刑法分则第九章第三百九十八条至第四百一十九条的规定，但依法构成第三百九十七条规定的犯罪的，以滥用职权罪或者玩忽职守罪定罪处罚。

第三条 国家机关工作人员实施渎职犯罪并收受贿赂，同时构成受贿罪的，除刑法另有规定外，以渎职犯罪和受贿罪数罪并罚。

第四条 国家机关工作人员实施渎职行为，放纵他人犯罪或者帮助他人逃避刑事处罚，构成犯罪的，依照渎职罪的规定定罪处罚。

国家机关工作人员与他人共谋，利用其职务行为帮助他人实施其他犯罪行为，同时构成渎职犯罪和共谋实施的其他犯罪共犯的，依照处罚较重的规定定罪处罚。

国家机关工作人员与他人共谋，既利用其职务行为帮助他人实施其他犯罪，又以非职务行为与他人共同实施该其他犯罪行为，同时构成渎职犯罪和其他犯罪的共犯的，依照数罪并罚的规定定罪处罚。

第五条 国家机关负责人员违法决定，或者指使、授意、强令其他国家机关工作人员违法履行职务或者不履行职务，构成刑法分则第九章规定的渎职犯罪的，应当依法追究刑事责任。

以"集体研究"形式实施的渎职犯罪，应当依照刑法分则第九章的规定追究国家机关负有责任的人员的刑事责任。对于具体执行人员，应当在综合认定其行为性质、是否提出反对意见、危害结果大小等情节的基础上决定是否追究刑事责任和应当判处的刑罚。

第六条 以危害结果为条件的渎职犯罪的追诉期限，从危害结果发生之日起计算；有数个危害结果的，从最后一个危害结果发生之日起计算。

第七条 依法或者受委托行使国家行政管理职权的公司、企业、事业单位的工作人员，在行使行政管理职权时滥用职权或者玩忽职守，构成犯罪的，应当依照《全国人民代表大会常务委员会关于〈中华人民共和国刑法〉第九章渎职罪主体适用问题的解释》的规定，适用渎职罪的规定追究刑事责任。

第八条 本解释规定的"经济损失"，是指渎职犯罪或者与渎职犯罪相关联的犯罪立案时已经实际造成的财产损失，包括为挽回渎职犯罪所造成损失而支付的各种开支、费用等。立案后至提起公诉前持续发生的经济损失，应一并计入渎职犯罪造成的经济损失。

债务人经法定程序被宣告破产，债务人潜逃、去向不明，或者因行为人的责任超过诉讼时效等，致使债权已经无法实现的，无法实现的债权部分应当认定为渎职犯罪的经济损失。

渎职犯罪或者与渎职犯罪相关联的犯罪立案后，犯罪分子及其亲友自行挽回的经济损失，司法机关或者犯罪分子所在单位及其上级主管部门挽回的经济损失，或者因客观原因减少的经济损失，不予扣减，但可以作为酌定从轻处罚的情节。

第九条 负有监督管理职责的国家机关工作人员滥用职权或者玩忽职守，致使不符合安全标准的食品、有毒有害食品、假药、劣药等流入社会，对人民群众生命、健康造成严重危害后果的，依照渎职罪的规定从严惩处。

第十条 最高人民法院、最高人民检察院此前发布的司法解释与本解释不一致的，以本解释为准。

（二）《最高人民法院、最高人民检察院关于办理危害生产安全刑事案件适用法律若干问题的解释》（2015年12月14日，法释〔2015〕22号）（节选）

第十五条 国家机关工作人员在履行安全监督管理职责时滥用职权、玩忽职守，致使公共财产、国家和人民利益遭受重大损失的，或者徇私舞弊，对发现的刑事案件依法应当移交司法机关追究刑事责任而不移交，情节严重的，分别依照刑法第三百九十七条、第四百零二条的规定，以滥用职权罪、玩忽职守罪或者徇私舞弊不移交刑事案件罪定罪处罚。

公司、企业、事业单位的工作人员在依法或者受委托行使安全监督管理职责时滥用职权或者玩忽职守，构成犯罪的，应当依照《全国人民代表大会常务委员会关于〈中华人民共和国刑法〉第九章渎职罪主体适用问题的解释》的规定，适用渎职罪的规定追究刑事责任。

（三）《最高人民法院、最高人民检察院关于办理盗窃油气、破坏油气设备等刑事案件具体应用法律若干问题的解释》（2007年1月15日，法释〔2007〕3号）（节选）

第七条 国家机关工作人员滥用职权或者玩忽职守，实施下列行为之一，致使公共财产、国家和人民利益遭受重大损失的，依照刑法第三百九十七条的规定，以滥用职权罪或者玩忽职守罪定罪处罚：

（一）超越职权范围，批准发放石油、天然气勘查、开采、加工、经营等许可证的；

（二）违反国家规定，给不符合法定条件的单位、个人发放石油、天然气勘查、开采、加工、经营等许可证的；

（三）违反《石油天然气管道保护条例》等国家规定，在油气设备安全保护范围内批准建设项目的；

（四）对发现或者经举报查实的未经依法批准、许可擅自从事石油、天然气勘查、开采、加工、经营等违法活动不予查封、取缔的。

（四）《最高人民法院、最高人民检察院关于办理非法制造、买卖、运输、储存毒鼠强等禁用剧毒化学品刑事案件具体应用法律若干问题的解释》（2003年9月4日，法释〔2003〕14号）（节选）

第四条 对非法制造、买卖、运输、储存毒鼠强等禁用剧毒化学品行为负有查处职责的国家机关工作人员，滥用职权或者玩忽职守，致使公共财产、国家和人民利益遭受重大损失的，依照刑法第三百九十七条的规定，以滥用职权罪或者玩忽职守罪追究刑事责任。

（五）《最高人民法院、最高人民检察院关于办理妨害预防、控制突发传染病疫情等灾害的刑事案件具体应用法律若干问题的解释》（2003年5月14日，法释〔2003〕8号）（节选）

第十五条 在预防、控制突发传染病疫情等灾害的工作中，负有组织、协调、指挥、灾害调查、控制、医疗救治、信息传递、交通运输、物资保障等职责的国家机关工作人员，滥用职权或者玩忽职守，致使公共财产、国家和人民利益遭受重大损失的，依照刑法第三百九十七条的规定，以滥用职权罪或者玩忽职守罪定罪处罚。

四、司法文件

（一）《最高人民法院、最高人民检察院、公安部关于严格执行刑事诉讼法，切实纠防超期羁押的通知》（2003年11月12日，法〔2003〕163号）（节选）

五、严格执行超期羁押责任追究制度。超期羁押侵犯犯罪嫌疑人、被告人的合法权益，损害司法公正，对此必须严肃查处，绝不姑息。本通知发布以后，凡违反刑事诉讼法和本通知的规定，造成犯罪嫌疑人、被告人超期羁押的，对于直接负责的主管人员和其他直接责任人员，由其所在单位或者上级主管机关依照有关规定予以行政或者纪律处分；造成犯罪嫌疑人、被告人超期羁押，情节严重的，对于直接负责的主管人员和其他直接责任人员，依照刑法第三百九十七条的规定，以玩忽职守罪或者滥用职权罪追究刑事责任。

（二）《最高人民检察院关于属工人编制的乡（镇）工商所[①]所长能否依照刑法第三百九十七条的规定追究刑事责任问题的批复》（2000 年 10 月 31 日，高检发研字〔2000〕23 号）

江西省人民检察院：

你院赣检研发〔2000〕3 号《关于乡（镇）工商所所长（工人编制）是否属于国家机关工作人员的请示》收悉。经研究，批复如下：

根据刑法第九十三条第二款的规定，经人事部门任命，但为工人编制的乡（镇）工商所所长，依法履行工商行政管理职责时，属其他依照法律从事公务的人员，应以国家机关工作人员论。如果玩忽职守，致使公共财产、国家和人民利益遭受重大损失，可适用刑法第三百九十七条的规定，以玩忽职守罪追究刑事责任。

此复。

（三）《最高人民检察院关于合同制民警能否成为玩忽职守罪主体问题的批复》（2000 年 10 月 9 日，高检发研字〔2000〕20 号）

辽宁省人民检察院：

你院辽检发诉字〔1999〕76 号《关于犯罪嫌疑人李海玩忽职守一案的请示》收悉，经研究，批复如下：

根据刑法第九十三条第二款的规定，合同制民警在依法执行公务期间，属其他依照法律从事公务的人员，应以国家机关工作人员论。对合同制民警在依法执行公务活动中的玩忽职守行为，符合刑法第三百九十七条规定的玩忽职守罪构成

---

① 2018 年 3 月 13 日，十二届全国人大一次会议审议《国务院机构改革方案》，不再保留国家工商行政管理局，组建国家市场监督管理总局，原工商行政管理相关职能由新组建的部门承担。以下不再标注。

要件的，依法以玩忽职守罪追究刑事责任。

此复。

（四）《最高人民检察院关于镇财政所所长是否适用国家机关工作人员的批复》（2000年5月4日，高检发研字〔2000〕9号）

上海市人民检察院：

你院沪检发（2000）30号文收悉。经研究，批复如下：

对于属行政执法事业单位的镇财政所中按国家机关在编干部管理的工作人员，在履行政府行政公务活动中，滥用职权或玩忽职守构成犯罪的，应以国家机关工作人员论。

（五）《最高人民法院、最高人民检察院、公安部、国家工商行政管理局[①]关于依法查处盗窃、抢劫机动车案件的规定》（1998年5月8日，公通字〔1998〕31号）（节选）

九、公安、工商行政管理人员或者其他国家机关工作人员滥用职权或者玩忽职守、徇私舞弊，致使赃车入户、过户、验证的，给予行政处分；致使公共财产、国家和人民利益遭受重大损失的，依照《刑法》第三百九十七条的规定处罚。

【指导性案例】

一、最高人民检察院指导性案例第5号陈某明、林某娟、李某权滥用职权案

（2012年10月31日最高人民检察院第十一届检察委员会第八十一次会议审议决定，2012年11月15日发布）

【关键词】

渎职罪主体　村基层组织人员　滥用职权罪

【要旨】

随着我国城镇建设和社会主义新农村建设逐步深入推进，村民委员会、居民

---

① 2018年3月13日，十二届全国人大一次会议审议《国务院机构改革方案》，不再保留国家工商行政管理局，组建国家市场监督管理总局，原工商行政管理相关职能由新组建的部门承担。以下不再标注。

委员会等基层组织协助人民政府管理社会发挥越来越重要的作用。实践中，对村民委员会、居民委员会等基层组织人员协助人民政府从事行政管理工作时，滥用职权、玩忽职守构成犯罪的，应当依照刑法关于渎职罪的规定追究刑事责任。

【相关立法】

《中华人民共和国刑法》第三百九十七条，全国人民代表大会常务委员会《关于〈中华人民共和国刑法〉第九章渎职罪主体适用问题的解释》。

【基本案情】

被告人陈某明，男，1946 年出生，原系甲镇推进小城镇社会保险（以下简称镇保）工作领导小组办公室负责人。

被告人林某娟，女，1960 年出生，原系甲镇乙村党支部书记、村民委员会主任、村镇保工作负责人。

被告人李某权（曾用名李某元），男，1958 年出生，原系甲镇乙村党支部委员、村民委员会副主任、村镇保工作经办人。

2004 年 1 月至 2006 年 6 月期间，被告人陈某明利用担任甲镇推进镇保工作领导小组办公室负责人的职务便利，被告人林某娟、李某权利用受甲镇人民政府委托分别担任乙村镇保工作负责人、经办人的职务便利，在从事被征用农民集体所有土地负责农业人员就业和社会保障工作过程中，违反相关规定，采用虚增被征用土地面积等方法徇私舞弊，共同或者单独将乙村、丙村、丁村 114 名不符合镇保条件的人员纳入镇保范围，致使甲镇人民政府为上述人员缴纳镇保费用共计人民币 600 余万元、某市社会保险事业基金结算管理中心（以下简称市社保中心）为上述人员实际发放镇保资金共计人民币 178 万余元，并造成了恶劣的社会影响。其中，被告人陈某明共同及单独将 71 名不符合镇保条件人员纳入镇保范围，致使镇政府缴纳镇保费用共计人民币 400 余万元、市社保中心实际发放镇保资金共计人民币 114 万余元；被告人林某娟共同及单独将 79 名不符合镇保条件人员纳入镇保范围，致使镇政府缴纳镇保费用共计人民币 400 余万元、市社保中心实际发放镇保资金共计人民币 124 万余元；被告人李某权共同及单独将 60 名不符合镇保条件人员纳入镇保范围，致使镇政府缴纳镇保费用共计人民币 300 余万元，市社保中心实际发放镇保资金共计人民币 95 万余元。

【诉讼过程】

2008年4月15日，陈某明、林某娟、李某权因涉嫌滥用职权罪由上海市奉贤区人民检察院立案侦查，陈某明于4月15日被刑事拘留，4月29日被逮捕，林某娟、李某权于4月15日被取保候审，6月27日侦查终结移送审查起诉。2008年7月28日，上海市奉贤区人民检察院以被告人陈某明、林某娟、李某权犯滥用职权罪向奉贤区人民法院提起公诉。2008年12月15日，上海市奉贤区人民法院作出一审判决，认为被告人陈某明身为国家机关工作人员，被告人林某娟、李某权作为在受国家机关委托代表国家机关行使职权的组织中从事公务的人员，在负责或经办被征地人员就业和保障工作过程中，故意违反有关规定，共同或单独擅自将不符合镇保条件的人员纳入镇保范围，致使公共财产遭受重大损失，并造成恶劣社会影响，其行为均已触犯刑法，构成滥用职权罪，且有徇个人私情、私利的徇私舞弊情节。其中被告人陈某明、林某娟情节特别严重。犯罪后，三被告人在尚未被司法机关采取强制措施时，如实供述自己的罪行，属自首，依法可从轻或减轻处罚。依照《中华人民共和国刑法》第三百九十七条、第二十五条第一款、第六十七条第一款、第七十二条第一款、第七十三条第二、三款之规定，判决被告人陈某明犯滥用职权罪，判处有期徒刑二年；被告人林某娟犯滥用职权罪，判处有期徒刑一年六个月，宣告缓刑一年六个月；被告人李某权犯滥用职权罪，判处有期徒刑一年，宣告缓刑一年。一审判决后，被告人林某娟提出上诉。上海市第一中级人民法院二审终审裁定，驳回上诉，维持原判。

二、最高人民检察院指导性案例第6号

罗某华、罗某添、朱某灿、罗某游滥用职权案

（2012年10月31日最高人民检察院第十一届检察委员会第八十一次会议审议决定，2012年11月15日发布）

【关键词】

滥用职权罪　重大损失　恶劣社会影响

【要旨】

根据刑法规定，滥用职权罪是指国家机关工作人员滥用职权，致使“公共财

产、国家和人民利益遭受重大损失”的行为。实践中，对滥用职权“造成恶劣社会影响的”，应当依法认定为“致使公共财产、国家和人民利益遭受重大损失”。

【相关立法】

《中华人民共和国刑法》第三百九十七条，全国人民代表大会常务委员会《关于〈中华人民共和国刑法〉第九章渎职罪主体适用问题的解释》。

【基本案情】

被告人罗某华，男，1963年出生，原系某街执法队协管员。

被告人罗某添，男，1967年出生，原系某街执法队协管员。

被告人朱某灿，男，1964年出生，原系某街执法队协管员。

被告人罗某游，男，1987年出生，原系某街执法队协管员。

2008年8月至2009年12月期间，被告人罗某华、罗某添、朱某灿、罗某游先后被招聘为某街执法队（以下简称执法队）协管员。上述四名被告人的工作职责是街道城市管理协管工作，包括动态巡查，参与街道、社区日常性的城管工作；劝阻和制止并督促改正违反城市管理法规的行为；配合综合执法部门，开展集中统一整治行动等。工作任务包括坚持巡查与守点相结合，及时劝导中心城区的乱摆卖行为等。罗某华、罗某添从2009年8月至2011年5月担任协管员队长和副队长，此后由罗某添担任队长，罗某华担任副队长。协管员队长职责是负责协管员人员召集，上班路段分配和日常考勤工作；副队长职责是协助队长开展日常工作，队长不在时履行队长职责。上述四名被告人上班时，身着统一发放的迷彩服，臂上戴着写有“某街城市管理督导员”的红袖章，手持一根木棍。2010年8月至2011年9月期间，罗某华、罗某添、朱某灿、罗某游和罗某洪（另案处理）利用职务便利，先后多次向多名无照商贩索要12元、10元、5元不等的少量现金、香烟或直接在该路段的“××店”拿烟再让部分无照商贩结账，后放弃履行职责，允许给予好处的无照商贩在严禁乱摆卖的地段非法占道经营。由于上述被告人的行为，导致该地段的无照商贩非法占道经营严重，流动商贩恣意乱摆卖，影响了市容市貌和环境卫生，给周边商铺和住户的经营、生活、出行造成不便。由于执法不公，对给予钱财的商贩放任其占道经营，对其他没给好处费的无照商贩则进行驱赶或通知城管部门到场处罚，城市管理执法部门执法人员在依法执行公务过程中遭遇多次抗法，数名执法人员受伤住院。上述四名被告人的行为危害和影响了该地区的社会秩序、经济秩序、城市管理和治安管理，造成了恶劣的社会影响。

【诉讼过程】

2011年10月1日，罗某华、罗某添、朱某灿、罗某游四人因涉嫌敲诈勒索罪被广州市公安局黄埔分局刑事拘留，11月7日被逮捕。11月10日，广州市公安局黄埔分局将本案移交广州市黄埔区人民检察院。2011年11月10日，罗某华、罗某添、朱某灿、罗某游四人因涉嫌滥用职权罪由广州市黄埔区人民检察院立案侦查，12月9日侦查终结移送审查起诉。2011年12月28日，广州市黄埔区人民检察院以被告人罗某华、罗某添、朱某灿、罗某游犯滥用职权罪向黄埔区人民法院提起公诉。2012年4月18日，黄埔区人民法院一审判决，认为被告人罗某华、罗某添、朱某灿、罗某游身为虽未列入国家机关人员编制但在国家机关中从事公务的人员，在代表国家行使职权时，长期不正确履行职权，大肆勒索辖区部分无照商贩的钱财，造成无照商贩非法占道经营严重，抗法事件不断发生，社会影响恶劣，其行为触犯了《中华人民共和国刑法》第三百九十七条第一款的规定，构成滥用职权罪。被告人罗某华与罗某添身为城管协管员前、后任队长及副队长不仅参与勒索无照商贩的钱财，放任无照商贩非法占道经营，而且也收受其下属勒索来的香烟，放任其下属胡作非为，在共同犯罪中所起作用相对较大，可对其酌情从重处罚。鉴于四被告人归案后能供述自己的罪行，可对其酌情从轻处罚。依照《中华人民共和国刑法》第三百九十七条第一款、第六十一条、《全国人民代表大会常务委员会关于〈中华人民共和国刑法〉第九章渎职罪主体适用问题的解释》的规定，判决被告人罗某华犯滥用职权罪，判处有期徒刑一年六个月；被告人罗某添犯滥用职权罪，判处有期徒刑一年五个月；被告人朱某灿犯滥用职权罪，判处有期徒刑一年二个月；被告人罗某游犯滥用职权罪，判处有期徒刑一年二个月。一审判决后，四名被告人在法定期限内均未上诉，检察机关也没有提出抗诉，一审判决发生法律效力。

第二章　玩忽职守罪

【立案追诉标准】

玩忽职守案（《刑法》第 397 条）

一、涉嫌下列情形之一的，应予立案：

国家机关工作人员玩忽职守，涉嫌下列情形之一的，属于“致使公共财产、国家和人民利益遭受重大损失”，处三年以下有期徒刑或者拘役：

1. 造成死亡 1 人以上，或者重伤 3 人以上，或者轻伤 9 人以上，或者重伤 2 人、轻伤 3 人以上，或者重伤 1 人、轻伤 6 人以上的；

2. 造成经济损失 30 万元以上的；

3. 造成恶劣社会影响的；

4. 其他致使公共财产、国家和人民利益遭受重大损失的情形。

二、涉嫌下列情形之一的，属于“情节特别严重”，处三年以上七年以下有期徒刑：

1. 造成伤亡达到前款第 1 项规定人数 3 倍以上的；

2. 造成经济损失 150 万元以上的；

3. 造成前款规定的损失后果，不报、迟报、谎报或者授意、指使、强令他人不报、迟报、谎报事故情况，致使损失后果持续、扩大或者抢救工作延误的；

4. 造成特别恶劣社会影响的；

5. 其他特别严重的情节。

三、玩忽职守重特大案件标准

重大案件

(1) 致人死亡3人以上，或者重伤10人以上，或者轻伤15人以上的；

(2) 造成直接经济损失100万元以上的。

特大案件

(1) 致人死亡7人以上，或者重伤15人以上，或者轻伤30人以上的；

(2) 造成直接经济损失200万元以上的。

四、国家机关工作人员疏于审查或者审查不严，致使盗窃、抢劫、诈骗、抢夺的机动车被办理登记手续，数量达到5辆以上或者价值总额达到50万元以上的，以玩忽职守罪定罪，处三年以下有期徒刑或者拘役。

国家机关工作人员实施前款行为，致使盗窃、抢劫、诈骗、抢夺的机动车被办理登记手续，达到前款规定数量、数额标准5倍以上的，或者明知是盗窃、抢劫、诈骗、抢夺的机动车而办理登记手续的，属于"情节特别严重"，处三年以上七年以下有期徒刑。

国家机关工作人员徇私舞弊，实施上述行为，构成犯罪的，依照刑法第397条第2款的规定定罪处罚。

《最高人民法院、最高人民检察院关于办理渎职刑事案件适用法律若干问题的解释（一）》（2012年12月7日）；《人民检察院直接受理立案侦查的渎职侵权重特大案件标准（试行）》（2001年8月4日）；《最高人民法院、最高人民检察院关于办理与盗窃、抢劫、诈骗、抢夺机动车相关刑事案件具体应用法律若干问题的解释》（2007年5月9日）

【犯罪构成及刑事责任】

玩忽职守罪，是指国家机关工作人员严重不负责任，不履行或不认真履行职责，致使公共财产、国家和人民利益遭受重大损失的行为。构成本罪需要具备以下四个要件：

1. 客体要件。本罪侵犯的客体，是国家机关正常行使国家权力、管理国家事务的活动。

2. 客观要件。本罪在客观方面表现为，行为人玩忽职守，致使公共财产、国家和人民利益遭受重大损失的行为。具体来讲，包括三方面的内容：

首先，行为人具有玩忽职守的行为。一般认为，玩忽职守就是不履行或不认真履行职责的行为。

其次，玩忽职守的行为，只有致使公共财产，国家和人民利益遭受重大损失的，才构成犯罪，否则不能以犯罪论。遭受重大损失的认定标准参考《渎职立案标准》《立案标准（试行）》以及《渎职司法解释（一）》的相关规定。

最后，构成玩忽职守罪在客观方面还表现为，玩忽职守行为与重大损失的客观危害结果之间存在刑法因果关系，也就是说，只有玩忽职守行为与重大损失的客观危害后果之间存在刑法因果关系，才可以据此追究行为人玩忽职守罪的刑事责任；如果玩忽职守行为与重大损失的客观危害结果之间不存在刑法因果关系，那么即使客观上存在国家机关工作人员玩忽职守行为和重大损失的客观危害后果，也不能就据此追究国家机关工作人员玩忽职守行为的刑事责任。

3. 主体要件。本罪的主体为特殊主体，即国家机关工作人员，非国家机关工作人员不能构成。

4. 主观要件。本罪在主观方面主要由过失构成，也就是说，大多数玩忽职守罪的行为人对于其行为所造成的危害社会的结果，即“致使公共财产，国家和人民利益遭受重大损失的”，在主观上并不是出于故意而希望，追求或者放任的结果，而是过失造成的。即对于发生这种危害结果本来是应当预见到的，其应当知道自己擅离职守或者在职守中马虎从事对待自己的职责，可能会发生一定的社会危害结果，但是因疏忽大意而没有预见，或者虽然已经预见到可能会发生，但凭着自己的知识或者经验而轻信可以避免，以致发生了造成严重损失的危害结果。

根据《刑法》第 397 条第 1 款的规定，犯本罪的，处三年以下有期徒刑或者拘役；情节特别严重的，处三年以上七年以下有期徒刑。本法另有规定的，依照规定。

根据本条第 2 款规定，徇私舞弊犯本罪的，处五年以下有期徒刑或者拘役；情节特别严重的，处五年以上十年以下有期徒刑。本法另有规定的，依照规定。

【疑难指导】

一、玩忽职守罪客观行为的理解和认定

根据有关的司法解释，玩忽职守客观上表现为不履行职责或不认真履行职责的行为。

（一）不履行职责

这里“不履行职责”一般表现为不作为，即应该做而不做。“不履行职责”的玩忽职守行为在实践中表现为以下两种类型：第一种是擅离职守型，即行为人不遵照规章制度对职守的要求，在执行职务过程中擅自脱离工作岗位，因而未尽职责。如仓库保管员擅离职守，致使仓库大量物资被盗等。擅离职守的特点是往往有较明确的时间和空间要求，一般在特定的时间内擅自脱离工作岗位。第二种是在岗而未履行职责型，即行为人虽然没有脱离岗位，但也没有实施法律和职务所规定职责范围内的特定义务。这种类型可表现为以下三种情况：第一种是拒绝履行职责，如不执行上级部门的指示，命令和规定，或者阳奉阴违，弄虚作假，欺上瞒下，造成重大伤亡或重大经济损失等；第二种是放弃职责，如司法工作人员对属于自己职责范围内的事放任不管严重失职造成严重后果等；第三种是未尽职责，如外贸管理人员发现进口商品质次货劣，或货物残损短缺，又不及时采取措施，致使延误索赔期，造成重大损失等。不正确履行职责是指国家机关工作人员并非不履行职责，而是履行了职责但不正确。这两种类型的区别在于后者是“在岗”而“不守”，前者是“离岗”而“不守”。

（二）不认真履行职责

这里“不认真履行职责”是指国家机关工作人员并非不履行职责，而是履行了职责，但不认真，表现为作为。在实践中表现为以下三种类型：第一种是在职务活动时出现差错。如税务机关工作人员疏忽大意，在执行职务的过程中少收、漏收大量税款，给国家造成重大损失的行为等。第二种是在执行职务活动中，决策失误。如对重大事务的决策，不认真调查、研究、咨询、审定、主观臆断、盲目拍板；对建筑安装工程，不经质量检查，不进行竣工验收，便轻率地决定投入使用，造成重大人身伤亡和财产损失等。第三种是采取措施不及时、不得力的情况，如外贸管理人员发现进口商品质次货劣或货物残损短少，不及时采取措施，致使延误索赔期，造成重大损失。如果该管理人员采取了措施，只是不及时，不得力，那么在某种意义上，应属履行了职责，只是不正确；如果根本没有采取措施，则属于未履行职责。

二、如何认定玩忽职守罪的因果关系

查明行为与危害结果之间的因果关系，也是正确认定犯罪的成立并且确定刑罚的客观基础。但是在司法实践中，玩忽职守案件往往与一些重大责任事故、科学技术水平以及其他人的行为因素等相互交织，具有一定的特殊性和复杂性，在认定上具有一定的难度。

玩忽职守罪的因果关系，是指行为人不履行或者不认真履行自己职责的行为与公共财产、国家和人民利益遭受重大损失的危害结果之间的引起与被引起的关系。从司法实践和玩忽职守罪的特征来看，玩忽职守行为与危害结果因果关系有以下特点：

（一）职务关联性

玩忽职守罪是一种典型的职务犯罪，相应地，玩忽职守罪中的因果关系也与行为人的职务和职责有着非常密切的联系。在分析和判断玩忽职守罪的因果关系时，不可避免地要涉及行为人的特定职务和职责。在有些情况下，行为人的行为与危害结果之间虽然具有直接的引起与被引起的因果关系，但由于这种因果关系与行为人的职守并无联系，那么就不能认定具有玩忽职守罪的因果关系。例如，某单位的会计因办私事，便委托同单位的一位人事干部替他到银行存入巨额公款。该人事干部在路上不慎将公款遗失，使国家的财产造成重大损失。该人事干部遗失公款的行为虽然与国家财产重大损失的危害结果之间具有直接的引起与被引起的因果关系，但由于这种因果关系与该人事干部的职守并无联系，存款并不是人事干部的业务，其并不具有会计的职务，也没有这方面的职守的要求。因此，该干部的行为与危害结果之间并不存在刑法意义上的玩忽职守罪成立要件之一的因果关系，故而不能认定为成立玩忽职守罪。

在对行为人职责考察的时候，要注意全面认定，而不只是片面地注重岗位职责和法定职责。国家机关工作人员的职责，依其职责范围分有社会职责、行业职责、岗位职责。社会职责是将国家机关工作人员在社会生活中所应遵循的法律法规所规定的纪律和对社会公益所应履行的义务。行业职责是指国家机关工作人员在所从事的行业中应当遵守的行业规范、纪律和履行的义务。如保守机密的职责、服从命令的职责。岗位职责是指国家机关工作人员所处在的工作岗位的工作职责。依其职责的法律根据分有确定性职责和概括性职责。法定性职责是指法律、法规、规章明确规定的国家机关工作人员的职责。公认性职责是指虽没有法律、法规明确规定，但根据宪法和其他法律、法规的精神，被社会普遍认同的，特定国家机关工作人员应该履行的职责。

（二）偶然因果关系的多发性

在司法实践当中，玩忽职守罪的因果关系常常表现为偶然因果关系，即许多玩忽职守犯罪的危害结果得以发生，并非行为人实施的玩忽职守行为所必然造成的。更常见的是，行为人所实施的玩忽职守行为可能发生危害社会的结果，也可能不发生危害社会的结果，客观危害结果之所以发生往往是中间介入了其他人的行为。如前述巨款丢失的案件，虽然人事干部不构成玩忽职守罪，但是对于会计而言，按照会计的职守，他本应自己到银行存款，却为办私事违背职守的要求，擅自将存款的工作委托给不该委托的人去办理，致使公共财产受到重大损失。此时，该会计违背职守的行为与危害结果之间存在因果关系。而且就该会计玩忽职守的行为与公款丢失这一重大损失的危害结果之间可以说是由于第三者的行为介入才具有了联系，因此又具有偶然性，因为就一般而言，该会计委托他人到银行存款并不必然地产生公款丢失的危害后果，只是由于第三者的介入才使该会计的玩忽职守行为与公款丢失的危害后果之间具有联系。虽然这种因果关系纯属偶然，但该会计仍应承担玩忽职守罪的刑事责任，一方面会计主观上有罪过（疏忽大意过失），而且实际上也发生了巨额公款丢失的严重后果；另一方面会计玩忽职守的行为对巨额公款丢失后果的发生起到了重要的作用，完全达到了据以追究刑事责任的程度。

（三）间接因果关系的常见性

与多发的偶然因果关系相适应，许多玩忽职守犯罪因果关系呈现出间接性的特点，也即客观危害后果的发生并非行为人玩忽职守行为所直接造成的，而是由与行为人玩忽职守行为有关的他人的行为所直接造成的。因此就行为人玩忽职守行为与所发生的客观危害后果的联系而言，两者具有间接性，也即属于间接因果关系。例如，派出所所长王某与陈某在车上闲谈，其间王某下车到商场买衣服，将装有专用手枪的手提包交给陈某保管，王某买衣服回到车上后，陈某将手提包交还王某，但偷走了王某的手枪。当天晚上陈某在家用王某的手枪自杀身亡。王某后被以玩忽职守罪判处刑罚。从该案看，陈某的死与王某的危害行为（即违反有关法律、法规规定没有妥善保管和使用枪支）不仅不存在必然的因果关系，同样也不存在直接的因果关系。陈某要自杀，主意既定，没有王某的手枪也可能采取其他方式自杀身亡，王某的手枪只是给陈某提供了方便，陈某的死亡并不是王某的玩忽职守行为所直接造成的。但是即便如此，王某还是要承担玩忽职守罪的刑事责任。①

（四）多样性

玩忽职守的因果关系还呈现出多样性的特点，除了上述所提到的偶然因果关系、间接因果关系，当然还有必然因果关系。必然因果关系包括两种：一是独立的必然因果关系，即由玩忽职守行为单独地、直接地引起危害结果发生的关系。其中又分为两种，单个玩忽职守行为与重大损失结果之间的必然联系，比如外贸主管人员发现商品质低货劣或数量短少而不及时索赔的行为与延误索赔期使国家蒙受重大损失之间的关系；又如违反森林法规定，超过批准的年采伐限额发放林木采伐许可证的行为与森林遭受重大破坏之间的关系；数个玩忽职守行为与重大损失结果之间的必然联系。二是介入式的必然因果关系，即行为人在其他导致危害结果发生的原因已经存在的条件下实施了玩忽职守行为，其中又分为在自然原因中介入玩忽职守行为、在他人的故意中介入玩忽职守行为和在他人的过失犯罪中介入玩忽职守行为，导致危害结果的必然发生三种。

在司法实践中，证实玩忽职守行为与渎职危害结果之间的因果关系，既是重点也是难点。要特别注意在很多玩忽职守案件中，行为人的玩忽职守行为与渎职

① 该案例为作者编写，仅为说明相关问题，不特指任何真实案例。

危害结果之间是偶然或者间接因果关系，我们不能因此而否认行为人对危害结果应承担的责任，从而放纵了罪犯。

三、非物质性损失的理解和认定

根据最新的司法解释，非物质性损失可以成为渎职罪的严重危害后果之一，进而构成犯罪，比如《渎职立案标准》第1条第1项规定："滥用职权罪是指国家机关工作人员超越职权，违法决定、处理其无权决定、处理的事项，或者违反规定处理公务，致使公共财产、国家和人民利益遭受重大损失的行为。涉嫌下列情形之一的，应予立案…… 8. 严重损害国家声誉，或者造成恶劣社会影响的……"这里渎职罪的非物质性危害结果，应包括严重损害国家声誉和造成恶劣社会影响。但是，《渎职司法解释（一）》删去《渎职立案标准》中"严重损害国家声誉"的规定，主要考虑是国家声誉比较抽象、原则，实践中不易把握，用"造成恶劣社会影响"也可以概括。这里造成恶劣社会影响，是指国家机关工作人员在公务活动中，滥用职权、玩忽职守、徇私舞弊，严重损害国家机关的形象等。主要表现为：（1）渎职行为造成某一地区、某一行业系统不稳定，引起冲突事件发生；（2）渎职行为损害国家方针政策，造成矛盾纠纷；（3）因渎职行为而引起他人自杀或精神失常等；（4）渎职行为损害国家机关工作秩序，使一定地区民众对该地区国家机关缺乏信任，公信力下降；（5）因渎职行为影响国家机关处理抗洪、抢险等自然灾害或突发事件；（6）渎职行为造成其他恶劣社会影响。

四、经济损失的理解和认定

在长期的司法实践中，实际上已经承认了间接经济损失属于渎职罪的重大经济损失的一种。在《立案标准（试行）》中，更是明确规定了间接经济损失作为重大经济损失的数额，比如，对于玩忽职守罪涉嫌直接经济损失不满30万元，但间接经济损失超过100万元的，应予立案。《渎职立案标准》再一次对此加以确认，比如该文件规定：滥用职权罪涉嫌下列情形之一的，应予立案……3. 造成个人财产直接经济损失10万元以上，或者直接经济损失不满10万元，但间接经济损失50万元以上的；4. 造成公共财产或者法人、其他组织财产直接经济损失20万元以上，或者直接经济损失不满20万元，但间接经济损失100万元以上的；5. 虽未达到3、4两项数额标准，但3、4两项合计直接经济损失20万元以上，或者合计直接经济损失不满 20 万元，但合计间接经济损失 100 万元以上的……

同时，该文件还对直接经济损失、间接经济损失的概念予以了明确规定：“直接经济损失”，是指与行为有直接因果关系而造成的财产损毁、减少的实际价值；“间接经济损失”，是指由直接经济损失引起和牵连的其他损失，包括失去的在正常情况下可以获得的利益和为恢复正常的管理活动或者挽回所造成的损失所支付的各种开支、费用等。有下列情形之一的，虽然有债权存在，但已无法实现债权的，可以认定为已经造成了经济损失：（1）债务人已经法定程序被宣告破产，且无法清偿债务；（2）债务人潜逃，去向不明；（3）因行为人责任，致使超过诉讼时效；（4）有证据证明债权无法实现的其他情况。

根据该文件，直接经济损失和间接经济损失，是指立案时确已造成的经济损失。移送审查起诉前，犯罪嫌疑人及其亲友自行挽回的经济损失，以及由司法机关或者犯罪嫌疑人所在单位及其上级主管部门挽回的经济损失，不予扣减，但可作为对犯罪嫌疑人从轻处理的情节考虑。笔者赞同上述规定。以检察院立案时为标准，在立案前挽回的损失可以扣减，而在立案后挽回的损失则不予扣减。

《渎职司法解释（一）》对此有所修改，第 8 条规定：本解释规定的“经济损失”，是指渎职犯罪或者与渎职犯罪相关联的犯罪立案时已经实际造成的财产损失，包括为挽回渎职犯罪所造成损失而支付的各种开支、费用等。立案后至提起公诉前持续发生的经济损失，应一并计入渎职犯罪造成的经济损失。债务人经法定程序被宣告破产，债务人潜逃、去向不明，或者因行为人的责任超过诉讼时效等，致使债权已经无法实现的，无法实现的债权部分应当认定为渎职犯罪的经济损失。渎职犯罪或者与渎职犯罪相关联的犯罪立案后，犯罪分子及其亲友自行挽回的经济损失，司法机关或者犯罪分子所在单位及其上级主管部门挽回的经济损失，或者因客观原因减少的经济损失，不予扣减，但可以作为酌定从轻处罚的情节。

《渎职司法解释（一）》未延续《渎职立案标准》这种分别规定的做法，主要有两点考虑：一是直接经济损失与间接经济损失的认定标准不统一，行政执法与刑事司法不衔接。二是间接经济损失的外延不易界定，带有不确定性。在缺乏行之有效的界定标准的情况下，以间接经济损失作为定罪量刑标准有可能影响到案件的公正处理。需要强调指出的是，《渎职司法解释（一）》未区分直接经济损失和间接经济损失并不意味着否定间接经济损失，而是将间接经济损失有条件地纳入经济损失计算中。为此，《渎职司法解释（一）》第8条规定，经济损失是指渎职犯罪或者与渎职犯罪相关联的犯罪立案时“已经实际造成的财产损失”，包括为挽回渎职犯罪所造成损失而支付的各种开支、费用等。

五、本罪罪与非罪的界限

（一）注意区分玩忽职守罪与一般玩忽职守行为的界限

玩忽职守罪与一般玩忽职守行为是两个不同性质的问题。其相同点都属于违法行为，都表现为行为人不履行或不正确履行自己应负的职责和义务，没有恪尽职守。不同点是只有因玩忽职守而使公共财产、国家和人民利益遭受重大损失的行为，才能构成玩忽职守罪。根据《渎职立案标准》的规定，这里“致使公共财产、国家和人民利益遭受重大损失”是指下列情况：1. 造成死亡1人以上，或者重伤3人以上，或者重伤2人、轻伤4人以上，或者重伤1人、轻伤7人以上，或者轻伤10人以上的；2. 导致20人以上严重中毒的；3. 造成个人财产直接经济损失15万元以上，或者直接经济损失不满15万元，但间接经济损失75万元以上的；4. 造成公共财产或者法人、其他组织财产直接经济损失30万元以上，或者直接经济损失不满30万元，但间接经济损失150万元以上的；5. 虽未达到3、4两项数额标准，但3、4两项合计直接经济损失30万元以上，或者合计直接经济损失不满30万元，但合计间接经济损失150万元以上的；6. 造成公司、企业等单位停业、停产1年以上，或者破产的；7. 海关、外汇管理部门的工作人员严重不负责任，造成100万美元以上外汇被骗购或者逃汇1000万美元以上的；8. 严重损害国家声誉，或者造成恶劣社会影响的；9. 其他致使公共财产、国家和人民利益遭受重大损失的情形。

《渎职司法解释（一）》第1条规定：“国家机关工作人员滥用职权或者玩忽职守，具有下列情形之一的，应当认定为刑法第三百九十七条规定的‘致使公共财产、国家和人民利益遭受重大损失’：（一）造成死亡1人以上，或者重伤3人以上，或者轻伤9人以上，或者重伤2人、轻伤3人以上，或者重伤1人、轻伤6人以上的；（二）造成经济损失30万元以上的；（三）造成恶劣社会影响的；（四）其他致使公共财产、国家和人民利益遭受重大损失的情形。

“具有下列情形之一的，应当认定为刑法第三百九十七条规定的‘情节特别严重’：（一）造成伤亡达到前款第（一）项规定人数3倍以上的；（二）造成经济损失150万元以上的；（三）造成前款规定的损失后果，不报、迟报、谎报或者授意、指使、强令他人不报、迟报、谎报事故情况，致使损失后果持续、扩大或者抢救工作延误的；（四）造成特别恶劣社会影响的；（五）其他特别严重的情节。”

（二）注意区分玩忽职守罪与工作失误的界限

国家机关工作人员在履行职责时，因制度不完善或设备故障等客观因素的限制，造成了公共财产、国家或者人民利益的重大损失，其主观上对危害结果的产生既无故意，也无过失，虽然后果严重，但是因为行为人主观上无罪过，因此不构成犯罪。具体来说，二者的区别主要表现在：

首先，客观方面的表现不同，工作失误表现为行为人不认真履行自己的工作和义务，而玩忽职守罪表现为行为人不履行或不正确履行自己的工作职责和义务。

其次，导致发生严重结果的原因不同，工作失误，是行为人意志以外的原因，如管理上存在弊端以及国家工作人员文化水平不高，技术水平、业务能力、业务素质较差，缺乏工作经验等，以致在积极工作中发生错误，造成国家和人民利益遭受重大损失。而玩忽职守罪，则是违反工作纪律和规章，对工作极端不负责任等行为造成国家和人民利益遭受重大损失。

六、本罪与相关犯罪的界限

（一）如何区分玩忽职守罪与滥用职权罪

玩忽职守罪与滥用职权罪的确有很多相同点，主要表现在：

1. 侵犯的客体相同。两罪侵犯的客体都是国家机关正常行使国家权力、管理国家事务的活动。这也是渎职罪的同类客体。虽然两罪往往还同时侵犯了公民的权利或者社会主义市场经济秩序，但两罪所侵犯的主要还是国家机关正常行使国家权力、管理国家事务的活动。因为滥用职权和玩忽职守罪从其引起的后果看，可能侵犯了公民的人身权利，引起人身伤亡，或者使公共财产、国家和人民财产造成重大损失，但这些都属于两罪社会危害性的客观表现，其本质仍然属于侵犯了国家机关的正常管理活动。

2. 主体相同。两罪的主体都是国家机关工作人员。至于什么是国家机关工作人员，其范围如何，我们在上文已作了详细的阐述，这里不再重复。

3. 客观方面有相同之处，都是结果犯，即滥用职权行为和玩忽职守行为只有“致使公共财产、国家和人民利益遭受重大损失”的，才构成犯罪。是否造成“重大损失”是区分罪与非罪的重要标准，未造成重大损失的，属于一般的渎职行为，可以由有关部门给予批评教育或者行政处分。

我们认为，两罪的不同点主要表现在以下三个方面：

1. 侵犯的直接客体不完全相同。虽然两罪都侵犯了国家机关正常行使国家权力、管理国家事务的活动，但两罪侵犯的直接客体又有所差别，前者是正当性，后者是勤政性。任何国家机关工作人员，都应当在职务活动中正确地履行职责，依法贯彻执行国家的方针、政策，一切胡作非为的滥用职权活动，都是对国家机关工作人员职务活动正当性原则的侵犯，从而危害到国家机关的正常管理活动。因此，滥用职权罪的直接客体是国家机关工作人员职务活动的正当性。任何国家机关工作人员，都应当恪尽职守，完成国家机关赋予的任务，一切擅离职守的不履行职责行为或马虎草率的不认真履行职责的行为，都是对国家机关工作人员职务活动勤政性原则的侵犯，从而危害到国家机关的正常管理活动。因此，玩忽职守罪的直接客体是国家机关工作人员职务活动的勤政性。

2. 客观方面有不同之处。首先，两罪的犯罪行为的性质和具体表现不同。滥用职权罪在客观方面的本质属性是对职权的“滥用”。这种“滥用”主要表现为两种情形：一是超越职权的滥用，即行为人超越法定权力范围，违法决定无权决定的事项、擅自处理无权处理的事务；二是在其职权范围内违法行使职权的滥用，即行为人在其职权范围内违反法定办事程序，胡作非为，随心所欲地违法处理公务。玩忽职守罪在客观方面的本质属性是对职守的“玩忽”。这种“玩忽”行为，主要表现为两种情形：一是不履行职责，即行为人严重不负责任，对法定职责义务，该为而不为，放弃职守、擅离岗位；二是不认真履行职责，即行为人严重不负责任，对法定职责义务，马虎草率、敷衍塞责。

其次，两罪的犯罪行为方式不同。据前文分析，滥用职权罪只能由作为构成，而玩忽职守罪既可以由作为构成，也可以由不作为构成，并且主要表现为不作为。滥用职权罪主要表现为以作为的方式超越法定职权，决定、处理无权处理的事项，或者违法行使职权，随心所欲地处理公务，也就是说，滥用职权罪的行为方式表现为作为。笔者认为，放弃职责的行为应当属于玩忽职守的客观表现，而不应归入滥用职权罪当中。所以滥用职权罪不可能由不作为构成。玩忽职守罪主要表现为以不作为的方式对工作严重不负责任，该为而不为，放弃职守、擅离岗位、不履行职责。但对玩忽职守是否可以由作为构成，则有不同认识。笔者认为，在履行职责中不认真、马虎草率、敷衍塞责，还是一种作为的方式，与不履行职责的放弃职守等不作为是有区别的，故不能认为玩忽职守罪只能由不作为方式构成。

最后，对犯罪成立所要求的危害不同。虽然两罪都是结果犯，但是鉴于滥用职权罪与玩忽职守罪的行为人在主观恶性上有一定的差异，故在《立案标准（试行）》中，对两种犯罪的危害结果要件作出了略有区别的司法解释。如滥用职权造成死亡 1 人，或者重伤 2 人、轻伤 5 人以上即可立案，而玩忽职守除造成死亡 1 人以外，还要重伤 3 人、轻伤 10 人以上才能立案；滥用职权造成直接经济损失达 20 万元即可立案，而玩忽职守则要 30 万元才能立案等。

3. 主观方面不同。滥用职权罪主要由故意构成，玩忽职守罪主要由过失构成。

（二）玩忽职守罪与危害公共安全罪的界限

有些危害公共安全罪的主体也可能是国家机关工作人员，这些犯罪与本罪的区别主要在于：

1. 玩忽职守罪只能由国家机关工作人员构成，而危害公共安全罪的主体可能是国家机关工作人员，也可能是其他职工。

2. 玩忽职守罪只能发生在国家机关工作人员履行法定义务的过程中，而危害公共安全罪一般发生在各种生产、作业以及直接从事指挥、作业的过程中。

3. 玩忽职守罪属于渎职罪，侵害的客体为国家机关的正常管理活动以及公共财产、国家和人民的利益，而危害公共安全罪所侵害的客体为公共安全。

（三）玩忽职守罪与本章其他玩忽职守犯罪的界限

《刑法》在第 397 条将玩忽职守罪规定为“口袋罪名”的同时，又在本章的其他条文中将一些由特定的国家工作人员在特定的领域内所实施的玩忽职守的行为规定为独立的犯罪。如《刑法》第399条第3款执行判决、裁定失职罪，第400条第2款失职致使在押人员脱逃罪，第406条国家机关工作人员签订、履行合同失职被骗罪，第408条环境监管失职罪，第409条传染病防治失职罪，第412条第2款商检失职罪，第413条第2款动植物检疫失职罪，第419条失职造成珍贵文物损毁、流失罪，以及其他章节第167条签订、履行合同失职被骗罪等。这些罪名与《刑法》第397条玩忽职守罪是特别法与一般法的关系。因此，凡是行为人的行为符合上述规定的，按照上述规定的犯罪定罪处罚，不能按玩忽职守罪处理。

《渎职司法解释（一）》第2条规定："国家机关工作人员实施滥用职权或者玩忽职守犯罪行为，触犯刑法分则第九章第三百九十八条至第四百一十九条规定的，依照该规定定罪处罚。

"国家机关工作人员滥用职权或者玩忽职守，因不具备徇私舞弊等情形，不符合刑法分则第九章第三百九十八条至第四百一十九条的规定，但依法构成第三百九十七条规定的犯罪的，以滥用职权罪或者玩忽职守罪定罪处罚。"

【办案依据】

一、《刑法》规定

第三百九十七条 国家机关工作人员滥用职权或者玩忽职守，致使公共财产、国家和人民利益遭受重大损失的，处三年以下有期徒刑或者拘役；情节特别严重的，处三年以上七年以下有期徒刑。本法另有规定的，依照规定。

国家机关工作人员徇私舞弊，犯前款罪的，处五年以下有期徒刑或者拘役；情节特别严重的，处五年以上十年以下有期徒刑。本法另有规定的，依照规定。

二、立法解释

（一）《全国人民代表大会常务委员会关于〈中华人民共和国刑法〉第九章渎职罪主体适用问题的解释》（2002年12月28日）

（参见本书滥用职权罪章）

（二）《全国人民代表大会常务委员会关于惩治骗购外汇、逃汇和非法买卖外汇犯罪的决定》（1998年12月29日）（节选）

六、（参见本书滥用职权罪章）

三、司法解释

（一）《最高人民法院、最高人民检察院关于办理渎职刑事案件适用法律若干问题的解释（一）》（2012年12月7日，法释〔2012〕18号）

（参见本书滥用职权罪章）

（二）《最高人民法院、最高人民检察院关于办理危害生产安全刑事案件适用法律若干问题的解释》（2015年12月14日，法释〔2015〕22号）（节选）

第十五条 （参见本书滥用职权罪章）

（三）《最高人民法院、最高人民检察院关于办理盗窃油气、破坏油气设备等刑事案件具体应用法律若干问题的解释》（2007年1月15日，法释〔2007〕3号）（节选）

第七条 （参见本书滥用职权罪章）

（四）《最高人民法院、最高人民检察院关于办理非法制造、买卖、运输、储存毒鼠强等禁用剧毒化学品刑事案件具体应用法律若干问题的解释》（2003年9月4日，法释〔2003〕14号）（节选）

第四条 （参见本书滥用职权罪章）

（五）《最高人民法院、最高人民检察院关于办理妨害预防、控制突发传染病疫情等灾害的刑事案件具体应用法律若干问题的解释》（2003年5月14日，法释〔2003〕8号）（节选）

第十五条 （参见本书滥用职权罪章）

四、司法文件

（一）《最高人民法院、最高人民检察院、公安部关于严格执行刑事诉讼法，切实纠防超期羁押的通知》（2003年11月12日，法〔2003〕163号）（节选）

五、（参见本书滥用职权罪章）

（二）《最高人民检察院关于属工人编制的乡（镇）工商所所长能否依照刑法第三百九十七条的规定追究刑事责任问题的批复》（2000年10月31日，高检发研字〔2000〕23号）

（参见本书滥用职权罪章）

（三）《最高人民检察院关于合同制民警能否成为玩忽职守罪主体问题的批复》（2000年10月9日，高检发研字〔2000〕20号）

（参见本书滥用职权罪章）

（四）《最高人民检察院关于镇财政所所长是否适用国家机关工作人员的批复》（2000年5月4日，高检发研字〔2000〕9号）

（参见本书滥用职权罪章）

（五）《最高人民法院、最高人民检察院、公安部、国家工商行政管理局关于依法查处盗窃、抢劫机动车案件的规定》（1998年5月8日，公通字〔1998〕31号）（节选）

九、（参见本书滥用职权罪章）

【指导性案例】

最高人民检察院指导性案例第8号杨某武玩忽职守、徇私枉法、受贿案

（2012年10月31日最高人民检察院第十一届检察委员会
第八十一次会议审议决定，2012年11月15日发布）

【关键词】

玩忽职守罪　徇私枉法罪　受贿罪　因果关系　数罪并罚

【要旨】

本案要旨有两点：一是渎职犯罪因果关系的认定。如果负有监管职责的国家机关工作人员没有认真履行其监管职责，从而未能有效防止危害结果发生，那么，这些对危害结果具有“原因力”的渎职行为，应认定与危害结果之间具有刑法意义上的因果关系。二是渎职犯罪同时受贿的处罚原则。对于国家机关工作人员实施渎职犯罪并收受贿赂，同时构成受贿罪的，除刑法第三百九十九条有特别规定的外，以渎职犯罪和受贿罪数罪并罚。

【相关立法】

《中华人民共和国刑法》第三百九十七条，第三百九十九条，第三百八十五条，第六十九条。

【基本案情】

被告人杨某武，男，1958年出生，原系深圳市公安局龙岗分局某派出所所长。

犯罪事实如下：

一、玩忽职守罪

1999年7月9日，王某（另案处理）经营的深圳市龙岗区歌舞厅经深圳市工商行政管理部门批准成立。2006年该歌舞厅被依法吊销营业执照。2007年9月8日，王某未经相关部门审批，在某村经营俱乐部，辖区派出所为某派出所。被告人杨某武自2001年10月开始担任某派出所所长。开业前几天，王某为取得某派出所对俱乐部的关照，在杨某武之妻何某初经营的酒家宴请了被告人杨某武等人。此后，责任区民警在对俱乐部采集信息建档和日常检查中，发现王某无法提供消防许可证、娱乐经营许可证等必需证件，提供的营业执照复印件上的名称和地址与实际不符，且已过有效期。杨某武得知情况后没有督促责任区民警依法及时取缔俱乐部。责任区民警还发现俱乐部经营过程中存在超时超员、涉黄涉毒、未配备专业保安人员、发生多起治安案件等治安隐患，杨某武既没有依法责令俱乐部停业整顿，也没有责令责任区民警跟踪监督俱乐部进行整改。

2008年3月，根据龙岗区“扫雷”行动的安排和部署，某派出所成立“扫雷”专项行动小组，杨某武担任组长。有关部门将俱乐部存在治安隐患和消防隐患等信息于2008年3月12日通报某派出所，但杨某武没有督促责任区民警跟踪落实整改措施，导致俱乐部的安全隐患没有得到及时排除。

2008年6月至8月期间，广东省公安厅组织开展“百日信息会战”，杨某武没有督促责任区民警如实上报俱乐部无证无照经营，没有对俱乐部采取相应处理措施。俱乐部未依照《中华人民共和国消防法》《建筑工程消防监督审核管理规定》等规定要求取得消防验收许可，未通过申报开业前消防安全检查，擅自开业、违法经营，营业期间不落实安全管理制度和措施，导致2008年9月20日晚发生特大火灾。在这起特大消防事故中，杨某武及其他有关单位的人员负有重要责任。

二、徇私枉法罪

2008年8月12日凌晨，江某、汪某蓉、赵某高等人在俱乐部消费后乘坐电梯离开时与同时乘坐电梯的另外几名顾客发生口角，俱乐部的保安员前来劝阻。争执过程中，俱乐部的保安员易某桂及员工罗某涛等五人与江某等人在俱乐部一楼发生打斗，致江某受轻伤、汪某蓉、赵某高受轻微伤。杨某武指示以涉嫌故意伤害对俱乐部罗某涛、易某桂等五人立案侦查。次日，某派出所依法对涉案人员刑事拘留。案发后，俱乐部负责人王某多次打电话给杨某武，并通过杨某武之妻何某初帮忙请求调解，要求使其员工免受刑事处罚。王某并为此在停车场处送给何某初人民币3万元。何某初收到钱后发短信告诉杨某武。杨某武明知该案不属于可以调解处理的案件，仍答应帮忙，并指派不是本案承办民警的刘某飚负责协调调解工作，于2008年9月6日促成双方以赔偿人民币11万元达成和解。杨某武随即安排办案民警将案件作调解结案。俱乐部有关人员于9月7日被解除刑事拘留，未被追究刑事责任。

三、受贿罪

2007年9月至2008年9月，杨某武利用职务便利，为俱乐部负责人王某谋取好处，单独收受或者通过妻子何某初收受王某好处费，共计人民币30万元。

【诉讼过程】

2008年9月28日，杨某武因涉嫌徇私枉法罪由深圳市人民检察院立案侦查，10月25日被刑事拘留，11月7日被逮捕，11月13日侦查终结移交深圳市龙岗区人民检察院审查起诉。2008年11月24日，深圳市龙岗区人民检察院以被告人杨某武犯玩忽职守罪、徇私枉法罪和受贿罪向龙岗区人民法院提起公诉。一审期间，延期审理一次。2009年5月9日，深圳市龙岗区人民法院作出一审判决，认为被告人杨某武作为某派出所的所长，对辖区内的娱乐场所负有监督管理职责，其明知俱乐部未取得合法的营业执照擅自经营，且存在众多消防、治安隐患，但严重不负责任，不认真履行职责，使本应停业整顿或被取缔的俱乐部持续违法经营达一年之久，并最终导致发生特大消防事故，造成了人民群众生命财产的重大损失，其行为已构成玩忽职守罪，情节特别严重；被告人杨某武明知俱乐部发生的江某等人被打案应予刑事处罚，不符合调解结案的规定，仍指示将该案件予以调解结案，构成徇私枉法罪，但是鉴于杨某武在实施徇私枉法行为的同时有受贿行为，且该受贿事实已被起诉，依照刑法第三百九十九条的规定，应以受贿罪一罪定罪处罚；被告人杨某武作为国家工作人员，利用职务上的便利，非法收受俱乐部负责人王某的巨额钱财，为其谋取利益，其行为已构成受贿罪；被告人杨某武在未被采取强制措施前即主动交代自己全部受贿事实，属于自首，并由其妻何某初代为退清全部赃款，依法可以从轻处罚。依照《中华人民共和国刑法》第三百九十七条第一款、第三百九十九条第一款、第四款、第三百八十五条第一款、第三百八十六条、第三百八十三条第一款第（一）项、第二款、第六十四条、第六十七条第一款、第六十九条第一款之规定，判决被告人杨某武犯玩忽职守罪，判处有期徒刑五年；犯受贿罪，判处有期徒刑十年；总和刑期十五年，决定执行有期徒刑十三年；追缴受贿所得的赃款人民币30万元，依法予以没收并上缴国库。一审判决后，被告人杨某武在法定期限内没有上诉，检察机关也没有提出抗诉，一审判决发生法律效力。

第三章 故意泄露国家秘密罪 过失泄露国家秘密罪

【立案追诉标准】

故意泄露国家秘密案（《刑法》第398条）

一、涉嫌故意泄露国家秘密行为，具有下列情形之一的，应予立案：

1. 泄露绝密级国家秘密1项（件）以上的；

2. 泄露机密级国家秘密2项（件）以上的；

3. 泄露秘密级国家秘密3项（件）以上的；

4. 向非境外机构、组织、人员泄露国家秘密，造成或者可能造成危害社会稳定、经济发展、国防安全或者其他严重危害后果的；

5. 通过口头、书面或者网络等方式向公众散布、传播国家秘密的；

6. 利用职权指使或者强迫他人违反国家保守秘密法的规定泄露国家秘密的；

7. 以牟取私利为目的泄露国家秘密的；

8. 其他情节严重的情形。

二、故意泄露国家秘密重特大案

（一）重大案件

1. 故意泄露绝密级国家秘密1项以上，或者泄露机密级国家秘密3项以上，或者泄露秘密级国家秘密5项以上的；

2. 故意泄露国家秘密造成直接经济损失50万元以上的；

3. 故意泄露国家秘密对国家安全构成严重危害的；

4. 故意泄露国家秘密对社会秩序造成严重危害的。

（二）特大案件

1. 故意泄露绝密级国家秘密 2 项以上，或者泄露机密级国家秘密 5 项以上，或者泄露秘密级国家秘密 7 项以上的；

2. 故意泄露国家秘密造成直接经济损失 100 万元以上的；

3. 故意泄露国家秘密对国家安全构成特别严重危害的；

4. 故意泄露国家秘密对社会秩序造成特别严重危害的。

过失泄露国家秘密案（《刑法》第 398 条）

一、涉嫌过失泄露国家秘密罪，具有下列情形之一的，应予立案：

1. 泄露绝密级国家秘密 1 项（件）以上的；

2. 泄露机密级国家秘密 3 项（件）以上的；

3. 泄露秘密级国家秘密 4 项（件）以上的；

4. 违反保密规定，将涉及国家秘密的计算机或者计算机信息系统与互联网相连接，泄露国家秘密的；

5. 泄露国家秘密或者遗失国家秘密载体，隐瞒不报、不如实提供有关情况或者不采取补救措施的；

6. 其他情节严重的情形。

二、过失泄露国家秘密重特大案

（一）重大案件

1. 过失泄露绝密级国家秘密 1 项以上，或者泄露机密级国家秘密 5 项以上，或者泄露秘密级国家秘密 7 项以上并造成严重危害后果的；

2. 过失泄露国家秘密造成直接经济损失 100 万元以上的；

3. 过失泄露国家秘密对国家安全构成严重危害的；

4. 过失泄露国家秘密对社会秩序造成严重危害的。

（二）特大案件

1. 过失泄露绝密级国家秘密2项以上，或者泄露机密级国家秘密7项以上，或者泄露秘密级国家秘密10项以上的；

2. 过失泄露国家秘密造成直接经济损失200万元以上的；

3. 过失泄露国家秘密对国家安全构成特别严重危害的；

4. 过失泄露国家秘密对社会秩序造成特别严重危害的。

《最高人民检察院关于渎职侵权犯罪案件立案标准的规定》（2006年7月26日）；《人民检察院直接受理立案侦查的渎职侵权重特大案件标准（试行）》（2001年8月4日）

【犯罪构成及刑事责任】

故意泄露国家秘密罪是指国家机关工作人员或者非国家机关工作人员违反保守国家秘密法，故意使国家秘密被不应知悉者知悉，或者故意使国家秘密超出了限定的接触范围，情节严重的行为。构成本罪需要具备以下四个要件：

1. 客体要件。本罪侵犯的客体是国家的保密制度。国家秘密，是关系到国家安全和利益，依照法律规定的程序确定，在一定时间内只限于一定范围的人员知晓的事项。保守国家秘密是一切国家机关、武装力量、政党、社会团体、企事业单位和每个公民对国家应尽的义务，它是一项维护国家安全和利益、保卫和促进社会主义建设事业发展的重要工作。任何泄露国家机密的行为，都会给国家的安全和人民的利益造成严重危害。

本罪的犯罪对象是国家秘密。根据1988年颁布，2010年修订的《中华人民共和国保守国家秘密法》（以下简称《保守国家秘密法》）第9条规定，国家秘密主要包括：（1）国家事务重大决策中的秘密事项；（2）国防建设和武装力量活动中的秘密事项；（3）外交和外事活动中的秘密事项以及对外承担保密义务的秘密事项；（4）国民经济和社会发展中的秘密事项；（5）科学技术中的秘密事项；（6）维护国家安全活动和追查刑事犯罪中的秘密事项；（7）经国家保密行政管理部门确定的其他秘密事项。另外，政党的秘密事项中符合国家秘密性质的，也属于国家秘密。至于具体的保密范围，则由国家保密行政管理部门分别会同外交、公安、国家安全和其他中央有关机关规定，并且根据该法第 10 条规定的秘密程度分类。

依照《保守国家秘密法》第 10 条的规定，国家秘密的密级分为“绝密”“机密”“秘密”三级。“绝密”是最重要的国家秘密，泄露会使国家的安全和利益遭受特别严重的损害；“机密”是重要的国家秘密，泄露会使国家的安全和利益遭受严重的损害；“秘密”是一般的国家秘密，泄露会使国家的安全和利益遭受损害，作为本罪对象的秘密，则只要是国家秘密级的秘密即可。

2. 客观要件。本罪在客观方面表现为行为人必须具有违反国家保密法的规定，故意泄露国家秘密，情节严重的行为。所谓国家保密法，主要是指《保守国家秘密法》以及 2014 年 3 月 1 日开始实施的《中华人民共和国保守国家秘密法实施条例》。各个有关的国家机关，依据国家保密法所规定的保密范围、保密制度和职责、要求结合本部门、本单位的实际情况所作的具体保密规定，都是国家保密法的具体实施规定，违反了这些具体实施规定的，必然违反保密法规，所以在司法实践中都认为属于违反国家保密法的行为。

所谓泄露，就是行为人把自己掌管的或者知道的国家秘密让不应该知道的人知道，或者使国家秘密超出了限定的接触范围。泄露行为的方式可以是多种多样的，可以是口头泄露，也可以是书面泄露；可以是用交实物的方法泄露，也可以是用密写、影印、拍摄、复制等方法泄露，泄露的方式不同，不影响泄露国家秘密罪的成立。但是，如果是他人以盗窃、侦察、破译、遥测等方式获取了秘密，而本人没有违反保密法规定，不属于泄露国家秘密罪的行为，不能据此而追究主管、经管该项秘密的人员或其他有关人员的泄密责任。

泄露国家秘密，必须是情节严重的，才构成犯罪。《渎职立案标准》规定了故意泄露国家秘密的 8 种情形，应予立案。(参见上述立案追诉标准)

3. 主体要件。本罪的主体一般情况下为特殊主体，只有国家机关工作人员才能构成本罪，因为通常情况下只有国家机关工作人员才能掌握、了解国家秘密，非国家机关工作人员也可构成本罪，但性质上不属于渎职罪。为方便起见，本法在条文中作统一规定予以定罪处罚。

4. 主观要件。本罪在主观方面表现为故意，过失不能构成本罪。其动机则多种多样，如为了显示自己消息灵通而加以炫耀；为了贪图私利而加以出售；因贪恋女色或碍于情面而泄露；被威胁利诱而提供等。

过失泄露国家秘密罪是指国家机关工作人员或者非国家机关工作人员违反保守国家秘密法，过失泄露国家秘密，或者遗失国家秘密载体，致使国家秘密被不应知悉者知悉或者超出了限定的接触范围，情节严重的行为。构成本罪需要具备以下四个要件：

1. 客体要件。本罪所侵害的客体是国家保密制度。

2. 客观要件。本罪在客观方面表现为违反国家保密法的规定，过失泄露国家秘密或者遗失国家秘密载体，致使国家秘密被不应知悉者知悉或者超出了限定的接触范围，情节严重的行为。《渎职立案标准》规定了过失泄露国家秘密的6种情形，应予立案。(参见上述立案追诉标准)

3. 主体要件。本罪的主体一般情况下为特殊主体，只有国家机关工作人员才能构成本罪。因为通常情况只有国家机关工作人员才能掌握、了解国家秘密。但是非国家机关工作人员亦可构成本罪，而成为本罪主体。

4. 主观要件。本罪在主观方面表现为过失，如果出于故意，则不是构成本罪而是构成故意泄露国家秘密罪。过失，一般是因为疏忽大意、工作马虎、玩忽职守、违反保守国家秘密的有关规章制度等造成，如将保密文件不按规定放置而让他人看见，不认真保管致使丢失等，但也不排除出于过于自信的过失。

根据《刑法》第398条规定，故意或者过失泄露国家秘密，情节严重的，处三年以下有期徒刑或者拘役；情节特别严重的，处三年以上七年以下有期徒刑。

非国家机关工作人员犯前款罪的，依照前款的规定酌情处罚。

【疑难指导】

如何理解“国家秘密”

(一) 国家秘密的概念

所谓秘密是与公开相对而言的，就是个人或集团在一定的时间和范围内，为保护自身的安全和利益，需要加以隐蔽、保护、限制、不让外界客体知悉的事项的总称。构成秘密的基本要素有三点：一是隐蔽性；二是莫测性；三是时间性。一般来说，秘密都是暂时的、相对的和有条件的，这是由秘密的性质所决定的。

《保守国家秘密法》第 2 条规定："国家秘密是关系国家安全和利益，依照法定程序确定，在一定时间内只限一定范围的人员知悉的事项。"根据《保守国家秘密法》第 10 条的规定，国家秘密的密级分为"绝密""机密""秘密"三级。"绝密"是最重要的国家秘密，泄露会使国家的安全和利益遭受特别严重的损害；"机密"是重要的国家秘密，泄露会使国家的安全和利益遭受严重的损害；"秘密"是一般的国家秘密，泄露会使国家的安全和利益遭受损害。应当指出的是，根据 1979 年《刑法》第 186 条的规定，只有泄露国家重要机密，情节严重的，才构成犯罪。我国过去的司法实践，一般是把属于"机密""绝密"的秘密事项视为重要机密，而现行《刑法》对此作了修改，即凡是由国家保密工作部门确定密级和在保密期限内的国家秘密事项，都可以构成本罪的犯罪对象。也就是说，根据现行《刑法》的规定，泄露"秘密"级的国家秘密也可以构成本罪。

（二）国家秘密的特征

按照上述规定，"国家秘密"具备三个基本特征：

1. "关系国家安全和利益"，这是构成国家秘密的关键性要素，是国家秘密的本质特征，也是区分国家秘密与非国家秘密的主要标准。

2. "依照法定程序确定"，这是国家秘密的程序特征。关系国家安全和利益的事项，必须在履行确定相应密级的程序后，才能成为法律认可的国家秘密。所谓法定程序，是指《保守国家秘密法》和《中华人民共和国保守国家秘密法实施条例》就确定、变更国家秘密的密级和保密期限及解密所作出的一系列相应的规定。这些规定，分列在《保守国家秘密法》第 10 条至第 16 条和《中华人民共和国保守国家秘密法实施条例》第二章中。国家秘密的这一要素，是强调确定国家秘密的统一性与合法性，防止主观随意性，从而保证定密的严肃性，避免随意确定国家秘密及其密级所造成的混乱现象。

3. "在一定时间内只限一定范围的人员知悉"，这是国家秘密的时空特征。关系国家安全和利益的事项，一旦经过法定程序确定为国家秘密就必须限定在"一定时间内"，且只能是"一定范围的人员"才能知悉，不得为"一定范围"以外的人员知悉。

国家秘密的上述三个组成要素或基本特征，是互相联系、缺一不可的。虽关系国家的安全和利益，但并不要求限制或不可能限制知悉范围和时间的，就不应确定为国家秘密。某一事项关系国家安全和利益，又必须限制知悉范围，但未依照法定程序确定和标明其为国家秘密，则发生泄密后，除追究泄密者的责任外，还要追究不按规定确定和标明国家秘密及其密级的有关单位和人员的责任。

（三）国家秘密的范围

按照《保守国家秘密法》第 9 条和第 11 条的规定，国家秘密又分为基本范围和具体范围。

第 9 条规定了国家秘密的基本范围，国家秘密包括下列秘密事项：

1. 国家事务重大决策中的秘密事项；
2. 国防建设和武装力量活动中的秘密事项；
3. 外交和外事活动中的秘密事项以及对外承担保密义务的秘密事项；
4. 国民经济和社会发展中的秘密事项；
5. 科学技术中的秘密事项；
6. 维护国家安全活动和追查刑事犯罪中的秘密事项；
7. 经国家保密行政管理部门确定的其他秘密事项。

政党的秘密事项中符合前款规定的，属于国家秘密。

《保守国家秘密法》第 11 条规定，国家秘密及其密级的具体范围，由国家保密行政管理部门分别会同外交、公安、国家安全和其他中央有关机关规定。军事方面的国家秘密及其密级的具体范围，由中央军事委员会规定。国家秘密及其密级的具体范围的规定，应当在有关范围内公布，并根据情况变化及时调整。

【办案依据】

一、《刑法》规定

第三百零八条之一 司法工作人员、辩护人、诉讼代理人或者其他诉讼参与人，泄露依法不公开审理的案件中不应当公开的信息，造成信息公开传播或者其他严重后果的，处三年以下有期徒刑、拘役或者管制，并处或者单处罚金。

有前款行为，泄露国家秘密的，依照本法第三百九十八条的规定定罪处罚。

公开披露、报道第一款规定的案件信息，情节严重的，依照第一款的规定处罚。

单位犯前款罪的，对单位判处罚金，并对其直接负责的主管人员和其他直接责任人员，依照第一款的规定处罚。

第三百九十八条　国家机关工作人员违反保守国家秘密法的规定，故意或者过失泄露国家秘密，情节严重的，处三年以下有期徒刑或者拘役；情节特别严重的，处三年以上七年以下有期徒刑。

非国家机关工作人员犯前款罪的，依照前款的规定酌情处罚。

二、司法解释

《最高人民法院关于审理为境外窃取、刺探、收买、非法提供国家秘密、情报案件具体应用法律若干问题的解释》（2001年1月17日，法释〔2001〕4号）（节选）

第六条　通过互联网将国家秘密或者情报非法发送给境外的机构、组织、个人的，依照刑法第一百一十一条的规定定罪处罚；将国家秘密通过互联网予以发布，情节严重的，依照刑法第三百九十八条的规定定罪处罚。

第七条　审理为境外窃取、刺探、收买、非法提供国家秘密案件，需要对有关事项是否属于国家秘密以及属于何种密级进行鉴定的，由国家保密工作部门或者省、自治区、直辖市保密工作部门鉴定。

第四章 徇私枉法罪

【立案追诉标准】

徇私枉法案（《刑法》第 399 条第 1 款）

一、涉嫌下列情形之一的，应予立案：

1. 对明知是没有犯罪事实或者其他依法不应当追究刑事责任的人，采取伪造、隐匿、毁灭证据或者其他隐瞒事实、违反法律的手段，以追究刑事责任为目的立案、侦查、起诉、审判的；

2. 对明知是有犯罪事实需要追究刑事责任的人，采取伪造、隐匿、毁灭证据或者其他隐瞒事实、违反法律的手段，故意包庇使其不受立案、侦查、起诉、审判的；

3. 采取伪造、隐匿、毁灭证据或者其他隐瞒事实、违反法律的手段，故意使罪重的人受较轻的追诉，或者使罪轻的人受较重的追诉的；

4. 在立案后，采取伪造、隐匿、毁灭证据或者其他隐瞒事实、违反法律的手段，应当采取强制措施而不采取强制措施，或者虽然采取强制措施，但中断侦查或者超过法定期限不采取任何措施，实际放任不管，以及违法撤销、变更强制措施，致使犯罪嫌疑人、被告人实际脱离司法机关侦控的；

5. 在刑事审判活动中故意违背事实和法律，作出枉法判决、裁定，即有罪判无罪、无罪判有罪，或者重罪轻判、轻罪重判的；

6. 其他徇私枉法应予追究刑事责任的情形。

二、徇私枉法重特大案

（一）重大案件

1. 对依法可能判处三年以上七年以下有期徒刑的犯罪分子，故意包庇不使其受追诉的；

2. 致使无罪的人被判处三年以上七年以下有期徒刑的。

（二）特大案件

1. 对依法可能判处七年以上有期徒刑、无期徒刑、死刑的犯罪分子，故意包庇不使其受追诉的；

2. 致使无罪的人被判处七年以上有期徒刑、无期徒刑、死刑的。

《最高人民检察院关于渎职侵权犯罪案件立案标准的规定》（2006 年 7 月 26 日）；《人民检察院直接受理立案侦查的渎职侵权重特大案件标准（试行）》（2001 年 8 月 4 日）

【犯罪构成及刑事责任】

徇私枉法罪，是指司法工作人员徇私枉法、徇情枉法，对明知是无罪的人而使他受追诉，对明知是有罪的人而故意包庇不使他受追诉，或者在刑事审判活动中故意违背事实和法律作枉法裁判的行为。构成本罪需要具备以下四个要件：

1. 客体要件。本罪侵害的客体，是司法机关的正常管理活动。侵害的对象，既包括有罪的人，也包括无罪的人。这里的“人”既包括犯罪的个人（自然人），也包括企事业单位（法人）。

2. 客观要件。本罪在客观方面，主要表现为三种行为方式：一是明知是无罪的人而使他受追诉；二是明知是有罪的人而故意包庇不使他受追诉；三是在刑事审判活动中故意违背事实和法律作枉法裁判。至于具体方法、手段可能是多种多样的，如自己或指示他人收集、制造假的证据材料，篡改、毁灭足以证实事实真相的证据材料，歪曲事实，曲解法律或违反诉讼程序等。尽管徇私枉法行为可能发生在刑事诉讼的各个环节，行为的方法、手段各种各样，但其结果都是为了使无罪的人受到追诉，使有罪的人不受追诉，或者作出枉法裁判。当然是否实际发生了所预期的结果，不影响犯罪的成立。

司法工作人员成立徇私枉法罪的上述行为，必须是司法工作人员利用其职权来进行。如果虽是司法人员，但他包庇罪犯或陷害他人，没有利用他的职权，则不能构成本罪。如果其行为构成其他犯罪，如包庇罪、伪证罪、诬告陷害罪，则应按《刑法》所规定的各犯罪定罪处罚。

3. 主体要件。本罪的主体，是特殊主体，即司法工作人员。根据《刑法》第94条的规定，本法所称司法工作人员，是指有侦查、检察、审判、监管职责的工作人员。

4. 主观要件。本罪在主观上是故意，即必须是明知有罪而故意包庇，明知无罪而故意陷害，或者故意作枉法裁判。过失不能构成本罪。

根据《刑法》第399条第1款、第4款的规定，犯本罪的，处五年以下有期徒刑或者拘役；情节严重的，处五年以上十年以下有期徒刑；情节特别严重的，处十年以上有期徒刑。司法工作人员贪赃枉法，犯有本罪行为的，同时又构成受贿罪的，依照处罚较重的规定定罪处罚。

【疑难指导】

一、“徇私”的理解和认定

（一）“徇私”是主观内容还是客观表现

目前一般认为，“徇私”是徇私枉法罪主观方面的犯罪动机。我国刑法理论认为，犯罪动机是指刺激犯罪人实施犯罪行为以达到犯罪目的的内心冲动或者内心起因。“徇私”完全符合犯罪目的的特征：（1）徇私徇情中的“徇”字即有因为、依从之意；（2）徇私、徇情是一个非常不确定的概念，具有内在性、不确定性和隐蔽性，符合动机的客观表现；（3）私情、私利应当是刺激、促使司法工作人员实施枉法行为的内心原动力，在这种动力起因的驱使下，行为人希望通过实施枉法行为达到枉法目的来满足这种动因；（4）徇私、徇情产生于实施犯罪行为之前，而枉法的目的则是与犯罪行为并生的，这也符合动机与目的的逻辑关系。

认为“徇私”是徇私枉法罪客观方面表现的观点，既不符合立法原意，也不切合司法实际。首先，从《刑法》第 399 条第 1 款的规定来看，徇私、徇情主要是指行为人的一种主观动机，其并不要求这种犯罪动机必须客观外化为一种徇私行为，并决定着犯罪的成立。其次，就司法实践来看，虽然在很多情况下会出现徇私行为与枉法行为相伴产生，如贪赃枉法，但是，在有些情况下构成本罪根本不可能存在独立的徇私行为，犯罪人的动机完全是通过其枉法追诉或裁判行为得以实现的。例如，出于袒护亲友或泄愤报复而枉法追诉、裁判的，在客观方面除了表现出枉法行为外，并不可能存在实际的徇私行为。

（二）"徇私"是不是本罪的必备构成要件

从当前刑法规定的实然性的角度来看，虽然传统刑法理论认为，犯罪动机不是犯罪构成的必要要件，它不影响犯罪的性质，只是衡量犯罪社会危害程度的一个因素，但是，从《刑法》第 399 条第 1 款关于本罪罪状的表述及最高人民法院、最高人民检察院关于本罪所确定的罪名来看，应当将"徇私、徇情"这一犯罪动机理解为本罪构成要件之一。犯罪动机成为犯罪构成要件在我国有立法例。如《刑法》对挪用公款罪的规定，出于非法活动或营利或个人使用的三种动机之一，就是构成该罪的必要要件；又如行贿罪中也明确规定了"为谋取不正当利益"这一动机要件。

（三）"徇私"的内涵是什么

何谓"徇私"，其内涵是什么，《刑法》法条中没有明确规定，最高人民检察院关于立案标准的司法解释也未加以阐释。1997 年《刑法》修改前，1996 年《最高人民检察院关于办理徇私舞弊犯罪案件适用法律若干问题的解释》对徇私的具体含义作过如下规定：司法工作人员，"为贪图钱财、袒护亲友、泄愤报复，或者其他私情私利，具有下列行为之一的，应当依照刑法第 188 条的规定追究刑事责任"。虽然该司法解释是在《刑法》修改前作出的，现已失效，但它对我们当前正确理解"徇私"的内涵仍具参考价值。根据该解释，"徇私"包括两个方面：一是徇私，二是徇情。1997 年修订《刑法》对此也予以了明确。通常认为，所谓"徇私"，即是指为了个人利益而枉法，主要是指贪图钱财而枉法；"徇情"，即是指屈从私情而枉法，主要表现为出于私人关系或感情、袒护亲友或者泄愤报复而枉法。司法实践部门一直以来也是持这种观点。1997 年修订的《刑法》之所以将

“徇情”从“徇私”的情形中特别提出来加以规定，是因为在过去的司法实践中，很多司法人员往往不自觉地把“徇私”等同于贪图钱财，把“徇情”排除在外，对立法本意理解不全面。1997年修订的《刑法》将“徇情”从“徇私”中单独列出，以突出“徇情”也是该罪成立的一个重要的犯罪动机，也就是说，“徇情”本质上应当包含在“徇私”之中。

“徇私”中“私”的范围，学界有不同的认识。《立案标准（试行）》规定：直接负责的主管人员和其他责任人员为牟取本单位的私利而不移交刑事案件，情节严重的，应予立案。这种观点认为，渎职罪的主要特征在于渎职而不在于贪利。从立法原意上看，徇私不仅包括行为人通过自己的渎职行为获取一定的财产性利益（实物、货币等），也包括非财产性利益（如提拔升迁、子女就业等），还包括人情关系。从行为性质看，徇个人之私与徇小团体之私均违反了国家的根本利益，本质特征具有同一性，且后者的危害性往往胜于前者。从司法实践来看，为谋取小团体利益而实施的渎职犯罪行为屡见不鲜，行为人一般也可以从中获得直接的财产性利益或工作、生活条件的改善等。此外，如果把《刑法》第九章渎职罪的相关犯罪中涉及徇小团体利益之私的行为都以第397条规定的滥用职权罪或玩忽职守罪追究刑事责任，那么该条就将衍化为新的“口袋罪”，这也是与《刑法》的修改和立法的精神相背离的。而《全国法院审理经济犯罪案件工作座谈会纪要》第6条第4项指出：徇私舞弊型渎职犯罪的“徇私”应理解为徇个人私情、私利。国家机关工作人员为了本单位的利益，实施滥用职权、玩忽职守行为，构成犯罪的，依照《刑法》第397条第1款的规定定罪处罚。

《渎职司法解释（一）》第2条规定：“国家机关工作人员实施滥用职权或者玩忽职守犯罪行为，触犯刑法分则第九章第三百九十八条至第四百一十九条规定的，依照该规定定罪处罚。国家机关工作人员滥用职权或者玩忽职守，因不具备徇私舞弊等情形，不符合刑法分则第九章第三百九十八条至第四百一十九条的规定，但依法构成第三百九十七条规定的犯罪的，以滥用职权罪或者玩忽职守罪定罪处罚。”

《渎职司法解释（一）》未对“徇私”的理解作出明确规定，但本条规定实际上间接回应了徇私舞弊的理解和相关定罪思路，即在坚持“徇私”应为徇个人私情、私利的基础上，通过转适用一般罪名解决为单位利益实施的渎职行为的刑事责任追究问题。

二、如何理解“有罪的人”

《刑法》对徇私枉法罪主观方面明知的内容作了具体的规定，即明知是无罪的人而使他受追诉，明知是有罪的人而故意包庇不使他受追诉。对于什么是“有罪的人”，实践中有模糊认识，虽然从文理解释的角度看，“有罪的人”应当被理解为被司法机关判决有罪的人，而且我国刑事诉讼法第 12 条明文规定：未经人民法院依法判决，对任何人都不得确定有罪。但是，在司法实践当中，司法工作人员的徇私枉法，只能在他们的具体案件的执法过程中，而此时，涉案的有关人员，都是未经司法机关判决有罪的人。如果将“有罪的人”界定为已被法院判决的人，一方面没有对他枉法的可能，从逻辑上产生矛盾；另一方面必然导致部分司法工作人员利用自己职务之便故意包庇放纵犯罪的枉法行为无法纳入徇私枉法罪，其结果是放纵了徇私枉法犯罪人。《立案标准（试行）》中将“有罪的人”解释为“明知有犯罪事实需要追究刑事责任的人”。可见，所谓“有罪的人”应是：具有确凿的犯罪证据，能够证明其犯罪事实，需要追究刑事责任的人。此外，所谓“追诉”，是指司法机关或者依法有告诉权的人对犯有罪行的人，依照法律规定提起诉讼，以追究其刑事责任的活动。因此，从广义上讲，追诉逻辑外延，既包括对立案前的举报、控告、自首等材料的审查，又包括立案、侦查、起诉与审判以及审判监督程序等内容。与此相适应，“有罪的人”应当包括立案、侦查、起诉与审判等过程中的犯罪嫌疑人、被告人和罪犯。

三、“枉法”的理解和认定

所谓“枉法”，一般是指执法的人歪曲和破坏法律。根据《刑法》的规定，徇私枉法罪中的“枉法”是指司法工作人员在刑事诉讼过程中违背事实和法律进行追诉、裁判或者不进行刑事追诉的行为。具体而言，刑事枉法是由违背事实和枉法追诉裁判这两个部分有机组成的。其一，违背事实是行为人的手段行为，是实现枉法目的的重要途径。实践中，在绝大多数情况下，行为人是通过伪造、篡改、隐匿或毁灭案件事实证据等手段，进而实施枉法追诉或者枉法裁判行为的。当然，不排除个别情况下行为人并不违背案件事实，而直接歪曲法律进行枉法追诉或裁判。其二，枉法追诉和裁判是行为人的目的行为，是本罪客观方面的核心与关键。根据《刑法》第399条第1款的规定，枉法追诉与枉法裁判是指对明知有罪之人而使其不受追诉，对明知无罪之人而使其受追诉，以及使有罪者判无罪或重罪轻判、轻罪重判，或者使无罪者判有罪的行为。

根据不同的标准，可以对“枉法行为”进行以下几种分类：

根据枉法行为实施的阶段不同，可以将枉法行为分为两种：其一，枉法追诉行为，指侦查、检察人员在刑事侦查或者起诉（包括抗诉）活动中违背事实和法律所实施的刑事追诉行为；其二，枉法裁判行为，指审判人员在刑事审判活动中违背事实和法律所实施的刑事审判行为。

根据枉法行为的对象不同，可以将枉法行为分为对无罪之人的枉法和对有罪之人的枉法。前者是指对明知是无罪之人而使其受到刑事追诉或被判有罪；后者是指对有罪之人进行枉法追诉或裁判。具体来讲，对有罪之人的枉法行为包括以下几种情况：（1）对明知是有罪之人而使其不受追诉或判其无罪。（2）对有罪之人故意加重或故意减轻追诉（以下简称故重故轻追诉）。（3）对有罪之人故意重罪轻判或轻罪重判。

根据危害行为的表现形式为标准，枉法行为可以分为作为形式的枉法和不作为形式的枉法。对明知是无罪的人而使他受追诉，以及在刑事审判活动中故意违背事实和法律作枉法裁判这两种枉法行为显然只能由作为构成，应属于作为形式的枉法行为。对明知是有罪的人而不使他受追诉这种枉法行为可以采取作为的形式实施，也可以采取不作为的形式实施，实践中作为的形式更为常见。

四、行为人“利用职务之便”是不是本罪的构成要件

虽然徇私枉法罪是典型的职务犯罪中的一种，但是当前的《刑法》条文和司法解释均未明确规定“利用职务之便”是构成该罪的必备要件。我们认为，“利用职务之便”应当是该罪的必备要件之一。其原因如下：

一是由徇私枉法罪的渎职性决定的。渎职犯罪莫不与职务相联系，莫不利用职务滥用职权或不履行职责。所谓“渎”应指职务上的作为与不作为，“职”是指职权与职责的统一，渎职应指亵渎职责和职权，即应为职责而不为职责或不应为职权而为职权；同时，渎职应是渎本人之职，即利用职务便利是利用本人职务上的便利，而非利用他人职务上的便利。徇私枉法罪作为典型的渎职犯罪，其渎职性决定了行为人欲徇私枉法必然渎本人之职，而渎职必然是利用职务上的便利。

二是由徇私枉法罪的犯罪构成决定的。徇私枉法罪的主体是司法工作人员，侵害的客体是司法机关的正常活动与司法公正，犯罪主体对客体的侵害是通过“出入人罪”即包庇放纵有罪的人或枉法追诉无罪的人来实现的。司法工作人员不是利用职务便利包庇放纵有罪的人或枉法追诉无罪的人，侵害的客体是社会管理秩序中的司法秩序或公民的人身权利，而不是侵害司法机关的正常活动与司法公正，其没有侵害徇私枉法罪的客体，当然不符合徇私枉法罪的犯罪构成。

三是在法律规定中体现的。《立案标准（试行）》“（五）枉法追诉、裁判案”中规定：“……在立案后，故意违背事实和法律，应该采取强制措施而不采取强制措施，或者虽然采取强制措施，但无正当理由中断侦查或者超过法定期限不采取任何措施，实际放任不管，以及违法撤销、变更强制措施，致使犯罪嫌疑人、被告人实际脱离司法机关侦控的……”这一关于徇私枉法罪规定中的“立案”“采取强制措施”“撤销、变更强制措施”，无一不是需要由司法人员“利用职务上的便利”才能完成。

五、违法采取或变更强制措施的认定

徇私枉法罪在很多情况下表现为行为人非法采取强制措施或非法变更强制措施追究当事人的刑事责任，或者借此帮助犯罪分子逃避刑事追究。其中有两个问题的认定需要进一步明确和廓清，使司法工作者在处理相关案件时有一个清晰的思路：

（一）对明知是无罪的人采取强制措施的，行为人是否构成徇私枉法罪

如果行为人为徇私、徇情，以追究刑事责任为目的，对明知是无罪的人采取强制措施的，则行为人构成该罪，否则不构成该罪。司法实践中，对明知是无罪的人采取强制措施而构成徇私枉法罪的认定要符合三个条件：（1）被采取强制措施的对象是无罪的人，既包括没有证据证明实施了犯罪行为的人，也包括根据《刑法》第13条规定情节显著轻微、危害不大，不认为是犯罪的人；（2）行为人采取强制措施的目的是追究刑事责任；（3）客观上实施了对无罪的人采取强制措施的行为。

（二）对明知是有罪的人不采取强制措施或者违法撤销、变更强制措施，行为人是否构成徇私枉法罪

这样的行为原则上都应以徇私枉法罪论处。根据《渎职立案标准》，在立案

后，采取伪造、隐匿、毁灭证据或者其他隐瞒事实、违反法律的手段，应当采取强制措施而不采取强制措施，或者虽然采取强制措施，但中断侦查或者超过法定期限不采取任何措施，实际放任不管，以及违法撤销、变更强制措施，致使犯罪嫌疑人、被告人实际脱离司法机关侦控的，应予立案。在具体认定上，应具备下列三个条件：（1）行为人主观上具有徇私、徇情的犯罪动机；（2）明知对犯罪嫌疑人、被告人不采取强制措施不足以防止其社会危害性，仍然不采取强制措施或者变更为其他如取保候审、监视居住措施；（3）行为人不采取强制措施或者改变强制措施的行为违反了刑事诉讼法关于对犯罪嫌疑人采取强制措施的条件规定；（4）造成犯罪嫌疑人、被告人脱离司法机关侦控，或毁灭、伪造证据，使司法机关无法追究其刑事责任的后果。如果行为人虽然对犯罪嫌疑人、被告人变更了强制措施，违背了刑事诉讼法的有关规定，但其并未终止对犯罪行为的调查，也未放任不管，犯罪嫌疑人、被告人能够遵守有关规定，在传讯的时候及时到案，没有毁灭、伪造证据等行为的，不应以徇私枉法罪追究刑事责任。

六、如何办理“故重故轻追诉”的案件

根据《刑法》规定，徇私枉法罪在客观方面只规定了三种行为方式。但是，在司法实践中尚存在大量故意进行加重追诉或者故意进行减轻追诉的行为（即故重故轻追诉）。所谓故重追诉，是指刑事司法工作人员徇私枉法、徇情枉法对明知是犯有较轻罪行的犯罪嫌疑人、被告人故意以较重罪行进行追诉。所谓故轻追诉，是指刑事司法工作人员徇私枉法、徇情枉法，对明知是犯有较重罪行的犯罪嫌疑人、被告人故意追诉其较轻的刑事责任。

为弥补这一漏洞，《渎职立案标准》“（五）徇私枉法案（第三百九十九条第一款）”中规定：“……采取伪造、隐匿、毁灭证据或者其他隐瞒事实、违反法律的手段，故意使罪重的人受较轻的追诉，或者使罪轻的人受较重的追诉的……”根据这一规定，故重故轻的案件已被纳入徇私枉法罪的客观表现之中，可以依法追究行为人徇私枉法罪的刑事责任。

七、本罪罪与非罪的界限

司法工作人员如果不是出于徇私、徇情动机，造成错押、错捕当事人的，一般不构成本罪，但应根据不同情节，区别对待。对于出于严重官僚主义、极端不负责、草率从事，造成严重后果的，可按玩忽职守罪论处；对于情节严重，造成一定后果的，可由所在单位酌情给予行政处分；对于因缺乏经验，思想方法主观片面，或因任务紧，案件多而粗枝大叶，调查研究不深入细致，事实证据不清，或因政策水平低，缺乏专业能力等原因而造成的，则应作为一般工作错误，给予批评教育，使其总结经验教训，提高政策水平和业务能力，改进工作，必要时，予以纪律处分。

八、本罪与相关犯罪的界限

（一）本罪与民事、行政枉法裁判罪的界限

两罪的区别主要在于：1. 犯罪发生的领域不同。前者发生在刑事诉讼的侦查、检察、审判领域之中；而后者则发生在民事、行政审判领域之中。2. 犯罪的成立对犯罪情节的要求不同。前者的成立不以情节严重作为犯罪成立的必备构成要件，只要行为人实施了徇私枉法的行为即构成该罪，情节是否严重以及是否特别严重只是确定其应适用的量刑幅度的标准；而后者的成立，不仅要求行为人在民事、行政审判活动中实施了枉法裁判的行为，而且要求这一行为必须“情节严重”，否则，不能成立该罪。

（二）本罪与报复陷害罪的界限

两者的主要区别在于：1. 侵犯的客体不同。前者侵犯的客体是司法机关的正常活动；而后者侵犯的客体是公民的民主权利。2. 犯罪的客观行为不同。前者是发生在刑事案件的追诉、审判过程中的枉法行为；后者则是针对特定的对象即控告人、申诉人、批评人、举报人采取各种打击报复手段进行陷害。3. 犯罪主体不同。前者的主体只能是司法工作人员；而后者的主体包括司法工作人员在内的国家机关工作人员。司法工作人员为徇私情打击报复控告人、申诉人、批评人、举报人，明知是无罪的人而追究他们的刑事责任，应以徇私枉法罪论处。

（三）本罪与伪证罪的界限

两者的主要区别在于：1. 侵犯的客体不同。前者只是侵犯了司法机关的正常活动，属于渎职罪的范畴；而后者侵犯的则是复杂客体，既妨害了司法机关的正常活动，又侵犯了公民的人身权利，属于妨害社会管理秩序罪的范畴。2. 犯罪的客观表现不同。前者在客观方面表现为司法工作人员对明知是无罪的人而使他受

追诉，对明知是有罪的人而故意包庇使其不受追诉，或者在刑事审判活动中故意违背事实和法律作枉法裁判的行为；而后者在客观方面则表现为在刑事诉讼中，证人、鉴定人、记录人、翻译人对与案件有重要关系的情节，故意作虚假证明、鉴定、记录、翻译，意图陷害他人或者隐匿罪证的行为。3. 犯罪主体不同。前者的主体是司法工作人员；而后者的主体则是刑事诉讼中的证人、鉴定人、记录人、翻译人。

（四）本罪与包庇罪的界限

两者的区别主要在于：1. 行为发生的场合不同。前者只能发生在刑事案件的侦查、审查起诉过程中；而后者则没有这种限制。2. 犯罪主体不同。前者的主体是特殊主体，即司法工作人员；而后者的主体是一般主体，无论是国家机关工作人员还是普通公民，只要达到刑事责任年龄、具有刑事责任能力，实施了包庇犯罪分子行为的自然人，都可以成为包庇罪的犯罪主体。

（五）本罪与诬告陷害罪的界限

两罪都可能产生使无罪的人受到刑事追诉的结果。二者的区别主要是：1. 犯罪主体不同。本罪的主体是特殊主体，只能由司法工作人员才能构成，而后者则是一般主体。2. 客观方面表现不同。本罪表现为利用职权实施枉法追诉或者枉法裁判行为，而后者则表现为捏造他人犯罪事实并加以告发的行为，并未利用职权。3. 侵犯的客体不同。本罪所侵犯的是司法机关的正常活动，而后者侵犯的是他人的人身权利，同时也侵犯了司法机关的正常活动。

九、本罪的既遂与未遂问题

本罪属于行为犯，即司法工作人员只要对明知是无罪的人实施了足以使他受到追诉的行为，或者对明知是有罪的人实施了足以使其不受到追诉的行为，或者实施了违背事实和法律的裁判，完成了全部法定行为，无论上述行为是否达到目的，均为本罪既遂。若司法工作人员在实施徇私枉法、徇情枉法行为过程中，由于意志以外的原因，如被他人发现检举，或犯罪嫌疑人、被告人自首，或行为人工作发生变动而未能继续完成法定行为，其已经实施的行为又不足以达到徇私枉法、徇情枉法的目的，为本罪未遂。

十、本罪一罪与数罪的认定

实践中办理徇私枉法案件时，往往会遇到行为人同时伴有受贿行为的情况，对此，根据《刑法》第399条的规定，司法工作人员贪赃枉法，犯有本罪，同时又构成受贿罪的，依照处罚较重的规定定罪处罚。这里判断处罚较重不仅要看法定刑的高低，而且要根据受贿的数额和情节确定应当处刑的档次，以及本罪所应处刑的档次，二者进行比较，如果按受贿罪判处的刑罚高于按本罪判处的刑罚时，就按照受贿罪的规定定罪处罚，否则，就按照本罪的规定定罪处罚。

在办理徇私枉法案件时，还会遇到这种情况，即行为人还实施了刑讯逼供行为或收买证人作证行为。对此应区别对待：（1）对行为人在实施本罪行为过程中进行了刑讯逼供行为并已构成犯罪的，由于其实施的实际上是两个相对独立的行为，所以应该分别以本罪和刑讯逼供罪实行数罪并罚。（2）行为人在实施本罪过程中有收买证人行为的，由于这种伪证行为已直接为本罪所规定的行为所包括，所以，此时不能实行数罪并罚，而只能以本罪追究刑事责任。

【办案依据】

一、《刑法》规定

第三百九十九条　司法工作人员徇私枉法、徇情枉法，对明知是无罪的人而使他受追诉、对明知是有罪的人而故意包庇不使他受追诉，或者在刑事审判活动中故意违背事实和法律作枉法裁判的，处五年以下有期徒刑或者拘役；情节严重的，处五年以上十年以下有期徒刑；情节特别严重的，处十年以上有期徒刑。

在民事、行政审判活动中故意违背事实和法律作枉法裁判，情节严重的，处五年以下有期徒刑或者拘役；情节特别严重的，处五年以上十年以下有期徒刑。

在执行判决、裁定活动中，严重不负责任或者滥用职权，不依法采取诉讼保全措施、不履行法定执行职责，或者违法采取诉讼保全措施、强制执行措施，致使当事人或者其他人的利益遭受重大损失的，处五年以下有期徒刑或者拘役；致使当事人或者其他人的利益遭受特别重大损失的，处五年以上十年以下有期徒刑。

司法工作人员收受贿赂，有前三款行为的，同时又构成本法第三百八十五条规定之罪的，依照处罚较重的规定定罪处罚。

二、司法解释

《最高人民检察院关于渎职侵权犯罪案件立案标准的规定》（2006年7月26日，高检发释字〔2006〕2号）（节选）

一、渎职犯罪案件

（五）徇私枉法案（第三百九十九条第一款）

徇私枉法罪是指司法工作人员徇私枉法、徇情枉法，对明知是无罪的人而使他受追诉、对明知是有罪的人而故意包庇不使他受追诉，或者在刑事审判活动中故意违背事实和法律作枉法裁判的行为。

涉嫌下列情形之一的，应予立案：

1. 对明知是没有犯罪事实或者其他依法不应当追究刑事责任的人，采取伪造、隐匿、毁灭证据或者其他隐瞒事实、违反法律的手段，以追究刑事责任为目的立案、侦查、起诉、审判的；

2. 对明知是有犯罪事实需要追究刑事责任的人，采取伪造、隐匿、毁灭证据或者其他隐瞒事实、违反法律的手段，故意包庇使其不受立案、侦查、起诉、审判的；

3. 采取伪造、隐匿、毁灭证据或者其他隐瞒事实、违反法律的手段，故意使罪重的人受较轻的追诉，或者使罪轻的人受较重的追诉的；

4. 在立案后，采取伪造、隐匿、毁灭证据或者其他隐瞒事实、违反法律的手段，应当采取强制措施而不采取强制措施，或者虽然采取强制措施，但中断侦查或者超过法定期限不采取任何措施，实际放任不管，以及违法撤销、变更强制措施，致使犯罪嫌疑人、被告人实际脱离司法机关侦控的；

5. 在刑事审判活动中故意违背事实和法律，作出枉法判决、裁定，即有罪判无罪、无罪判有罪，或者重罪轻判、轻罪重判的；

6. 其他徇私枉法应予追究刑事责任的情形。

三、司法文件

《人民检察院直接受理立案侦查的渎职侵权重特大案件标准（试行）》（2001年8月4日，高检发〔2001〕13号）（节选）

五、枉法追诉、裁判案

（一）重大案件

1. 对依法可能判处三年以上七年以下有期徒刑的犯罪分子，故意包庇不使其受追诉的；

2. 致使无罪的人被判处三年以上七年以下有期徒刑的。

（二）特大案件

1. 对依法可能判处七年以上有期徒刑、无期徒刑、死刑的犯罪分子，故意包庇不使其受追诉的；

2. 致使无罪的人被判处七年以上有期徒刑、无期徒刑、死刑的。

【指导性案例】

最高人民检察院指导性案例第8号杨某武玩忽职守、徇私枉法、受贿案

（2012年10月31日最高人民检察院第十一届检察委员会
第八十一次会议审议决定，2012年11月15日发布）

（详见本书玩忽职守罪章）

第五章　民事、行政枉法裁判罪

【立案追诉标准】

民事、行政枉法裁判案（《刑法》第 399 条第 2 款）

一、涉嫌下列情形之一的，应予立案：

1. 枉法裁判，致使当事人或者其近亲属自杀、自残造成重伤、死亡，或者精神失常的；

2. 枉法裁判，造成个人财产直接经济损失 10 万元以上，或者直接经济损失不满 10 万元，但间接经济损失 50 万元以上的；

3. 枉法裁判，造成法人或者其他组织财产直接经济损失 20 万元以上，或者直接经济损失不满 20 万元，但间接经济损失 100 万元以上的；

4. 伪造、变造有关材料、证据，制造假案枉法裁判的；

5. 串通当事人制造伪证，毁灭证据或者篡改庭审笔录而枉法裁判的；

6. 徇私情、私利，明知是伪造、变造的证据予以采信，或者故意对应当采信的证据不予采信，或者故意违反法定程序，或者故意错误适用法律而枉法裁判的；

7. 其他情节严重的情形。

二、民事、行政枉法裁判重特大案

（一）重大案件

1. 枉法裁判，致使公民的财产损失 10 万元以上、法人或者其他组织财产损失 50 万元以上的；

2. 枉法裁判，引起当事人及其亲属精神失常或者重伤的。

（二）特大案件

1. 枉法裁判，致使公民的财产损失 50 万元以上、法人或者其他组织财产损失 100 万元以上的；

2. 引起当事人及其亲属自杀死亡的。

《最高人民检察院关于渎职侵权犯罪案件立案标准的规定》（2006 年 7 月 26 日）；《人民检察院直接受理立案侦查的渎职侵权重特大案件标准（试行）》（2001 年 8 月 4 日）

【犯罪构成及刑事责任】

民事、行政枉法裁判罪是指司法工作人员在民事、行政审判活动中，故意违背事实和法律作枉法裁判，情节严重的行为。构成本罪需要具备以下四个要件：

1. 客体要件。本罪所侵害的客体是国家审判机关的正常活动。

2. 客观要件。本罪在客观方面表现为在民事、行政审判活动中违背事实和法律作枉法裁判，情节严重的行为。违背事实和法律作枉法裁判的行为的具体方式多种多样，有的是故意伪造、收集证据材料；有的是引诱、贿买甚至胁迫他人提供伪证；有的是篡改、毁灭证据材料；有的是故意歪曲理解法律甚至无视法律规定；有的是违反诉讼程序，压制甚至剥夺当事人的诉讼权利；等等。枉法裁判行为必须发生在民事、行政审判活动中。枉法裁判的行为必须达到情节严重才能构成本罪。若虽有枉法裁判的行为，但尚未达到情节严重，仅属违法违纪行为，应以行政纪律手段处理。对民事、行政枉法裁判罪的“情节严重”有明确的规定，可详见“立案追诉标准”部分。

3. 主体要件。本罪的主体为特殊主体，即仅限于司法工作人员。实际能构成本罪的主要是从事民事、行政审判工作的审判人员，因为只有他们才能利用职权而枉法裁判，具体包括各级人民法院院长、副院长、审判委员会委员、庭长、副庭长、审判员及助理审判员等。

4. 主观要件。本罪在主观方面必须是出于故意，即明知自己的行为违背了事实和法律属枉法裁判但仍然决意为之。过失不能构成本罪。如果由于过失致使国家和人民利益及公共财产遭受重大损失，构成犯罪的，应定玩忽职守罪。

《刑法》第399条第2款的规定，犯本罪的，处五年以下有期徒刑或者拘役；情节特别严重的，处五年以上十年以下有期徒刑。

【疑难指导】

一、枉法调解是否构成民事枉法裁判罪

在民事审判活动中，对于法律关系明确、事实清楚的民事案件，在征得当事人双方同意后，审判人员可以主持双方调解结案。实践证明，法院调解有利于纠纷的迅速彻底解决和协议的自动履行。但是，少数审判人员由于急于结案，追求调解结案率或者当事人不懂法，故意违反调解自愿的法律规定，采取强迫、胁迫的方式甚至利用职权编造事实、伪造证据和法律文书，使当事人和解达成调解协议，而实际上却损害了当事人的合法利益。这种枉法调解的现象，在民事审判活动中并不鲜见。根据《刑法》的规定，民事枉法裁判是违背法律和事实作出裁判的行为。那么，人民法院的审判人员在民事诉讼活动中枉法调解是否构成民事枉法裁判罪呢？我们认为，枉法调解不能构成民事枉法裁判罪。主要理由是：

首先，《刑法》第399条第2款规定民事、行政枉法裁判罪，只限于违背事实和法律作出的裁判行为，而顾名思义，“裁判”只包括人民法院依照职权所作出的判决书和裁定书，不包括调解书。

其次，判决和裁定是人民法院在双方当事人不能达成调解协议时，以国家审判机关的名义作出的权威性判定，它代表的是一种国家意志，不以当事人的意志为转移。而民事调解的形成，尽管审判人员在双方当事人之间做了大量的工作，甚至可能有欺诈、强迫的因素，但调解书发生法律效力的前提则必须是双方当事人已经签收。2021年新修订的《中华人民共和国民事诉讼法》第102条还规定：“调解未达成协议或者调解书送达前一方反悔的，人民法院应当及时判决。”既然当事人签收了调解书，就说明当事人是以自己的意志而作出的一种诉讼行为，调

解书发生法律效力的原因，不是审判人员违背事实和法律主持达成调解，而是双方当事人自主自愿地签收了调解书。处分原则是我国民事诉讼的一项基本原则，双方当事人有权对争议的民事权益进行和解，一旦达成调解协议并签收调解书，法律就应当尊重当事人对自己实体权利和诉讼权利的处分权。因此，法院的民事裁判和调解在性质上是截然不同的，不能将其等量齐观。

再次，现有的法律规定和司法解释也没有将民事裁判和民事调解等同起来。《最高人民法院关于审理拒不执行判决、裁定刑事案件适用法律若干问题的解释》（2020年修正）把拒不执行判决、裁定罪的对象严格限制为“人民法院的判决、裁定”，并没有扩及法院的民事调解书；2002年《全国人民代表大会常务委员会关于〈中华人民共和国刑法〉第三百一十三条的解释》虽然提到了生效的调解书，但并没有表明调解书本身可以成为拒不执行判决、裁定罪的对象，而是指人民法院为依法执行生效调解书所作出的裁定。因此，不能将上述立法解释作为枉法调解也可定为民事枉法裁判罪的注解。

最后，如果将枉法调解认定为民事枉法裁判罪，可能就会有相当一部分当事人以审判人员欺诈、强迫、胁迫调解为由，要求法院撤销生效调解书并对案件进行再审，这必然会加重法院的民事审判工作量，影响法院正常的审判活动和工作秩序，也不利于维护国家法律的权威。而且，基层法院审判人员会因惧怕民事枉法裁判被追诉，不得不放弃在我国有着优良的传统并且实践证明行之有效的、普遍适用而又十分重要的法院调解。这种可能出现的不利局面，是立法者所不愿看到的。

二、“集体讨论”的枉法裁判行为责任如何界定

枉法裁判由合议庭作出的案件中，由于这类枉法裁判的结果往往表现为集体的一致意见，犯罪行为不容易被发现，即使发现系错案，也往往形成“谁都有责任，谁都不负责任”的局面，故犯罪人得以推卸责任或分散责任。因此，有必要对这类案件作深入的分析和研究。

实践中可以通过以下两个方面进行分析判断：首先要看参加讨论者对案件是否具有决定权。只有对案件有决定权的人，才具有构成枉法裁判罪的资格和条件。因此，从审判实践看，只有以下人员可以成为枉法判决罪的主体：（1）独任审判

员或合议庭成员；（2）审判委员会委员；（3）庭（院）长。其次要看集体讨论者对枉法裁判作出支持的主观故意。共同的明知和共同的故意是认定集体讨论者成为枉法裁判共犯的关键条件。

（一）合议庭成员共同枉法的认定

合议庭作枉法裁判，通常在以下情况下发生：第一种是合议庭成员共同接受案件一方当事人的吃请、送礼或说情等，具有徇私枉法、徇情枉法的共同故意；第二种是合议庭成员法律观念淡薄，不敢坚持原则，明知他人实施枉法裁判行为却睁一只眼闭一只眼，作出支持的决定；第三种是合议庭成员责任心不强，未参加庭审，评议"走过场"等，致使合议庭形同虚设，审判形式成了"独任审判"，犯罪人有了可乘之机。审判实践中常见的"欺骗合议庭成员"多为此种。第一种情况符合共同犯罪的构成要件，应以共同犯罪追究责任。第二种情况中审判人员明知他人在作枉法裁判却作出支持的决定，实际上是在徇情枉法，对自己支持行为的性质和后果是明知的，因此其与其他合议庭成员有共同枉法的故意，应以共同犯罪追究责任。第三种情况中合议庭成员虽然有一定的责任，但这是由于责任心不强所致，没有枉法裁判的故意，与枉法裁判犯罪有本质区别，不能以共同犯罪论处，责任应由犯罪人个人承担。

（二）审判委员会委员共同枉法的认定

合议庭提交审判委员会讨论决定的案件，审判委员会成员已经直接参与了该案的审判活动，并对案件的处理结果行使最终决定权，客观上具备了枉法裁判罪的资格和条件，因此如果该集体讨论是导致枉法裁判的直接原因，且决策者有共同枉法的明知和共同的故意，那么参与集体讨论者可以成为枉法裁判罪的共谋，应对共同决策者以共同犯罪依法追究责任。因为集体违背事实和法律，同样是枉法，是一种渎职犯罪。

但不是所有经集体讨论的枉法裁判都应以共同犯罪追究责任，因为实践中大多数"集体讨论"实质上仍是少数人的行为，并非真正反映了集体意见，如：（1）自议自决型，即集体讨论是在个别人操纵之下进行，参与讨论者在某种逼迫之下，不敢提出反对意见，强行形成所谓的"集体决策"；（2）部分明知故意型，即虽有反对意见，但因有共同故意的人占多数，枉法裁判结果最终以"少数服从多数”得以通过；（3）欺骗诱导型，即由于个别人虚假汇报导致集体讨论作出错误决定。以上种种，虽为“集体讨论”，但其实质仍是个别人意志的反映，只能由行为人或极少数人承担法律责任。

（三）庭（院）长共同枉法的认定

《渎职司法解释（一）》第5条规定：“国家机关负责人员违法决定，或者指使、授意、强令其他国家机关工作人员违法履行职务或者不履行职务，构成刑法分则第九章规定的渎职犯罪的，应当依法追究刑事责任。以‘集体研究’形式实施的渎职犯罪，应当依照刑法分则第九章的规定追究国家机关负有责任的人员的刑事责任。对于具体执行人员，应当在综合认定其行为性质、是否提出反对意见、危害结果大小等情节的基础上决定是否追究刑事责任和应当判处的刑罚。”

三、关于下级法官执行上级违法命令而作出的民事、行政枉法裁判问题

下级法官执行上级违法命令而作出的民事、行政枉法裁判构成民事、行政枉法裁判罪。因为下级审判员明知上级领导的指令是错误的，那么该审判员在主观上就存在枉法裁判罪的故意，是难以免责的。2018年12月29日新修订的《中华人民共和国公务员法》第60条规定：“公务员执行公务时，认为上级的决定或者命令有错误的，可以向上级提出改正或者撤销该决定或者命令的意见；上级不改变该决定或者命令，或者要求立即执行的，公务员应当执行该决定或者命令，执行的后果由上级负责，公务员不承担责任；但是，公务员执行明显违法的决定或者命令的，应当依法承担相应的责任。”根据此法律规定，如果下级法官对上级违法命令提出过异议而上级强行要求执行或要求立即执行的，即使下级法官违背事实和法律作出了民事枉法裁判，也与上级法官不构成共同犯罪；如果下级法官所接受的上级命令、指令，严重违反法律程序，所要求作出的裁判严重违背案件事实和法律，仍依命令、指令枉法裁判构成犯罪的，应以共同故意犯罪处理。作出上级命令、指令者是主犯，下级执行命令者是从犯。①

《渎职司法解释（一）》第5条第1款规定：“国家机关负责人员违法决定，或者指使、授意、强令其他国家机关工作人员违法履行职务或者不履行职务，构

① 刘德法、孔德琴：《民事枉法裁判罪若干问题研究》，载《郑州大学学报》2006年第2期。

成刑法分则第九章规定的渎职犯罪的，应当依法追究刑事责任。”

四、追究行为人民事、行政枉法裁判罪刑事责任的时间问题

追究行为人民事、行政枉法裁判罪刑事责任的时间问题主要涉及两种情况，即发现存在枉法裁判行为但法律文书尚未发生法律效力或者裁判得到二审（或再审）维持。此时，只要裁判已经作出，且有证据证明确实存在枉法行为并已达到法律规定的查处标准，检察机关就可以立案查处。其理由是：1. 从犯罪构成角度看，枉法裁判一旦作出，犯罪处于完成状态，具备了犯罪构成的全部要件，案件是否经过二审或二审是否改判，不改变犯罪事实存在的客观情况。2. 对民事、行政裁判是否错误，检察人员虽没有最终的决定权，但可以根据已有的材料及有关实体法、程序法以及司法解释分析、判断一审裁判是否符合事实和法律，从犯罪构成四要素来分析判断行为人是否构成犯罪。3. 枉法裁判与否关键看审判人员是否违背事实和法律，二审裁判仅仅是可供判断的证据之一，并非唯一标准。此外，法院的二审裁判并非绝对正确。4. 如果把二审改判作为立案依据，那么一些枉法裁判案件的原审法院承办人就会想方设法使案件得到“维持原判”的结果，致使枉法裁判案件无法查处。因此，后一种观点更有利于检察院有效地行使法律监督职责。

五、民事、行政枉法裁判罪与徇私枉法罪的界限

二者都有违背事实和法律作枉法裁判的行为。其主要区别是：

1. 主体不同。本罪的主体只能是审判人员，而徇私枉法罪的主体除审判人员之外，还包括其他司法工作人员。

2. 行为发生的阶段不同。本罪是发生在民事、行政审判领域的枉法裁判，而徇私枉法行为则既可能发生在刑事审判活动中，也可能发生在立案侦查、审查起诉阶段。

3. 行为所指向的对象不同。前者针对民事、行政诉讼的当事人，后者则针对一般公民与刑事案件的犯罪嫌疑人或被告人。

【办案依据】

一、《刑法》规定

第三百九十九条 司法工作人员徇私枉法、徇情枉法，对明知是无罪的人而使他受追诉、对明知是有罪的人而故意包庇不使他受追诉，或者在刑事审判活动中故意违背事实和法律作枉法裁判的，处五年以下有期徒刑或者拘役；情节严重的，处五年以上十年以下有期徒刑；情节特别严重的，处十年以上有期徒刑。

在民事、行政审判活动中故意违背事实和法律作枉法裁判，情节严重的，处五年以下有期徒刑或者拘役；情节特别严重的，处五年以上十年以下有期徒刑。

在执行判决、裁定活动中，严重不负责任或者滥用职权，不依法采取诉讼保全措施、不履行法定执行职责，或者违法采取诉讼保全措施、强制执行措施，致使当事人或者其他人的利益遭受重大损失的，处五年以下有期徒刑或者拘役；致使当事人或者其他人的利益遭受特别重大损失的，处五年以上十年以下有期徒刑。

司法工作人员收受贿赂，有前三款行为的，同时又构成本法第三百八十五条规定之罪的，依照处罚较重的规定定罪处罚。

二、司法解释

《最高人民检察院关于渎职侵权犯罪案件立案标准的规定》（2006 年 7 月 26 日，高检发释字〔2006〕2 号）（节选）

一、渎职犯罪案件

（六）民事、行政枉法裁判案（第三百九十九条第二款）

民事、行政枉法裁判罪是指司法工作人员在民事、行政审判活动中，故意违背事实和法律作枉法裁判，情节严重的行为。

涉嫌下列情形之一的，应予立案：

1. 枉法裁判，致使当事人或者其近亲属自杀、自残造成重伤、死亡，或者精神失常的；

2. 枉法裁判，造成个人财产直接经济损失 10 万元以上，或者直接经济损失不满 10 万元，但间接经济损失 50 万元以上的；

3. 枉法裁判，造成法人或者其他组织财产直接经济损失 20 万元以上，或者直接经济损失不满 20 万元，但间接经济损失 100 万元以上的；

4. 伪造、变造有关材料、证据，制造假案枉法裁判的；

5. 串通当事人制造伪证，毁灭证据或者篡改庭审笔录而枉法裁判的；

6. 徇私情、私利，明知是伪造、变造的证据予以采信，或者故意对应当采信的证据不予采信，或者故意违反法定程序，或者故意错误适用法律而枉法裁判的；

7. 其他情节严重的情形。

三、司法文件

《人民检察院直接受理立案侦查的渎职侵权重特大案件标准（试行）》（2001年8月4日，高检发〔2001〕13号）（节选）

六、民事、行政枉法裁判案

（一）重大案件

1. 枉法裁判，致使公民的财产损失十万元以上、法人或者其他组织财产损失五十万元以上的；

2. 枉法裁判，引起当事人及其亲属精神失常或者重伤的。

（二）特大案件

1. 枉法裁判，致使公民的财产损失五十万元以上、法人或者其他组织财产损失一百万元以上的；

2. 引起当事人及其亲属自杀死亡的。

第六章　执行判决、裁定失职罪
执行判决、裁定滥用职权罪

【立案追诉标准】

执行判决、裁定失职案（《刑法》第 399 条第 3 款）

涉嫌下列情形之一的，应予立案：

1. 致使当事人或者其近亲属自杀、自残造成重伤、死亡，或者精神失常的；

2. 造成个人财产直接经济损失 15 万元以上，或者直接经济损失不满 15 万元，但间接经济损失 75 万元以上的；

3. 造成法人或者其他组织财产直接经济损失 30 万元以上，或者直接经济损失不满 30 万元，但间接经济损失 150 万元以上的；

4. 造成公司、企业等单位停业、停产 1 年以上，或者破产的；

5. 其他致使当事人或者其他人的利益遭受重大损失的情形。

执行判决、裁定滥用职权案（《刑法》第 399 条第 3 款）

涉嫌下列情形之一的，应予立案：

1. 致使当事人或者其近亲属自杀、自残造成重伤、死亡，或者精神失常的；

2. 造成个人财产直接经济损失 10 万元以上，或者直接经济损失不满 10 万元，但间接经济损失 50 万元以上的；

3. 造成法人或者其他组织财产直接经济损失20万元以上，或者直接经济损失不满20万元，但间接经济损失100万元以上的；

4. 造成公司、企业等单位停业、停产6个月以上，或者破产的；

5. 其他致使当事人或者其他人的利益遭受重大损失的情形。

《最高人民检察院关于渎职侵权犯罪案件立案标准的规定》（2006年7月26日）

【犯罪构成及刑事责任】

执行判决、裁定失职罪是指司法工作人员在执行判决、裁定活动中，严重不负责任，不依法采取诉讼保全措施、不履行法定执行职责，或者违法采取保全措施、强制执行措施，致使当事人或者其他人的利益遭受重大损失的行为。

执行判决、裁定滥用职权罪是指司法工作人员在执行判决、裁定活动中，滥用职权，不依法采取诉讼保全措施、不履行法定执行职责，或者违法采取保全措施、强制执行措施，致使当事人或者其他人的利益遭受重大损失的行为。

构成两罪需要具备以下四个要件：

1. 客体要件。两罪侵犯的客体均为国家司法机关的正常执行活动和国家的司法公正。国家司法机关的正常活动，是司法机关依法办案，严格执法，实现法律所体现的公平与正义这一终极价值目标的具体过程。尤其是执行判决、裁定的活动，是其中最重要的组成部分之一。如果没有严格的执行活动作保障，公正的判决、裁定本身将成为一纸空文，寻求司法解决纠纷也将变得毫无意义。因此，执行活动只有严格依法进行，才能实现司法公正。

2. 客观要件。两罪的客观方面表现不同，一个主要是消极的不作为，一个是积极的作为，这也是两罪的主要区别之一。

执行判决、裁定失职罪，是指行为人失职不履行或者不正确履行判决、裁定执行职责的行为。其行为方式主要表现为消极的不作为：（1）不履行或不正确履行法定执行职责；（2）不采取或不正确采取诉讼保全措施等。

执行判决、裁定滥用职权罪，是指在执行判决、裁定活动中，行为人滥用执行职权的行为。其行为方式表现为积极的作为：（1）违法采取诉讼保全措施；（2）违法采取强制执行措施；（3）超越执行权限的行为也应列入，如决定或批准自己无权决定、批准的事项。

在正确认识两罪的客观方面时，应当注意把握以下几个方面：（1）行为人在执行判决裁定过程中是否实施了严重不负责或滥用职权的行为。（2）是否造成了当事人或者其他人利益的重大损失。（3）行为人严重不负责或者滥用职权的行为与当事人或者其他人的利益遭受重大损失之间是否存在因果关系。如果仅有上述行为而没有给当事人或者其他人利益造成重大损失，则不构成本罪；即使当事人或者其他人利益遭受重大损失，但此重大损失不是由行为人不负责任或滥用职权的行为所造成，即这两者间没有因果关系的，同样也不构成本罪。（4）行为是否包含财产刑执行中的渎职行为？根据《全国人民代表大会常务委员会关于〈中华人民共和国刑法〉第三百一十三条的解释》，刑法罪名中的“判决、裁定”是指人民法院依法作出的具有执行内容并已发生法律效力的判决、裁定。人民法院为依法执行支付令、生效的调解书、仲裁裁决、公证债权文书等所作的裁定属于该条规定的裁定。刑事附带民事诉讼判决、裁定中的民事赔偿部分尽管在法院内部的执行分工上不尽一致，但已明确属于民事执行范畴。有适用罚金、没收财产、追缴非法所得等内容的生效刑事判决、裁定中显然也“具有执行内容”，司法实践中这部分执行同样需要相应的刑罚规制作为后盾，故应当将财产刑执行中的渎职行为纳入该两罪的调整范畴。

3. 主体要件。两罪的主体都是司法工作人员。其中主要是人民法院负有执行职责的执行工作人员及其主管人员。负有监管职责的看守所、监狱等部门的国家机关工作人员以及负有履行义务的被执行人不能成为两罪的犯罪主体。至于其他国家机关工作人员利用职务上的便利、影响等强行干涉执行工作人员执行判决、裁定的，有可能成为本罪的共犯，但其不能作为本罪的犯罪主体单独构成本罪。

4. 主观要件。执行判决、裁定失职罪在主观方面以过失为主。即执行工作人员作为司法人员，理应恪尽职守，尽心尽力，在履行执行判决、裁定职责过程中尽职尽责，但行为人却因为责任心不强等种种原因，或法律把握不准，或措施采取不当，对自己失职的行为可能造成当事人或者其他人的利益重大损失的后果持一种疏忽大意或过于自信的心态，应当预见而没有预见，或者已经预见但轻信能够避免，最终造成不是执行工作人员所希望和追求的当事人或者其他人利益的重大损失。

执行判决、裁定滥用职权罪的主观方面主要表现为故意。即行为人明知自己滥用职权会导致当事人或者其他人利益遭受重大损失的结果，却由于种种原因希望或者放任这种结果的发生。也就是说，执行判决、裁定滥用职权罪可以是直接故意，也可以是间接故意，但多数情况不是间接故意。所谓滥用，即明知不可为而故意为之的行为，从司法实践的具体情况来看，执行工作人员为达到其不可告人的目的，滥用手中的执行权力，不该为而有意为之的事例并不鲜见，但此罪中对滥用职权所导致的危害结果，执行工作人员持间接故意者居多。至于滥用职权出于何种动机，欲达何种目的，并不影响该罪的成立。

《刑法》第 399 条规定，犯本罪，处五年以下有期徒刑或者拘役；致使当事人或者其他人的利益遭受特别重大损失的，处五年以上十年以下有期徒刑。

【疑难指导】

一、如何理解两罪中的“司法工作人员”

本罪的主体是特殊主体，即司法工作人员。但是本罪的性质决定了本罪的主体只能是人民法院依法对执行工作负有组织、指挥、监督职责和具体执行职责的有关司法工作人员，即本罪的主体不能是所有的司法工作人员，也不能是在人民法院工作的所有司法工作人员。在《中华人民共和国人民法院组织法》颁布之前，理论界存在“审执合一”和“审执分立”的争议。根据 2006 年修订的《中华人民共和国人民法院组织法》第 40 条作了“地方各级人民法院设执行员，办理民事案件判决和裁定的执行事项，办理刑事案件判决和裁定中关于财产部分的执行事项”的规定后，争议基本中止。根据 2020 年 12 月 23 日新修订的《最高人民法院关于人民法院执行工作若干问题的规定（试行）》（以下简称《执行工作规定》）第 1 条“人民法院根据需要，依据有关法律的规定，设立执行机构，专门负责执行工作”的规定，执行机构是人民法院的组成部分，代表国家行使执行权能，但执行权和审判权是两种不同的国家权力。目前，全国各级人民法院普遍设立了执行机构——“执行庭”或“执行局”。鉴于执行工作的复杂性和从方便当事人出发，并非一切判决、裁定均由执行机构负责执行。我们认为，依据《执行工作规定》等的精神，本罪的犯罪主体具体包括：

一是在人民法院执行机构中专门负责执行工作即法院执行庭或执行局的司法工作人员。如《执行工作规定》第 2 条规定：“执行机构负责执行下列生效法律文书：(1) 人民法院民事、行政判决、裁定、调解书，民事制裁决定、支付令，以及刑事附带民事判决、裁定、调解书，刑事裁判涉财产部分；(2) 依法应由人民法院执行的行政处罚决定、行政处理决定；(3) 我国仲裁机构作出的仲裁裁决和调解书，人民法院依据《中华人民共和国仲裁法》有关规定作出的财产保全和证据保全裁定；(4) 公证机关依法赋予强制执行效力的债权文书；(5) 经人民法院裁定承认其效力的外国法院作出的判决、裁定，以及国外仲裁机构作出的仲裁裁决；(6) 法律规定由人民法院执行的其他法律文书。”第 4 条规定，人民法庭审结的“复杂、疑难或被执行人不在本法院辖区的案件，由执行机构负责执行”。

二是审理案件的审判庭负责执行的司法工作人员。如《执行工作规定》第 3 条规定：“人民法院在审理民事、行政案件中作出的财产保全和先予执行裁定，一般应当移送执行机构实施。”

三是人民法院负责执行的司法工作人员。如《执行工作规定》第 4 条规定，人民法庭审结的非复杂、非疑难或被执行人在本法院辖区的案件，由人民法院负责执行。

四是负责具体执行工作人员所在人民法院的有关负责人。对判决、裁定负有具体执行职责所在人民法院的负责人，如院长、副院长是可以成为本罪主体的。因为执行工作本身是人民法院的重要业务工作之一，执行机构是人民法院的组成部分，执行人员是人民法院的工作人员，人民法院的负责人对其所在法院的各项业务工作负有组织、指挥、管理、监督职责，人民法院负责人完全有可能利用自己的职权对执行工作进行不正当的干涉。

五是其他受院长指派从事执行工作的法院工作人员。

需要说明的是，2018 年新修订的《中华人民共和国人民法院组织法》删除了有关执行员设置的事项，《关于〈中华人民共和国人民法院组织法（修订草案）〉的说明》中指出："还有一个问题需要汇报：有关人民法院的执行权，经商有关部门，草案对此未作规定。党的十八届四中全会提出，推动实行审判权和执行权相分离的体制改革试点。目前，审判权和执行权如何分离，尚未达成共识，还在调研论证。人民法院的执行权主要规定在民事诉讼法中，现行人民法院组织法对法院的执行权也未作规定，草案维持现行人民法院组织法的规定，不影响法院的执行工作。"① 因此，执行权的属性还需要进一步关注。

二、如何理解两罪中的"判决、裁定"

两罪中的"判决、裁定"是指人民法院依法作出的具有执行内容并已发生法律效力的判决、裁定。依据上述《执行工作规定》和理论的概括，执行根据有以下八种：

1. 发生法律效力并具有给付内容的民事、行政判决、裁定，民事制裁决定、支付令。

2. 人民法院通过审理案件而制作的有给付内容的调解书或当事人在人民法院主持下达成的调解协议。

3. 发生法律效力的具有给付内容的刑事判决、裁定以及刑事附带民事判决、裁定、调解书。

4. 人民法院准予执行的外国法院的生效判决、裁定，以及国外仲裁机构作出的仲裁裁决。

5. 国内仲裁机构制作的生效仲裁裁决书和调解书，以及人民法院依据我国仲裁法的有关规定作出的财产保全和证据保全裁定。

6. 我国涉外仲裁机关制作的有给付义务内容的仲裁裁决书。如我国对外经济贸易仲裁委员会、海事仲裁委员会依法仲裁所作出的裁决书。

7. 公证机关依法赋予强制执行效力的法律文书。依据2017年修订的《中华人民共和国公证法》第37条第1款规定，对经公证的以给付为内容并载明债务人愿

---

① 《关于〈中华人民共和国人民法院组织法（修订草案）〉的说明》，载全国人民代表大会网，http：//www.npc.gov.cn/zgrdw/npc/xinwen/2018-10/26/content_2064482.htm，最后访问时间：2022年5月7日。

意接受强制执行承诺的债权文书，债务人不履行或者履行不适当的，债权人可以依法向有管辖权的人民法院申请执行。

8. 法律规定由人民法院执行的其他法律文书，如依法应由人民法院执行的行政处罚决定、行政处理决定。可见，“判决、裁定”除我国人民法院所作的判决、裁定外，还包括我国法院承认的外国法院所作的判决、裁定以及我国其他机关、机构所作的决定、裁决。

三、执行判决、裁定滥用职权罪与滥用职权罪的界定

执行判决、裁定滥用职权罪是滥用职权犯罪在民事（行政）判决、裁定执行过程中的具体表现，是特殊的滥用职权犯罪的一种。实际上，本罪就是广义上的滥用职权罪。在《中华人民共和国刑法修正案（四）》颁布之前，由于《刑法》没有单独规定人民法院执行人员滥用职权的犯罪行为，对之是以滥用职权罪追究刑事责任的。“鉴于实践中对此认识不明确，追究刑事责任情况少。”[①]《中华人民共和国刑法修正案（四）》才将之独立规定为犯罪。在刑法理论上，二者之间属于法条竞合的情况，滥用职权罪是普通法条、一般法条，执行判决、裁定滥用职权罪为特殊法条、个别法条。如果行为人的行为同时触犯该两条法律的规定时，依据处理法条竞合的刑法原则，特别法优于普通法、个别法优于一般法的规定，以执行判决、裁定滥用职权罪定罪处罚。

同时，两罪之间存在的明显区别：

1. 两罪的犯罪主体不同。执行判决、裁定滥用职权罪的犯罪主体为负有执行判决、裁定职责的执行工作人员；而滥用职权罪的犯罪主体则为国家机关工作人员。

2. 两罪的客观方面表现不同。执行判决、裁定滥用职权罪仅表现为在执行判决、裁定过程中，超越职权或者违法采取诉讼保全措施和强制执行措施，致使当事人或者其他人利益遭受重大损失的行为；而滥用职权罪则表现为行为人超越职权，违法决定、处理其无权决定、处理的事项，或者违反规定处理公务，给公共

---

① 郎胜、雷建斌：《刑法修正案（四）修正了哪些内容》，载《检察日报》2003 年 1 月 9 日。

财产、国家和人民利益造成重大损失。

3. 两罪所侵犯的客体不同。执行判决、裁定滥用职权罪侵犯的客体是司法机关的正常活动和司法公正；而滥用职权罪所侵犯的客体则为国家机关行使国家权力、管理国家事务的活动。

四、执行判决、裁定失职罪与玩忽职守罪的界定

两罪的相同点表现在，主观方面都主要表现为过失；客观方面都要求行为本身必须造成重大损失等严重后果。从本质上讲，执行判决、裁定失职罪也是一个严重的玩忽职守犯罪行为，是玩忽职守罪的表现形式之一，二者之间存在包容关系，属普通法与特别法的关系、一般法与个别法的关系，在刑法理论上属于法条竞合。玩忽职守罪属普通法条、一般法条，执行判决、裁定失职罪属特别法条、个别法条。根据处理法条竞合关系的刑法原理，应该依照特别法优于普通法的原则，按照执行判决、裁定失职罪定罪处罚。

二者之间的区别表现在三个方面：

1. 两罪的犯罪主体不同。执行判决、裁定失职罪，其主体是负有执行判决、裁定职责的执行工作人员，属于司法工作人员的一部分，并且仅限于民事、行政判决、裁定的执行人员；而玩忽职守罪的主体则是所有的国家机关工作人员。

2. 两罪所侵犯的客体不同。执行判决、裁定失职罪所侵犯的客体是司法机关的正常活动和司法公正；而玩忽职守罪所侵犯的客体是国家机关对社会的正常管理职能。

3. 两罪在客观方面表现不同。执行判决、裁定失职罪在客观方面表现为执行工作人员在执行判决、裁定过程中不负责任，不依法采取诉讼保全措施，不履行法定职责，致使当事人或者其他人的利益遭受重大损失的行为；而玩忽职守罪在客观方面则表现为行为人严重不负责任，不履行或不正确履行公职所要求的职责，致使公共财产、国家和人民利益遭受重大损失的行为。

五、执行判决、裁定滥用职权罪与拒不执行判决、裁定罪的界定

从理论上说，它们的区别是非常明显的。因为，执行判决、裁定滥用职权罪是判决、裁定的执行者滥用执行职权而构成的犯罪；拒不执行判决、裁定罪则是对人民法院的判决、裁定负有执行义务且有能力执行的人拒不执行而构成的犯罪。

依据《全国人民代表大会常务委员会关于〈中华人民共和国刑法〉第三百一十三条的解释》，拒不执行判决、裁定罪的主体包括“被执行人、担保人、协助执行义务人”。但该解释同时规定：“国家机关工作人员有上述第四项行为的，以拒不执行判决、裁定罪的共犯追究刑事责任。”“第四项行为”即“被执行人、担保人、协助执行义务人与国家机关工作人员通谋，利用国家机关工作人员的职权妨害执行，致使判决、裁定无法执行的”。如果此处的国家机关工作人员是对判决、裁定负有组织、指挥、监督或具体执行职责的“司法工作人员”，应当如何定罪处罚？

我们认为，“利用国家机关工作人员的职权妨害执行”，实际上只能是以滥用职权或玩忽职守的方式予以妨害，实践中应当根据具体情况，分别定罪处罚：

1. 如果“致使判决、裁定无法执行的”，尚未造成当事人或者其他人的利益重大损失的，则以拒不执行判决、裁定罪论处。

2. 如果因滥用职权“致使判决、裁定无法执行的”，已经造成当事人或者其他人的利益重大损失的，则属于想象竞合犯。依据对想象竞合犯“从一重处断原则”对之应当以本罪论处。因为执行判决、裁定滥用职权罪的法定刑是“五年以下有期徒刑或者拘役”和“五年以上十年以下有期徒刑”，而拒不执行判决、裁定罪的法定刑只是“三年以下有期徒刑、拘役或者罚金。”即执行判决、裁定滥用职权罪的法定刑重于拒不执行判决、裁定罪。

3. 如果因玩忽职守“致使判决、裁定无法执行的”，已经造成当事人或者其他人的利益重大损失的，也属于想象竞合犯。对之，应当以执行判决、裁定失职罪论处。

【办案依据】

一、《刑法》规定

第三百九十九条第三款 在执行判决、裁定活动中，严重不负责任或者滥用职权，不依法采取诉讼保全措施、不履行法定执行职责，或者违法采取诉讼保全措施、强制执行措施，致使当事人或者其他人的利益遭受重大损失的，处五年以下有期徒刑或者拘役；致使当事人或者其他人的利益遭受特别重大损失的，处五年以上十年以下有期徒刑。

第四款 司法工作人员收受贿赂，有前三款行为的，同时又构成本法第三百八十五条规定之罪的，依照处罚较重的规定定罪处罚。

二、司法解释

（一）《最高人民法院、最高人民检察院关于办理渎职刑事案件适用法律若干问题的解释（一）》（2012年12月7日，法释〔2012〕18号）

（参见本书滥用职权罪章）

（二）《最高人民检察院关于渎职侵权犯罪案件立案标准的规定》（2006年7月26日，高检发释字〔2006〕2号）（节选）

一、渎职犯罪案件

（七）执行判决、裁定失职案（第三百九十九条第三款）

执行判决、裁定失职罪是指司法工作人员在执行判决、裁定活动中，严重不负责任，不依法采取诉讼保全措施、不履行法定执行职责，或者违法采取保全措施、强制执行措施，致使当事人或者其他人的利益遭受重大损失的行为。

涉嫌下列情形之一的，应予立案：

1. 致使当事人或者其近亲属自杀、自残造成重伤、死亡，或者精神失常的；

2. 造成个人财产直接经济损失15万元以上，或者直接经济损失不满15万元，但间接经济损失75万元以上的；

3. 造成法人或者其他组织财产直接经济损失30万元以上，或者直接经济损失不满30万元，但间接经济损失150万元以上的；

4. 造成公司、企业等单位停业、停产1年以上，或者破产的；

5. 其他致使当事人或者其他人的利益遭受重大损失的情形。

（八）执行判决、裁定滥用职权案（第三百九十九条第三款）

执行判决、裁定滥用职权罪是指司法工作人员在执行判决、裁定活动中，滥用职权，不依法采取诉讼保全措施、不履行法定执行职责，或者违法采取保全措施、强制执行措施，致使当事人或者其他人的利益遭受重大损失的行为。

涉嫌下列情形之一的，应予立案：

1. 致使当事人或者其近亲属自杀、自残造成重伤、死亡，或者精神失常的；

2. 造成个人财产直接经济损失10万元以上，或者直接经济损失不满10万元，但间接经济损失 50 万元以上的；

3. 造成法人或者其他组织财产直接经济损失 20 万元以上，或者直接经济损失不满 20 万元，但间接经济损失 100 万元以上的；

4. 造成公司、企业等单位停业、停产 6 个月以上，或者破产的；

5. 其他致使当事人或者其他人的利益遭受重大损失的情形。

第七章　枉法仲裁罪

【立案追诉标准】

枉法仲裁案（《刑法》第 399 条之一）

可以参照滥用职权等相关罪名把握立案标准。

【犯罪构成及刑事责任】

枉法仲裁罪，是指依法承担仲裁职责的人员，在仲裁活动中故意违背事实和法律作枉法仲裁，情节严重的行为。构成本罪需要具备以下四个要件：

1. 客体要件。本罪侵犯的客体是双重客体，即我国仲裁机构正常的仲裁活动和仲裁当事人的合法权益。其中，本罪主要侵犯的是正常的仲裁活动和秩序，因此，刑法修正案将本罪增设在“渎职罪”一章中，作为《刑法》第 399 条之一。

仲裁是指仲裁人员按照争议双方或者多方当事人自愿达成的协议，依照事实和法律，对当事人之间的争议进行裁决的活动。由于仲裁具有一裁终局的制度，且当事人可以依照民事诉讼法的有关规定向人民法院申请对仲裁裁决以国家强制力予以执行，这就使得仲裁活动在某种程度上具有“准司法”活动的性质，其裁决结果直接关系到当事人个人甚至国家、集体的经济利益和正常的市场经济秩序。正因如此，我国仲裁法第 7 条规定，“仲裁应当根据事实，符合法律规定，公平合理地解决纠纷”，还规定仲裁员在仲裁案件时有索贿受贿、徇私舞弊、枉法裁决行为的，应当依法承担法律责任，仲裁委员会应当将其除名。仲裁人员的枉法仲裁活动与人民法院的审判人员枉法裁判比较，同样具有侵害当事人合法权益的社会危害性，且实践表明，在我国现阶段对于仲裁人员的枉法仲裁行为的刑法规制具有现实必要。因此，2006 年 6 月颁布实施的《中华人民共和国刑法修正案（六）》第 20 条正式将枉法仲裁应承担的刑事责任予以了明确规定。这一规定对于确保仲裁人员依法履行仲裁职责，维护仲裁机构的正常秩序和良好信誉，保障公民个人、集体和国家的合法利益，是十分必要的。

本罪的犯罪对象是仲裁裁决。仲裁裁决是仲裁庭按照仲裁规则在审理案件过程中或审结后，根据查明的事实和认定的证据，依法对当事人提交仲裁的争议事项所作的权威性决断。仲裁裁决是仲裁机构行使裁决权的最终结果，其表现形式为书面形式，仲裁裁决应当经仲裁员签名，并加盖仲裁委员会印章。仲裁裁决既包括最终裁决，也包括临时裁决；既包括缺席裁决，也包括合意裁决。对于仲裁活动中的枉法调解，不应当作为本罪的犯罪对象。

2. 客观要件。本罪在客观方面表现为在仲裁活动中，故意违背事实和法律作枉法裁决，情节严重的行为。其具体表现形式包括违背事实作出枉法裁决、违背法律作出枉法裁决和同时违背事实和法律作出枉法裁决。

3. 主体要件。本罪是特殊主体，必须是依法承担仲裁职责的人员。

4. 主观要件。本罪在主观方面只能是故意，过失不能构成本罪。仲裁活动是一项专业性很强的活动，仲裁员一般均具有相当的专业水平和资历，但在实践中，仲裁人员由于过失而导致裁决违背事实和法律的现象，也是客观存在的，对于过失造成的违法裁决，不能追究行为人的刑事责任，如果符合人民法院撤销仲裁裁决的，应当由人民法院撤销裁决，予以补救。本罪的构成，对犯罪目的和犯罪动机并没有特殊的要求。我们认为，本罪属于行为犯，其主观故意的心理态度应当是指行为人在违背事实和法律上是明知的，在作出枉法裁决上是积极追求的。对于枉法裁决所造成的危害后果，则不一定要求是故意或者明知的。

本罪的成立，对于犯罪目的和犯罪动机没有特殊的要求。《中华人民共和国刑法修正案（六）》规定的枉法仲裁罪，没有对徇私动机的要求。也就是说，对于行为人枉法仲裁的，无论是出于徇私的动机，即贪图钱财、袒护亲友、泄愤报复或者其他私情私利，还是出于其他非为私情私利的动机，包括出于地方保护主义或者为仲裁机构牟取不当利益等，均可以构成本罪。当然，行为人枉法仲裁的动机，也直接关系到其行为是否能够认定为情节严重以及刑罚的裁量，因此在认定本罪时也不可忽视。

根据《刑法》第399条之一的规定，犯本罪，处三年以下有期徒刑或者拘役；情节特别严重的，处三年以上七年以下有期徒刑。

【疑难指导】

一、正确认定本罪客观方面

本罪在客观方面表现为在仲裁活动中，故意违背事实和法律作枉法裁决，情节严重的行为。其具体表现形式包括违背事实作出枉法裁决、违背法律作出枉法裁决和同时违背事实和法律作出枉法裁决。正确理解本罪的客观方面构成要件，关键在于对“违背事实和法律”行为的内涵和外延进行准确的界定。

违背事实的行为，应当理解为违背为证据所证明的仲裁案件的事实的行为。由于提交仲裁的纠纷发生在仲裁之前，对案件事实需要依靠证据予以认定，因此，仲裁人员认定事实的过程就是其审查、判断、收集证据的过程。一般来说，违背事实的行为包括以下几种情形：一是漠视事实，对于有确实、充分证据证明的事实不予以认定；二是捏造事实，通过伪造、毁灭证据等方式，故意不认定案件事实或者歪曲事实；三是违反证据规则，颠倒证据的证明效力，采信不应采信的证据或者故意回避证据之间的矛盾而作出认定。

违背法律的行为，既包括违背实体法的行为，也包括违背程序法的行为。一般表现为故意混淆争议事项法律关系的性质，故意回避应当适用的法律，或者违反仲裁法规定的仲裁程序，从而导致当事人责任分配、赔偿数额的确认上明显不符合法律规定的情形。作出枉法裁决，应当是指行为人已经作出了裁决行为，如果将枉法裁决理解为包括将要作出的裁决，则会扩大对仲裁活动监督的范围，影响仲裁活动的正常进行。因此，本罪的构成要求行为人的枉法裁决已经发生法律效力。

本罪属于情节犯，只有情节严重的枉法仲裁行为，才应当追究其刑事责任，对于情节轻微，危害不大的，可以以其他方式进行追究。判断情节是否严重，应当综合考虑枉法仲裁的动机和目的、枉法仲裁行为实施的方式和手段、枉法仲裁的后果、仲裁人员的一贯表现等情节。

本罪的行为方式既可以是作为，也可以是不作为。作为型的枉法仲裁是指行为人采用积极的方式，如毁灭、伪造证据、制造虚假裁决书等。不作为型的枉法仲裁则是指行为人拒不履行其法定的职责，如不收集应当收集的证据、拒不接受当事人正确的意见等。

二、何谓“依法承担仲裁职责的人员”

本罪是特殊主体，必须是依法承担仲裁职责的人员。根据我国仲裁法的规定，承担仲裁职责的人员主要是指仲裁员。仲裁员是具备仲裁法规定的资格，由仲裁委员会聘任，并经当事人选定或仲裁委员会主任指定对当事人提交仲裁的争议进行裁决的人员。仲裁法对仲裁员的资格、聘任、权限以及责任均有明确的规定。

枉法仲裁罪的主体除仲裁员外，还应当包括仲裁委员会的主任、副主任和委员。《中华人民共和国刑法修正案（六）》规定的枉法仲裁罪主体，是指依法承担仲裁职责的人员，而不是仲裁员，这表明，立法规制的主体并不是以是否具有仲裁员资格为标准，而是以在仲裁活动中是否依法承担一定的仲裁职责为标准。而我国仲裁法也赋予了仲裁委员会主任、副主任和委员在仲裁活动中一定的权限和责任，如《中华人民共和国仲裁法》规定仲裁委员会负责仲裁申请的受理、送达及财产保全等事项，还规定仲裁委员会主任有权指定仲裁员以及决定仲裁员的回避等，因此，在仲裁活动中承担相应职责的仲裁委员会组成人员，在其承担职责范围内，也应当可以成为枉法仲裁罪的主体。

仲裁委员会的其他工作人员以及仲裁协会的工作人员，不能单独成为枉法仲裁罪的主体。这些工作人员虽然参与到仲裁活动的组织、运作过程中，但并未承担法定的仲裁职责，如果这些工作人员参与了枉法仲裁的犯罪活动，应当参照相关司法解释的精神，以共犯追究其刑事责任。人民法院负责审查撤销仲裁裁决的审判人员，不能成为本罪的主体，如果其有枉法裁判的行为，应当以民事、行政枉法裁判罪追究其刑事责任。

本罪只能由自然人构成，单位不能成为枉法仲裁罪的主体，如果仲裁庭或者仲裁委员会经过集体讨论，实施枉法仲裁行为的，应当追究直接负责的主要人员和其他直接责任人员的刑事责任，不能认定为单位犯罪。

三、本罪的"故意"的理解和认定

枉法仲裁罪的构成，要求行为人故意违背事实和法律作枉法裁决，在查清行为人实施了违背事实和法律作枉法裁决的行为后，对该罪主观故意的认定，是司法实践中认定该罪的关键。在认定枉法仲裁罪的主观故意时，应当采用主客观相结合的判断标准，并充分考虑到仲裁员专业水平和资格的特殊性进行综合认定。在司法实践中，应当从行为人枉法仲裁的行为是否明显违反仲裁员对法律和仲裁规则的注意义务，违反仲裁员职业所要求其具备的认知常识上进行判断，对于行为人实施了违反上述基本注意义务，进行枉法仲裁的，即使其否认存在主观上的故意，也应当予以推定认定。同时，在司法实践中，还应当把握仲裁活动的特殊性，对于没有证据表明行为人实施了收受贿赂、伪造、毁灭证据等明显违背法律的行为，而是由于证据的采信以及对法律的理解上出现偏差而导致仲裁裁决出现错误的，应当不以枉法仲裁罪论处。

四、本罪罪与非罪的区分

本罪是情节犯，根据《中华人民共和国刑法修正案（六）》第20条的规定，只有"情节严重"的，才能构成犯罪，因而情节严重与否，是划清行为人的行为是否构成犯罪的重要标志。在司法实践中，应当结合具体案情认真考察行为人的行为是否属于情节严重。此外，本罪主观方面只能由故意构成，法条明确排除了过失构成本罪的可能，因此，应当认真考察行为人的主观心理态度是不是故意，如果行为人的主观心理态度为过失，则不能以本罪论处。目前关于"情节严重"还没有更为明确的法律规定，有待有关部门尽快对此作出解释，以便司法操作。

五、本罪与民事、行政枉法裁判罪的界限

民事、行政枉法裁判罪，是指审判人员在民事、行政审判活动中故意违背事实和法律作枉法裁判，情节严重的行为。该两罪在客观方面都表现为在纠纷解决过程中，故意违背事实和法律作枉法裁决，情节严重的行为。两罪的区别主要有以下两点：一是犯罪主体不同。枉法仲裁罪主体为依法承担仲裁职责的人员；民事、行政枉法裁判罪的主体则在民事、行政诉讼中从事审判工作的审判人员。二是发生的活动领域不同。枉法仲裁罪发生在仲裁活动过程中；而民事、行政枉法裁判罪则发生在民事、行政诉讼领域中的审判过程之中。

六、本罪与提供虚假证明文件罪的界限

提供虚假证明文件罪，是指承担资产评估、验资、验证、会计、审计、法律服务等职责的单位或个人故意提供虚假证明文件，情节严重的行为。提供虚假证明文件罪与枉法仲裁罪的区别主要有：一是犯罪主体不同。枉法仲裁罪主体为依法承担仲裁职责的人员，单位不可以成为本罪的主体；提供虚假证明文件罪的主体为承担资产评估、验资、验证、会计、审计、法律服务等职责的中介组织或者中介组织的人员，即中介单位可以成为本罪的主体。二是发生的活动领域不同。枉法仲裁罪发生在仲裁活动过程中；而提供虚假证明文件罪则发生在资产评估、验资、验证、会计、审计、法律服务等活动过程中。

七、受贿而枉法仲裁的情形罪数形态的认定

在实践中，枉法仲裁的行为往往与受贿行为交织、结合在一起。如果仲裁人员具备国家工作人员身份，行为人的行为则会涉及受贿罪与枉法仲裁罪的罪数形态认定问题；而如果仲裁人员不具有国家工作人员身份，行为人的行为则会涉及非国家工作人员受贿罪与枉法仲裁罪的罪数形态的认定问题。具体而言，受贿而枉法仲裁的案件，大体上分为以下两种情况：一是仲裁人员既收受他人财物又枉法仲裁，但只有一种行为构成犯罪而另一种行为虽违法但尚未构成犯罪的。这种情形下，只需按照行为人符合犯罪构成的行为定罪量刑，而尚未构成犯罪的违法行为则可以作为对符合犯罪构成的行为从重处罚的情节。二是仲裁人员既收受他人财物又枉法仲裁，并且两种行为均已构成犯罪的情形。这种情形符合想象竞合犯的特征，可以按照“从一重罪处罚”来认定处理。

【办案依据】

《刑法》规定

第三百九十九条之一　依法承担仲裁职责的人员，在仲裁活动中故意违背事实和法律作枉法裁决，情节严重的，处三年以下有期徒刑或者拘役；情节特别严重的，处三年以上七年以下有期徒刑。

第八章　私放在押人员罪 失职致使在押人员脱逃罪

【立案追诉标准】

私放在押人员案（《刑法》第400条第1款）

一、涉嫌下列情形之一的，应予立案：

1. 私自将在押的犯罪嫌疑人、被告人、罪犯放走，或者授意、指使、强迫他人将在押的犯罪嫌疑人、被告人、罪犯放走的；

2. 伪造、变造有关法律文书、证明材料，以使在押的犯罪嫌疑人、被告人、罪犯逃跑或者被释放的；

3. 为私放在押的犯罪嫌疑人、被告人、罪犯，故意向其通风报信、提供条件，致使该在押的犯罪嫌疑人、被告人、罪犯脱逃的；

4. 其他私放在押的犯罪嫌疑人、被告人、罪犯应予追究刑事责任的情形。

二、私放在押人员重特大案

（一）重大案件

1. 私放3人以上的；

2. 私放可能判处有期徒刑十年以上或者余刑在五年以上的重大刑事犯罪分子的；

3. 在押人员被私放后又实施重大犯罪的。

（二）特大案件

1. 私放5人以上的；

2. 私放可能判处无期徒刑以上的重大刑事犯罪分子的；

3. 在押人员被私放后又犯罪致人死亡的。

失职致使在押人员脱逃案（《刑法》第400条第2款）

一、涉嫌下列情形之一的，应予立案：

1. 致使依法可能判处或者已经判处十年以上有期徒刑、无期徒刑、死刑的犯罪嫌疑人、被告人、罪犯脱逃的；

2. 致使犯罪嫌疑人、被告人、罪犯脱逃3人次以上的；

3. 犯罪嫌疑人、被告人、罪犯脱逃以后，打击报复报案人、控告人、举报人、被害人、证人和司法工作人员等，或者继续犯罪的；

4. 其他致使在押的犯罪嫌疑人、被告人、罪犯脱逃，造成严重后果的情形。

二、失职致使在押人员脱逃重特大案

（一）重大案件

1. 致使脱逃5人以上的；

2. 致使可能判处无期徒刑或者死刑缓期二年执行的重大刑事犯罪分子脱逃的；

3. 在押人员脱逃后实施重大犯罪致人死亡的。

（二）特大案件

1. 致使脱逃10人以上的；

2. 致使可能判处死刑的重大刑事犯罪分子脱逃的；

3. 在押人员脱逃后实施重大犯罪致人死亡2人以上的。

《最高人民检察院关于渎职侵权犯罪案件立案标准的规定》（2006年7月26日）；《人民检察院直接受理立案侦查的渎职侵权重特大案件标准（试行）》（2001年8月4日）

【犯罪构成及刑事责任】

私放在押人员罪是指司法工作人员私放在押（包括在羁押场所和押解途中）的犯罪嫌疑人、被告人或者罪犯的行为。

失职致使在押人员脱逃罪是指司法工作人员由于严重不负责任，不履行或者不认真履行职责，致使在押（包括在羁押场所和押解途中）的犯罪嫌疑人、被告人、罪犯脱逃，造成严重后果的行为。

构成两罪需要具备以下四个要件：

1. 客体要件。两罪侵犯的客体是国家监管机关的监管制度，即看守所、拘留所、未成年犯管教所、劳动改造机关、监狱等监管机关的监管制度。凡经公安机关、检察院、人民法院拘留、逮捕、判刑的犯罪嫌疑人、被告或者罪犯，一般来说，都是因为实施或可能实施危害社会的行为，需要受到刑罚。监管机关关押罪犯的目的，是惩罚和改造他们，消除其继续犯罪的条件。而私放这些在押人员或者由于失职使其逃脱关押，不仅使其有继续犯罪的可能，而且破坏监管机关的监管制度。

两罪的犯罪对象，是被关押的犯罪嫌疑人、被告人和罪犯，包括已决犯和未决犯。所谓犯罪嫌疑人，是指在人民检察院向人民法院提起公诉以前，正处在侦查、起诉阶段的涉嫌犯罪的人；所谓被告人，是指人民检察院将犯罪嫌疑人起诉到人民法院以后，或者自诉人提出自诉，要求人民法院通过审判追究刑事责任的人；所谓罪犯，是指由人民法院生效裁判宣告为有罪的人。已被判刑的罪犯，一般都是罪行较重或十分严重，有人身危险性，需要与社会隔离的人，对他们实行关押，不仅是因为他们罪行较重，而且是为了防止他们继续危害社会。如果把那些有危险性的罪犯非法释放或者由于失职使其逃脱关押，无异于“放虎归山”，为他们继续犯罪创造条件。能否看管好被逮捕关押的犯罪嫌疑人、被告人，关系到案件的审判能否正常进行，特别是抓获共同犯罪案件的成员关系到整个案件能否顺利破获。因此，非法放走犯罪嫌疑人、被告人或者由于失职使其逃脱关押，将会给审判工作带来很大的危害。由此可见，把私放犯罪嫌疑人、被告人、罪犯或者由于失职使这些人员逃脱关押的行为作为犯罪来惩办，是十分必要的。

2. 客观要件。私放在押人员罪在客观方面表现为私自将被关押的犯罪嫌疑人、被告人、罪犯非法释放的行为。虽然《刑法》第400条的规定没有说明实施本罪必须是利用职务上的便利，但是，由于本罪属于渎职类犯罪，所以它必然是利用职务上的便利来实施，如果没有利用职务之便或者依法释放罪犯的，均不构成本罪。所谓利用职务上的便利是指行为人利用自己看管、管教、押解、提审等便利条件。所谓私放，是指没有经过合法手续而私自释放犯罪嫌疑人、被告人、罪犯，使其逃避关押。

私放犯罪嫌疑人、被告人、罪犯可由作为和不作为构成。其行为方式有：滥用职权，篡改刑期，使犯罪嫌疑人、被告人、罪犯“合法”逃避关押；虽未篡改刑期，但假借事由，将刑期未满的犯罪嫌疑人、被告人、罪犯擅自刑满释放；把依法逮捕的罪犯有意当作错捕释放；利用提审、押解罪犯的机会私放犯罪嫌疑人、被告人、罪犯而谎称罪犯脱逃；为罪犯逃离关押场所创造条件等。私放犯罪嫌疑人、被告人、罪犯无论采取何种方式，无论在何种场合，是在关押场所，还是在押解途中，都不影响定罪。但私放犯罪嫌疑人、被告人、罪犯的手段是否恶劣及其危害后果的大小，是量刑考虑的轻重情节。具体情节参见“立案追诉标准”的有关内容。

失职致使在押人员脱逃罪在客观方面表现为司法工作人员玩忽职守，严重不负监管职责，致使在押的犯罪嫌疑人、被告人或者罪犯脱逃，造成严重后果的行为。所谓脱逃，是指在押的犯罪嫌疑人、被告人或者罪犯从羁押场所如看守所、监狱、未成年犯管教所等或者押解途中或者审判场所逃走，从而脱离司法机关及其工作人员的监管。虽然在押但不是犯罪嫌疑人、被告人或者罪犯，而是其他人员如被行政拘留、司法拘留的人员逃离羁押，不能构成本罪，构成犯罪的，亦应以他罪如玩忽职守罪论处。所谓严重不负责任，是指在羁押场所、押解途中未按规定采取有关看守、监管措施；擅离看守、监管岗位；发现犯罪嫌疑人、被告人或者罪犯有脱逃迹象，不及时采取有效的防范措施；在犯罪嫌疑人、被告人或者罪犯脱逃时，不及时组织、进行追捕等。在押犯罪嫌疑人、被告人或者罪犯的脱逃是由于行为人的玩忽职守、严重不负责任而造成的。如果没有玩忽职守、严重不负责任的行为或者虽有玩忽职守、严重不负责任的行为但与在押人员的脱逃没有刑法上的因果关系，不能以本罪论处。

本罪属结果犯，只有造成严重后果时才构成犯罪，所谓造成严重后果，一般是指致使重要的犯罪嫌疑人、被告人或者罪犯脱逃；致使多名犯罪嫌疑人、被告人或者罪犯脱逃；由于犯罪嫌疑人、被告人的脱逃致使案件的侦查、起诉、审判受到严重影响；犯罪嫌疑人、被告人或者罪犯脱逃后打击报复控告人、举报人、证人和司法工作人员，继续犯罪，危害社会等。具体可参见“立案追诉标准”中的有关内容。

3. 主体要件。两罪的主体都是司法工作人员，主要是负有监管职责的司法工作人员。其中包括在看守所、拘留所、未成年犯管教所、劳动改造机关、监狱工作的管教人员和看守人员，以及执行逮捕和押解罪犯的人员。

4. 主观要件。私放在押人员罪在主观方面表现为故意，即明知是犯罪嫌疑人、被告人、罪犯，而故意将其非法释放。犯罪的动机是多种多样的，有的是贪赃受贿，有的是包庇同伙，有的是徇亲私情等，犯罪动机不影响本罪的成立。失职致使在押人员脱逃罪在主观方面必须出于过失，但这是针对在押人员脱逃这一后果而言的，对于其玩忽职守的行为，则表现为明知故犯。

根据《刑法》第400条的规定，犯私放在押人员罪，处五年以下有期徒刑或者拘役；情节严重的，处五年以上十年以下有期徒刑；情节特别严重的，处十年以上有期徒刑。

犯失职致使在押人员脱逃罪，处三年以下有期徒刑或者拘役；造成特别严重后果的，处三年以上十年以下有期徒刑。

【疑难指导】

一、关于私放在押人员罪的既遂与未遂的标准问题

只要司法工作人员利用职权实施了非法私放在押人员的行为即构成本罪的既遂，而不能以犯罪嫌疑人、被告人、罪犯已经脱离了监管人或押解人的监管为既遂的标准。本罪是行为犯。所谓行为犯，是指以行为人的犯罪行为是否完成作为犯罪既遂与否标志的犯罪。根据这样的理论，就本罪而言，只要司法工作人员利用职权实施了非法私放在押人员的行为即构成本罪的既遂。如果把在押人员是否

脱离监管人员的控制范围作为标准，就从根本上忽视了本罪是行为犯这一根本性质，混淆了行为犯与结果犯的界限。当然，在认定本罪的犯罪形态时也不能以行为人一经实施私放行为即认定既遂，否则就混淆了行为犯与举动犯的界限。在司法实践中，还应注意，本罪作为行为犯要求以行为实施即行为本身的完成程度为区分标准，也就是说，只有达到一定的量度才能构成既遂。具体而言，在本罪中只能是司法工作人员利用职务便利实施完毕非法私放的行为才能认定为既遂。如果行为实施完毕后，在押人员脱离监控，则此结果只是本罪的一个量刑情节。

二、"临时私放"的行为如何认定

在司法实践中，少数司法干警出于贪利或者其他动机，与在押人员私下约定保证按期返回羁押场所而将其秘密释放。我们把这样的行为称为"临时私放"。对于"临时私放"的行为应如何定性处理呢？"临时私放"行为的行为人主观上虽然没有私放在押人员的犯罪故意，而且已经预见自己违规"临时私放"的行为可能会导致在押人员的脱逃，但是他当时相信在押人员会按照"约定"按时返回，因此，如果"临时私放"的行为客观上导致了在押人员的脱逃，那么行为人主观上就具有过于自信的犯罪过失，应以失职致使在押人员脱逃罪论处；当然，如果"临时私放"的行为并没有导致在押人员的脱逃，在押人员按照"约定"按时返回，则行为人的行为属于一般违法行为，可以考虑给予其他形式的处理。

三、如何理解"在押人员"

私放在押人员罪具有特定的犯罪对象，即"在押人员"，具体包括：被关押的犯罪嫌疑人、被告人和罪犯，包括已决犯和未决犯。如果行为人私放的是在押的劳教人员或被行政拘留、司法拘留的人员，则不成立本罪。私放的对象不是"在押"人员，如系被取保候审、监视居住以及被假释、缓刑、管制、暂予监外执行的人员，也不成立本罪。对于此处"罪犯"的理解，不存在争议。此处的"被告人"是"被人民检察院提起公诉或者自诉人提出自诉，要求人民法院通过审判追究刑事责任的人"。因为根据我国刑事诉讼法的规定，自诉案件的被告人如果符合逮捕的条件，也可被人民法院决定逮捕从而处于在押状态，即成为在押的被告人。此处的"犯罪嫌疑人"，是指在人民检察院向人民法院提起公诉前，正处于立案侦查和审查起诉阶段涉嫌犯罪的人。因此，司法工作人员私放被抓获的现行犯等立案以前的疑犯的，不成立私放在押人员罪，构成他罪的，依照他罪的有关规定追究刑事责任。

四、在押人员构成脱逃罪是不是失职致使在押人员脱逃罪成立的前提

在押人员构成脱逃罪不是失职致使在押人员脱逃罪成立的前提，也就是说，在这样的情形下，即使在押人员不构成脱逃罪，失职的司法工作人员也构成失职致使在押人员脱逃罪。理由是：（1）《刑法》第400条第2款规定的失职致使在押人员脱逃罪，是无须以人犯构成脱逃罪为前提条件的。既然目前法律没有明确规定，也无相关司法解释予以规定，那么对该罪做这样的理解和要求是于法无据的。（2）《刑法》第400条第1款规定的私放在押人员罪是故意犯罪，第2款规定的失职致使在押人员脱逃罪是过失犯罪。从法律规定的设置及立法本意来看，第400条第2款的规定，目的重在处罚司法工作人员不负责任的过失犯罪行为，只要司法人员工作严重不负责任致使在押人员脱逃（只要具有脱逃行为即可），并造成严重后果，即应构成该罪，并无必要以在押人员构成脱逃罪为前提。

五、失职致使在押人员脱逃罪罪与非罪的界限

失职致使在押人员脱逃罪属于玩忽职守罪的特别规定，凡司法工作人员玩忽职守，致使在押人员脱逃，构成犯罪的，都应以特别法即失职致使在押人员脱逃罪定罪量刑。失职致使在押人员脱逃罪在主观上必然是出于过失，如果明知某在押人员企图逃跑，却放任不管，主观上属于故意，此时应以私放在押人员罪定罪，如果不知道其想逃跑，或者知道其想脱逃但根据环境条件，在押人员的自身能力等因素轻易相信其逃跑不了，结果致使其逃跑，构成犯罪的，则应以失职致使在押人员脱逃罪定罪。

六、私放在押人员罪与徇私枉法罪的界限

私放在押人员罪的目的是使犯罪嫌疑人、被告人、罪犯摆脱监管机关和监管人员的控制，最终逃避法律制裁，这与徇私枉法罪中明知是有罪的人而故意包庇不使他受追诉，或者故意作枉法裁判，把有罪判为无罪，故意使罪犯逍遥法外，在实质上都是为了包庇罪犯，都侵犯了司法机关的正常活动；在客观上都利用了职务上的便利条件，主体主要都是司法工作人员。两者的区别在于：一是在客观方面表现不同。犯本罪的司法工作人员主要是利用监管或押解罪犯的职务之便，非法将罪犯私自放走；而徇私枉法罪的行为在客观上则是利用立案、侦查、预审、起诉和审判的合法权力，徇私枉法，对明知是有罪的人，作出不予立案、起诉的决定或者无罪判决、裁定，包庇罪犯。二是主体要件的职责权限不同。本罪的主体主要是对罪犯负有监管、押解职责的司法工作人员；而徇私枉法罪的主体则主要是对刑事案件有立案、侦查、预审、起诉或审判权的司法工作人员。

【办案依据】

一、《刑法》规定

第四百条 司法工作人员私放在押的犯罪嫌疑人、被告人或者罪犯的，处五年以下有期徒刑或者拘役；情节严重的，处五年以上十年以下有期徒刑；情节特别严重的，处十年以上有期徒刑。

司法工作人员由于严重不负责任，致使在押的犯罪嫌疑人、被告人或者罪犯脱逃，造成严重后果的，处三年以下有期徒刑或者拘役；造成特别严重后果的，处三年以上十年以下有期徒刑。

二、司法解释

（一）《最高人民法院、最高人民检察院关于办理渎职刑事案件适用法律若干问题的解释（一）》（2012年12月7日，法释〔2012〕18号）

（参见本书滥用职权罪章）

（二）《最高人民检察院关于工人等非监管机关在编监管人员私放在押人员行为和失职致使在押人员脱逃行为适用法律问题的解释》（2001年3月2日，高检发释字〔2001〕2号）

为依法办理私放在押人员犯罪案件和失职致使在押人员脱逃犯罪案件，对工人等非监管机关在编监管人员私放在押人员行为和失职致使在押人员脱逃行为如何适用法律问题解释如下：

工人等非监管机关在编监管人员在被监管机关聘用受委托履行监管职责的过程中私放在押人员的，应当依照刑法第四百条第一款的规定，以私放在押人员罪追究刑事责任；由于严重不负责任，致使在押人员脱逃，造成严重后果的，应当依照刑法第四百条第二款的规定，以失职致使在押人员脱逃罪追究刑事责任。

（三）《最高人民检察院关于渎职侵权犯罪案件立案标准的规定》（2006年7月26日，高检发释字〔2006〕2号）（节选）

一、渎职犯罪案件

（九）私放在押人员案（第四百条第一款）

私放在押人员罪是指司法工作人员私放在押（包括在羁押场所和押解途中）的犯罪嫌疑人、被告人或者罪犯的行为。

涉嫌下列情形之一的，应予立案：

1. 私自将在押的犯罪嫌疑人、被告人、罪犯放走，或者授意、指使、强迫他人将在押的犯罪嫌疑人、被告人、罪犯放走的；

2. 伪造、变造有关法律文书、证明材料，以使在押的犯罪嫌疑人、被告人、罪犯逃跑或者被释放的；

3. 为私放在押的犯罪嫌疑人、被告人、罪犯，故意向其通风报信、提供条件，致使该在押的犯罪嫌疑人、被告人、罪犯脱逃的；

4. 其他私放在押的犯罪嫌疑人、被告人、罪犯应予追究刑事责任的情形。

（十）失职致使在押人员脱逃案（第四百条第二款）

失职致使在押人员脱逃罪是指司法工作人员由于严重不负责任，不履行或者不认真履行职责，致使在押（包括在羁押场所和押解途中）的犯罪嫌疑人、被告人、罪犯脱逃，造成严重后果的行为。

涉嫌下列情形之一的，应予立案：

1. 致使依法可能判处或者已经判处十年以上有期徒刑、无期徒刑、死刑的犯罪嫌疑人、被告人、罪犯脱逃的；

2. 致使犯罪嫌疑人、被告人、罪犯脱逃3人次以上的；

3. 犯罪嫌疑人、被告人、罪犯脱逃以后，打击报复报案人、控告人、举报人、被害人、证人和司法工作人员等，或者继续犯罪的；

4. 其他致使在押的犯罪嫌疑人、被告人、罪犯脱逃，造成严重后果的情形。

三、司法文件

《人民检察院直接受理立案侦查的渎职侵权重特大案件标准（试行）》（2001年8月4日，高检发〔2001〕13号）（节选）

七、私放在押人员案

（一）重大案件

1. 私放三人以上的；

2. 私放可能判处有期徒刑十年以上或者余刑在五年以上的重大刑事犯罪分子的；

3. 在押人员被私放后又实施重大犯罪的。

（二）特大案件

1. 私放五人以上的；

2. 私放可能判处无期徒刑以上的重大刑事犯罪分子的；

3. 在押人员被私放后又犯罪致人死亡的。

八、失职致使在押人员脱逃案

（一）重大案件

1. 致使脱逃五人以上的；

2. 致使可能判处无期徒刑或者死刑缓期二年执行的重大刑事犯罪分子脱逃的；

3. 在押人员脱逃后实施重大犯罪致人死亡的。

（二）特大案件

1. 致使脱逃十人以上的；

2. 致使可能判处死刑的重大刑事犯罪分子脱逃的；

3. 在押人员脱逃后实施重大犯罪致人死亡二人以上的。

第九章　徇私舞弊减刑、假释、暂予监外执行罪

【立案追诉标准】

徇私舞弊减刑、假释、暂予监外执行案（《刑法》第401条）

一、涉嫌下列情形之一的，应予立案：

1. 刑罚执行机关的工作人员对不符合减刑、假释、暂予监外执行条件的罪犯，捏造事实，伪造材料，违法报请减刑、假释、暂予监外执行的；

2. 审判人员对不符合减刑、假释、暂予监外执行条件的罪犯，徇私舞弊，违法裁定减刑、假释或者违法决定暂予监外执行的；

3. 监狱管理机关、公安机关的工作人员对不符合暂予监外执行条件的罪犯，徇私舞弊，违法批准暂予监外执行的；

4. 不具有报请、裁定、决定或者批准减刑、假释、暂予监外执行权的司法工作人员利用职务上的便利，伪造有关材料，导致不符合减刑、假释、暂予监外执行条件的罪犯被减刑、假释、暂予监外执行的；

5. 其他徇私舞弊减刑、假释、暂予监外执行应予追究刑事责任的情形。

二、徇私舞弊减刑、假释、暂予监外执行重特大案

（一）重大案件

1. 办理三次以上或者一次办理三人以上的；

2. 为重大刑事犯罪分子办理减刑、假释、暂予监外执行的。

（二）特大案件

1. 办理五次以上或者一次办理五人以上的；

2. 为特别重大刑事犯罪分子办理减刑、假释、暂予监外执行的。

《最高人民检察院关于渎职侵权犯罪案件立案标准的规定》（2006 年 7 月 26 日）；《人民检察院直接受理立案侦查的渎职侵权重特大案件标准（试行）》（2001 年 8 月 4 日）

【犯罪构成及刑事责任】

徇私舞弊减刑、假释、暂予监外执行罪是指司法工作人员徇私舞弊，对不符合减刑、假释、暂予监外执行条件的罪犯予以减刑、假释、暂予监外执行的行为。构成本罪需要具备以下四个要件：

1. 客体要件。本罪侵犯的客体，是国家司法机关的正常活动。徇私舞弊行为使国家法律、法令的顺利实施受到严重干扰，损害了国家司法机关的威信，尤其是司法工作人员徇私舞弊行为必然会严重损害国家和人民利益或者侵犯公民人身权利、民主权利和其他合法权益，在群众中造成恶劣影响，影响国家机关的正常活动。

2. 客观要件。本罪在客观方面表现为徇私舞弊，对不符合减刑、假释、暂予监外执行条件的罪犯，予以减刑、假释或监外执行的行为。

司法工作人员徇私舞弊行为必须是利用职务之便进行的。所谓利用职务之便是指利用职权或者与职务有关的便利条件。职权是指本人职务范围内的权利；与职务有关的便利条件是指虽然不是直接利用职权，但是利用了本人的职权或地位形成的便利条件。

所谓减刑，是指对被判处管制、拘役、有期徒刑、无期徒刑、死刑缓期 2 年执行的犯罪分子，在执行刑罚的过程中，如果认真遵守监规，接受教育改造，确有悔改或立功表现等法定事由，而由人民法院依法适当减轻原判刑罚的一种刑罚制度。所谓假释，是指对被判处有期徒刑或者无期徒刑的犯罪分子，经过法定期限后，如果认真遵守监规，接受教育改造，确有悔改表现，不致再危害社会，由人民法院依法裁定有条件地提前释放的刑罚制度。所谓暂予监外执行，是指对被判处有期徒刑或者拘役的罪犯，由于出现具有严重疾病需要保外就医等法律规定的某种特殊情况，不适宜在监狱执行刑罚所暂时采取的一种不予关押而在监狱外执行的变通办法。

《刑法》第 50 条、第 78 条、第 82 条以及《中华人民共和国刑事诉讼法》第 273 条，对减刑、假释、暂予监外执行分别作了一些具体的规定。如果罪犯不符合上述规定的条件，行为人徇私舞弊，为其减刑、假释或决定暂予监外执行，即可构成本罪。根据本罪主体性质的不同，其行为方式具体可分为两种情况：一是监狱、未成年犯管教所等执行机关的工作人员明知罪犯不符合减刑、假释或者暂予监外执行的条件，捏造事实，伪造证据，如伪造悔改或立功表现、病历诊断证明、实际执行的刑期等，制作、报请内容虚假的有关减刑、假释、暂予监外执行的材料；二是有权决定减刑、假释、暂予监外执行的司法工作人员明知罪犯不符合减刑、假释或者暂予监外执行的条件，而非法作出减刑、假释裁定或者暂予监外执行的决定。

3. 主体要件。本罪主体要件，是特殊主体，即必须具有司法职权的国家司法工作人员，实际能构成其罪的，则为那些具有报请或者决定减刑、假释、暂予监外执行职权的司法工作人员。非上述人员包括非司法工作人员以及虽为司法工作人员但没有报请或决定减刑、假释、暂予监外执行的职权，都不能单独构成本罪。与司法工作人员伙同进行本罪行为的，以共犯追究刑事责任。

4. 主观要件。本罪在主观方面必须是出于故意，即行为人明知自己的徇私舞弊行为是违反有关法律规定的，明知自己行为可能产生的后果，而对这种后果的发生持希望或者放任的态度。过失不构成本罪。至于行为人的犯罪动机可能是多种多样的，有的是为了贪图钱财等不法利益，有的是因碍于亲朋好友情面而徇私舞弊，有的是出于报复或嫉妒心理而徇私舞弊等，动机如何对本罪构成没有影响，可以在量刑时作为因素之一予以考虑。

根据《刑法》第 401 条的规定，犯本罪的，处三年以下有期徒刑或者拘役；情节严重的，处三年以上七年以下有期徒刑。

【疑难指导】

一、如何理解本罪的“减刑”

减刑应该有广义和狭义之分。就狭义而言，减刑是指《刑法》第 78 条规定的减刑，即指被判处管制、拘役、有期徒刑、无期徒刑的犯罪分子，在刑罚执行期间，确有悔改立功表现的，适当减轻其原判刑罚的制度。但是仅把《刑法》第 78 条作为减刑的全部内容是不可取的。作为狭义减刑的《刑法》第 78 条，当然属于本罪所说的减刑的范围。同时，除上述狭义减刑之外，下列情况也应视为本罪的减刑：

（一）对死缓犯的减刑

目前，刑法学界或者司法实务中，较为一致认为死缓犯的减刑，是一种法定的“特殊形式的减刑”。这是因为死缓符合“减刑”的实质内涵和立法本意。而且一些法律文件对此也予以了肯定，如 1994 年 12 月 9 日颁布的，2012 年修订的《中华人民共和国监狱法》，死缓犯的减刑和其余四种主刑的减刑，都明确地规定在该法第三章第四节“减刑、假释”中；2017 年 1 月 1 日开始实施的《最高人民法院关于办理减刑、假释案件具体应用法律的规定》第 10 条到第 15 条对死缓的减刑也作了明确的规定。

（二）对附加刑的减刑

《刑法》第 34 条规定了三种附加刑即罚金、剥夺政治权利、没收财产。另外，第 35 条还规定了专门针对境外人员的驱逐出境。这些附加刑既可以附加主刑适用，也可单独适用。对附加刑的减免能否成为本罪所谓的“减刑”。由于没收财产无论是附加适用还是单独适用，都是一次性执行完毕，因此，很难设想它会发生减刑的问题。也正因如此，司法工作人员徇私舞弊对没收财产减免的，不构成本罪，符合他罪特征的，依照相关的条款定罪处罚。而罚金和剥夺政治权利在执行的时候，也可能出现减刑的情况。

《刑法》第 53 条规定，罚金在判决指定的期限内一次或者分期缴纳。期满不缴纳的，强制缴纳。对于不能全部缴纳罚金的，人民法院在任何时候发现被执行人有可以执行的财产，应当随时追缴。由于遭遇不能抗拒的灾祸等原因缴纳确实有困难的，经人民法院裁定，可以延期缴纳、酌情减少或者免除。可见，无论是单独还是附加适用罚金都有可能出现减刑的情况。

《刑法》第 57 条第 2 款规定：在死刑缓期执行减为有期徒刑或者无期徒刑减为有期徒刑的时候，应当把附加剥夺政治权利的期限改为三年以上十年以下。虽然法律没有具体规定管制、拘役和有期徒刑附加剥夺政治权利以及单独适用剥夺政治权利是否可以减刑，但从相关的法律规定中可以得出肯定的结论。

如果主刑是管制，由于附加的剥夺政治权利刑期等同于管制的刑期，而且和管制同时执行，那么管制减刑的同时就是对剥夺政治权利的减刑。如果主刑是拘役或者徒刑，由于附加剥夺政治权利的刑期从徒刑、拘役执行完毕之日或者从假释之日起计算而且剥夺政治权利的效力当然适用于主刑执行期间。因此，当这两种主刑减刑时，附加的剥夺政治权利也会出现减刑的情况。这是因为这两种主刑在执行的时候，也同样执行着剥夺政治权利的附加刑，而且此时主刑执行的刑期并不计算在附加刑的刑期内，因此主刑的减刑当然也意味着剥夺政治权利的减刑。需要注意的是，剥夺政治权利的刑期是从徒刑、拘役执行完毕之日或者从假释之日起计算，那么当主刑减刑时，被宣告执行的剥夺政治权利刑期也可减刑。

至于独立适用剥夺政治权利刑罚，虽然没有相关的法律、法规或者司法解释规定可以减刑，但是依据刑罚执行的教育改造原则，应当认为它也是可以减刑的。对于附加刑的减刑也应当遵循《刑法》第 79 条关于减刑的程序性规定。如果是附加主刑适用的罚金刑以及剥夺政治权利，由于主刑减刑的同时也可能会启动附加刑的减刑，这时应由执行机关提出减刑建议书（既包括主刑也包括附加刑的建议），然后由中级人民法院组成合议庭审理来决定是否减刑。如果是独立适用的罚金刑或者剥夺政治权利（包括主刑执行完毕，剥夺政治权利刑期开始计算时），同样也应该由执行机关提出减刑建议，由中级人民法院组成合议庭来裁定是否给予减刑。如果司法人员徇私舞弊，利用职权违背实体法和程序法的规定，超过法律规定的减刑幅度，对附加的剥夺政治权利刑罚予以减刑；或者在没有法律根据的情况下，对罚金刑或者单独适用剥夺政治权利刑罚予以减刑，都可以徇私舞弊减刑罪论处。

特赦减免不属于《刑法》第 401 条中的减刑，虽然从广义上讲将特赦视为减刑并无不可，但我国特赦的程序极为严格，每次特赦都是由全国人大常委会根据中共中央或者国务院的建议通过决定并由最高人民法院和高级人民法院负责执行，在设有国家主席期间，均由国家主席颁发特赦令。由于司法工作人员根本无权对罪犯特赦减免，因此，他们超越职权对罪犯搞所谓“特赦减免”的，不构成《刑法》第401条中规定的徇私舞弊减刑罪，构成他罪的，依照其他相关犯罪的规定追究刑事责任。

二、对于符合条件的罪犯却故意不予办理减刑、假释、暂予监外执行的行为应如何处理

按照《刑法》的规定，本罪在客观方面表现为对不符合条件的罪犯，办理减刑、假释、暂予监外执行。但是对于违背法律规定，应该办理减刑、假释或暂予监外执行的服刑人员，却徇私舞弊，消极地不提起建议或不让减刑、假释或暂予监外执行的行为，《刑法》第401条显然没有规定，对此应如何理解和处理呢？

我们认为，在这一问题上，国家机关工作人员的消极不作为同样极大地侵害了公民的合法权利，损害了国家正常的司法改造制度，也应属于《刑法》打击的对象。事实上，在《刑法》第九章的渎职罪中，也有很多对国家机关工作人员消极不作为处罚的规定，比如第402条规定的徇私舞弊不移交刑事案件罪等。因此，根据罪刑法定的原则，在没有修改之前，对于徇私舞弊不予减刑、假释、暂予监外执行的行为显然不能以第401条处理，但是可以以第399条规定的徇私枉法罪处理，因为这种行为也可解释成“在刑事审判过程中故意违背事实和法律作枉法裁判”。

三、没有减刑、假释、暂予监外执行建议权、决定权和监督权的司法工作人员为罪犯伪造立功材料应当如何定性

本罪的立法目的就是打击刑罚执行领域中的司法腐败，因此它所针对的对象显然是对减刑、假释、暂予监外执行享有建议权、决定权和监督权的司法工作人员。为罪犯伪造立功材料的其他司法工作人员不能单独构成本罪。但是，鉴于没有减刑、假释、暂予监外执行建议权、决定权和监督权的司法工作人员为罪犯伪造立功材料的严重社会危害性，也不能放纵该行为，在司法实践中，应根据具体情况分别处理：

1. 如果享有建议权、决定权和监督权的司法工作人员明知是不享有上述权利

的人伪造的材料，并且通过伪造的材料进行徇私舞弊减刑、假释、暂予监外执行，此时，二者形成了共同犯罪，对于不享有上述权利的人伪造材料的行为应当以徇私舞弊减刑、假释、暂予监外执行罪的帮助犯论处。

2. 如果享有建议权、决定权和监督权的司法工作人员误以为该伪造材料为真实的材料而给予减刑、假释、暂予监外执行的，此时，二者没有共同犯罪的故意，对不享有上述权利的人伪造材料的行为，可以帮助伪造证据罪论处。

3. 如果享有建议权、决定权和监督权的司法工作人员发现该材料是不享有上述权利的人伪造的材料，因而没有给罪犯以减刑、假释、暂予监外执行，此时，对不享有上述权利的人伪造材料的行为也应以帮助伪造证据罪论处。

四、本罪罪与非罪的界限

要特别注意区分本罪与国家工作人员工作失误的界限。如果行为人主观上不是明知，而是由于其业务知识、经验不足，或者是调查研究不够充分，工作开展不够深入，思想方法简单片面造成认识偏颇而发生的错误行为，即使实施将不符合条件的罪犯予以减刑、假释、暂予监外执行的行为，一般也不构成犯罪，如果情节严重或者造成重大后果而构成其他犯罪的，应以其他相应犯罪论处。

五、本罪与徇私枉法罪的界限

两罪在客体、主体、主观方面都具有相同之处，主要区别是：

1. 犯罪对象不同，本罪的对象是已决罪犯；徇私枉法罪的对象可以是任何人。

2. 客观行为不同，本罪是对不符合减刑、假释、暂予监外执行条件的罪犯予以减刑、假释或者暂予监外执行的行为；后罪则表现为对明知是无罪的人而使他受追诉，对明知是有罪的人而故意包庇不使他受追诉，或者在刑事审判活动中故意违背事实和法律作枉法裁判的行为。

【办案依据】

一、《刑法》规定

第四百零一条 司法工作人员徇私舞弊，对不符合减刑、假释、暂予监外执行条件的罪犯，予以减刑、假释或者暂予监外执行的，处三年以下有期徒刑或者拘役；情节严重的，处三年以上七年以下有期徒刑。

二、司法解释

（一）《最高人民法院、最高人民检察院关于办理渎职刑事案件适用法律若干问题的解释（一）》（2012年12月7日，法释〔2012〕18号）

（参见本书滥用职权罪章）

（二）《最高人民法院关于办理减刑、假释案件具体应用法律的补充规定》（2019年4月24日，法释〔2019〕6号）

为准确把握宽严相济刑事政策，严格执行《最高人民法院关于办理减刑、假释案件具体应用法律的规定》，现对《中华人民共和国刑法修正案（九）》施行后，依照刑法分则第八章贪污贿赂罪判处刑罚的原具有国家工作人员身份的罪犯的减刑、假释补充规定如下：

第一条　对拒不认罪悔罪的，或者确有履行能力而不履行或者不全部履行生效裁判中财产性判项的，不予假释，一般不予减刑。

第二条　被判处十年以上有期徒刑，符合减刑条件的，执行三年以上方可减刑；被判处不满十年有期徒刑，符合减刑条件的，执行二年以上方可减刑。

确有悔改表现或者有立功表现的，一次减刑不超过六个月有期徒刑；确有悔改表现并有立功表现的，一次减刑不超过九个月有期徒刑；有重大立功表现的，一次减刑不超过一年有期徒刑。

被判处十年以上有期徒刑的，两次减刑之间应当间隔二年以上；被判处不满十年有期徒刑的，两次减刑之间应当间隔一年六个月以上。

第三条　被判处无期徒刑，符合减刑条件的，执行四年以上方可减刑。

确有悔改表现或者有立功表现的，可以减为二十三年有期徒刑；确有悔改表现并有立功表现的，可以减为二十二年以上二十三年以下有期徒刑；有重大立功表现的，可以减为二十一年以上二十二年以下有期徒刑。

无期徒刑减为有期徒刑后再减刑时，减刑幅度比照本规定第二条的规定执行。两次减刑之间应当间隔二年以上。

第四条　被判处死刑缓期执行的，减为无期徒刑后，符合减刑条件的，执行四年以上方可减刑。

确有悔改表现或者有立功表现的，可以减为二十五年有期徒刑；确有悔改表现现并有立功表现的，可以减为二十四年六个月以上二十五年以下有期徒刑；有重大立功表现的，可以减为二十四年以上二十四年六个月以下有期徒刑。

减为有期徒刑后再减刑时，减刑幅度比照本规定第二条的规定执行。两次减刑之间应当间隔二年以上。

第五条 罪犯有重大立功表现的，减刑时可以不受上述起始时间和间隔时间的限制。

第六条 对本规定所指贪污贿赂罪犯适用假释时，应当从严掌握。

第七条 本规定自2019年6月1日起施行。此前发布的司法解释与本规定不一致的，以本规定为准。

(三)《最高人民法院关于办理减刑、假释案件具体应用法律的规定》（2016年11月14日，法释〔2016〕23号）

为确保依法公正办理减刑、假释案件，依据《中华人民共和国刑法》《中华人民共和国刑事诉讼法》《中华人民共和国监狱法》和其他法律规定，结合司法实践，制定本规定。

第一条 减刑、假释是激励罪犯改造的刑罚制度，减刑、假释的适用应当贯彻宽严相济刑事政策，最大限度地发挥刑罚的功能，实现刑罚的目的。

第二条 对于罪犯符合刑法第七十八条第一款规定“可以减刑”条件的案件，在办理时应当综合考察罪犯犯罪的性质和具体情节、社会危害程度、原判刑罚及生效裁判中财产性判项的履行情况、交付执行后的一贯表现等因素。

第三条 “确有悔改表现”是指同时具备以下条件：

（一）认罪悔罪；

（二）遵守法律法规及监规，接受教育改造；

（三）积极参加思想、文化、职业技术教育；

（四）积极参加劳动，努力完成劳动任务。

对职务犯罪、破坏金融管理秩序和金融诈骗犯罪、组织（领导、参加、包庇、纵容）黑社会性质组织犯罪等罪犯，不积极退赃、协助追缴赃款赃物、赔偿损失，或者服刑期间利用个人影响力和社会关系等不正当手段意图获得减刑、假释的，不认定其“确有悔改表现”。

罪犯在刑罚执行期间的申诉权利应当依法保护，对其正当申诉不能不加分析地认为是不认罪悔罪。

第四条 具有下列情形之一的，可以认定为有“立功表现”：

（一）阻止他人实施犯罪活动的；

（二）检举、揭发监狱内外犯罪活动，或者提供重要的破案线索，经查证属实的；

（三）协助司法机关抓捕其他犯罪嫌疑人的；

（四）在生产、科研中进行技术革新，成绩突出的；

（五）在抗御自然灾害或者排除重大事故中，表现积极的；

（六）对国家和社会有其他较大贡献的。

第（四）项、第（六）项中的技术革新或者其他较大贡献应当由罪犯在刑罚执行期间独立或者为主完成，并经省级主管部门确认。

第五条 具有下列情形之一的，应当认定为有“重大立功表现”：

（一）阻止他人实施重大犯罪活动的；

（二）检举监狱内外重大犯罪活动，经查证属实的；

（三）协助司法机关抓捕其他重大犯罪嫌疑人的；

（四）有发明创造或者重大技术革新的；

（五）在日常生产、生活中舍己救人的；

（六）在抗御自然灾害或者排除重大事故中，有突出表现的；

（七）对国家和社会有其他重大贡献的。

第（四）项中的发明创造或者重大技术革新应当是罪犯在刑罚执行期间独立或者为主完成并经国家主管部门确认的发明专利，且不包括实用新型专利和外观设计专利；第（七）项中的其他重大贡献应当由罪犯在刑罚执行期间独立或者为主完成，并经国家主管部门确认。

第六条 被判处有期徒刑的罪犯减刑起始时间为：不满五年有期徒刑的，应当执行一年以上方可减刑；五年以上不满十年有期徒刑的，应当执行一年六个月以上方可减刑；十年以上有期徒刑的，应当执行二年以上方可减刑。有期徒刑减刑的起始时间自判决执行之日起计算。

确有悔改表现或者有立功表现的，一次减刑不超过九个月有期徒刑；确有悔改表现并有立功表现的，一次减刑不超过一年有期徒刑；有重大立功表现的，一次减刑不超过一年六个月有期徒刑；确有悔改表现并有重大立功表现的，一次减刑不超过二年有期徒刑。

被判处不满十年有期徒刑的罪犯，两次减刑间隔时间不得少于一年；被判处十年以上有期徒刑的罪犯，两次减刑间隔时间不得少于一年六个月。减刑间隔时间不得低于上次减刑减去的刑期。

罪犯有重大立功表现的，可以不受上述减刑起始时间和间隔时间的限制。

第七条 对符合减刑条件的职务犯罪罪犯，破坏金融管理秩序和金融诈骗犯罪罪犯，组织、领导、参加、包庇、纵容黑社会性质组织犯罪罪犯，危害国家安全犯罪罪犯，恐怖活动犯罪罪犯，毒品犯罪集团的首要分子及毒品再犯，累犯，确有履行能力而不履行或者不全部履行生效裁判中财产性判项的罪犯，被判处十年以下有期徒刑的，执行二年以上方可减刑，减刑幅度应当比照本规定第六条从严掌握，一次减刑不超过一年有期徒刑，两次减刑之间应当间隔一年以上。

对被判处十年以上有期徒刑的前款罪犯，以及因故意杀人、强奸、抢劫、绑架、放火、爆炸、投放危险物质或者有组织的暴力性犯罪被判处十年以上有期徒刑的罪犯，数罪并罚且其中两罪以上被判处十年以上有期徒刑的罪犯，执行二年以上方可减刑，减刑幅度应当比照本规定第六条从严掌握，一次减刑不超过一年有期徒刑，两次减刑之间应当间隔一年六个月以上。

罪犯有重大立功表现的，可以不受上述减刑起始时间和间隔时间的限制。

第八条 被判处无期徒刑的罪犯在刑罚执行期间，符合减刑条件的，执行二年以上，可以减刑。减刑幅度为：确有悔改表现或者有立功表现的，可以减为二十二年有期徒刑；确有悔改表现并有立功表现的，可以减为二十一年以上二十二年以下有期徒刑；有重大立功表现的，可以减为二十年以上二十一年以下有期徒刑；确有悔改表现并有重大立功表现的，可以减为十九年以上二十年以下有期徒刑。无期徒刑罪犯减为有期徒刑后再减刑时，减刑幅度依照本规定第六条的规定执行。两次减刑间隔时间不得少于二年。

罪犯有重大立功表现的，可以不受上述减刑起始时间和间隔时间的限制。

第九条 对被判处无期徒刑的职务犯罪罪犯，破坏金融管理秩序和金融诈骗犯罪罪犯，组织、领导、参加、包庇、纵容黑社会性质组织犯罪罪犯，危害国家安全犯罪罪犯，恐怖活动犯罪罪犯，毒品犯罪集团的首要分子及毒品再犯，累犯以及因故意杀人、强奸、抢劫、绑架、放火、爆炸、投放危险物质或者有组织的暴力性犯罪的罪犯，确有履行能力而不履行或者不全部履行生效裁判中财产性判项的罪犯，数罪并罚被判处无期徒刑的罪犯，符合减刑条件的，执行三年以上方可减刑，减刑幅度应当比照本规定第八条从严掌握，减刑后的刑期最低不得少于二十年有期徒刑；减为有期徒刑后再减刑时，减刑幅度比照本规定第六条从严掌握，一次不超过一年有期徒刑，两次减刑之间应当间隔二年以上。

罪犯有重大立功表现的，可以不受上述减刑起始时间和间隔时间的限制。

第十条 被判处死刑缓期执行的罪犯减为无期徒刑后，符合减刑条件的，执行三年以上方可减刑。减刑幅度为：确有悔改表现或者有立功表现的，可以减为二十五年有期徒刑；确有悔改表现并有立功表现的，可以减为二十四年以上二十五年以下有期徒刑；有重大立功表现的，可以减为二十三年以上二十四年以下有期徒刑；确有悔改表现并有重大立功表现的，可以减为二十二年以上二十三年以下有期徒刑。

被判处死刑缓期执行的罪犯减为有期徒刑后再减刑时，比照本规定第八条的规定办理。

第十一条 对被判处死刑缓期执行的职务犯罪罪犯，破坏金融管理秩序和金融诈骗犯罪罪犯，组织、领导、参加、包庇、纵容黑社会性质组织犯罪罪犯，危害国家安全犯罪罪犯，恐怖活动犯罪罪犯，毒品犯罪集团的首要分子及毒品再犯，累犯以及因故意杀人、强奸、抢劫、绑架、放火、爆炸、投放危险物质或者有组织的暴力性犯罪的罪犯，确有履行能力而不履行或者不全部履行生效裁判中财产性判项的罪犯，数罪并罚被判处死刑缓期执行的罪犯，减为无期徒刑后，符合减刑条件的，执行三年以上方可减刑，一般减为二十五年有期徒刑，有立功表现或者重大立功表现的，可以比照本规定第十条减为二十三年以上二十五年以下有期徒刑；减为有期徒刑后再减刑时，减刑幅度比照本规定第六条从严掌握，一次不超过一年有期徒刑，两次减刑之间应当间隔二年以上。

第十二条 被判处死刑缓期执行的罪犯经过一次或者几次减刑后，其实际执行的刑期不得少于十五年，死刑缓期执行期间不包括在内。

死刑缓期执行罪犯在缓期执行期间不服从监管、抗拒改造，尚未构成犯罪的，在减为无期徒刑后再减刑时应当适当从严。

第十三条 被限制减刑的死刑缓期执行罪犯，减为无期徒刑后，符合减刑条件的，执行五年以上方可减刑。减刑间隔时间和减刑幅度依照本规定第十一条的规定执行。

第十四条 被限制减刑的死刑缓期执行罪犯，减为有期徒刑后再减刑时，一次减刑不超过六个月有期徒刑，两次减刑间隔时间不得少于二年。有重大立功表现的，间隔时间可以适当缩短，但一次减刑不超过一年有期徒刑。

第十五条 对被判处终身监禁的罪犯，在死刑缓期执行期满依法减为无期徒刑的裁定中，应当明确终身监禁，不得再减刑或者假释。

第十六条 被判处管制、拘役的罪犯，以及判决生效后剩余刑期不满二年有期徒刑的罪犯，符合减刑条件的，可以酌情减刑，减刑起始时间可以适当缩短，但实际执行的刑期不得少于原判刑期的二分之一。

第十七条 被判处有期徒刑罪犯减刑时，对附加剥夺政治权利的期限可以酌减。酌减后剥夺政治权利的期限，不得少于一年。

被判处死刑缓期执行、无期徒刑的罪犯减为有期徒刑时，应当将附加剥夺政治权利的期限减为七年以上十年以下，经过一次或者几次减刑后，最终剥夺政治权利的期限不得少于三年。

第十八条 被判处拘役或者三年以下有期徒刑，并宣告缓刑的罪犯，一般不适用减刑。

前款规定的罪犯在缓刑考验期内有重大立功表现的，可以参照刑法第七十八条的规定予以减刑，同时应当依法缩减其缓刑考验期。缩减后，拘役的缓刑考验期限不得少于二个月，有期徒刑的缓刑考验期限不得少于一年。

第十九条 对在报请减刑前的服刑期间不满十八周岁，且所犯罪行不属于刑法第八十一条第二款规定情形的罪犯，认罪悔罪，遵守法律法规及监规，积极参加学习、劳动，应当视为确有悔改表现。

对上述罪犯减刑时，减刑幅度可以适当放宽，或者减刑起始时间、间隔时间可以适当缩短，但放宽的幅度和缩短的时间不得超过本规定中相应幅度、时间的三分之一。

第二十条 老年罪犯、患严重疾病罪犯或者身体残疾罪犯减刑时，应当主要考察其认罪悔罪的实际表现。

对基本丧失劳动能力，生活难以自理的上述罪犯减刑时，减刑幅度可以适当放宽，或者减刑起始时间、间隔时间可以适当缩短，但放宽的幅度和缩短的时间不得超过本规定中相应幅度、时间的三分之一。

第二十一条 被判处有期徒刑、无期徒刑的罪犯在刑罚执行期间又故意犯罪，新罪被判处有期徒刑的，自新罪判决确定之日起三年内不予减刑；新罪被判处无期徒刑的，自新罪判决确定之日起四年内不予减刑。

罪犯在死刑缓期执行期间又故意犯罪，未被执行死刑的，死刑缓期执行的期间重新计算，减为无期徒刑后，五年内不予减刑。

被判处死刑缓期执行罪犯减刑后，在刑罚执行期间又故意犯罪的，依照第一款规定处理。

第二十二条 办理假释案件，认定“没有再犯罪的危险”，除符合刑法第八十一条规定的情形外，还应当根据犯罪的具体情节、原判刑罚情况，在刑罚执行中的一贯表现，罪犯的年龄、身体状况、性格特征，假释后生活来源以及监管条件等因素综合考虑。

第二十三条 被判处有期徒刑的罪犯假释时，执行原判刑期二分之一的时间，应当从判决执行之日起计算，判决执行以前先行羁押的，羁押一日折抵刑期一日。

被判处无期徒刑的罪犯假释时，刑法中关于实际执行刑期不得少于十三年的时间，应当从判决生效之日起计算。判决生效以前先行羁押的时间不予折抵。

被判处死刑缓期执行的罪犯减为无期徒刑或者有期徒刑后，实际执行十五年以上，方可假释，该实际执行时间应当从死刑缓期执行期满之日起计算。死刑缓期执行期间不包括在内，判决确定以前先行羁押的时间不予折抵。

第二十四条 刑法第八十一条第一款规定的“特殊情况”，是指有国家政治、国防、外交等方面特殊需要的情况。

第二十五条 对累犯以及因故意杀人、强奸、抢劫、绑架、放火、爆炸、投放危险物质或者有组织的暴力性犯罪被判处十年以上有期徒刑、无期徒刑的罪犯，不得假释。

因前款情形和犯罪被判处死刑缓期执行的罪犯，被减为无期徒刑、有期徒刑后，也不得假释。

第二十六条 对下列罪犯适用假释时可以依法从宽掌握：

（一）过失犯罪的罪犯、中止犯罪的罪犯、被胁迫参加犯罪的罪犯；

（二）因防卫过当或者紧急避险过当而被判处有期徒刑以上刑罚的罪犯；

（三）犯罪时未满十八周岁的罪犯；

（四）基本丧失劳动能力、生活难以自理，假释后生活确有着落的老年罪犯、患严重疾病罪犯或者身体残疾罪犯；

（五）服刑期间改造表现特别突出的罪犯；

（六）具有其他可以从宽假释情形的罪犯。

罪犯既符合法定减刑条件，又符合法定假释条件的，可以优先适用假释。

第二十七条 对于生效裁判中有财产性判项，罪犯确有履行能力而不履行或者不全部履行的，不予假释。

第二十八条 罪犯减刑后又假释的，间隔时间不得少于一年；对一次减去一年以上有期徒刑后，决定假释的，间隔时间不得少于一年六个月。

罪犯减刑后余刑不足二年，决定假释的，可以适当缩短间隔时间。

第二十九条 罪犯在假释考验期内违反法律、行政法规或者国务院有关部门关于假释的监督管理规定的，作出假释裁定的人民法院，应当在收到报请机关或者检察机关撤销假释建议书后及时审查，作出是否撤销假释的裁定，并送达报请机关，同时抄送人民检察院、公安机关和原刑罚执行机关。

罪犯在逃的，撤销假释裁定书可以作为对罪犯进行追捕的依据。

第三十条 依照刑法第八十六条规定被撤销假释的罪犯，一般不得再假释。但依照该条第二款被撤销假释的罪犯，如果罪犯对漏罪曾作如实供述但原判未予认定，或者漏罪系其自首，符合假释条件的，可以再假释。

被撤销假释的罪犯，收监后符合减刑条件的，可以减刑，但减刑起始时间自收监之日起计算。

第三十一条　年满八十周岁、身患疾病或者生活难以自理、没有再犯罪危险的罪犯，既符合减刑条件，又符合假释条件的，优先适用假释；不符合假释条件的，参照本规定第二十条有关的规定从宽处理。

第三十二条　人民法院按照审判监督程序重新审理的案件，裁定维持原判决、裁定的，原减刑、假释裁定继续有效。

再审裁判改变原判决、裁定的，原减刑、假释裁定自动失效，执行机关应当及时报请有管辖权的人民法院重新作出是否减刑、假释的裁定。重新作出减刑裁定时，不受本规定有关减刑起始时间、间隔时间和减刑幅度的限制。重新裁定时应综合考虑各方面因素，减刑幅度不得超过原裁定减去的刑期总和。

再审改判为死刑缓期执行或者无期徒刑的，在新判决减为有期徒刑之时，原判决已经实际执行的刑期一并扣减。

再审裁判宣告无罪的，原减刑、假释裁定自动失效。

第三十三条　罪犯被裁定减刑后，刑罚执行期间因故意犯罪而数罪并罚时，经减刑裁定减去的刑期不计入已经执行的刑期。原判死刑缓期执行减为无期徒刑、有期徒刑，或者无期徒刑减为有期徒刑的裁定继续有效。

第三十四条　罪犯被裁定减刑后，刑罚执行期间因发现漏罪而数罪并罚的，原减刑裁定自动失效。如漏罪系罪犯主动交代的，对其原减去的刑期，由执行机关报请有管辖权的人民法院重新作出减刑裁定，予以确认；如漏罪系有关机关发现或者他人检举揭发的，由执行机关报请有管辖权的人民法院，在原减刑裁定减去的刑期总和之内，酌情重新裁定。

第三十五条　被判处死刑缓期执行的罪犯，在死刑缓期执行期内被发现漏罪，依据刑法第七十条规定数罪并罚，决定执行死刑缓期执行的，死刑缓期执行期间自新判决确定之日起计算，已经执行的死刑缓期执行期间计入新判决的死刑缓期执行期间内，但漏罪被判处死刑缓期执行的除外。

第三十六条　被判处死刑缓期执行的罪犯，在死刑缓期执行期满后被发现漏罪，依据刑法第七十条规定数罪并罚，决定执行死刑缓期执行的，交付执行时对罪犯实际执行无期徒刑，死缓考验期不再执行，但漏罪被判处死刑缓期执行的除外。

在无期徒刑减为有期徒刑时，前罪死刑缓期执行减为无期徒刑之日起至新判决生效之日止已经实际执行的刑期，应当计算在减刑裁定决定执行的刑期以内。

原减刑裁定减去的刑期依照本规定第三十四条处理。

第三十七条 被判处无期徒刑的罪犯在减为有期徒刑后因发现漏罪，依据刑法第七十条规定数罪并罚，决定执行无期徒刑的，前罪无期徒刑生效之日起至新判决生效之日止已经实际执行的刑期，应当在新判决的无期徒刑减为有期徒刑时，在减刑裁定决定执行的刑期内扣减。

无期徒刑罪犯减为有期徒刑后因发现漏罪判处三年有期徒刑以下刑罚，数罪并罚决定执行无期徒刑的，在新判决生效后执行一年以上，符合减刑条件的，可以减为有期徒刑，减刑幅度依照本规定第八条、第九条的规定执行。

原减刑裁定减去的刑期依照本规定第三十四条处理。

第三十八条 人民法院作出的刑事判决、裁定发生法律效力后，在依照刑事诉讼法第二百五十三条、第二百五十四条的规定将罪犯交付执行刑罚时，如果生效裁判中有财产性判项，人民法院应当将反映财产性判项执行、履行情况的有关材料一并随案移送刑罚执行机关。罪犯在服刑期间本人履行或者其亲属代为履行生效裁判中财产性判项的，应当及时向刑罚执行机关报告。刑罚执行机关报请减刑时应随案移送以上材料。

人民法院办理减刑、假释案件时，可以向原一审人民法院核实罪犯履行财产性判项的情况。原一审人民法院应当出具相关证明。

刑罚执行期间，负责办理减刑、假释案件的人民法院可以协助原一审人民法院执行生效裁判中的财产性判项。

第三十九条 本规定所称“老年罪犯”，是指报请减刑、假释时年满六十五周岁的罪犯。

本规定所称“患严重疾病罪犯”，是指因患有重病，久治不愈，而不能正常生活、学习、劳动的罪犯。

本规定所称“身体残疾罪犯”，是指因身体有肢体或者器官残缺、功能不全或者丧失功能，而基本丧失生活、学习、劳动能力的罪犯，但是罪犯犯罪后自伤致残的除外。

对刑罚执行机关提供的证明罪犯患有严重疾病或者有身体残疾的证明文件，人民法院应当审查，必要时可以委托有关单位重新诊断、鉴定。

第四十条　本规定所称“判决执行之日”，是指罪犯实际送交刑罚执行机关之日。

本规定所称“减刑间隔时间”，是指前一次减刑裁定送达之日起至本次减刑报请之日止的期间。

第四十一条　本规定所称“财产性判项”是指判决罪犯承担的附带民事赔偿义务判项，以及追缴、责令退赔、罚金、没收财产等判项。

第四十二条　本规定自2017年1月1日起施行。以前发布的司法解释与本规定不一致的，以本规定为准。

（四）《最高人民检察院关于渎职侵权犯罪案件立案标准的规定》（2006年7月26日，高检发释字〔2006〕2号）（节选）

一、渎职犯罪案件

（十一）徇私舞弊减刑、假释、暂予监外执行案（第四百零一条）

徇私舞弊减刑、假释、暂予监外执行罪是指司法工作人员徇私舞弊，对不符合减刑、假释、暂予监外执行条件的罪犯予以减刑、假释、暂予监外执行的行为。

涉嫌下列情形之一的，应予立案：

1. 刑罚执行机关的工作人员对不符合减刑、假释、暂予监外执行条件的罪犯，捏造事实，伪造材料，违法报请减刑、假释、暂予监外执行的；

2. 审判人员对不符合减刑、假释、暂予监外执行条件的罪犯，徇私舞弊，违法裁定减刑、假释或者违法决定暂予监外执行的；

3. 监狱管理机关、公安机关的工作人员对不符合暂予监外执行条件的罪犯，徇私舞弊，违法批准暂予监外执行的；

4. 不具有报请、裁定、决定或者批准减刑、假释、暂予监外执行权的司法工作人员利用职务上的便利，伪造有关材料，导致不符合减刑、假释、暂予监外执行条件的罪犯被减刑、假释、暂予监外执行的；

5. 其他徇私舞弊减刑、假释、暂予监外执行应予追究刑事责任的情形。

三、司法文件

《人民检察院直接受理立案侦查的渎职侵权重特大案件标准（试行）》（2001年8月4日，高检发〔2001〕13号）（节选）

九、徇私舞弊减刑、假释、暂予监外执行案

（一）重大案件

1. 办理三次以上或者一次办理三人以上的；

2. 为重大刑事犯罪分子办理减刑、假释、暂予监外执行的。

（二）特大案件

1. 办理五次以上或者一次办理五人以上的；

2. 为特别重大刑事犯罪分子办理减刑、假释、暂予监外执行的。

【指导性案例】

最高人民检察院指导性案例第3号林某斌徇私舞弊暂予监外执行案

（2010年12月15日最高人民检察院第十一届检察委员会第五十三次会议讨论决定，2010年12月31日发布）

【要旨】

司法工作人员收受贿赂，对不符合减刑、假释、暂予监外执行条件的罪犯，予以减刑、假释或者暂予监外执行的，应根据案件的具体情况，依法追究刑事责任。

【基本案情】

被告人林某斌，男，1964年8月21日出生，汉族，原系吉林省某监狱第三监区监区长，大学文化。2008年11月1日，因涉嫌徇私舞弊暂予监外执行罪被刑事拘留，2008年11月14日被逮捕。

2003年12月，高某宏因犯合同诈骗罪，被北京市东城区人民法院判处有期徒刑十二年，2004年1月入吉林省某监狱服刑。服刑期间，高某宏认识了服刑犯人赵某喜，并请赵某喜为其办理保外就医。赵某喜找到时任某监狱第五监区副监区长的被告人林某斌，称高某宏愿意出钱办理保外就医，让林某斌帮忙把手续办下来。林某斌答应帮助沟通此事。之后赵某喜找到服刑犯人杜某涛，由杜某涛配制了能表现出患病症状的药物。在赵某喜的安排下，高某宏于同年3月24日服药后“发病”住院。林某斌明知高某宏伪造病情，仍找到某监狱刑罚执行科的王某发（另案处理），让其为高某宏办理保外就医，并主持召开了对高某宏提请保外就医的监区干部讨论会。会上，林某斌隐瞒了高某宏伪造病情的情况，致使讨论会通过了高某宏的保外就医申请，然后其将高某宏的保外就医相关材料报到刑罚执行科。期间高某宏授意其弟高某卫与赵某喜向林某斌行贿人民币5万元（林某斌将其中3万元交王某发）。2004年4月28日，经某监狱呈报，吉林省监狱管理局以高某宏双肺肺炎、感染性休克、呼吸衰竭，批准高某宏暂予监外执行一年。同年4月30日，高某宏被保外就医。2006年5月18日，高某宏被收监。

【诉讼过程】

2008年10月28日，吉林省长春市宽城区人民检察院对林某斌涉嫌徇私舞弊暂予监外执行一案立案侦查。2009年8月4日，长春市宽城区人民检察院以林某斌涉嫌徇私舞弊暂予监外执行罪向长春市宽城区人民法院提起公诉。2009年10月20日，长春市宽城区人民法院作出（2009）宽刑初字第223号刑事判决，以被告人林某斌犯徇私舞弊暂予监外执行罪，判处有期徒刑三年。

第十章 徇私舞弊不移交刑事案件罪

【立案追诉标准】

徇私舞弊不移交刑事案件案（《刑法》第402条）

一、涉嫌下列情形之一的，应予立案：

1. 对依法可能判处3年以上有期徒刑、无期徒刑、死刑的犯罪案件不移交的；

2. 不移交刑事案件涉及3人次以上的；

3. 司法机关提出意见后，无正当理由仍然不予移交的；

4. 以罚代刑，放纵犯罪嫌疑人，致使犯罪嫌疑人继续进行违法犯罪活动的；

5. 行政执法部门主管领导阻止移交的；

6. 隐瞒、毁灭证据，伪造材料，改变刑事案件性质的；

7. 直接负责的主管人员和其他直接责任人员为牟取本单位私利而不移交刑事案件，情节严重的；

8. 其他情节严重的情形。

二、徇私舞弊不移交刑事案件重特大案

（一）重大案件

1. 对犯罪嫌疑人依法可能判处五年以上十年以下有期徒刑的重大刑事案件不移交的；

2. 五次以上不移交犯罪案件，或者一次不移交犯罪案件涉及五名以上犯罪嫌疑人的；

3. 以罚代刑，放纵犯罪嫌疑人，致使犯罪嫌疑人继续进行刑事犯罪的。

（二）特大案件

1. 对犯罪嫌疑人依法可能判处十年以上有期徒刑、无期徒刑、死刑的特别重大刑事案件不移交的；

2. 七次以上不移交犯罪案件，或者一次不移交犯罪案件涉及七名以上犯罪嫌疑人的；

3. 以罚代刑，放纵犯罪嫌疑人，致使犯罪嫌疑人继续进行严重刑事犯罪的。

《最高人民检察院关于渎职侵权犯罪案件立案标准的规定》（2006 年 7 月 26 日）；《人民检察院直接受理立案侦查的渎职侵权重特大案件标准（试行）》（2001 年 8 月 4 日）

【犯罪构成及刑事责任】

徇私舞弊不移交刑事案件罪，是指税务、监察等行政执法人员，徇私舞弊，对依法应当移交司法机关追究刑事责任的案件不移交，情节严重的行为。构成本罪需要具备以下四个要件：

1. 客体要件。本罪侵犯的客体是行政执法机关的正常执法活动。行政执法机关担负着执行法律、法规，管理国家、维护国家安全、社会秩序、经济秩序的职责，享有法律授予的行政处罚权、行政裁决权。如公安、税务、海关、卫生、检疫等部门。这些行政执法机关的执法人员，是否依法行政，严格执法，直接关系到行政机关的形象，关系到国家和人民的利益。若行政执法人员违背职责，徇私舞弊，枉法行政，对依法应当移交司法机关追究刑事责任的案件不移交，必将给国家和人民利益造成重大损失，破坏国家机关的管理活动。因此，必须对严重徇私舞弊的行政执法人员依法予以刑事制裁。

2. 客观要件。本罪在客观方面，表现为对依法应当移交司法机关追究刑事责任的案件不移交，情节严重的行为。

行政执法人员徇私舞弊行为首先必须是利用职务之便进行的。所谓利用职务之便，是指利用职权或者与职务有关的便利条件。职权是指本人职务范围内的权利；与职务有关的便利条件是指虽然不是直接利用职权，但是利用了本人的职权或地位形成的便利条件。

依法应当移交司法机关追究刑事责任的案件不移交，是指行政执法人员在履行职责的过程中，明知违法行为已经构成犯罪，应当移送司法机关追究刑事责任的案件而不移送，予以隐瞒、掩饰；或者“大事化小”，以行政处罚代替刑事处罚。不移交行为只有情节严重的，才能构成犯罪。具体的认定参见立案追诉标准。

3. 主体要件。本罪的犯罪主体为特殊主体，即行政执法人员，具体是指在国家公安、税务、海关、检疫等行政机关中依法行使行政职权的公务人员，大体包括以下几类：（1）国务院及国管局组成部门中拥有执法权的人员；（2）国务院直属机构以及国务院各部委管理的国家局中拥有执法权的人员；（3）地方各级人民政府及其职能部门中享有执法权的人员；（4）地方人民政府的派出机关中享有执法权的人员；（5）依照法律、法规的授权决定而设立的、具有行政主体资格的专门机关中享有执法权的人员；（6）依法设立的各种公务组织中享有行政执法权的人员。

4. 主观要件。本罪在主观方面，必须是出于故意，即行为人明知应当移交司法机关追究刑事责任而故意不移交，明知自己行为可能产生的后果，而对这种后果的发生持希望或者放任的态度，至于行为人的犯罪动机可能是多种多样的，有的是为了贪图钱财等不法利益，有的是因碍于亲朋好友情面而徇私舞弊，有的是出于报复或嫉妒心理而徇私舞弊等，动机如何对本罪构成没有影响，可以在量刑时作为因素之一予以考虑。

《刑法》第 402 条规定，犯本罪的，处三年以下有期徒刑或者拘役；造成严重后果的，处三年以上七年以下有期徒刑。

【疑难指导】

一、本罪的主体——行政执法人员的范围的理解和认定

徇私舞弊不移交刑事案件罪的主体是行政执法人员。所谓行政执法，是指行政主体执行、适用法律及从属于法律的法规、规章的活动，是行政主体处理涉及特定行政相对方特定事项的具体行政行为。行政执法行为的主体包括行政机关和法律、法规授权的组织。所谓行政执法人员，既包括行政执法机关中从事执法的人员，也包括法律、法规授权的组织中从事执法的人员，同时还包括行政机关委托的组织中从事执法的人员，以及直接受行政机关委托从事执法的人员。根据有关行政法规定，在我国从事行政执法的，不仅有国家机关，还包括由法律法规授权的组织以及由国家机关所委托的组织和个人。这种组织分为公务组织和社会组织两类。公务组织，是国家依法设立的专门从事某项管理公共事务职能的组织等。这些公务组织通过法律、法规授权享有一定的管理公共事务的职权并履行职责，对自己行为后果独立承担法律责任，成为行政法上的主体。所谓社会组织，主要是指某些事业单位、企业单位、社会团体等，它们经过法律、法规特别授权，也可取得某项或某方面职权而成为行政主体。例如，卫生防疫机构、食品检验所是事业单位，但《公共场所卫生管理条例》（2019 年）第三章“卫生监督”、第四章“罚则”中有关条文的规定，就授予了卫生防疫机构拥有公共场所卫生监督工作的职权与资格。

有关规定对此也有所印证。根据 2002 年 12 月 28 日通过的《渎职主体立法解释》和 2006 年 7 月 26 日施行的《渎职立案标准》，“在依照法律、法规规定行使国家行政管理职权的组织中从事公务的人员，或者在受国家机关委托代表国家机关行使职权的组织中从事公务的人员，或者虽未列入国家机关人员编制但在国家机关中从事公务的人员，在代表国家机关行使职权时，有渎职行为，构成犯罪的，依照刑法关于渎职罪的规定追究刑事责任”。

二、公安人员能否成为本罪的主体

在我国，公安机关既是行政执法机关，又是司法机关。如公安机关办理出入境证件、户籍管理、治安管理等，都属于行政执法机关的执法活动，而进行侦查

却属于司法机关的司法活动。因此在公安机关中，既有行政执法人员，又有司法工作人员。那么，到底如何区分公安行政行为和刑事侦查行为呢？或者说划分公安行政行为和刑事侦查行为的标准是什么呢？

我们认为，在办理公安机关涉及犯罪的案件时，应具体行为具体分析。具体到每一个案件，只从公安机关的行为程序、行为机构、行为种类、行为最终结果等几个方面入手才能最终把公安机关的行政行为和刑事侦查行为区分开来。对于公安机关是在实施行政执法时的不移交行为，应以徇私舞弊不移交刑事案件罪追究其责任；对于公安机关是在实施刑事侦查行为时的不移交行为，应以徇私枉法罪追究其责任。

三、纪检、监察人员是否属于本罪的主体

行政执法人员应当包括监察人员，监察人员在查处行政违纪案件过程中对已构成犯罪的刑事案件徇私舞弊不移交的，应以徇私舞弊不移交刑事案件罪追究。我国的监察机关是各级人民政府的隶属机关，对人民政府负责并报告工作。2018年《中华人民共和国监察法》第45条规定："监察机关根据监督、调查结果，依法作出如下处置……（四）对涉嫌职务犯罪的，监察机关经调查认为犯罪事实清楚，证据确实、充分的，制作起诉意见书，连同案卷材料、证据一并移送人民检察院依法审查、提起公诉……"同时，根据2006年7月26日施行的《渎职立案标准》，徇私舞弊不移交刑事案件罪是指工商行政管理、税务、监察等行政执法人员，徇私舞弊，对依法应当移交司法机关追究刑事责任的案件不移交，情节严重的行为。该规定也将监察人员包含在行政执法人员当中。

而单纯的纪检人员并不具有行政执法的性质，因而不具有行政执法人员的身份，不能成为本罪的主体。

此外，根据《中华人民共和国监察法》第3条的规定，各级监察委员会是行使国家监察职能的专责机关，依照本法对所有行使公权力的公职人员进行监察，调查职务违法和职务犯罪，开展廉政建设和反腐败工作，维护宪法和法律的尊严。各级监察委员会作为行使国家监察职能的专责机关，不是行政机关、司法机关。

四、本罪"应移交的对象"是指犯罪嫌疑人还是刑事案件

本罪的犯罪对象是依法应当移交司法机关追究刑事责任的刑事案件。理由是：

第一，刑事案件不是一个虚无缥缈的、主观的东西，其总是体现为一定的证据材料或诉讼文书，而这都是物质的，属于“物”的范畴，因此，将本罪的犯罪对象界定为刑事案件与我国刑法理论关于犯罪对象的通说并不冲突。第二，将本罪的犯罪对象界定为犯罪嫌疑人与行政执法的实际不相符。在执法过程中，行政执法人员有时会发现涉嫌犯罪的犯罪嫌疑人。但在很多情况下，行政执法人员发现的仅仅是造成一定危害后果而涉嫌犯罪的违法行为，并不知道犯罪嫌疑人是谁，或者知道犯罪嫌疑人是谁也难以抓获。按照第一种观点，其即使将涉嫌犯罪的行政违法案件的所有重要材料都移交司法机关，但由于没有移交犯罪嫌疑人，而同样面临涉嫌徇私舞弊不移交刑事案件犯罪的可能。第三，国务院《行政执法机关移送涉嫌犯罪案件的规定》第 1 条、第 6 条也强调，应当移送的是涉嫌犯罪案件，而非犯罪嫌疑人。所以，本罪的犯罪对象应是涵盖犯罪嫌疑人和证据材料等在内的刑事案件。

这里刑事案件的范围，必须是行政执法人员负有“应当移交义务”的刑事案件，而对于没有应当移交义务的，即使其因徇私舞弊而没有移交，也不能构成本罪。对不作为犯罪而言，行为人的作为义务是其犯罪构成中的核心要件。本罪中，行为人的作为义务是“依法应当移交”的义务，如果行为人没有依法应当移交的义务，就失去了构成本罪的前提。对于不同领域的行政执法人员来说，其行政执法职权是有限定范围的，相应地，其“依法应当移交”的义务也限定于这一范围，超出这一范围，即使行政执法人员发现了涉嫌犯罪的案件，也不负应当移交的义务。因此，本罪的犯罪对象并不是所有的刑事案件，而主要限于行政执法职权范围之内的，行政执法人员负有移交义务的刑事案件。

另外，应当移交的刑事案件主要限于公诉案件，对于既可以通过公诉程序，也可以通过自诉程序启动诉讼的刑事案件，只有在严重危害社会秩序和国家利益，或者认为被告人可能被判处 3 年以上有期徒刑，或者经司法机关通知移送而拒不移送时，才属于应当移交的范围。但是，如果公安机关根据举报或控告，对上述案件已经立案侦查，或者被害人已向人民法院提起自诉并被受理的，公安机关和人民法院通知行政执法机关移送的，行政执法机关就应当依照法律规定将其移送司法机关。此时，这些案件属于应当移交的范围。当然，如果行政执法人员将此类可以移交司法机关追究刑事责任，也可以不移交的案件误认为“依法应当移交”的案件，而伪造材料，隐瞒情况，徇私舞弊不移交的，属于刑法理论上的对象不能犯，应以徇私舞弊不移交刑事案件罪的未遂犯论处。

五、“不移交”是否限于“不直接向司法机关移交”

对此，我们认为，这里“不移交”不限于“不直接向司法机关移交”。根据2001年7月9日国务院公布，2020年8月7日修订的《行政执法机关移送涉嫌犯罪案件的规定》第5条第2款“行政执法机关正职负责人或主持工作的负责人应当自接到报告之日起3日内作出批准移送或不批准移送的决定。决定批准的，应当在24小时内向同级公安机关移送……”如果仅限于不直接向司法机关移送，似乎就只有行政执法机关正职负责人或主持工作的负责人能构成《刑法》第402条的犯罪主体了，这样一来就大大缩小了此罪的犯罪主体范围，与刑事立法的精神是明显相违背的。因为“行政执法机关作为一个社会管理组织，往往是由一般办事人员、中层管理人员、单位领导等多个层级组成的。任何一件重大事项都要经过层层审批，像移交刑事案件这样的事情，就更是如此”①，而且上述《行政执法机关移送涉嫌犯罪案件的规定》第5条第1款也规定了“行政执法机关对应当向公安机关移送的涉嫌犯罪案件，应当立即指定2名或者2名以上行政执法人员组成专案组专门负责，核实情况后提出移送涉嫌犯罪案件的书面报告，报经本机关正职负责人或者主持工作的负责人审批”。在行政执法人员报本单位负责人审批的过程中，完全有可能出现行政执法人员不向本部门的上级报批或“舞弊”而不移交的行为，这也有可能构成徇私舞弊不移交刑事案件罪，所以，“不移交”不应限于“不直接向司法机关移交”。当然，行政执法机关内部的“不移交”的间接后果是不能依法移交司法机关追究刑事责任。

六、渎职罪“基础案”的认定和处理

渎职罪的“基础案”，是指存在于相关的渎职犯罪之中，根据法律的规定，作为该渎职罪成立的基础，而为该渎职罪构成所必备条件之一的案件。它有两个突

---

① 王作富、刘志远：《论徇私舞弊不移交刑事案件罪的司法适用》，载《中国刑事法杂志》2000年第3期。

出的特点：一是它存在于相关的渎职犯罪（也有人称为“本案”）中；二是它是相关的渎职罪成立的基础。

渎职罪中涉及“基础案”的罪名主要包括六个，即：（1）徇私枉法罪（《刑法》第399条第1款）；（2）徇私舞弊不移交刑事案件罪（《刑法》第402条）；（3）国家机关工作人员签订、履行合同失职被骗罪（《刑法》第406条）；（4）放纵走私罪（《刑法》第411条）；（5）放纵制售伪劣商品犯罪行为罪（《刑法》第414条）；（6）帮助犯罪分子逃避处罚罪（《刑法》第417条）。

“基础案”有罪未必是“本案”之罪成立的前提，“基础案”的性质可分为三种情况：一是完全无罪的情况，如徇私枉法罪中“无罪的人”；二是可能涉嫌犯罪也可能是一般违法行为的情况，如放纵走私罪中的“走私行为”；三是涉嫌犯罪的情况，如徇私舞弊不移交刑事案件罪中的“刑事案件”，放纵制售伪劣商品犯罪行为罪中的“制售伪劣商品犯罪行为”以及帮助犯罪分子逃避处罚罪中的“犯罪分子”。

“基础案”的成立应以“有证据证明有犯罪事实，需要追究刑事责任”为标准。

七、本罪与国家工作人员工作失误的界限

如果行为人主观上不是明知，而是出于其业务知识、经验不足，或者是调查研究不够充分，工作开展不够深入，思想方法简单片面造成认识偏颇而发生的错误行为，即使造成一定危害后果的，一般也不构成犯罪，如果情节严重或者造成重大后果而构成其他犯罪的，应以其他相应犯罪论处。

八、本罪与徇私枉法罪的界限

两罪都是特殊主体，都表现为徇私枉法，都侵犯了国家机关的正常活动。但两罪之间的区别是明显的：

1. 主体不同。本罪的主体是行政执法人员；后罪的主体是司法工作人员。

2. 客观行为不同。本罪是利用行政执法的职权，对依法应当移交司法机关追究刑事责任的不移交的行为；后罪则表现为利用司法职权，违背事实和法律，作刑事枉法追诉或者枉法裁判的行为。

3. 犯罪客体不同。本罪侵犯的直接客体是行政机关的行政管理、行政执法活动；后罪侵犯的直接客体是司法机关的正常活动。

九、本罪与包庇罪的界限

包庇罪是指对明知是犯罪人而为其作假证明包庇的行为。对于本罪与包庇罪的关系：有学者认为，如果行政执法人员徇私舞弊通过作假证明的方式，帮助犯罪分子掩盖其罪行，最终导致刑事案件没有移交司法机关处理，那么虽然“不移交”行为属于我国《刑法》第402条规定的“舞弊”的内容，但作假证明包庇的行为并不包含在内，因此该行为另触犯包庇罪，且由于作假证明的行为并不属于本罪的手段行为，自然也不属于牵连犯，而应对两罪实行并罚。当然，如果行政执法人员的包庇行为已认定构成包庇罪，而不移交刑事案件行为本身并未达到情节严重的标准，那就只能认定其行为构成包庇罪，而不再构成本罪。[①] 另有学者认为，行政执法人员为包庇犯罪而利用职务上的便利，拒不移交刑事案件的，由于其主体身份的特殊性，只构成本罪，而不再成立包庇罪。[②] 笔者认为，本罪与包庇罪的区别在于：（1）犯罪主体不同。本罪的犯罪主体是特殊主体，即仅指行政执法人员；而包庇罪则是一般主体。（2）客观方面不同。本罪的客观方面表现为对应当移交司法机关处理的刑事案件不予移交，且情节严重的行为；而包庇罪则表现为行为人通过作假证明的行为方式包庇犯罪分子逃避法律制裁的行为。单从法条上看它们之间属于特别法与普通法的法条竞合关系，在适用中根据特别法优于普通法的原则，应优先适用特别法的规定，即行政执法人员因作假证明包庇犯罪嫌疑人，使得应当移交司法机关的刑事案件最终没有移交，若属于“情节严重”，则构成本罪；若未达到“情节严重”，则按包庇罪处理。因此，笔者认为本罪与包庇罪的竞合属法条竞合的情形，应按一罪处理，优先适用本罪之规定。

【办案依据】

一、《刑法》规定

第四百零二条 行政执法人员徇私舞弊，对依法应当移交司法机关追究刑事责任的不移交，情节严重的，处三年以下有期徒刑或者拘役；造成严重后果的，

---

① 张明楷：《渎职罪中“徇私”“舞弊”的性质与认定》，载《人民检察》2005年第12期。
② 周光权：《刑法各论讲义》，清华大学出版社2003年版，第578页。

处三年以上七年以下有期徒刑。

二、立法解释

《全国人民代表大会常务委员会关于〈中华人民共和国刑法〉第九章渎职罪主体适用问题的解释》（2002年12月28日）

（参见本书滥用职权罪章）

三、司法解释

（一）《最高人民法院、最高人民检察院关于办理渎职刑事案件适用法律若干问题的解释（一）》（2012年12月7日，法释〔2012〕18号）

（参见本书滥用职权罪章）

（二）《最高人民检察院关于推进行政执法与刑事司法衔接工作的规定》（2021年9月6日，高检发释字〔2021〕4号）

第一条　为了健全行政执法与刑事司法衔接工作机制，根据《中华人民共和国人民检察院组织法》《中华人民共和国行政处罚法》《中华人民共和国刑事诉讼法》等有关规定，结合《行政执法机关移送涉嫌犯罪案件的规定》，制定本规定。

第二条　人民检察院开展行政执法与刑事司法衔接工作，应当严格依法、准确及时，加强与监察机关、公安机关、司法行政机关和行政执法机关的协调配合，确保行政执法与刑事司法有效衔接。

第三条　人民检察院开展行政执法与刑事司法衔接工作由负责捕诉的部门按照管辖案件类别办理。负责捕诉的部门可以在办理时听取其他办案部门的意见。

本院其他办案部门在履行检察职能过程中，发现涉及行政执法与刑事司法衔接线索的，应当及时移送本院负责捕诉的部门。

第四条　人民检察院依法履行职责时，应当注意审查是否存在行政执法机关对涉嫌犯罪案件应当移送公安机关立案侦查而不移送，或者公安机关对行政执法机关移送的涉嫌犯罪案件应当立案侦查而不立案侦查的情形。

第五条　公安机关收到行政执法机关移送涉嫌犯罪案件后应当立案侦查而不立案侦查，行政执法机关建议人民检察院依法监督的，人民检察院应当依法受理并进行审查。

第六条　对于行政执法机关应当依法移送涉嫌犯罪案件而不移送，或者公安机关应当立案侦查而不立案侦查的举报，属于本院管辖且符合受理条件的，人民检察院应当受理并进行审查。

第七条 人民检察院对本规定第四条至第六条的线索审查后，认为行政执法机关应当依法移送涉嫌犯罪案件而不移送的，经检察长批准，应当向同级行政执法机关提出检察意见，要求行政执法机关及时向公安机关移送案件并将有关材料抄送人民检察院。人民检察院应当将检察意见抄送同级司法行政机关，行政执法机关实行垂直管理的，应当将检察意见抄送其上级机关。

行政执法机关收到检察意见后无正当理由仍不移送的，人民检察院应当将有关情况书面通知公安机关。

对于公安机关可能存在应当立案而不立案情形的，人民检察院应当依法开展立案监督。

第八条 人民检察院决定不起诉的案件，应当同时审查是否需要对被不起诉人给予行政处罚。对被不起诉人需要给予行政处罚的，经检察长批准，人民检察院应当向同级有关主管机关提出检察意见，自不起诉决定作出之日起三日以内连同不起诉决定书一并送达。人民检察院应当将检察意见抄送同级司法行政机关，主管机关实行垂直管理的，应当将检察意见抄送其上级机关。

检察意见书应当写明采取和解除刑事强制措施，查封、扣押、冻结涉案财物以及对被不起诉人予以训诫或者责令具结悔过、赔礼道歉、赔偿损失等情况。对于需要没收违法所得的，人民检察院应当将查封、扣押、冻结的涉案财物一并移送。对于在办案过程中收集的相关证据材料，人民检察院可以一并移送。

第九条 人民检察院提出对被不起诉人给予行政处罚的检察意见，应当要求有关主管机关自收到检察意见书之日起两个月以内将处理结果或者办理情况书面回复人民检察院。因情况紧急需要立即处理的，人民检察院可以根据实际情况确定回复期限。

第十条 需要向上级有关单位提出检察意见的，应当层报其同级人民检察院决定并提出，或者由办理案件的人民检察院制作检察意见书后，报上级有关单位的同级人民检察院审核并转送。

需要向下级有关单位提出检察意见的，应当指令对应的下级人民检察院提出。

需要异地提出检察意见的，应当征求有关单位所在地同级人民检察院意见。意见不一致的，层报共同的上级人民检察院决定。

第十一条　有关单位在要求的期限内不回复或者无正当理由不作处理的，经检察长决定，人民检察院可以将有关情况书面通报同级司法行政机关，或者提请上级人民检察院通报其上级机关。必要时可以报告同级党委和人民代表大会常务委员会。

第十二条　人民检察院发现行政执法人员涉嫌职务违法、犯罪的，应当将案件线索移送监察机关处理。

第十三条　行政执法机关就刑事案件立案追诉标准、证据收集固定保全等问题咨询人民检察院，或者公安机关就行政执法机关移送的涉嫌犯罪案件主动听取人民检察院意见建议的，人民检察院应当及时答复。书面咨询的，人民检察院应当在七日以内书面回复。

人民检察院在办理案件过程中，可以就行政执法专业问题向相关行政执法机关咨询。

第十四条　人民检察院应当定期向有关单位通报开展行政执法与刑事司法衔接工作的情况。发现存在需要完善工作机制等问题的，可以征求被建议单位的意见，依法提出检察建议。

第十五条　人民检察院根据工作需要，可以会同有关单位研究分析行政执法与刑事司法衔接工作中的问题，提出解决方案。

第十六条　人民检察院应当配合司法行政机关建设行政执法与刑事司法衔接信息共享平台。已经接入信息共享平台的人民检察院，应当自作出相关决定之日起七日以内，录入相关案件信息。尚未建成信息共享平台的人民检察院，应当及时向有关单位通报相关案件信息。

第十七条　本规定自公布之日起施行，《人民检察院办理行政执法机关移送涉嫌犯罪案件的规定》（高检发释字〔2001〕4号）同时废止。

（三）《最高人民检察院关于渎职侵权犯罪案件立案标准的规定》（2006年7月26日，高检发释字〔2006〕2号）（节选）

一、渎职犯罪案件

（十二）徇私舞弊不移交刑事案件案（第四百零二条）

徇私舞弊不移交刑事案件罪是指工商行政管理、税务、监察等行政执法人员，徇私舞弊，对依法应当移交司法机关追究刑事责任的案件不移交，情节严重的行为。

涉嫌下列情形之一的，应予立案：

1. 对依法可能判处三年以上有期徒刑、无期徒刑、死刑的犯罪案件不移交的；

2. 不移交刑事案件涉及3人次以上的；

3. 司法机关提出意见后，无正当理由仍然不予移交的；

4. 以罚代刑，放纵犯罪嫌疑人，致使犯罪嫌疑人继续进行违法犯罪活动的；

5. 行政执法部门主管领导阻止移交的；

6. 隐瞒、毁灭证据，伪造材料，改变刑事案件性质的；

7. 直接负责的主管人员和其他直接责任人员为牟取本单位私利而不移交刑事案件，情节严重的；

8. 其他情节严重的情形。

三、附则

（五）本规定中的“徇私舞弊”，是指国家机关工作人员为徇私情、私利，故意违背事实和法律，伪造材料，隐瞒情况，弄虚作假的行为。

四、司法文件

《人民检察院直接受理立案侦查的渎职侵权重特大案件标准（试行）》（2001年8月4日，高检发〔2001〕13号）（节选）

十、徇私舞弊不移交刑事案件案

（一）重大案件

1. 对犯罪嫌疑人依法可能判处五年以上十年以下有期徒刑的重大刑事案件不移交的；

2. 五次以上不移交犯罪案件，或者一次不移交犯罪案件涉及五名以上犯罪嫌疑人的；

3. 以罚代刑，放纵犯罪嫌疑人，致使犯罪嫌疑人继续进行刑事犯罪的。

（二）特大案件

1. 对犯罪嫌疑人依法可能判处十年以上有期徒刑、无期徒刑、死刑的特别重大刑事案件不移交的；

2. 七次以上不移交犯罪案件，或者一次不移交犯罪案件涉及七名以上犯罪嫌疑人的；

3. 以罚代刑，放纵犯罪嫌疑人，致使犯罪嫌疑人继续进行严重刑事犯罪的。

【指导性案例】

最高人民检察院指导性案例第7号胡某刚、郑某徇私舞弊不移交刑事案件案

（2012年10月31日最高人民检察院第十一届检察委员会第八十一次会议审议决定，2012年11月15日发布）

【关键词】

诉讼监督　徇私舞弊不移交刑事案件罪

【要旨】

诉讼监督，是人民检察院依法履行法律监督的重要内容。实践中，检察机关和办案人员应当坚持办案与监督并重，建立健全行政执法与刑事司法有效衔接的工作机制，善于在办案中发现各种职务犯罪线索；对于行政执法人员徇私舞弊，不移送有关刑事案件构成犯罪的，应当依法追究刑事责任。

【相关立法】

《中华人民共和国刑法》第四百零二条

【基本案情】

被告人胡某刚，男，1956年出生，原系天津市工商行政管理局某分局公平交易科科长。

被告人郑某，男，1957年出生，原系天津市工商行政管理局某分局公平交易科科员。

被告人胡某刚在担任天津市工商行政管理局某分局（以下简称工商某分局）公平交易科科长期间，于2006年1月11日上午，带领被告人郑某等该科工作人员对群众举报的科贸发展公司涉嫌非法传销问题进行现场检查，当场扣押财务报表及宣传资料若干，并于当日询问该公司法定代表人李某，李某承认其公司营业额为114万余元（与所扣押财务报表上数额一致），后由被告人郑某具体负责办理该案。2006年3月16日，被告人胡某刚、郑某在案件调查终结报告及处罚决定书

中，认定科贸发展公司的行为属于非法传销行为，却隐瞒该案涉及经营数额巨大的事实，为牟取小集体罚款提成的利益，提出行政罚款的处罚意见。被告人胡某刚在局长办公会上汇报该案时亦隐瞒涉及经营数额巨大的事实。2006 年 4 月 11 日，工商某分局同意被告人胡某刚、郑某的处理意见，对当事人作出“责令停止违法行为，罚款 50 万元”的行政处罚，后李某分数次将 50 万元罚款交给工商某分局。被告人胡某刚、郑某所在的公平交易科因此案得到 2.5 万元罚款提成。

李某在分期缴纳工商罚款期间，又成立多家分公司，由王某荫担任某分公司负责人，继续进行变相传销活动，并造成被害人华某某等人经济损失共计 40 万余元人民币。公安机关接被害人举报后，查明李某进行传销活动非法经营数额共计 2277 万余元人民币（工商查处时为 1600 多万元）。天津市河西区人民检察院在审查起诉被告人李某、王某荫非法经营案过程中，办案人员发现胡某刚、郑某涉嫌徇私舞弊不移交被告人李某、王某荫非法经营刑事案件的犯罪线索。

【诉讼过程】

2010 年 1 月 13 日，胡某刚、郑某因涉嫌徇私舞弊不移交刑事案件罪由天津市河西区人民检察院立案侦查，并于同日被取保候审，3 月 15 日侦查终结移送审查起诉，因案情复杂，4 月 22 日依法延长审查起诉期限半个月，5 月 6 日退回补充侦查，6 月 4 日侦查终结重新移送审查起诉。2010 年 6 月 12 日，天津市河西区人民检察院以被告人胡某刚、郑某犯徇私舞弊不移交刑事案件罪向河西区人民法院提起公诉。2010 年 9 月 14 日，河西区人民法院作出一审判决，认为被告人胡某刚、郑某身为工商行政执法人员，在明知查处的非法传销行为涉及经营数额巨大，依法应当移交公安机关追究刑事责任的情况下，为牟取小集体利益，隐瞒不报违法事实涉及的金额，以罚代刑，不移交公安机关处理，致使犯罪嫌疑人在行政处罚期间，继续进行违法犯罪活动，情节严重，二被告人负有不可推卸的责任，其行为均已构成徇私舞弊不移交刑事案件罪，且系共同犯罪。依照《中华人民共和国刑法》第四百零二条、第二十五条第一款、第三十七条之规定，判决被告人胡某刚、郑某犯徇私舞弊不移交刑事案件罪。一审判决后，被告人胡某刚、郑某在法定期限内均没有上诉，检察机关也没有提出抗诉，一审判决发生法律效力。

第十一章　滥用管理公司、证券职权罪

【立案追诉标准】

滥用管理公司、证券职权案（《刑法》第403条）

一、涉嫌下列情形之一的，应予立案：

1. 造成直接经济损失50万元以上的；

2. 工商管理部门的工作人员对不符合法律规定条件的公司设立、登记申请，违法予以批准、登记，严重扰乱市场秩序的；

3. 金融证券管理机构工作人员对不符合法律规定条件的股票、债券发行、上市申请，违法予以批准，严重损害公众利益，或者严重扰乱金融秩序的；

4. 工商行政管理部门、金融证券管理机构的工作人员对不符合法律规定条件的公司设立、登记申请或者股票、债券发行、上市申请违法予以批准或者登记，致使犯罪行为得逞的；

5. 上级部门、当地政府直接负责的主管人员强令登记机关及其工作人员，对不符合法律规定条件的公司设立、登记申请或者股票、债券发行、上市申请予以批准或者登记，致使公共财产、国家或者人民利益遭受重大损失的；

6. 其他致使公共财产、国家和人民利益遭受重大损失的情形。

"徇私舞弊"，是指国家机关工作人员为徇私情、私利，故意违背事实和法律，伪造材料，隐瞒情况，弄虚作假的行为。

二、滥用管理公司、证券职权重特大案

（一）重大案件

1. 造成直接经济损失50万元以上的；

2. 因违法批准或者登记致使发生刑事犯罪的。

（二）特大案件

1. 造成直接经济损失100万元以上的；

2. 因违法批准或者登记致使发生重大刑事犯罪的。

《最高人民检察院关于渎职侵权犯罪案件立案标准的规定》（2006年7月26日）；《人民检察院直接受理立案侦查的渎职侵权重特大案件标准（试行）》（2001年8月4日）

【犯罪构成及刑事责任】

滥用管理公司、证券职权罪，是指工商行政管理、证券管理等国家有关主管部门的工作人员徇私舞弊、滥用职权，对不符合法律规定条件的公司设立、登记申请或者股票、债券发行、上市申请予以批准或者登记，致使公共财产、国家和人民利益遭受重大损失的行为，以及上级部门、当地政府强令登记机关及其工作人员实施上述行为的行为。构成本罪需要具备以下四个要件：

1. 客体要件。本罪侵犯的客体是公司设立审批、登记机关和股票、债券发行、上市审批机关的正常活动。我国公司法、市场主体登记管理条例、证券法、企业债券管理条例等法律、法规，对公司的设立条件和申请登记程序、股票、债券发行、上市的条件和审批程序，都作出了明确具体的规定，并通过法律授权给国家有关行政主管部门、市场监督管理部门、证券管理部门对公司设立、登记申请或者股票、债券发行、上市申请依法进行审查、批准或者登记。负责审批或登记职责的上述国家机关工作人员，只有严格依法办事，按照法定条件进行审批或登记，才能保障国家对公司的正常监管活动，维护社会经济秩序，促进经济建设的顺利发展。若徇私舞弊，滥用职权，非法批准公司设立登记、股票、债券发行、上市申请，必将破坏国家对公司的正常监管活动，致使公共财产、国家和人民利益遭受重大损失。因此，《刑法》规定，因上述有关主管部门的国家机关工作人员的这种渎职行为而造成严重后果的，必须依法予以刑事制裁。

2. 客观要件。本罪在客观方面表现为国家有关主管部门的国家机关工作人员徇私舞弊、滥用职权，对不符合法律规定条件的公司设立、登记申请或者股票、债券发行、上市申请，予以批准或者登记，致使公共财产、国家和人民利益遭受重大损失的行为。

我国公司法、证券法、民法典合同编等对公司的设立、登记以及股票、债券的发行、上市都规定了极为严格的条件。行为人对不符合法律规定条件的公司设立、登记申请或者股票、债券发行、上市申请，予以批准或者登记的行为，必须因此行为致使公共财产、国家和人民利益遭受重大损失，否则，即使实施了对不符合法律规定条件的公司设立、登记申请或者股票、债券发行、上市申请予以批准或者登记的行为，但如没有给公共财产、国家和人民利益造成损失，或者虽有损失但不是重大损失，亦不能构成本罪。是否造成公共财产、国家和人民利益重大损失，是本罪与非罪的一个重要界限。所谓重大损失，主要是指造成巨大直接经济损失的、造成恶劣影响的等情况。具体可参见“立案追诉标准”相关内容。

3. 主体要件。本罪的主体是国家有关主管部门的国家机关工作人员，本条所称“有关主管部门”是指负责对公司设立、登记申请或者股票、债券发行、上市申请的条件是否符合法律规定予以审核、批准或者登记的国家机关。所称“上级部门”，是广义的，它既包括登记机关，即市场监督管理机关的上级领导管理部门，也包括市场监督管理机关以外的对市场监督管理机关负有领导责任的部门。同时这里所说的上级部门，不仅仅是指上级部门的负责人，也包括在上级部门工作的具体工作人员。

4. 主观要件。本罪在主观方面，可以是故意也可以是过失。

《刑法》第403条规定，犯本罪，处五年以下有期徒刑或者拘役。

上级部门强令登记机关及其工作人员实施前款行为的，对其直接负责的主管人员，依照前款的规定处罚。

【疑难指导】

一、如何理解本罪的主体范围

本罪的主体是市场监督管理、证券管理等国家有关主管部门的工作人员。根据我国公司法的规定，股份有限公司的设立采取审批主义，即必须经过国务院授权的部门或者省级人民政府批准；有限责任公司的设立，原则上适用登记准则主义，除非其他法律、法规有相反规定。同时，根据2022年3月1日起施行的《中华人民共和国市场主体登记管理条例》，国务院市场监督管理部门主管全国市场主体登记管理工作。县级以上地方人民政府市场监督管理部门主管本辖区市场主体登记管理工作，加强统筹指导和监督管理。根据证券法的规定，公开发行证券，必须符合法律、行政法规规定的条件，并依法报经国务院证券监督管理机构或者国务院授权的部门注册。因此，本罪的主体主要包括下述人员：（1）法律、行政法规规定的审批有限责任公司设立的国家机关的国家工作人员；（2）审批股份有限公司设立的国务院授权的部门或者省级人民政府的国家工作人员；（3）审批以募股方式设立股份有限公司的国务院证券管理部门的国家工作人员；（4）公司设立的登记机关的国家工作人员，一般是指市场监督管理机关的国家工作人员；（5）审批股票发行的国务院授权部门或者省级人民政府，或者国务院证券管理部门的国家工作人员；（6）审批股票上市的国务院证券管理部门的国家工作人员；（7）审批债券发行的国务院证券管理部门的国家工作人员；（8）中国人民银行主管金融机构设立审批事项的工作人员。

证券交易所是提供证券集中竞价交易场所的不以营利为目的的法人。它本身并非证券管理部门。一般而言，证券交易所的工作人员不能构成本罪。

二、关于上级部门强令实施滥用管理公司、证券职权行为的处理

实践中，有时存在有关主管部门及其工作人员并非出于自愿而是迫于上级部门的指示才不得已对不符合法律规定条件的公司设立、登记申请予以批准或者登记的情况，对此公司法和刑法均作了规定。根据规定，对于上级部门强令登记机

关及其工作人员实施滥用管理公司、证券职权行为，致使公共财产、国家和人民利益遭受重大损失的，对该上级部门直接负责的主管人员，以本罪处罚；尚未造成重大损失的，依法给予行政处分。

所谓上级部门，其不仅包括上级市场监督管理机关，而且包括上级市场监督管理机关以外的对市场监督管理负有领导责任的人员，如政府中的主管领导等。上级部门直接负责的主管人员，不仅包括上级部门的负责人，而且包括上级部门中的具体工作人员。至于强令，则是指上级部门明知公司设立、登记申请或股票、债券发行、上市申请不符合法律规定的条件却指使、命令、要求登记机关及其工作人员非法予以批准或登记。

三、本罪与相关犯罪的界限

（一）本罪与滥用职权罪的界限

二者都是特殊主体的职务犯罪，而且都是滥用职权的行为，都要求对公共财产、国家和人民利益造成了重大损失。二者的主要区别是：1. 主体不同。本罪是负责公司设立、登记或者股票、债券发行、上市审批工作的国家有关主管部门的国家机关工作人员，而后者则包括所有的国家机关工作人员。2. 行为方式不同。本罪表现为国家有关主管部门的国家机关工作人员徇私舞弊、滥用职权，对不符合法律规定条件的公司设立、登记申请或者股票、债券发行、上市申请，予以批准或者登记的行为，而后者的表现形式则很多，总的来说，表现为超越职权、擅自决定、处理无权决定和处理的事项或者违反规定处理公务的行为。3. 主观动机不尽相同。本罪行为人是出于徇私舞弊，而后者则不要求有此动机。此外，二者还是特殊法和一般法的关系。

（二）本罪和擅自发行股票、公司、企业债券罪的界限

二者的区别是：（1）犯罪主体不同。本罪是特殊主体，而后者则是一般主体，自然人和单位均可构成。（2）行为方式不同。本罪表现为国家有关主管部门的国家机关工作人员徇私舞弊、滥用职权，对不符合法律规定条件的公司设立、登记申请或者股票、债券发行、上市申请，予以批准或者登记的行为，而后者则表现为未经国家有关主管部门批准，擅自发行股票或者债券。

【办案依据】

一、《刑法》规定

第四百零三条 国家有关主管部门的国家机关工作人员，徇私舞弊，滥用职权，对不符合法律规定条件的公司设立、登记申请或者股票、债券发行、上市申请，予以批准或者登记，致使公共财产、国家和人民利益遭受重大损失的，处五年以下有期徒刑或者拘役。

上级部门强令登记机关及其工作人员实施前款行为的，对其直接负责的主管人员，依照前款的规定处罚。

二、司法解释

《最高人民检察院关于渎职侵权犯罪案件立案标准的规定》（2006年7月26日，高检发释字〔2006〕2号）（节选）

一、渎职犯罪案件

（十三）滥用管理公司、证券职权案（第四百零三条）

滥用管理公司、证券职权罪是指工商行政管理、证券管理等国家有关主管部门的工作人员徇私舞弊，滥用职权，对不符合法律规定条件的公司设立、登记申请或者股票、债券发行、上市申请予以批准或者登记，致使公共财产、国家和人民利益遭受重大损失的行为，以及上级部门、当地政府强令登记机关及其工作人员实施上述行为的行为。

涉嫌下列情形之一的，应予立案：

1. 造成直接经济损失50万元以上的；

2. 工商行政管理部门的工作人员对不符合法律规定条件的公司设立、登记申请，违法予以批准、登记，严重扰乱市场秩序的；

3. 金融证券管理机构工作人员对不符合法律规定条件的股票、债券发行、上市申请，违法予以批准，严重损害公众利益，或者严重扰乱金融秩序的；

4. 工商行政管理部门、金融证券管理机构的工作人员对不符合法律规定条件的公司设立、登记申请或者股票、债券发行、上市申请违法予以批准或者登记，致使犯罪行为得逞的；

5. 上级部门、当地政府直接负责的主管人员强令登记机关及其工作人员，对不符合法律规定条件的公司设立、登记申请或者股票、债券发行、上市申请予以批准或者登记，致使公共财产、国家或者人民利益遭受重大损失的；

6. 其他致使公共财产、国家和人民利益遭受重大损失的情形。

三、附则

（五）本规定中的“徇私舞弊”，是指国家机关工作人员为徇私情、私利，故意违背事实和法律，伪造材料，隐瞒情况，弄虚作假的行为。

三、司法文件

《人民检察院直接受理立案侦查的渎职侵权重特大案件标准（试行）》（2001年8月4日，高检发〔2001〕13号）（节选）

十一、滥用管理公司、证券职权案

（一）重大案件

1. 造成直接经济损失五十万元以上的；

2. 因违法批准或者登记致使发生刑事犯罪的。

（二）特大案件

1. 造成直接经济损失一百万元以上的；

2. 因违法批准或者登记致使发生重大刑事犯罪的。

第十二章 徇私舞弊不征、少征税款罪

【立案追诉标准】

徇私舞弊不征、少征税款案（《刑法》第404条）

一、涉嫌下列情形之一的，应予立案：

1. 徇私舞弊不征、少征应征税款，致使国家税收损失累计达10万元以上的；

2. 上级主管部门工作人员指使税务机关工作人员徇私舞弊不征、少征应征税款，致使国家税收损失累计达10万元以上的；

3. 徇私舞弊不征、少征应征税款不满10万元，但具有索取或者收受贿赂或者其他恶劣情节的；

4. 其他致使国家税收遭受重大损失的情形。

二、徇私舞弊不征、少征税款重特大案

（一）重大案件

造成国家税收损失累计达30万元以上的。

（二）特大案件

造成国家税收损失累计达50万元以上的。

《最高人民检察院关于渎职侵权犯罪案件立案标准的规定》（2006年7月26日）；《人民检察院直接受理立案侦查的渎职侵权重特大案件标准（试行）》（2001年8月4日）

【犯罪构成及刑事责任】

徇私舞弊不征、少征税款罪是指税务机关工作人员徇私舞弊，不征、少征应征税款，致使国家税收遭受重大损失的行为。构成本罪需要具备以下四个要件：

1. 客体要件。本罪侵害的客体是国家的税收征收管理制度和国家税收机关的正常管理活动。税收是国家财政收入的主要来源。依法保障国家的税收，对于增加国家的综合国力具有重要的意义。全国人民代表大会常务委员会相继通过了《中华人民共和国税收征收管理法》等一系列涉税法律、法规，为依法打击涉税犯罪，保障国家的财政收入提供了必要的法律武器。徇私舞弊不征、少征税款，不仅会使国家的财政收入受到损失，侵犯国家的税收管理制度，而且会侵犯税务机关工作人员职务行为的廉洁性，侵犯国家税收机关的正常管理活动。

2. 客观要件。本罪在客观方面表现为徇私舞弊，不征或者少征应征税款，致使国家税收遭受重大损失的行为。

首先，税务工作人员徇私舞弊行为必须是利用职务之便进行的。所谓利用职务之便，是指利用职权或者与职务有关的便利条件。职权是指本人职务范围内的权利；与职务有关的便利条件是指虽然不是直接利用职权，但是利用了本人的职权或地位形成的便利条件。

其次，必须有不征、少征应征税款的行为。所谓应征税款，是指税务机关根据法律、行政法规规定的税种税率应当向纳税人征收的税款。所谓不征，是指税务机关工作人员明知纳税人应当缴纳税款，但是不向其征收，或者违反法律、行政法规规定，擅自决定纳税人免缴税款。所谓少征，是指税务机关的工作人员向纳税人实际征收的税款少于应征税款，或者明知不具备减税条件，弄虚作假擅自决定减税的。

徇私舞弊，不征或者少征应征税款的行为表现在税收征管的各个环节中，如税务登记、账簿、凭证管理、纳税申报、税款征收（包括税款的缴纳、退还、补缴和追征、税收减免、应纳税额的核定、纳税担保）以及税务检查，税务工作人员只要在上述各个环节中违背事实和法律、法规，滥用征管职权，搞虚假税务登记，涂改账簿，伪造纳税凭证、擅自减少应纳税数额等，都是徇私舞弊行为。

最后，不征、少征应征税款的行为必须致使国家税收遭受重大的损失。“致使国家税收遭受重大损失”是指行为人徇私舞弊，不征或少征的税款，由于主客观原因，国家无法再实际予以征收。如果行为人不征或少征的应征税款，税务机关发现以后，依法征收并如数收归国库，那么则不能认为行为人不征或少征的应征税款已致使国家税收遭受重大损失，从而不认为成立犯罪。

3. 主体要件。本罪的主体要件是特殊主体，是履行征收税款职责的国家工作人员，即税务机关的工作人员。税务机关的工作人员，也就是指在各级税务局、税务分局和税务所中代表国家依法负有向纳税人或纳税单位征收税款义务并行使征收税款职权的人员。

4. 主观要件。本罪的主观方面表现为故意。即税务机关的工作人员，明知自己不征或者少征税款的行为，破坏了有关税收管理法规，会给国家税收造成严重损失，仍然希望或放任这种危害结果的发生。

过失不构成本罪，如果税务工作人员在税收征管中玩忽职守，严重不负责任，给国家税收造成重大损失的，应按《刑法》第397条的玩忽职守罪追究刑事责任，至于行为人的犯罪动机可能是多种多样的，有的是为了贪图钱财等不法利益，有的是因碍于亲朋好友情面而徇私舞弊，有的是出于报复或嫉妒心理而徇私舞弊等，动机如何对本罪构成没有影响，但可以在量刑时作为因素之一予以考虑。

《刑法》第404条规定，犯本罪的，处五年以下有期徒刑或者拘役；造成特别重大损失的，处五年以上有期徒刑。

【疑难指导】

一、税务机关工作人员明知纳税人偷税，为徇私情、私利故意不征、少征税款的行为应如何定性

对这一问题应具体问题具体对待：

1. 对于税务机关工作人员出于徇私情、私利，在偷税人偷税犯罪过程中没有给予积极的帮助，只是假装不知，对偷税犯罪行为采取放任的态度，并因此不征、少征税款的行为，应以本罪论处。因为在这种情况下，一方面税务机关工作人员只有对偷税人的片面帮助行为，二人不能形成共同犯罪，可以将行为人的行为视

为偷税罪的间接实行犯。另一方面，行为人的行为也符合徇私舞弊不征、少征税款罪的构成要件，从而构成该罪。因此，由于税务机关工作人员只实施了一个行为，但其触犯了两个罪名，即偷税罪与徇私舞弊不征、少征税款罪。属于刑法理论上的想象竞合犯。对于想象竞合犯，采取的是"从一重处断"的定罪原则，即按重罪处理。由于偷税罪法定最高刑第一档为3年有期徒刑，第二档为7年有期徒刑，而徇私舞弊不征、少征税款罪法定最高刑第一档为5年有期徒刑，第二档为15年有期徒刑，因此应以徇私舞弊不征、少征税款罪定罪量刑。

2. 对于税务机关工作人员出于徇私情、私利的需要，在偷税人偷税犯罪过程中予以积极帮助，如提供账号、发票、证明等，同时自己假装不知，不履行其依法征税职责，不征、少征应征税款的行为，又包括两种情形：

第一种情形是税务机关工作人员在帮助偷税人偷税犯罪过程中利用了本人的身份或职务。在这一情形下，行为人的行为体现出两面性，一方面表现为积极帮助偷税人偷税，另一方面表现为徇私舞弊不征、少征税款。偷税人的偷税这一实行行为也正是在此种情况下得以实现的。行为人的行为同时触犯了偷税罪与徇私舞弊不征、少征税款罪两个罪名，属于想象竞合犯。应按想象竞合犯的处理原则，以徇私舞弊不征、少征税款罪定罪量刑。

第二种情形是税务机关工作人员在帮助偷税人偷税犯罪过程中未利用身份、职务，此时，实行行为是偷税行为，而犯罪的性质应以行为人的犯罪实行行为为根据来加以确定。有身份者帮助无身份者实施某种行为，只能构成无身份者犯罪的帮助犯，身份仅是量刑时所要考虑的因素。因此，应以偷税罪共犯论处，同时在量刑时考虑到其身份，应从重处罚。

3. 对于税务机关工作人员出于私情和私利教唆行为人偷税行为，也应分两种情况：第一种情况是行为人利用了自己的身份或职务。如税务机关工作人员甲与乙是夫妻关系，甲教唆乙进行虚假的纳税申报后，徇私舞弊不征、少征税款。在这种情况下，甲既具有徇私舞弊不征、少征税款罪的故意，触犯了该罪；又有教唆乙偷税的故意，触犯了偷税罪，属于想象竞合犯，应以重罪定罪处刑。第二种情况是税务机关工作人员没有利用自己的身份或职务。如税务机关工作人员甲与乙是夫妻关系，甲教唆乙进行偷税，该应征税应由另外的人员进行征收。在这种情况下，甲应以偷税罪的教唆犯论处。因为此种情况与非税务机关工作人员教唆另一无身份者实施偷税犯罪没有两样，唯一有区别的是一个具有税务机关工作人员身份，一个没有，而这会在量刑时有所体现。

二、因徇私故意不采取税收保全和税收强制执行措施的行为如何定性

所谓税收保全是指《中华人民共和国税收征收管理法》第 38 条第 1 款规定的税务机关可对纳税人采取的以下措施：书面通知纳税人开户银行或者其他金融机构冻结纳税人的金额相当于应纳税款的存款；扣押、查封纳税人的价值相当于应纳税款的商品、货物或者其他财产。所谓税收强制执行措施是指 1992 年 9 月 4 日通过，2015 年 4 月 24 日修正的《中华人民共和国税收征收管理法》第 40 条第 1 款规定的税务机关对纳税人采取的以下措施：书面通知其开户银行或者其他金融机构从其存款中扣缴税款；扣押、查封、依法拍卖或者变卖其价值相当于应纳税款的商品、货物或者其他财产，以拍卖或者变卖所得抵缴税款。《渎职立案标准》没有将因徇私故意不采取税收保全和税收强制执行措施的行为包含在该罪的客观表现当中。修正《中华人民共和国税收征收管理法》时，为了保证税款的顺利收缴，避免国家税收流失，在原来法律规定的基础上，进一步完善、加强了税务机关的税收保全和税收强制执行措施，将两者的对象扩大到所有纳税人和扣缴义务人，并增加规定税务机关在税收检查时也可以采取税收保全措施。这无疑表明税收保全和税收强制执行措施是税收征管的强有力手段。如果行为人为徇私故意不采取税收保全和税收强制执行措施，致使税款征收失去时机，造成税款损失的，具有严重的社会危害性，应当追究行为人的刑事责任。2002 年的全国人民代表大会常务委员会公布的《中华人民共和国刑法修正案（四）》增设执行判决、裁定失职罪和执行判决、裁定滥用职权罪的理由，对该行为同样适用。税款征收主要依靠广大纳税人自觉履行纳税义务，税收保全和税收强制执行措施是在纳税人不履行纳税义务时采取的征税手段；同样，判决、裁定的执行主要依靠当事人的自觉履行，诉讼保全措施、强制执行措施是当事人不履行判决、裁定时采取的执行手段。增设两罪的目的是解决法院执行人不依法采取诉讼保全措施、不履行法定执行职责，或者违法采取诉讼保全措施、强制执行措施，致使当事人或者其他人的利益遭受重大损失时如何处理的问题。《关于〈中华人民共和国刑法修正案〉

（四）（草案）》的说明中指出："有些常委委员和有关部门提出，司法工作人员徇私舞弊的情况除在侦查、起诉、审判阶段存在外，在执行阶段也同样存在。有的司法工作人员徇私舞弊，对能够执行的案件故意拖延执行，或者违法采取诉讼保全措施、强制执行措施，给当事人或者他人的利益造成重大损失，社会危害较大，也需要追究刑事责任，对此刑法应有明确规定。——这种行为与刑法第三百九十九条规定的犯罪行为在性质和犯罪表现形式上更接近，在刑法第三百九十九条中对这种行为作明确规定，更有利于惩处这种司法腐败行为。因此，建议在刑法第三百九十九条第二款后增加一款。"① 最后，《中华人民共和国刑法修正案（四）》采纳了上述建议。

虽然《渎职立案标准》没有将因徇私故意不采取税收保全和税收强制执行措施的行为包含在该罪的客观表现当中，但是在该司法解释中，"其他致使国家税收遭受重大损失的情形"可以包含因徇私故意不采取税收保全和税收强制执行措施的行为。因此，对于因徇私故意不采取税收保全和税收强制执行措施的行为可以本罪论处。

三、税收罚款是否属于应纳税款的范围

所谓应征税款，是指税务机关根据法律、行政法规规定的税种税率应当向纳税人征收的税款。具体来讲，就是按照《中华人民共和国税收征收管理法》《中华人民共和国个人所得税法》《中华人民共和国企业所得税法》以及其他法律法规规定的税种、税率应向纳税人征收的税款。税收作为国家财政收入的一种最主要的形式，从性质上看，具有无偿性、强制性和固定性的特点。所以说，应征税款是纳税主体应承担的缴纳义务。

税收罚款与税款在性质上是不同的。税收罚款属于税务行政处罚行为，是税务机关在认定纳税人、扣缴义务人行政违法的基础上，依法决定对纳税人、扣缴义务人进行行政处罚的行为之一。应该说，税收罚款是建立在纳税主体违法的基础之上，应征税款是建立在纳税人生产经营的基础之上。税收是根据国家税法规定而产生，而罚款是行为人违法产生的法律后果。由此看来，税收罚款不能成为

---

① 《中华人民共和国全国人民代表大会常务委员会公报》2003 年第 1 期。

税收的组成部分，只能是税收管理的组成部分。所以，在计算应征税款中，不应包括税收罚款，不征或者少征税款罪的行为对象只能是税款，不能包括税收罚款。

四、擅自决定缓征税款的行为是否属于不征、少征应征税款的行为

通过法定形式，要求纳税人、扣缴义务人按期缴纳税款或者解缴税款，是税收强制性、固定性特征所决定的，也是纳税人履行纳税义务的一项重要内容。同时《中华人民共和国税收征收管理法》考虑到了纳税人在其履行纳税义务的过程中可能遇到特殊困难的客观情况，为了保护纳税人的合法权益，对于有特殊困难不能按期缴纳税款的，经省、自治区、直辖市税务机关批准，可以延期缴纳税款，但最长不得超过 3 个月。这里的特殊困难包括两方面：一是指不可抗力事件发生；二是指当期货币资金不足以缴纳税款。擅自缓征税款，是指行为人对业已到期的税款故意不征，拖延入库时间，或者编造理由，擅自做出违法延缓征收的决定。对于缓征税款的行为，一方面，从主观上看，有时很难做出是徇私情或徇私利的判断，如有些税务机关在本年度已完成了税收任务，为了在下一年度能保证完成税收任务，对于一些税源大户，采取缓征税款的行为，从客观上看，行为人实施的行为，没有实施不征或少征税款的行为，而是实施了对税款征缴的拖延。对此行为，根据税务征收的有关管理规定，属于行政违法行为，由其上级机关或者行政监察机关责令改正，对直接负责的主管人员和其他直接责任人员给予行政处分，《刑法》中没有将此行为规定为犯罪行为。另一方面，如果确实是由于税务人员出于私利或私情，对纳税人做出缓征税款的行为，如果没有给国家税收造成无法追缴的重大损失，也不宜认定为犯罪行为；但如果实施此行为给国家税收造成了重大损失，如纳税人过期拒绝缴纳，通过税务机关无法追回，其行为的性质就发生了改变，符合滥用职权罪条件的，按滥用职权罪处理。

五、本罪罪与非罪的区别

在税收征管实践中，出现的不征或者少征税款的现象，应该具体问题具体分析，既要从主观上分析是否具有徇私舞弊的犯罪故意，又要从客观上分析税务人员的业务素质；既要有力地打击徇私舞弊不征、少征税款罪的犯罪分子，又要有效地保护税务人员的工作积极性，下面一些情形就应认真分清罪与非罪的区别：

1. 税务机关定期定额导致少征税款。按照税法的规定，税务机关对纳税人的征收方式有查账征收、查定征收、查验征收、定期定额征收等。对定期定额征收主要会出现其实际销售额或者营业额远远高于所定的定额而少征税款，对这类问题只要经过集体研究且所定定额没有明显低于同行业标准，对参加定额的税务人员都不能认定有罪。

2. 批准减免税出现的不征或者少征税款。纳税人提供虚假材料骗取减免税，如提供国防工程或者军队系统的建筑安装工程的材料骗取免征营业税；提供新办企业的材料骗取减免企业所得税；谎报残疾人人数得以福利企业而获取减免税等。这些材料可以是真实的，但却与客观事实不符，税务人员只能凭书面的材料同意减免税的审批，对因此造成不征少征税款的税务人员，不宜追究其刑事责任。

3. 税务检查没有发现偷税造成少征税款。对纳税人进行检查，要求税务人员谙熟财务会计和税收知识，实践中往往出现的问题是前阶段一些税务人员检查时没有发现偷税行为，但后阶段的检查人员查出了巨大偷税额，对这类因税务人业务素质原因造成少征税款的，不应定罪。

六、本罪与偷税共同犯罪区别

在许多徇私舞弊类滥用职权犯罪案件中，都存在渎职者与其庇护对象相互勾结、共同实施犯罪的情形。如何区分行为人是构成特定人员渎职犯罪还是构成相关犯罪共犯，需要我们慎重把握。本罪与偷税共犯的主要区别是：

1. 主体不同。徇私舞弊不征、少征税款罪是发生在税务机关工作人员的职务活动过程中，是与其履行工作职责分不开的，其主体必然是税务机关中从事税收征收管理职务的人员；而偷税共犯行为却不一定与职务活动有关，行为人也可能是税务机关的其他工作人员和纳税人共同实施偷税犯罪。

2. 客观表现不同。徇私舞弊不征、少征税款罪是税务机关工作人员懈怠或者不履行职责，应当依法征收税款而没有按照相关规定标准予以征收；偷税共犯则是行为人积极利用自身的职务便利，为偷税人出谋划策，指点伪造、虚构事实，以期不交、少交税款。

3. 犯罪动机不同。徇私舞弊不征、少征税款罪行为人虽然为徇私情私利而积极追求不征、少征税款，但其主观上对国家税款的损失是持一种放任的态度，其本身并不是为了占有国家的税款；偷税共犯不论是在事先、事中还是事后参与策划、伪造纳税资料及掩盖毁灭偷税事实证据，都是为了共同实现对国家税款的非法占有。

实践中，只要税务人员参与纳税人共谋，积极帮助其伪造账册等，应以偷税共犯严惩。如果其仅是因收受贿赂或者是照顾关系而故意不履行职责，应以徇私舞弊不征、少征税款罪处罚。如果纳税人以贿赂收买等方法，与税务工作人员共谋利用其职务不征、少征税款，以达不交、少交税款之目的，可以徇私舞弊不征、少征税款罪共犯定罪，依法追究其刑事责任。

【办案依据】

一、《刑法》规定

第四百零四条 税务机关的工作人员徇私舞弊，不征或者少征应征税款，致使国家税收遭受重大损失的，处五年以下有期徒刑或者拘役；造成特别重大损失的，处五年以上有期徒刑。

二、司法解释

（一）《最高人民法院、最高人民检察院关于办理渎职刑事案件适用法律若干问题的解释（一）》（2012年12月7日，法释〔2012〕18号）

（参见本书滥用职权罪章）

（二）《最高人民检察院关于渎职侵权犯罪案件立案标准的规定》（2006年7月26日，高检发释字〔2006〕2号）（节选）

一、渎职犯罪案件

（十四）徇私舞弊不征、少征税款案（第四百零四条）

徇私舞弊不征、少征税款罪是指税务机关工作人员徇私舞弊，不征、少征应征税款，致使国家税收遭受重大损失的行为。

涉嫌下列情形之一的，应予立案：

1. 徇私舞弊不征、少征应征税款，致使国家税收损失累计达10万元以上的；

2. 上级主管部门工作人员指使税务机关工作人员徇私舞弊不征、少征应征税款，致使国家税收损失累计达10万元以上的；

3. 徇私舞弊不征、少征应征税款不满 10 万元，但具有索取或者收受贿赂或者其他恶劣情节的；

4. 其他致使国家税收遭受重大损失的情形。

三、附则

（五）本规定中的“徇私舞弊”，是指国家机关工作人员为徇私情、私利，故意违背事实和法律，伪造材料，隐瞒情况，弄虚作假的行为。

三、司法文件

《人民检察院直接受理立案侦查的渎职侵权重特大案件标准（试行）》（2001 年 8 月 4 日，高检发〔2001〕13 号）（节选）

十二、徇私舞弊不征、少征税款案

（一）重大案件

造成国家税收损失累计达 30 万元以上的。

（二）特大案件

造成国家税收损失累计达 50 万元以上的。

第十三章　徇私舞弊发售发票、抵扣税款、出口退税罪

【立案追诉标准】

徇私舞弊发售发票、抵扣税款、出口退税案（《刑法》第405条第1款）

一、涉嫌下列情形之一的，应予立案：

1. 徇私舞弊，致使国家税收损失累计达10万元以上的；

2. 徇私舞弊，致使国家税收损失累计不满10万元，但发售增值税专用发票25份以上或者其他发票50份以上或者增值税专用发票与其他发票合计50份以上，或者具有索取、收受贿赂或者其他恶劣情节的；

3. 其他致使国家利益遭受重大损失的情形。

二、徇私舞弊发售发票、抵扣税款、出口退税重特大案

（一）重大案件

造成国家税收损失累计达三十万元以上的。

（二）特大案件

造成国家税收损失累计达五十万元以上的。

《最高人民检察院关于渎职侵权犯罪案件立案标准的规定》（2006年7月26日）；《人民检察院直接受理立案侦查的渎职侵权重特大案件标准（试行）》（2001年8月4日）

【犯罪构成及刑事责任】

徇私舞弊发售发票、抵扣税款、出口退税罪，是指税务机关的工作人员违反

法律、法规的规定，在发售发票、抵扣税款、出口退税工作中徇私舞弊，致使国家利益遭受重大损失的行为。构成本罪需要具备以下四个要件：

1. 客体要件。本罪所侵犯的客体是税务机关的正常工作秩序。徇私舞弊行为使国家税收法律、法规的顺利实施受到严重干扰，损害了国家税务机关的威信。

本条所称发票，是指在购销商品、提供或者接受服务以及从事其他经营活动中，开具、收取的收付款凭证。发售发票，是指主管税务机关根据已依法办理税务登记的单位或个人提出的领购发票申请向其出售发票的活动。抵扣税款，是指凭发票抵扣税款制度，发票上所注明的税款是唯一可以抵扣的税款。增值税专用发票就是以商品和劳动增值额为征税对象，并具有抵扣税款功能的专门用于增值税的收付款凭证。此外，具有同增值税专用发票相同功能、可以抵扣税款的普通发票有农业产品收购发票、废旧物品收购发票、运输发票等。出口退税，是指税务机关依法向出口商品的生产或经营单位退还该商品在生产、流通环节已征收的增值税和消费税。国家制定这一税收政策的目的，是鼓励出口贸易，增强我国出口产品在国际市场上的竞争力。

2. 客观要件。本罪在客观方面表现为违反法律、行政法规的规定，在发售发票、抵扣税款、出口退税工作中徇私舞弊，致使国家利益遭受重大损失的行为。

3. 主体要件。本罪的主体是特殊主体，只有税务机关的工作人员才能成为本罪的主体，其他自然人均不能成为本罪的主体，单位也不能构成本罪的主体。

4. 主观要件。本罪在主观方面表现为故意，即行为人明知自己在办理发售发票、抵扣税款、出门退税工作中的徇私舞弊行为是违反有关法律规定的，明知自己的行为可能致使国家利益遭受损失，而对这种后果的发生持希望或者放任的态度。至于行为人的犯罪动机可能是多种多样的，动机如何对本罪构成没有影响，但可以在量刑时作为因素之一予以考虑。

如果是税务机关的工作人员在发售发票、抵扣税款、出口退税工作中由于疏忽大意，严重不负责，致使国家利益遭受损失的，应按照本法第 397 条规定的玩忽职守罪追究刑事责任。如税务工作人员事先与偷税、非法购买增值税专用发票、骗取出口退税分子通谋，应按照共同犯罪定罪处罚。

《刑法》第405条规定：犯本罪，处五年以下有期徒刑或者拘役；致使国家利益遭受特别重大损失的，处五年以上有期徒刑。

【疑难指导】

一、正确把握本罪的客观表现

本罪在客观方面表现为违反法律、行政法规的规定，在发售发票、抵扣税款、出口退税工作中徇私舞弊，致使国家利益遭受重大损失的行为。

我国对发票实行严格的管理制度，在一系列法律、行政法规中都有规定，税务机关都有一整套的工作纪律和规章制度，以及工作人员的职责和权利、义务规定，只有违反了法律、行政法规、工作纪律和规章制度的行为，才能成为徇私舞弊行为。"违反法律行政法规规定"是指违反《中华人民共和国税收征收管理法》《中华人民共和国发票管理办法》《中华人民共和国增值税暂行条例》等法律、行政法规中关于发票发售、税款抵扣和出口退税制度的规定。

税务工作人员在发售发票、抵扣税款、出口退税工作中，违反法律、行政法规的规定，向不该领取发票的人发售了发票，或向可以领取的人多发售了发票，或使犯罪分子非法抵扣、骗取出口退税的行为得逞，致使国家税款大量流失。

具体表现为以下几种行为：

1. 在发售发票过程中的徇私舞弊，主要是指，给不具备申购发票条件的单位和个人发售发票，或者领购发票的单位和个人虽具备规定的条件，但未按规定的数量向其发售发票等。

根据有关规定，申请购买发票人应当办理税务登记，申购的种类应当与所经营的业务范围相一致，如从事个体饭店、饮食店、餐馆等经营的，就应申购个体饮食行业统一发票；从事建筑安装经营的，就应申购建筑安装专用发票；进行出租住宅经营的，就应申购住宅租金专用发票等。如果没有办理税务登记或不符合其他条件，如所申购的发票种类与自己的经营活动不相一致，税务机关就不应给申购人发售发票，否则即属违法行为，如属于徇私舞弊、滥用职权，就可构成本罪而应依本罪定罪。购买人申购，经主管税务机关批准购买的，应当发给申购人发票领购簿。申购人再凭此簿向主管税务机关进行购买，有关工作人员应当依据领购簿核准的种类、数量及其购买方式等予以发售，不得擅自为之。临时到本省、自治区、直辖市以外从事经营活动的，应凭所在地税务机关的证明，向经营地的税务机关申购经营地的发票。经营地的税务机关可以要求申购人提供保证人或者根据所领购发票的票面限额以及数量缴纳不超过 1 万元的保证金，临时在本省、自治区、直辖市以内跨市、县从事经营活动需要申购发票的，其具体办法则由省、自治区、直辖市税务机关自行确定。

2. 在抵扣税款工作中的徇私舞弊，指由于税务机关的工作人员不认真负责，致使不应抵扣的国家税款被非法抵扣等。

增值税专用发票作为抵扣税款凭证必须符合相关条件：如购货方必须是享有税款抵扣权的增值税一般纳税人；再如开具的增值税专用发票必须真实、正确、完整、有效，如有下列情形之一，不得作为进项税额的抵扣凭证：字迹不清、涂改以及项目填写不齐全的；票物不符、票面金额与实际收取的金额不符或者票面各项内容有误的；单联开具或上下联金额、增值税额等内容不一致的；发票联或抵扣联未加盖财务专用章的；只取得发票联或抵扣联的；未按规定时限开具专用发票的；伪造的专用发票。下列项目的进项税额不得从销项税额中抵扣：购进固定资产；用于非应税项目的购进货物或者应税劳务；用于免税项目的购进货物或者应税劳务；用于集体福利或个人消费的购进货物或者应税劳务；非正常损失的购进货物；等等。

税务机关中主管抵扣税款的工作人员，应当认真履行自己的职责，就纳税人提供的证明真伪，抵扣税款的数额，是否属于应当抵扣的税种、货物内容进行仔细详尽的审查。不应当抵扣的税款而抵扣，以及应少抵扣的而多抵扣，从而致使税收遭受重大损失的，就应依本罪定罪科刑。

3. 在出口退税工作中的徇私舞弊，指由于税务机关的工作人员的疏忽，致使骗取出口退税行为得逞的行为。

退还出口货物的增值税、消费税应当符合下列条件：

（1）退税的主体仅限于具有出口经营权的企业以及其他特准退税企业。后者包括对外承包工程公司，对外承接修理修配业务的企业，外轮供应公司、远洋运输供应公司，利用国际金融组织或外国政府贷款采取国际招标方式销售机电产品、建筑材料而中标的企业，在国内采购货物而运往境外作为国外投资的企业等。非上述单位，就不能申请退税，否则即属违法，骗取出口退税的，则可构成骗取出口退税罪。

（2）必须是依法可以作为退税对象的货物才能予以退税，否则，即使是上述企业也不能申请退税，税务机关也不得批准退税。

（3）所退还的税收应是退税主体已经缴纳的增值税、消费税等税收，非上述税种不能成为出口退税的退税项目。

主管出口退税的税务机关在接到上述有关必备的出口退税的证明文件及资料后，应当认真审查核实，看申请退税人是否属于退税主体，即是否属于法律规定的可以退税的企业；货物是否已经报关并且在财务上做了销售处理；所提供的证明材料是否完整、真实、可靠；企业应退税款数额的计算是否正确；等等。如果徇私舞弊，滥用职权，不正确履行职责，造成国家税收重大流失的，就应当依本罪定罪。

徇私舞弊发售发票、抵扣税款、出口退税行为，只有使国家利益遭受重大损失才有可能构成本罪。如果仅有徇私舞弊的行为，但没有造成国家利益的实际损失，或者虽然造成了损失，但没有达到重大损失的程度，也只是一般的违法行为，而不能以本罪论处。何谓国家利益损失重大，其标准应是多方面的，如严重影响税收秩序，致使税务机关的正常活动处于极为混乱的状态中，造成恶劣的影响，等等。

根据《渎职立案标准》的规定，徇私舞弊发售发票、抵扣税款、出口退税涉嫌下列情形之一的，应予立案：（1）徇私舞弊，致使国家税收损失累计达10万元以上的；（2）徇私舞弊，致使国家税收损失累计不满10万元，但发售增值税专用发票25份以上或者其他发票50份以上或者增值税专用发票与其他发票合计50份以上，或者具有索取、收受贿赂或者其他恶劣情节的；（3）其他致使国家利益遭受重大损失的情形。

二、本罪罪与非罪的界限

认定徇私舞弊发售发票、抵扣税款、出口退税罪与非罪的界限，除认真把握法律对本罪主体、主观方面、客观方面的规定外，还要注意查明是否致使国家利益遭受重大损失。只有致使国家利益遭受重大损失的行为，才构成本罪。对于虽违法办理了发售发票、抵扣税款、出口退税，但被及时发现，没有造成损失的，不以犯罪论处，而应由有关主管部门依法追究其行政责任。具体可参见“立案追诉标准”的相关内容。

三、诈骗罪、骗取出口退税罪、非法出售增值税专用发票罪等犯罪的界限

行为人在办理发售发票、抵扣税款、出口退税工作中的徇私舞弊行为，往往会在实际上为他人实施诈骗、骗取出口退税、非法出售增值税专用发票等犯罪起到帮助作用，因此，必须注意划清本罪与这些犯罪的界限。划清该界限的关键在于查明行为人主观上是否与这些犯罪分子具有共同的犯罪故意。如果查明行为人主观上与诈骗、骗取出口退税等犯罪分子具有共同犯罪的故意而相互勾结，那么，其在客观上所实施的非法办理发售发票、抵扣税款、出口退税行为就属于诈骗、骗取出口退税等犯罪的帮助犯，应当以这些犯罪的共犯定罪处罚，而不再按本罪处罚。

四、区分本罪与徇私舞弊不征、少征税款罪的界限

徇私舞弊发售发票、抵扣税款、出口退税罪与徇私舞弊不征、少征税款罪相比，在主体、客观方面均有相同或相似之处，但在客观及主观方面则有明显的差别。两者在客观方面的差别主要表现为：

其一，两者虽都发生在税收征管领域，但发生的具体阶段不同。徇私舞弊不征、少征税款罪往往发生在税务机关工作人员征收税收的过程中，或者应当履行征收税收职责而故意不履行。徇私舞弊发售发票则往往发生在征收税收之前，徇私舞弊出口退税又往往发生在征收税收之后。只有抵扣税款的行为可以发生在征收过程中。

其二，行为的具体方式不同，徇私舞弊不征、少征税款罪的舞弊方式往往表现为不作为，即行为人为徇私情私利而故意不履行其应当履行的职责，也可以表现为不正确履行其职责。徇私舞弊发售发票、抵扣税款、出口退税罪则往往表现为作为，即行为人为徇私情私利，故意通过其积极的行为去违法发售发票、抵扣税款或办理出口退税。

【办案依据】

一、《刑法》规定

第四百零五条 税务机关的工作人员违反法律、行政法规的规定，在办理发售发票、抵扣税款、出口退税工作中，徇私舞弊，致使国家利益遭受重大损失的，处五年以下有期徒刑或者拘役；致使国家利益遭受特别重大损失的，处五年以上有期徒刑。

其他国家机关工作人员违反国家规定，在提供出口货物报关单、出口收汇核销单等出口退税凭证的工作中，徇私舞弊，致使国家利益遭受重大损失的，依照前款的规定处罚。

二、司法解释

《最高人民检察院关于渎职侵权犯罪案件立案标准的规定》（2006年7月26日，高检发释字〔2006〕2号）（节选）

一、渎职犯罪案件

（十五）徇私舞弊发售发票、抵扣税款、出口退税案（第四百零五条第一款）

徇私舞弊发售发票、抵扣税款、出口退税罪是指税务机关工作人员违反法律、行政法规的规定，在办理发售发票、抵扣税款、出口退税工作中徇私舞弊，致使国家利益遭受重大损失的行为。

涉嫌下列情形之一的，应予立案：

1. 徇私舞弊，致使国家税收损失累计达10万元以上的；

2. 徇私舞弊，致使国家税收损失累计不满10万元，但发售增值税专用发票25份以上或者其他发票50份以上或者增值税专用发票与其他发票合计50份以上，或者具有索取、收受贿赂或者其他恶劣情节的；

3. 其他致使国家利益遭受重大损失的情形。

三、附则

（五）本规定中的“徇私舞弊”，是指国家机关工作人员为徇私情、私利，故意违背事实和法律，伪造材料，隐瞒情况，弄虚作假的行为。

三、司法文件

《人民检察院直接受理立案侦查的渎职侵权重特大案件标准（试行）》（2001年8月4日，高检发〔2001〕13号）（节选）

十三、徇私舞弊发售发票、抵扣税款、出口退税案

（一）重大案件

造成国家税收损失累计达30万元以上的。

（二）特大案件

造成国家税收损失累计达50万元以上的。

第十四章 违法提供出口退税证罪

【立案追诉标准】

违法提供出口退税凭证案（《刑法》第405条第2款）

一、涉嫌下列情形之一的，应予立案：

1. 徇私舞弊，致使国家税收损失累计达10万元以上的；

2. 徇私舞弊，致使国家税收损失累计不满10万元，但具有索取、收受贿赂或者其他恶劣情节的；

3. 其他致使国家利益遭受重大损失的情形。

二、违法提供出口退税凭证案

（一）重大案件

造成国家税收损失累计达30万元以上的。

（二）特大案件

造成国家税收损失累计达50万元以上的。

《最高人民检察院关于渎职侵权犯罪案件立案标准的规定》（2006年7月26日）；《人民检察院直接受理立案侦查的渎职侵权重特大案件标准（试行）》（2001年8月4日）

【犯罪构成及刑事责任】

违法提供出口退税凭证罪，是指税务机关以外的其他国家机关的工作人员违反国家规定，在提供出口货物报关单、出口收汇核销单等出口退税凭证的工作中，徇私舞弊，致使国家利益遭受重大损失的行为。构成本罪需要具备以下四个要件：

1. 客体要件。本罪侵犯的客体是国家的税收管理制度和国家机关的正常管理活动。为了鼓励企业出口创汇，参与国际竞争，我国按照国际惯例，逐步实行出口退税制度，即在企业产品出口后，根据增值税专用发票、出口货物报关单和出口收汇单证等，将其所缴纳的税款再退还给该企业。一些不法企业和个人利用该项税收优惠政策，大肆骗取出口退税活动，导致国家税款大量流失。而有些国家机关工作人员徇私舞弊，为他人非法提供这些出口退税凭证，严重干扰了国家对出口退税的管理制度，同时也使国家的税收利益受到危害。

2. 客观要件。本罪的客观方面表现为行为人违反国家规定，在提供出口货物报关单、出口收汇核销单等出口退税凭证的工作中，徇私舞弊，致使国家利益遭受重大损失的行为。而违反国家规定，在提供出口货物报关单、出口收汇核算单等出口退税凭证的工作中，徇私舞弊，只有致使国家利益遭受重大损失的，才构成本罪，否则不构成犯罪，可作为一般徇私舞弊行为，由主管部门予以处理。所谓致使国家利益遭受重大损失，是指致使犯罪分子骗取出口退税的行为得逞，国库税款损失重大等。具体可参见“立案追诉标准”的相关内容。

3. 主体要件。本罪的主体是特殊主体。即税务机关的工作人员以外的其他国家机关工作人员，主要是指承担着提供出口货物报关单和出口收汇核算单等出口退税凭证职责的海关工作人员等国家机关工作人员。凡是办理出口退税凭证工作的国家机关工作人员，都可以成为本罪的主体。

4. 主观要件。本罪在主观方面只能依故意构成，即行为人明知自己在提供出口货物报关单、出口收汇核销单等出口退税凭证的工作中的徇私舞弊行为是违反国家有关规定的，明知自己的行为可能致使国家利益遭受重大损失，而对此后果持希望或放任的态度。

《刑法》第 405 条规定：犯本罪，处五年以下有期徒刑或者拘役；致使国家利益遭受特别重大损失的，处五年以上有期徒刑。

【疑难指导】

一、本罪与骗取出口退税罪共犯的界限

违法提供出口退税凭证罪与骗取出口退税罪的区别是：前者是由国家机关工作人员实施的渎职犯罪，后者是个人或单位实施的破坏经济秩序的犯罪；前者是徇私舞弊为他人违法提供出口退税凭证，给国家利益造成重大损失的行为，后者是一种利用欺骗手段实施的特殊诈骗犯罪。在司法实践中，有的海关、商检、外汇管理等部门的工作人员，在提供出口货物报关单、出口收汇核销单等出口退税凭证的工作中徇私舞弊，与一些骗取出口退税的单位或个人相互勾结，通过违法提供出口退税凭证，主动帮助他们骗取出口退税。对于这种情形，如何对有关国家机关工作人员的行为定性呢？笔者认为，应视纳税人的骗取出口退税行为是否构成骗取出口退税罪以及徇私舞弊违法提供出口退税凭证行为是否达到定罪标准的不同情况来进行判断：（1）如果骗取出口退税行为达到骗取出口退税罪的定罪标准，违法提供出口退税凭证行为也达到定罪标准，那么有关国家机关工作人员的行为同时符合违法提供出口退税凭证罪和骗取出口退税罪（共犯）的构成，对有关国家机关工作人员应按照想象竞合犯的处罚原则，从一重罪处罚。（2）如果骗取出口退税行为达到骗取出口退税罪的定罪标准，而违法提供出口退税凭证行为达不到定罪标准，那么对有关国家机关工作人员以骗取出口退税罪的共犯定罪处罚。（3）如果违法提供出口退税凭证行为达到定罪标准，而骗取出口退税行为未达到骗取出口退税罪的定罪标准，那么对有关国家机关工作人员的行为以违法提供出口退税凭证罪定罪处罚。

二、区分本罪与徇私舞弊发售发票、抵扣税款、出口退税罪的界限

两者的区别主要有以下几个方面：

1. 主体不同。违法提供出口退税凭证罪的主体是税务机关以外的其他国家机关工作人员，主要是海关等国家机关的工作人员。徇私舞弊发售发票、抵扣税款、出口退税罪的主体仅限于税务机关工作人员。

2. 客观方面不同，违法提供出口退税凭证罪的客观方面主要表现为行为人为徇私情私利，违反国家规定，非法提供出口货物报关单、出口收汇核销单等出口

退税凭证，致使国家利益遭受重大损失的行为。徇私舞弊发售发票、抵扣税款、出口退税罪的客观方面包括三种形式，即徇私办理发售发票、徇私办理抵扣税款、徇私办理出口退税。违法提供出口退税凭证罪的客观方面与徇私舞弊发售发票、抵扣税款罪相比，比较容易区分，在此不再赘述，违法提供出口退税凭证罪与徇私舞弊出口退税罪相比，其区别主要表现为：一是行为发生的阶段不同。违法提供出口退税凭证的行为一般发生在办理出口退税前；徇私办理出口退税往往发生在办理出口退税过程中，并以伪造或非法提供的出口退税凭证为前提。二是行为发生的部门不同。违法提供出口退税凭证罪发生在税务机关以外的其他国家机关；徇私舞弊出口退税则发生在税务机关在办理出口退税的工作之中。三是行为的方式不同。前者是徇私提供出口退税凭证；后者是徇私办理出口退税。

三、本罪一罪与数罪问题

司法实践中，海关、商检、外汇管理等部门的工作人员违法提供出口退税凭证的行为，往往与受贿行为交织在一起。即行为人收受他人贿赂甚至索取贿赂，以此作为交换条件，为他人违法提供出口退税凭证。如果收受贿赂、索贿的数额达不到受贿罪的起刑数额标准，而违法提供出口退税凭证的行为造成了国家利益遭受重大损失结果的，自然对行为人以违法提供出口退税凭证罪定罪处罚，收受贿赂、索贿的行为作为酌定情节考虑。因为根据《渎职立案标准》的规定，违法提供出口退税凭证，“徇私舞弊，致使国家税收损失累计不满 10 万元，但具有索取、收受贿赂或者其他恶劣情节的”，属于成立违法提供出口退税凭证罪的条件之一。因此，此时应从一重罪处断。但是，如果有关国家机关工作人员的受贿行为符合受贿罪的构成，而违法提供出口退税凭证的行为也造成了国家利益重大损失的结果的，对行为人应该如何定罪处罚呢？我们认为，应当依法以受贿罪和违法提供出口退税凭证罪对行为人实行数罪并罚。其理由是：虽然《刑法》第 399 条第 4 款规定，司法工作人员收受贿赂，有前三款行为的（即徇私枉法罪，民事、行政枉法裁判罪，执行判决、裁定失职罪，执行判决、裁定滥用职权罪），同时又构成本法第 385 条规定之罪的（受贿罪），依照处罚较重的规定定罪处罚。但是，在《刑法》渎职罪一章的所有罪名当中，对于行为人收受贿赂，除犯本章规定的渎职罪名以外，又构成本法第 385 条规定之罪的（即受贿罪），只有第 399 条第 1

款至第3款规定的四个罪名和受贿罪牵连时适用“依照处罚较重的规定定罪处罚”的原则。由此可以推断，《刑法》的立法原义，就是除第399条第1款至第3款规定的四个罪名以外，渎职罪一章规定的其他罪名，行为人由于收受，又构成受贿罪的，均应以所犯渎职罪名和受贿罪实行数罪并罚。《刑法》第399条第4款的规定，应当视为特别规定。2012年7月9日《渎职司法解释（一）》第3条也规定：“国家机关工作人员实施渎职犯罪并收受贿赂，同时构成受贿罪的，除刑法另有规定外，以渎职犯罪和受贿罪数罪并罚。”这里“刑法另有规定”即指《刑法》第399条第4款。

【办案依据】

一、《刑法》规定

第四百零五条 税务机关的工作人员违反法律、行政法规的规定，在办理发售发票、抵扣税款、出口退税工作中，徇私舞弊，致使国家利益遭受重大损失的，处五年以下有期徒刑或者拘役；致使国家利益遭受特别重大损失的，处五年以上有期徒刑。

其他国家机关工作人员违反国家规定，在提供出口货物报关单、出口收汇核销单等出口退税凭证的工作中，徇私舞弊，致使国家利益遭受重大损失的，依照前款的规定处罚。

二、司法解释

（一）《最高人民法院、最高人民检察院关于办理渎职刑事案件适用法律若干问题的解释（一）》（2012年12月7日，法释〔2012〕18号）

（参见本书滥用职权罪章）

（二）《最高人民检察院关于渎职侵权犯罪案件立案标准的规定》（2006年7月26日，高检发释字〔2006〕2号）（节选）

一、渎职犯罪案件

（十六）违法提供出口退税凭证案（第四百零五条第二款）

违法提供出口退税凭证罪是指海关、外汇管理等国家机关工作人员违反国家规定，在提供出口货物报关单、出口收汇核销单等出口退税凭证的工作中徇私舞弊，致使国家利益遭受重大损失的行为。

涉嫌下列情形之一的，应予立案：

1. 徇私舞弊，致使国家税收损失累计达 10 万元以上的；

2. 徇私舞弊，致使国家税收损失累计不满 10 万元，但具有索取、收受贿赂或者其他恶劣情节的；

3. 其他致使国家利益遭受重大损失的情形。

三、附则

（五）本规定中的"徇私舞弊"，是指国家机关工作人员为徇私情、私利，故意违背事实和法律，伪造材料，隐瞒情况，弄虚作假的行为。

三、司法文件

《人民检察院直接受理立案侦查的渎职侵权重特大案件标准（试行）》（2001 年 8 月 4 日，高检发〔2001〕13 号）（节选）

十四、违法提供出口退税凭证案

（一）重大案件

造成国家税收损失累计达三十万元以上的。

（二）特大案件

造成国家税收损失累计达五十万元以上的。

第十五章　国家机关工作人员签订、履行合同失职被骗罪

【立案追诉标准】

国家机关工作人员签订、履行合同失职被骗案（《刑法》第406条）

一、涉嫌下列情形之一的，应予立案：

1. 造成直接经济损失30万元以上，或者直接经济损失不满30万元，但间接经济损失150万元以上的；

2. 其他致使国家利益遭受重大损失的情形。

二、国家机关工作人员签订、履行合同失职被骗重特大案

（一）重大案件

造成直接经济损失100万元以上的。

（二）特大案件

造成直接经济损失200万元以上的。

《最高人民检察院关于渎职侵权犯罪案件立案标准的规定》（2006年7月26日）；《人民检察院直接受理立案侦查的渎职侵权重特大案件标准（试行）》（2001年8月4日）

【犯罪构成及刑事责任】

国家机关工作人员签订、履行合同失职被骗罪，是指国家机关工作人员在签订、履行合同过程中，因严重不负责任，不履行或者不认真履行职责被诈骗，致使国家利益遭受重大损失的行为。构成本罪需要具备以下四个要件：

1. 客体要件。本罪侵犯的客体是国家机关正常行使国家权力、管理国家事务的活动。

2. 客观要件。本罪在客观方面表现为国家机关工作人员在签订、履行合同过程中，因严重不负责任被诈骗，致使国家利益遭受重大损失的行为。具体包括以下要件：

（1）必须有在签订、履行合同的过程中违反有关工作纪律和规章制度，严重不负责任的行为，包括作为和不作为。本条规定的犯罪行为发生在签订、履行合同的过程中。所谓签订，是指当事人双方就合同的主要条款经过协商，达成一致。所谓履行，是指合同当事人对于合同中所规定的事项全部并适当地完成。所谓严重不负责任，一般有如下一些表现：粗枝大叶、盲目轻信，不认真审查对方当事人的合同主体资格、资信情况；不认真审查对方的履约能力和货源情况；应当公证或者鉴证的不予公证或鉴证；贪图个人私利、关心的不是产品的质量和价格，而是个人能否得到回扣，从中得到好处后，在质量上舍优取劣，在价格上舍低就高，在路途上舍近求远，在供货来源上舍公取私；销售商品时对并非滞销甚至是紧俏的商品，让价出售或赊销，以权谋私，导致被骗；无视规章制度和工作纪律，擅自越权签订或者履行合同；急于推销产品，上当受骗；不辨真假，盲目吸收投资，同假外商签订引资合作等协议；违反规定为他人签订合同提供担保，导致发生纠纷时承担担保责任；等等。

（2）必须具有因严重不负责被诈骗，致使国家利益造成重大损失的结果。根据《渎职立案标准》“（十七）国家机关工作人员签订、履行合同失职被骗案”的规定，国家机关工作人员签订、履行合同失职被骗，涉嫌下列情形之一的，应予立案：①造成直接经济损失30万元以上，或者直接经济损失不满30万元，但间接经济损失150万元以上的；②其他致使国家利益遭受重大损失的情形。

（3）严重不负责任行为与造成的重大损失结果之间，必须具有刑法上的因果关系，这是确定刑事责任的客观基础，严重不负责任行为与造成的严重危害结果之间的因果关系错综复杂，有直接因果，也有间接因果；有主要因果，也有次要因果；有领导者的责任，也有直接责任人员的过失行为。构成本罪，应当追究刑事责任的，则是指严重不负责任行为与造成的严重危害结果之间有必然因果联系的行为。

3. 主体要件。本罪主体为特殊主体，即是国家机关工作人员。

4. 主观要件。本罪在主观方面可以由过失构成，也可以由故意构成。

根据《刑法》第 406 条规定，犯本罪，处三年以下有期徒刑或者拘役；致使国家利益遭受特别重大损失的，处三年以上七年以下有期徒刑。

【疑难指导】

一、如何理解本罪中的“合同”

本罪所指“合同”应包括民事合同、行政合同和劳动合同，但不包括有关身份关系的合同及国家合同。这是因为刑法上的合同不能等同于民法上的合同。尽管合同法将合同仅限于发生债权债务的民事合同，但不同法律部门对同一法律概念，可能有不同的含义，如行政法和劳动法上的合同含义就与民法不一样。将行政合同、劳动合同纳入刑法合同的范围，也具有实践基础。在实践中，国家机关工作人员在签订、履行行政、劳动合同时，由于严重不负责任而被骗，致使国家利益遭受重大损失的渎职行为，也完全可以与民事合同方面的失职被骗行为一样，适用本罪加以处罚，以维护国家利益，体现刑法的公正。

不发生债权债务的合同（如结婚、自愿离婚等）不属于本罪中所指的合同。《中华人民共和国民法典》第 464 条第 2 款规定：“婚姻、收养、监护等有关身份关系的协议，适用有关该身份关系的法律规定；没有规定的，可以根据其性质参照适用本编规定。”在《刑法》中，自然也就不能将它纳入其范围。国家合同之所以不应包括于《刑法》第 406 条的范围中，是因为国际法中的“国家合同”，其涉及的内容并非一般的债权债务关系，而是有关政治、军事、外交、司法等事务，签订的程序也比较复杂，往往属于立法行为，与一般的民事合同、行政合同和劳动合同有着根本的区别，不能归为一类。如果在这些领域发生渎职行为，可以按滥用职权罪或玩忽职守罪论处。

二、如何理解本罪的客观表现

所谓在签订、履行合同过程中，因严重不负责任被诈骗，致使国家利益遭受重大损失的行为，可以概括为时间性、失职性、被骗性和后果的严重性四个要素。

（一）时间性

即本罪只能发生在签订、履行合同的过程中。签订、履行合同是市场经济条件下，经济活动契约化的一种基础性活动。国家机关作为社会成员之一，在进行正常的经济活动中，必然存在与其他平等主体的自然人、法人、其他组织之间签订、履行合同的问题。合同过程，可分为签订合同和履行合同两个既相互联系又相互区别的过程。“签订合同”，是指平等主体的当事人双方就合同的主要条款经过协商达成一致的过程。“履行合同”，是指合同当事人对于合同中所规定的事项全部并适当地完成，将双方当事人的合同目的予以实现的行为。合同生效后，除非法定情况，都应全面、实际、正确地履行。“签订、履行合同过程中”，是指合同已经生效，正在履行尚未履行完毕这一时间内。因此，如果严重不负责任被诈骗，致使国家利益遭受重大损失的行为发生在签订合同之前或者履行合同之后，均不构成本罪。

（二）失职性

即行为人必须有严重不负责任的行为。严重不负责任，是指在签订、履行合同过程中不履行或不正确履行职责，避免签订、履行合同职责，被诈骗并致使国家利益遭受重大损失的。严重不负责任的具体表现形式繁多，归纳起来主要有：(1）没有严格审查合同的形式、内容。不严格审查合同是否具备法律规定的形式要件，如有的合同除双方达成书面协议外，还须依据法律规定经国家有关机关批准或核准；不严格审查合同的内容如标的、数量和质量、价款和酬金、履行的地点、方式等是否真实、合法、全面。(2）没有严格审查签订合同的对方主体资格和履约能力。如不严格审查对方当事人的合同主体资格是否合法、真实、有效；不认真了解对方的资信状况、履约能力和货源情况、轻信对方等。(3）在履行合同中没有及时采取必要措施导致合同未能履行或者未能完全履行。如对确认无效的合同仍履行；发现对方没有履约能力，不尽快中止合同；已经发货或已经开出信用证等付款凭证的，不及时通知金融机构止付等。

（三）被骗性

即行为人在签订、履行合同过程中，由于自己严重不负责任的行为导致被合同对方当事人诈骗。“严重不负责任”与“被诈骗”之间具有因果关系，即没有

“被诈骗”就没有本罪。因此，实践中认定本罪应当与对方进行诈骗的行为结合起来。即只有对方进行诈骗的，本罪才可能构成。如果对方不是诈骗，如因经营不善、意外事件、不可抗力等诈骗外的其他原因导致不能履行合同的，国家机关工作人员即使因严重不负责任造成了国家利益重大损失的，也不构成本罪，但可能构成玩忽职守罪。当然，对方诈骗罪的成立，并不意味着本罪一定成立。如国家机关工作人员认真履行了职责还是被对方诈骗或者虽因严重不负责任的行为被诈骗但未造成国家利益重大损失的，就不构成本罪。

（四）后果的严重性

本罪是结果犯，即因为失职被诈骗直接导致了国家利益遭受重大损失的严重后果。重大损失是被诈骗的客观表现，失职被诈骗与重大损失之间具有刑法上的因果关系。如果失职被诈骗并没有导致国家利益重大损失的，不构成本罪。“重大损失”，是指国家机关工作人员所在单位在签订、履行合同中致使对方成功地骗取了数额巨大的国有财产或因对方不履行合同而使国家利益遭受重大损失。它包括给国家和人民造成了重大的物质性损失和非物质性损失、直接经济损失和间接经济损失。物质性损失，一般是指人身伤亡和公私财产的重大损失。非物质性损失，是指严重损害国家机关的正常活动和声誉等。根据《渎职立案标准》，“直接经济损失”，是指与行为有直接因果关系而造成的财产损毁、减少的实际价值；“间接经济损失”，是指由直接经济损失引起和牵连的其他损失，包括失去的在正常情况下可以获得的利益和为恢复正常的管理活动或者挽回所造成的损失所支付的各种开支、费用等。有下列情形之一的，虽然有债权存在，但已无法实现债权的，可以认定为已经造成了经济损失：（1）债务人已经法定程序被宣告破产，且无法清偿债务；（2）债务人潜逃，去向不明；（3）因行为人责任，致使超过诉讼时效；（4）有证据证明债权无法实现的其他情况。此外，直接经济损失和间接经济损失，是指立案时确已造成的经济损失。移送审查起诉前，犯罪嫌疑人及其亲友自行挽回的经济损失，以及由司法机关或者犯罪嫌疑人所在单位及其上级主管部门挽回的经济损失，不予扣减，但可作为对犯罪嫌疑人从轻处理的情节考虑。

三、本罪的“诈骗”的具体内容

在一般情况下，国家机关工作人员构成本罪的前提是，对方当事人实施了合同诈骗行为。但如果对方当事人具体实施的是集资诈骗、票据诈骗、信用证诈骗、有价证券诈骗以及销售伪劣产品等行为的，国家机关工作人员能否构成本罪呢？

我们认为，在同一部法律里，不同条文中的相同用语的含义应当保持一致。所以，本罪中的诈骗，应当是指以虚构事实或隐瞒真相的方法，非法占有他人财物的行为，具体包括合同诈骗、集资诈骗、票据诈骗、信用证诈骗、有价证券诈骗等。而销售伪劣产品、故意提供不合格武器装备、军事设施等行为，则不属于诈骗的范围。所以，国家机关工作人员在签订、履行合同过程中，严重不负责任，购买了伪劣产品或者不合格武器装备、军事设施等，致使国家利益遭受重大损失的，对该国家机关工作人员不能认定为国家机关工作人员签订、履行合同失职被骗罪，而应以玩忽职守罪追究其刑事责任。

四、国家机关工作人员与诈骗犯罪分子通谋的定罪问题

国家机关工作人员在明知对方欲实施诈骗犯罪的情况下，与诈骗犯罪分子通谋，并利用签订、履行合同的职务便利，帮助诈骗犯罪分子实施犯罪，其行为成立诈骗犯罪的共犯。同时，再进一步分析，国家机关工作人员利用签订、履行合同的职务便利，与他人合谋，骗取本单位的财物，此行为又构成贪污罪。所以，此时国家机关工作人员已同时构成了诈骗犯罪的共犯和贪污罪两罪。这种情形属于刑法理论中的想象竞合犯。与国家机关工作人员相对应，诈骗犯罪分子也同时成立贪污罪的共犯和诈骗犯罪两罪，按照想象竞合犯从一重处断的处罚原则，对国家机关工作人员和诈骗犯罪分子都应以贪污罪定罪处罚。这亦符合《刑法》第382条第3款的规定。

五、如何界定本罪行为人的“严重不负责任”

本罪的客观方面表现为国家机关工作人员在签订、履行合同的过程中存在严重不负责任的行为。所谓“严重不负责任”，实际上是一种玩忽职守行为。在当前的司法实践中，对于“严重不负责任”的理解存在争议，众说纷纭。我们认为，严重不负责任主要应从以下几个方面考虑：首先，在签订合同时，是否考虑了对方的合同主体资格要件。如与单位签合同的，是否检查了对方当年年检合格的企业法人营业执照。与国外客户签订合同前，是否对其公司主体资格及法定代表人的个人信誉情况进行调查等。其次，在签订合同时，是否详细了解对方的资信情况以及履约能力。

如考察对方的经济实力，了解对方注册资金大小；了解对方在其开户银行的信誉度、账面余额，实有固定资产；了解对方的供货或完成合同义务的能力等。再次，在履行合同时，是否按合同享有权利并履行义务。如作为购货方，是否见货验收合格付款；作为卖货方，是否见款付货或完成工作等。最后，在履行合同时，如发现上当受骗，是否追款追货积极，比如主动起诉，积极争取诉前保全等法律手段追偿货款货物。如发现上当受骗，不闻不问，而且故意造假，掩人耳目，则是严重不负责任的表现。严重不负责任的行为还有很多其他表现形式，在此不再一一列举。

总之，“严重不负责任”的概念很难以规范为依据来界定，它是描述性的构成要件，即是以可视或可把握的现实为基础的。由于现实中签订、履行合同中的失职行为呈现出多样性和复杂性，虽然可以通过感性、知性认识粗略地作一个判断，但很难让人信服为什么是严重不负责任。因此，法律法规有必要将这种极易与日常用语混淆的概念以法律用语清晰表达，以便于人们从理性上把握该罪的本质特征。

六、构成本罪是否要求诈骗者构成诈骗犯罪

本罪客观方面一种典型的表现形式，就是行为人在签订、履行合同过程中，因严重不负责任被诈骗。所谓严重不负责任被诈骗，是指行为人根本不履行或者不正确地履行自己主管、分管合同签订、履行合同的义务，致使他人利用合同形式骗取其单位财物的情形。需要研究的是，此处的“诈骗”应当如何认识，被诈骗的标准是什么，是否要求诈骗者构成诈骗犯罪？目前主要存在两种不同的观点：

第一种观点认为，本罪成立要求另一方构成诈骗犯罪，“被诈骗”是指有关当事人已经被司法机关依照法定程序确认有诈骗的违法犯罪行为；第二种观点则认为有关当事人的行为经司法机关审查有证据证明属于诈骗行为即可。[①] 我们认为，按照第一种观点，本罪事实上很难成立，因为诈骗犯罪分子在得手后往往逃之夭夭，要将其依照法定程序确认为诈骗罪不知要等到何时，况且根据无罪推定原则，在犯罪嫌疑人未被确认有罪之前，本罪都不能成立，这显然不是立法的本意。我们同意第二种观点，对方当事人的行为只要有一定的证据证明涉嫌诈骗，司法机

---

① 杨方泉：《国有公司、企业人员渎职犯罪的司法适用》，载《学术研究》2004 年第 8 期。

关确认了这一点，也就同时确认了“被诈骗”的成立。另外，较为关键的一点是，本罪要求的是致使国家利益遭受重大损失这一结果，而这一结果的出现并不必然和诈骗者诈骗的数额相对应，现实中往往会出现诈骗者的诈骗数额很小，但是使国家利益遭受了重大损失的情况，因此对本罪成立的判断标准不应是看另一方是否构成诈骗罪。

七、本罪与签订、履行合同失职被骗罪的界限

《刑法》第167条规定的签订、履行合同失职被骗罪，是指国有公司、企业、事业单位直接负责的主管人员，在签订、履行合同过程中，因严重不负责任而被诈骗，致使国家利益遭受重大损失的行为。二罪虽然在主观方面、客观方面相同，但又有本质区别。首先，犯罪主体不同。本罪的主体是国家机关工作人员；后者的主体为国有公司、企业、事业单位直接负责的主管人员。二者的主体虽都是国家工作人员，但分别属于国家工作人员中特定种类的人员。其次，犯罪客体不同。本罪的犯罪客体是国家机关的正常管理制度，行为人所失之职是国家所赋予的从事经济管理的“公职”，属于职务犯罪范畴；后者的犯罪客体是国有公司、企业、事业单位的正常活动秩序及其经济利益。行为人所失之职是一种某个别企业组织所赋予的团体形式的“私职”，属于经济犯罪范畴。

【办案依据】

一、《刑法》规定

第四百零六条 国家机关工作人员在签订、履行合同过程中，因严重不负责任被诈骗，致使国家利益遭受重大损失的，处三年以下有期徒刑或者拘役；致使国家利益遭受特别重大损失的，处三年以上七年以下有期徒刑。

二、司法解释

《最高人民检察院关于渎职侵权犯罪案件立案标准的规定》（2006年7月26日，高检发释字〔2006〕2号）（节选）

一、渎职犯罪案件

（十七）国家机关工作人员签订、履行合同失职被骗案（第四百零六条）

国家机关工作人员签订、履行合同失职被骗罪是指国家机关工作人员在签订、履行合同过程中，因严重不负责任，不履行或者不认真履行职责被诈骗，致使国家利益遭受重大损失的行为。

涉嫌下列情形之一的，应予立案：

1. 造成直接经济损失30万元以上，或者直接经济损失不满30万元，但间接经济损失150万元以上的；

2. 其他致使国家利益遭受重大损失的情形。

三、司法文件

《人民检察院直接受理立案侦查的渎职侵权重特大案件标准（试行）》（2001年8月4日，高检发〔2001〕13号）（节选）

十五、国家机关工作人员签订、履行合同失职被骗案

（一）重大案件

造成直接经济损失一百万元以上的。

（二）特大案件

造成直接经济损失二百万元以上的。

四、会议纪要

《全国法院审理经济犯罪案件工作座谈会纪要》（2003年11月13日，法〔2003〕167号）（节选）

六、关于渎职罪

（一）渎职犯罪行为造成的公共财产重大损失的认定

根据刑法规定，玩忽职守、滥用职权等渎职犯罪是以致使公共财产、国家和人民利益遭受重大损失为构成要件的。其中，公共财产的重大损失，通常是指渎职行为已经造成的重大经济损失。在司法实践中，有以下情形之一的，虽然公共财产作为债权存在，但已无法实现债权的，可以认定为行为人的渎职行为造成了经济损失：

（1）债务人已经法定程序被宣告破产；

（2）债务人潜逃，去向不明；

（3）因行为人责任，致使超过诉讼时效；

（4）有证据证明债权无法实现的其他情况。

第十六章　违法发放林木采伐许可证罪

【立案追诉标准】

违法发放林木采伐许可证案（《刑法》第407条）

一、涉嫌下列情形之一的，应予立案：

1. 发放林木采伐许可证允许采伐数量累计超过批准的年采伐限额，导致林木被超限额采伐10立方米以上的；

2. 滥发林木采伐许可证，导致林木被滥伐20立方米以上，或者导致幼树被滥伐1000株以上的；

3. 滥发林木采伐许可证，导致防护林、特种用途林被滥伐5立方米以上，或者幼树被滥伐200株以上的；

4. 滥发林木采伐许可证，导致珍贵树木或者国家重点保护的其他树木被滥伐的；

5. 滥发林木采伐许可证，导致国家禁止采伐的林木被采伐的；

6. 其他情节严重，致使森林遭受严重破坏的情形。

林业主管部门工作人员之外的国家机关工作人员，违反森林法的规定，滥用职权或者玩忽职守，致使林木被滥伐40立方米以上或者幼树被滥伐2000株以上，或者致使防护林、特种用途林被滥伐10立方米以上或者幼树被滥伐400株以上，或者致使珍贵树木被采伐、毁坏4立方米或者4株以上，或者致使国家重点保护的其他植物被采伐、毁坏后果严重的，或者致使国家严禁采伐的林木被采伐、毁坏情节恶劣的，按照刑法第397条的规定以滥用职权罪或者玩忽职守罪追究刑事责任。

二、违法发放林木采伐许可证重特大案

（一）重大案件

1. 发放林木采伐许可证允许采伐数量累计超过批准的年采伐限额，导致林木被采伐数量在20立方米以上的；

2. 滥发林木采伐许可证，导致林木被滥伐40立方米以上的；

3. 滥发林木采伐许可证，导致珍贵树木被滥伐2株或者2立方米以上的；

4. 批准采伐国家禁止采伐的林木，情节特别恶劣的。

（二）特大案件

1. 发放林木采伐许可证允许采伐数量累计超过批准的年采伐限额，导致林木被采伐数量超过30立方米的；

2. 滥发林木采伐许可证，导致林木被滥伐60立方米以上的；

3. 滥发林木采伐许可证，导致珍贵树木被滥伐5株或者5立方米以上的；

4. 批准采伐国家禁止采伐的林木，造成严重后果的。

《最高人民检察院关于渎职侵权犯罪案件立案标准的规定》（2006年7月26日）；《人民检察院直接受理立案侦查的渎职侵权重特大案件标准（试行）》（2001年8月4日）

【犯罪构成及刑事责任】

违法发放林木采伐许可证罪，是指林业主管部门的工作人员违反森林法的规定，超过批准的年采伐限额发放采伐许可证或者违反规定滥发林木采伐许可证，情节严重，致使森林遭受严重破坏的行为。构成本罪需要具备以下四个要件：

1. 客体要件。本罪侵害的客体是国家的林业管理制度，具体是指国家审核发放林木采伐许可证部门对许可证的正常管理活动。鉴于森林的重要作用与地位，国家对森林的采伐实行限量采伐的保护性措施，以保护森林的再生能力。采伐林木必须严格按照国家审批限额予以采伐，同时必须申请采伐许可证并对之实行统一管理，而长期以来，由于对森林资源的经济效益和环境效益缺乏全面的认识，片面注意经济效益而出现了滥伐森林的现象。更有甚者，有的单位或个人擅自倒卖、伪造林木采伐许可证，破坏国家对森林的限额采伐。本法规定违法发放林木采伐许可证罪具有特殊意义，对于适用法律特别是刑罚手段打击超发、滥发林木采伐许可证的违法犯罪行为不仅必要，也有利于我国对森林资源采伐的统一管理。

2. 客观要件。本罪在客观方面表现为违反森林法的规定，超过批准的年采伐限额发放林木采伐许可证或者违反规定滥发林木采伐许可证，情节严重的行为。

3. 主体要件。本罪的主体是特殊主体，即是林业主管部门的工作人员，其他部门的工作人员不能构成违法发放林木采伐许可证罪。林业主管部门是从中央到地方各级人民政府中的林业管理部门，如中华人民共和国林业部等。

4. 主观要件。本罪的主观方面是故意，既包括直接故意也包括间接故意。间接故意的情况较多，即对森林遭受严重破坏后果持放任态度，但不排除追求和希望这种结果发生的情况。

《刑法》第 407 条规定，林业主管部门的工作人员违反森林法的规定，超过批准的年采伐限额发放林木采伐许可证或者违反规定滥发林木采伐许可证，情节严重，致使森林遭受严重破坏的，处三年以下有期徒刑或者拘役。

【疑难指导】

一、如何理解把握本罪的客观方面

本罪在客观方面表现为违反森林法的规定，超过批准的年采伐限额发放林木许可证或者违反规定滥发林木采伐许可证，情节严重的行为。在司法实践中正确认定本罪客观方面应从以下三方面把握：

第一，行为人必须有违反森林法规定的行为。违反森林法的规定，主要是指违反《中华人民共和国森林法》和《中华人民共和国森林法实施条例》中有关森林年采伐限额的制定和审批、采伐森林和林木的范围与方式、林木采伐许可证的申请与核发职权等方面的规定。

第二，行为人必须具有超过批准的年采伐限额发放林木采伐许可证或者违反规定滥发林木采伐许可证的行为。年采伐限额，是指国家根据合理经营、永续利用的原则对森林和林木实行的每年限制采伐的控制指标。根据《中华人民共和国森林法实施条例》第 28 条规定："国家所有的森林和林木以国有林业企业事业单位、农场、厂矿为单位，集体所有的森林和林木、个人所有的林木以县为单位，制定年森林采伐限额，由省、自治区、直辖市人民政府林业主管部门汇总、平衡，经本级人民政府审核后，报国务院批准；其中，重点林区的年森林采伐限额，由国务院林业主管部门报国务院批准。国务院批准的年森林采伐限额，每 5 年核定一次。"第 29 条规定："采伐森林、林木作为商品销售的，必须纳入国家年度木材生产计划；但是，农村居民采伐自留山上个人所有的薪炭林和自留地、房前屋后个人所有的零星林木除外。"

林木采伐许可证，是指国家林业行政主管部门，根据需要采伐林木的单位或个人的申请，经审查核实后而签发的允许采伐林木的证明，主要包括准许采伐的树种、数量（蓄积）、面积、方式、时间、地点以及完成更新造林的期限等内容，是单位、个人采伐林木的法律凭证，凡采伐林木都必须申请林木采伐许可证，但农村居民采伐自留地和房前屋后个人所有的零星林木以及采伐竹子和不是以生产竹材为主要目的的竹林除外，遇有紧急抢险情况，必须就地采伐林木的，也可以免除申请林木采伐许可证，但事后组织抢险的单位和部门应当将采伐情况报当地县级以上林业主管部门备案。林木采伐许可证的审核签发，对铁路、公路的防护林和城镇林木的更新采伐，由有关主管部门进行；农村集体经济组织采伐林木，由县级林业主管部门进行；农村居民采伐自留山和个人承包集体的林木，由县级林业主管部门或者委托的乡、镇人民政府进行。县属国营林场的机关、团体、学校，由所在地的县林业主管部门核发采伐许可证；省、自治区、直辖市和设区的市、自治州所属的国营林业局、国有林场、其他国有企业、事业单位和部队，由所在地的省、自治区、直辖市林业主管部门或其授权的单位核发采伐许可证；林业部直属的国营林业局，由林业部或者授权的单位核发采伐许可证。国有林业企业事业单位申请采伐许可证时，必须提交伐区调查设计文件和上年度更新验收证明。其他单位申请采伐许可证时，必须提交有关采伐的目的、地点、林种、林况、面积、蓄积、方式和更新措施等内容的文件，部队还应提交师级以上领导机关同意采伐的文件，个人则必须提交包括采伐的地点、面积、树种、株数、蓄积、更新时间等内容的文件。

超过批准的采伐限额发放林木采伐许可证，是指明知国家批准的林木年采伐限额已经届满，仍然继续发放采伐许可证。违反规定滥发林木采伐许可证，是指超越自己的职权或者明知他人采伐许可证申请的内容不符合法律规定仍然予以批准而发给采伐许可证。

第三，滥用职权、滥发采伐许可证的行为，必须情节严重，致使森林遭受严重破坏的，才构成违法发放林木采伐许可证罪。

二、本罪罪与非罪的界限

“情节严重，致使森林遭受严重破坏”是本罪的必备要件。如果行为人违法发放林木许可证的行为并未造成森林资源的严重破坏，或者行为人违法发放许可证的数量不大，情节不严重，而采伐人进一步超出采伐许可证规定的范围滥伐林木才会导致森林资源遭受严重破坏的，不构成犯罪。

三、本罪与相关犯罪的界限

（一）本罪与滥伐林木罪的界限

二者的区别主要表现在三方面：

第一，犯罪主体不同，本罪的主体是林业主管部门的工作人员且只能是自然人，后者的主体为一般主体，自然人和单位均可构成。

第二，行为表现形式不同。本罪行为是违反森林法的规定，超过批准的年采伐限额发放林木采伐许可证或者违反规定滥发林木采伐许可证，本身不能直接造成森林的破坏，只有通过这些持有非法发放的许可证的人的采伐行为，才能造成林木的破坏。后者的行为具体表现为非法采伐珍贵林木，毁坏珍贵林木，滥伐其他林木直接造成森林资源的破坏。

第三，发生的场合不同。本罪发生在林业管理过程中，是一种职务犯罪，属渎职罪；滥伐林木罪则发生在林木的采伐过程中或其他场合，与职务无关，属破坏国家环境资源的犯罪。

（二）本罪与滥用职权罪的界限

本罪与《刑法》第397条第1款所规定的滥用职权罪是特殊法与一般法的关系，一般情况下，应依据特殊法优于一般法的原则适用本罪。但是第397条第2款所规定的滥用职权罪要求具有徇私情节，而违法发放林木采伐许可证罪则不要求必须具有徇私情节，两罪虽然也属法条竞合关系，但不属于法条竞合的法条包容关系，而属于法条竞合中的交叉关系。《刑法》第397条第2款规定的，本法另有规定的，依照规定，不能照搬使用，不能完全按照特殊法优于一般法的原则处理。因此，具有徇私舞弊情节的违法发放林木采伐许可证并造成严重后果的行为在适用法律上比较复杂。一般情况下，应紧扣行为人的主要特征来比较适用。行为人具有较轻的徇私舞弊情节而违法发放林木采伐许可证且情节严重的，应定为违法发放林木许可证罪；对于具有严重的徇私舞弊情节的，应按照滥用职权罪处罚。

【办案依据】

一、《刑法》规定

第四百零七条 林业主管部门的工作人员违反森林法的规定，超过批准的年采伐限额发放林木采伐许可证或者违反规定滥发林木采伐许可证，情节严重，致使森林遭受严重破坏的，处三年以下有期徒刑或者拘役。

二、司法解释

（一）《最高人民法院关于审理破坏森林资源刑事案件具体应用法律若干问题的解释》（2000年11月22日，法释〔2000〕36号）（节选）

第十二条 林业主管部门的工作人员违反森林法的规定，超过批准的年采伐限额发放林木采伐许可证或者违反规定滥发林木采伐许可证，具有下列情形之一的，属于刑法第四百零七条规定的“情节严重，致使森林遭受严重破坏”，以违法发放林木采伐许可证罪定罪处罚：

（一）发放林木采伐许可证允许采伐数量累计超过批准的年采伐限额，导致林木被采伐数量在十立方米以上的；

（二）滥发林木采伐许可证，导致林木被滥伐二十立方米以上的；

（三）滥发林木采伐许可证，导致珍贵树木被滥伐的；

（四）批准采伐国家禁止采伐的林木，情节恶劣的；

（五）其他情节严重的情形。

第十七条　本解释规定的林木数量以立木蓄积计算，计算方法为：原木材积除以该树种的出材率。

本解释所称“幼树”，是指胸径 5 厘米以下的树木。

滥伐林木的数量，应在伐区调查设计允许的误差额以上计算。

（二）《最高人民检察院关于渎职侵权犯罪案件立案标准的规定》（2006 年 7 月 26 日，高检发释字〔2006〕2 号）（节选）

一、渎职犯罪案件

（十八）违法发放林木采伐许可证案（第四百零七条）

违法发放林木采伐许可证罪是指林业主管部门的工作人员违反森林法的规定，超过批准的年采伐限额发放林木采伐许可证或者违反规定滥发林木采伐许可证，情节严重，致使森林遭受严重破坏的行为。

涉嫌下列情形之一的，应予立案：

1. 发放林木采伐许可证允许采伐数量累计超过批准的年采伐限额，导致林木被超限额采伐 10 立方米以上的；

2. 滥发林木采伐许可证，导致林木被滥伐 20 立方米以上，或者导致幼树被滥伐 1000 株以上的；

3. 滥发林木采伐许可证，导致防护林、特种用途林被滥伐 5 立方米以上，或者幼树被滥伐 200 株以上的；

4. 滥发林木采伐许可证，导致珍贵树木或者国家重点保护的其他树木被滥伐的；

5. 滥发林木采伐许可证，导致国家禁止采伐的林木被采伐的；

6. 其他情节严重，致使森林遭受严重破坏的情形。

林业主管部门工作人员之外的国家机关工作人员，违反森林法的规定，滥用职权或者玩忽职守，致使林木被滥伐 40 立方米以上或者幼树被滥伐 2000 株以上，或者致使防护林、特种用途林被滥伐10立方米以上或者幼树被滥伐400株以上，或者致使珍贵树木被采伐、毁坏4立方米或者4株以上，或者致使国家重点保护的其他植物被采伐、毁坏后果严重的，或者致使国家严禁采伐的林木被采伐、毁坏情节恶劣的，按照刑法第397条的规定以滥用职权罪或者玩忽职守罪追究刑事责任。

三、司法文件

《人民检察院直接受理立案侦查的渎职侵权重特大案件标准（试行）》（2001年8月4日，高检发〔2001〕13号）（节选）

十六、违法发放林木采伐许可证案

（一）重大案件

1. 发放林木采伐许可证允许采伐数量累计超过批准的年采伐限额，导致林木被采伐数量在二十立方米以上的；

2. 滥发林木采伐许可证，导致林木被滥伐四十立方米以上的；

3. 滥发林木采伐许可证，导致珍贵树木被滥伐二株或者二立方米以上的；

4. 批准采伐国家禁止采伐的林木，情节特别恶劣的。

（二）特大案件

1. 发放林木采伐许可证允许采伐数量累计超过批准的年采伐限额，导致林木被采伐数量超过三十立方米的；

2. 滥发林木采伐许可证，导致林木被滥伐六十立方米以上的；

3. 滥发林木采伐许可证，导致珍贵树木被滥伐五株或者五立方米以上的；

4. 批准采伐国家禁止采伐的林木，造成严重后果的。

第十七章 环境监管失职罪

【立案追诉标准】

环境监管失职案（《刑法》第408条）

一、涉嫌下列情形之一的，应予立案：

1. 造成死亡1人以上，或者重伤3人以上，或者重伤2人、轻伤4人以上，或者重伤1人、轻伤7人以上，或者轻伤10人以上的；

2. 导致30人以上严重中毒的；

3. 造成个人财产直接经济损失15万元以上，或者直接经济损失不满15万元，但间接经济损失75万元以上的；

4. 造成公共财产、法人或者其他组织财产直接经济损失30万元以上，或者直接经济损失不满30万元，但间接经济损失150万元以上的；

5. 虽未达到3、4两项数额标准，但3、4两项合计直接经济损失30万元以上，或者合计直接经济损失不满30万元，但合计间接经济损失150万元以上的；

6. 造成基本农田或者防护林地、特种用途林地10亩以上，或者基本农田以外的耕地50亩以上，或者其他土地70亩以上被严重毁坏的；

7. 造成生活饮用水地表水源和地下水源严重污染的；

8. 其他致使公私财产遭受重大损失或者造成人身伤亡严重后果的情形。

二、环境监管失职重特大案

（一）重大案件

1. 造成直接经济损失100万元以上的；

2. 致人死亡2人以上或者重伤5人以上的；

3. 致使一定区域生态环境受到严重危害的。

（二）特大案件

1. 造成直接经济损失300万元以上的；

2. 致人死亡5人以上或者重伤10人以上的；

3. 致使一定区域生态环境受到严重破坏的。

三、环境监管失职，致使公私财产损失30万元以上，或者具有下列情形之一的，应当认定为“致使公私财产遭受重大损失或者造成人身伤亡的严重后果”：

1. 造成生态环境严重损害的；

2. 致使乡镇以上集中式饮用水水源取水中断12小时以上的；

3. 致使基本农田、防护林地、特种用途林地5亩以上，其他农用地10亩以上，其他土地20亩以上基本功能丧失或者遭受永久性破坏的；

4. 致使森林或者其他林木死亡50立方米以上，或者幼树死亡2500株以上的；

5. 致使疏散、转移群众5000人以上的；

6. 致使30人以上中毒的；

7. 致使3人以上轻伤、轻度残疾或者器官组织损伤导致一般功能障碍的；

8. 致使1人以上重伤、中度残疾或者器官组织损伤导致严重功能障碍的。

《最高人民检察院关于渎职侵权犯罪案件立案标准的规定》（2006年7月26日）；《人民检察院直接受理立案侦查的渎职侵权重特大案件标准（试行）》（2001年8月4日）；《最高人民法院、最高人民检察院关于办理环境污染刑事案件适用法律若干问题的解释》（2016年12月23日）

【犯罪构成及刑事责任】

环境监管失职罪，是指负有环境保护监督管理职责的国家机关工作人员严重不负责任，导致发生重大环境污染事故，致使公私财产遭受重大损失或者造成人身伤亡的严重后果的行为。构成本罪需要具备以下四个要件：

1. 客体要件。本罪侵犯的客体是国家对保护环境防治污染的管理制度。环境是人类自身赖以生存和发展的基础。保护环境是一切单位和每个公民应尽的义务，更是环境保护部门及其工作人员的职责。环境保护部门的工作人员，因严重不负责任，造成重大环境污染事故，导致公私财物重大损失或者人员伤亡的，是一种严重的渎职行为，直接危害了环境保护部门的正常管理活动，因此，必须依法予以刑事制裁。

2. 客观要件。本罪在客观方面表现为严重不负责任，导致发生重大环境污染事故，致使公私财产遭受重大损失或者造成人身伤亡的严重后果的行为。具体包括以下要素：

第一，必须有严重不负责任的行为。严重不负责任，是指行为人有《中华人民共和国环境保护法》《中华人民共和国水污染防治法》《中华人民共和国大气污染防治法》《中华人民共和国海洋环境保护法》《中华人民共和国固体废物污染环境防治法》等法律及其他有关法规所规定的关于环境保护部门监管工作人员不履行职责，工作极不负责的行为。实践中，严重不负责任的表现多种多样，如对建设项目任务书中的环境影响报告不作认真审查，或者防治污染的设施不进行审查验收即批准投入生产、使用；对不符合环境保护条件的企业、事业单位，发现污染隐患，不采取预防措施，不依法责令其整顿，以防止污染事故发生；对造成环境严重污染的企业、事业单位应当提出限期治理意见而不提出治理意见；或者虽然提出意见，令其整顿，但不认真检查、监督是否整顿治理以及是否符合条件；应当现场检查排污单位的排污情况而不作现场检查，发现环境受到严重污染应当报告当地政府的却不报告或者虽作报告但不及时；等等。

第二，严重不负责任的行为必须导致重大环境污染事故的发生，致使公私财产遭受重大损失或者造成人身伤亡的严重后果，才能构成本罪。所谓环境污染，是指由于有关单位违反法律、法规规定，肆意、擅自向土地、水体、大气排放、倾倒或者处置有放射性的废物、含传染病病原体的废物、有毒物质或其他危险废物，致使土地、水体、大气等环境的物理、化学、生物或者放射性等方面特性的改变，影响环境的有效利用、危害人体健康或者破坏生态环境，造成环境恶化的现象。所谓环境污染事故，则是因为环境污染致使在利用这些环境的过程中造成人身伤亡、公私财产遭受损失后果。根据《立案标准（试行）》的规定，涉嫌下列情形之一的，应予立案：（1）造成直接经济损失 30 万元以上的；（2）造成人员死亡 1 人以上，或者重伤 3 人以上，或者轻伤 10 人以上的；（3）使一定区域内的居民的身心健康受到严重危害的；（4）其他致使公私财产遭受重大损失或者造成人员伤亡严重后果的情形。根据 2017 年 1 月 1 日《最高人民法院、最高人民检察院关于办理环境污染刑事案件适用法律若干问题的解释》第 1 条和第 2 条的规定，具有下列情形之一的属于“致使公私财产遭受重大损失或者造成人身伤亡的严重后果”：（1）造成生态环境严重损害的；（2）致使乡镇以上集中式饮用水水源取水中断十二小时以上的；（3）致使基本农田、防护林地、特种用途林地五亩以上，其他农用地十亩以上，其他土地二十亩以上基本功能丧失或者遭受永久性破坏的；（4）致使森林或者其他林木死亡五十立方米以上，或者幼树死亡二千五百株以上的；（5）致使疏散、转移群众五千人以上的；（6）致使三十人以上中毒的；（7）致使三人以上轻伤、轻度残疾或者器官组织损伤导致一般功能障碍的；（8）致使一人以上重伤、中度残疾或者器官组织损伤导致严重功能障碍的。

第三，严重不负责任行为与造成的重大损失结果之间，必须具有刑法上的因果关系，这是确定刑事责任的客观基础。

3. 主体要件。本罪主体为特殊主体，即是负有环境保护监督管理职责的国家机关工作人员。

4. 主观要件。本罪在主观方面必须出于过失，即针对发生重大环境污染事故，致使公私财产遭受重大损失或者造成人身伤亡的严重后果而言，是应当预见却由于疏忽大意而没有预见或者虽然预见但却轻信能够避免，以致发生了这种严重后果。

根据《刑法》第 408 条的规定，犯环境监管失职罪，处三年以下有期徒刑或者拘役。

【疑难指导】

一、本罪的主体包括哪些人

本罪主体为特殊主体，即是负有环境保护监督管理职责的国家机关工作人员，具体是指在国务院环境保护行政主管部门、县级以上地方人民政府环境保护行政主管部门从事环境保护工作的人员，以及在国家海洋行政主管部门、港务监督、渔政渔港监督、军队环境保护部门和各级公安、交通、铁路、民航管理部门中，依照有关法律的规定对环境污染防治实施监督管理的人员。此外，县级以上人民政府的土地、矿产、林业、农业、水利行政主管部门中依照有关法律的规定对资源的保护实施监督管理的人员，也可以构成本罪的主体。负有环境保护监督管理职责的国家机关，既包括对环境保护工作实施统一监督管理工作的各级环境行政主管部门，也包括环境保护的协管部门，即依照有关法律规定对环境污染防治实施监督管理的其他部门，例如：国家海洋行政主管部门负责组织海洋环境的调查、监测、监视、开展科学研究，并主管海洋石油勘探开发和防止海洋倾倒废物污染损害的环保工作；港务监督部门负责船舶排污的监督及调查处理、港区水域的监视；军队环保部门负责军用船舶排污的监督和军港水域的监视；各级交通部门的航政机关负责对船舶污染实行监督管理；各级公安、交通、铁道、渔业管理部门根据各自的职责对机动车、船舶污染大气实施监督管理；县级以上地方人民政府的土地、矿产、林业、农业、水利行政主管部门，分别依照《中华人民共和国土地管理法》《中华人民共和国矿产资源法》《中华人民共和国森林法》《中华人民共和国野生动物保护法》《中华人民共和国草原法》《中华人民共和国渔业法》《中华人民共和国水法》的规定以有关资源的保护实施监督管理。

由此可见，本罪主体范围十分广泛，并不局限于某一特定部门，凡对环境保护实行监督管理职责的工作人员，无论在政府的何种部门工作，都可以构成本罪。

二、本罪罪与非罪的界限

负有环境保护监督管理职责的国家机关工作人员严重不负责任的行为，能否构成环境监管失职罪，关键看是否导致发生重大环境污染事故，致使公私财产遭受重大损失或者造成人身伤亡的严重后果。如果导致发生重大环境污染事故，致使公私财产遭受重大损失或者造成人身伤亡严重后果，应依法认定为构成环境监管失职罪。相反，如果没有导致发生重大环境污染事故，或者虽然导致重大环境污染事故，但没有致使公私财产遭受重大损失或者造成人身伤亡的严重后果，依法不应认为构成环境监管失职罪。对没有构成环境监管失职罪的环境监管失职行为，应由所在单位或者上级主管机关给予行政处分。具体可参见“立案追诉标准”的相关内容。

三、本罪与玩忽职守罪的界限

《刑法》第 397 条规定的玩忽职守罪是指国家机关工作人员严重不负责任，不履行或者不认真履行职责，致使公共财产、国家和人民利益遭受重大损失的行为。玩忽职守罪与环境监管失职罪是一般与特殊、概括与具体的关系。如果负有环境保护监督管理职责的国家机关工作人员严重不负责任的行为依法符合环境监管失职罪的构成要件，同时也符合玩忽职守罪的构成要件，应依法认定构成环境监管失职罪，不能认定构成玩忽职守罪并以玩忽职守罪定罪处罚。只有在依法认定不构成环境监管失职罪，同时又符合玩忽职守罪构成要件的情况下，才可依法认定构成玩忽职守罪。环境监管失职罪与玩忽职守罪的主要区别是：

1. 客体不同。环境监管失职罪的客体是负有环境保护监督管理职责的国家机关工作人员违反环境保护法规的规定，妨害国家对环境保护的监督管理活动；而玩忽职守罪的客体是国家机关工作人员违反国家机关工作人员职务勤政性的要求，妨害一般国家机关的管理活动。

2. 主体不同。环境监管失职罪的主体是负有环境保护监督管理职责的国家机关工作人员，是特殊国家机关工作人员主体；而玩忽职守罪的主体是国家机关工作人员，主体具有一般性。也就是说只有负有环境保护监督管理职责的国家机关工作人员才能构成环境监管失职罪，其他国家机关工作人员不能成为环境监管失职罪的主体并构成环境监管失职罪；而对玩忽职守罪来说，任何国家机关的工作人员都可以成为玩忽职守罪的主体，并构成玩忽职守罪。

3. 客观危害后果不完全相同。环境监管失职罪的客观危害后果是导致发生重大环境污染事故，致使公私财产遭受重大损失或者造成人身伤亡的严重后果；而玩忽职守罪的客观危害后果是致使公共财产、国家和人民利益遭受重大损失。

四、本罪与污染环境罪的界限

《刑法》第338条的污染环境罪是指违反国家规定，排放、倾倒或者处置有放射性的废物、含传染病病原体的废物、有毒物质或者其他有害物质，严重污染环境的行为。环境监管失职罪与污染环境罪就客观危害后果来说，都造成重大环境污染事故，致使公私财产遭受重大损失或者人身伤亡的严重后果，因此在一定程度上容易混淆。二者的主要区别是：

1. 客体不同。环境监管失职罪的客体是负有环境保护监督管理职责的国家机关工作人员违反环境保护的法律、法规规定，妨害了国家对环境保护的监督管理活动；而污染环境罪的客体是企业、事业单位或者其他有关人员违反环境保护法律、法规的规定，破坏了环境资源的保护。

2. 主体不同。环境监管失职罪的主体是负有环境保护监督管理职责的国家机关工作人员，而污染环境罪的主体则一般是建设生产单位中直接负责的主管人员和其他直接责任人员或者其他个人。

3. 客观表现不同。环境监管失职罪在客观上表现为负有环境保护监督管理职责的国家机关工作人员在依法履行环境保护监督管理职责的过程中严重不负责任，而污染环境罪则表现为行为人违反国家规定，排放、倾倒或者处置有放射性的废物、含传染病病原体的废物、有毒物质或者其他有害物质严重污染环境的行为。需要指出的是，如果有关人员违反国家规定排放、倾倒或者处置有放射性的废物、含传染病病原体的废物、有毒物质或者其他有害物质严重污染环境的，致使公私财产遭受重大损失或者人身伤亡的严重后果，与负有环境保护监督管理职责的国家机关工作人员严重不负责任的行为有关，那么他们可能依法分别构成污染环境罪和环境监管失职罪，可依照想象竞合犯处理。

【办案依据】

一、《刑法》规定

第四百零八条 负有环境保护监督管理职责的国家机关工作人员严重不负责任，导致发生重大环境污染事故，致使公私财产遭受重大损失或者造成人身伤亡的严重后果的，处三年以下有期徒刑或者拘役。

二、司法解释

（一）《最高人民法院、最高人民检察院关于办理环境污染刑事案件适用法律若干问题的解释》（2016年12月23日，法释〔2016〕29号）（节选）

第一条 实施刑法第三百三十八条规定的行为，具有下列情形之一的，应当认定为“严重污染环境”：

（一）在饮用水水源一级保护区、自然保护区核心区排放、倾倒、处置有放射性的废物、含传染病病原体的废物、有毒物质的；

（二）非法排放、倾倒、处置危险废物三吨以上的；

（三）排放、倾倒、处置含铅、汞、镉、铬、砷、铊、锑的污染物，超过国家或者地方污染物排放标准三倍以上的；

（四）排放、倾倒、处置含镍、铜、锌、银、钒、锰、钴的污染物，超过国家或者地方污染物排放标准十倍以上的；

（五）通过暗管、渗井、渗坑、裂隙、溶洞、灌注等逃避监管的方式排放、倾倒、处置有放射性的废物、含传染病病原体的废物、有毒物质的；

（六）二年内曾因违反国家规定，排放、倾倒、处置有放射性的废物、含传染病病原体的废物、有毒物质受过两次以上行政处罚，又实施前列行为的；

（七）重点排污单位篡改、伪造自动监测数据或者干扰自动监测设施，排放化学需氧量、氨氮、二氧化硫、氮氧化物等污染物的；

（八）违法减少防治污染设施运行支出一百万元以上的；

（九）违法所得或者致使公私财产损失三十万元以上的；

（十）造成生态环境严重损害的；

（十一）致使乡镇以上集中式饮用水水源取水中断十二小时以上的；

（十二）致使基本农田、防护林地、特种用途林地五亩以上，其他农用地十亩以上，其他土地二十亩以上基本功能丧失或者遭受永久性破坏的；

（十三）致使森林或者其他林木死亡五十立方米以上，或者幼树死亡二千五百株以上的；

（十四）致使疏散、转移群众五千人以上的；

（十五）致使三十人以上中毒的；

（十六）致使三人以上轻伤、轻度残疾或者器官组织损伤导致一般功能障碍的；

（十七）致使一人以上重伤、中度残疾或者器官组织损伤导致严重功能障碍的；

（十八）其他严重污染环境的情形。

第二条 实施刑法第三百三十九条、第四百零八条规定的行为，致使公私财产损失三十万元以上，或者具有本解释第一条第十项至第十七项规定情形之一的，应当认定为“致使公私财产遭受重大损失或者严重危害人体健康”或者“致使公私财产遭受重大损失或者造成人身伤亡的严重后果”。

（二）《最高人民检察院关于渎职侵权犯罪案件立案标准的规定》（2006年7月26日，高检发释字〔2006〕2号）（节选）

一、渎职犯罪案件

（十九）环境监管失职案（第四百零八条）

环境监管失职罪是指负有环境保护监督管理职责的国家机关工作人员严重不负责任，不履行或者不认真履行环境保护监管职责导致发生重大环境污染事故，致使公私财产遭受重大损失或者造成人身伤亡的严重后果的行为。

涉嫌下列情形之一的，应予立案：

1. 造成死亡1人以上，或者重伤3人以上，或者重伤2人、轻伤4人以上，或者重伤1人、轻伤7人以上，或者轻伤10人以上的；

2. 导致30人以上严重中毒的；

3. 造成个人财产直接经济损失15万元以上，或者直接经济损失不满15万元，但间接经济损失75万元以上的；

4. 造成公共财产、法人或者其他组织财产直接经济损失30万元以上，或者直接经济损失不满30万元，但间接经济损失150万元以上的；

5. 虽未达到3、4两项数额标准，但3、4两项合计直接经济损失30万元以上，或者合计直接经济损失不满30万元，但合计间接经济损失150万元以上的；

6. 造成基本农田或者防护林地、特种用途林地10亩以上，或者基本农田以外的耕地50亩以上，或者其他土地70亩以上被严重毁坏的；

7. 造成生活饮用水地表水源和地下水源严重污染的；

8. 其他致使公私财产遭受重大损失或者造成人身伤亡严重后果的情形。

三、司法文件

《人民检察院直接受理立案侦查的渎职侵权重特大案件标准（试行）》（2001年8月4日，高检发〔2001〕13号）（节选）

十七、环境监管失职案

（一）重大案件

1. 造成直接经济损失一百万元以上的；

2. 致人死亡二人以上或者重伤五人以上的；

3. 致使一定区域生态环境受到严重危害的。

（二）特大案件

1. 造成直接经济损失三百万元以上的；

2. 致人死亡五人以上或者重伤十人以上的；

3. 致使一定区域生态环境受到严重破坏的。

【指导性案例】

最高人民检察院指导性案例第4号崔某国环境监管失职案

（2012年10月31日最高人民检察院第十一届检察委员会第八十一次会议审议决定，2012年11月15日发布）

【关键词】

渎职罪主体　国有事业单位工作人员　环境监管失职罪

【要旨】

实践中，一些国有公司、企业和事业单位经合法授权从事具体的管理市场经济和社会生活的工作，拥有一定管理公共事务和社会事务的职权，这些实际行使国家行政管理职权的公司、企业和事业单位工作人员，符合渎职罪主体要求；对其实施渎职行为构成犯罪的，应当依照刑法关于渎职罪的规定追究刑事责任。

【相关立法】

《中华人民共和国刑法》第四百零八条，全国人民代表大会常务委员会《关于〈中华人民共和国刑法〉第九章渎职罪主体适用问题的解释》。

【基本案情】

被告人崔某国，男，1960 年出生，原系江苏省盐城市饮用水源保护区环境监察支队某大队大队长。

化工公司位于该市二级饮用水保护区内的饮用水取水河蟒蛇河上游。根据国家、市、区的相关法律法规文件规定，化工公司为重点污染源，系“零排污”企业。化工公司于 2002 年 5 月经过江苏省盐城市环保局审批建设年产 500 吨氯代醚酮项目，2004 年 8 月通过验收。2005 年 11 月，化工公司未经批准在原有氯代醚酮生产车间套产甘宝素。2006 年 9 月建成甘宝素生产专用车间，含 11 台生产反应釜。氯代醚酮的生产过程中所产生的废水有钾盐水、母液、酸性废水、间接冷却水及生活污水。根据验收报告的要求，母液应外售，钾盐水、酸性废水、间接冷却水均应经过中和、吸附后回用（钾盐水也可收集后出售给有资质的单位）。但化工公司自生产以来，从未使用有关排污的技术处理设施。除在 2006 年至 2007 年部分钾盐废水（共 50 吨左右）外售至阜宁助剂厂外，化工公司生产产生的钾盐废水及其他废水直接排放至厂区北侧或者东侧的河流中，导致 2009 年 2 月发生盐城市区饮用水源严重污染事件。盐城市城西水厂、越河水厂水源遭受严重污染，所生产的自来水中酚类物质严重超标，近 20 万盐城市居民生活饮用水和部分单位供水被迫中断 66 小时 40 分钟，造成直接经济损失 543 万余元，并在社会上造成恶劣影响。

盐城市环保局饮用水源保护区环境监察支队负责盐城市区饮用水源保护区的环境保护、污染防治工作，化工公司位于市饮用水源二级保护区范围内，属该支队某大队管辖。被告人崔某国作为某大队大队长，对化工公司环境保护监察工作负有直接领导责任。崔某国不认真履行环境保护监管职责，并于 2006 年到 2008 年多次收受化工公司法定代表人胡某某小额财物。崔某国在日常检查中多次发现化工公司有冷却水和废水外排行为，但未按规定要求化工公司提供母液台账、合同、发票等材料，只是填写现场监察记录，也未向盐城市饮用水源保护区环境监察支队汇报化工公司违法排污情况。2008 年 12 月 6 日，盐城市饮用水源保护区环境监察支队对保护区内重点化工企业进行专项整治活动，并对化工公司发出整改通知，但崔某国未组织某大队监察人员对化工公司进行跟踪检查，监督化工公司整改。

直至2009年2月18日，崔某国对化工公司进行检查时，只在该公司办公室填写了1份现场监察记录，未对排污情况进行现场检查，没有能及时发现和阻止化工公司向厂区外河流排放大量废液，以致发生盐城市饮用水源严重污染。在水污染事件发生后，崔某国为掩盖其工作严重不负责任，于2009年2月21日伪造了日期为2008年12月10日和2009年2月16日两份虚假监察记录，以逃避有关部门的查处。

【诉讼过程】

2009年3月14日，崔某国因涉嫌环境监管失职罪由江苏省盐城市阜宁县人民检察院立案侦查，同日被刑事拘留，3月27日被逮捕，5月13日侦查终结移送审查起诉。2009年6月26日，江苏省盐城市阜宁县人民检察院以被告人崔某国犯环境监管失职罪向阜宁县人民法院提起公诉。2009年12月16日，阜宁县人民法院作出一审判决，认为被告人崔某国作为负有环境保护监督管理职责的国家机关工作人员，在履行环境监管职责过程中，严重不负责任，导致发生重大环境污染事故，致使公私财产遭受重大损失，其行为构成环境监管失职罪；依照《中华人民共和国刑法》第四百零八条的规定，判决崔某国犯环境监管失职罪，判处有期徒刑二年。一审判决后，崔某国以自己对化工公司只具有督查的职责，不具有监管的职责，不符合环境监管失职罪的主体要求等为由提出上诉。盐城市中级人民法院认为，崔某国身为国有事业单位的工作人员，在受国家机关的委托代表国家机关履行环境监督管理职责过程中，严重不负责任，导致发生重大环境污染事故，致使公私财产遭受重大损失，其行为构成环境监管失职罪。崔某国所在的盐城市饮用水源保护区环境监察支队为国有事业单位，由盐城市人民政府设立，其系受国家机关委托代表国家机关行使环境监管职权，原判决未引用全国人民代表大会常务委员会《关于〈中华人民共和国刑法〉第九章渎职罪主体适用问题的解释》的相关规定，直接认定崔某国系国家机关工作人员不当，予以纠正；原判认定崔某国犯罪事实清楚，定性正确，量刑恰当，审判程序合法。2010年1月21日，盐城市中级人民法院二审终审裁定，驳回上诉，维持原判。

第十八章　食品、药品监管渎职罪

【立案追诉标准】

食品、药品监管渎职案（《刑法》第408条之一）

可参照滥用职权、玩忽职守罪等相关罪名。

【犯罪构成及刑事责任】

食品、药品监管渎职罪，是指负有食品药品安全监督管理职责的国家机关工作人员，滥用职权或者玩忽职守，造成严重后果或者有其他严重情节的行为。

2011年2月25日通过的《中华人民共和国刑法修正案（八）》第49条规定，在《刑法》第408条“环境监管失职罪”后增加一条：“负有食品安全监督管理职责的国家机关工作人员，滥用职权或者玩忽职守，导致发生重大食品安全事故或者造成其他严重后果的，处五年以下有期徒刑或者拘役；造成特别严重后果的，处五年以上十年以下有期徒刑。徇私舞弊犯前款罪的，从重处罚。”2011年4月27日《最高人民法院、最高人民检察院关于执行〈中华人民共和国刑法〉确定罪名的补充规定（五）》将该条罪名确定为“食品监管渎职罪”。本罪所针对的打击对象为卫生、农业、质量监管、食品药品监督管理、工商行政管理等部门滥用职权或玩忽职守的国家工作人员，以加强对地方政府和监管部门违法失职人员的责任追究，督促监管机制发挥最大作用。《渎职司法解释（一）》第9条规定：“负有监督管理职责的国家机关工作人员滥用职权或者玩忽职守，致使不符合安全标准的食品、有毒有害食品、假药、劣药等流入社会，对人民群众生命、健康造成严重危害后果的，依照渎职罪的规定从严惩处。”2021 年 3 月 1 日开始实施的《中华人民共和国刑法修正案（十一）》第 45 条对《刑法》第 408 条之一第 1 款又做了进一步的修订：“负有食品药品安全监督管理职责的国家机关工作人员，滥用职权或者玩忽职守，有下列情形之一，造成严重后果或者有其他严重情节的，处五年以下有期徒刑或者拘役；造成特别严重后果或者有其他特别严重情节的，处五年以上十年以下有期徒刑：

“（一）瞒报、谎报食品安全事故、药品安全事件的；

“（二）对发现的严重食品药品安全违法行为未按规定查处的；

“（三）在药品和特殊食品审批审评过程中，对不符合条件的申请准予许可的；

“（四）依法应当移交司法机关追究刑事责任不移交的；

“（五）有其他滥用职权或者玩忽职守行为的。”

此后，2021 年《最高人民法院、最高人民检察院关于执行〈中华人民共和国刑法〉确定罪名的补充规定（七）》将本罪罪名改为“食品、药品监管渎职罪”。根据上述规定，构成本罪需要具备以下四个要件：

1. 客体要件。食品药品监管渎职行为侵犯的客体是食品药品监管机关的正常监督管理活动，同时侵犯公共和个人的合法权益。

2. 客观要件。本罪的客观方面表现为，负有食品药品安全监管职责的相关工作人员滥用职权或者玩忽职守，造成严重后果或者有其他严重情节的行为。具体而言，本罪的渎职行为可分为滥用职权行为和玩忽职守行为两种类型。

食品药品安全监管机关工作人员滥用职权的行为，是指不依法行使食品药品安全监管职务上的权力的行为，既包括非法行使本人职务范围内的权力，也包括超越本人职权范围而实施的有关行为。首先，滥用职权应是滥用食品药品安全监督管理机关工作人员的一般职务权限，如果行为人实施的行为与其一般的职务权限没有任何关系，则不属于滥用职权。其次，行为人或者是以不当目的实施职务行为，或者是以不法方法实施职务行为；在出于不当目的实施职务行为的情况下，即使从行为的方法上看没有超越职权，也属于滥用职权。最后，滥用职权的行为违反了职务行为的宗旨，或者说与其职务行为的宗旨相违背。

食品药品安全监管玩忽职守的行为，是指严重不负责任，不履行职责或者不正确履行职责的行为，如擅离职守、马虎行事、搪塞敷衍等。不履行，是指行为人应当履行且有条件、有能力履行职责，但违背职责没有履行，其中包括擅离职守的行为；不正确履行，是指在履行职责的过程中，违反职责规定，马虎草率、粗心大意。

根据《中华人民共和国刑法修正案（十一）》的规定，本罪滥用职权和玩忽职守的行为具体指下列五种情形之一，即（1）瞒报、谎报食品安全事故、药品安全事件的；（2）对发现的严重食品药品安全违法行为未按规定查处的；（3）在药品和特殊食品审批审评过程中，对不符合条件的申请准予许可的；（4）依法应当移交司法机关追究刑事责任不移交的；（5）有其他滥用职权或者玩忽职守行为的。

此外，构成本罪还须具备“造成严重后果或者有其他严重情节”。这里严重后果一般指食品安全事故和医疗事故等。

根据2021年新修订的《中华人民共和国食品安全法》第150条规定：“本法下列用语的含义：食品，指各种供人食用或者饮用的成品和原料以及按照传统既是食品又是中药材的物品，但是不包括以治疗为目的的物品。食品安全，指食品无毒、无害，符合应当有的营养要求，对人体健康不造成任何急性、亚急性或者慢性危害……食品安全事故，指食源性疾病、食品污染等源于食品，对人体健康有危害或者可能有危害的事故。”

因此，从字面上理解重大食品安全事故应是指，重大的食物中毒、食源性疾病、食品污染等源于食品、对人体健康有危害或者可能有危害的事故；而根据国务院2011年发布的《国家食品安全事故应急预案》，可以将食品安全事故分为四级，即特别重大食品安全事故、重大食品安全事故、较大食品安全事故和一般食品安全事故。对于事故等级的评估核定，由卫生行政部门会同有关部门依照有关规定进行。鉴于各部门和各地方行政规章不可能完全统一，可能无法明确安全事故的等级界限，我们认为相关司法解释有必要尽快出台，从而确定罪与非罪的标准。在确定了“重大食品安全事故”的统一标准后，根据同类解释规则，“其他严重后果”的界限便可以确定，即与“重大食品安全事故”的严重程度相当的情形。而在相关司法解释出台之前，在司法实践中具体认定“重大食品安全事故”或者“其他严重后果”时，不妨参见《渎职立案标准》和国务院发布的《国家食品安全事故应急预案》。

根据2002年国务院《医疗事故处理条例》，医疗事故，是指医疗机构及其医务人员在医疗活动中，违反医疗卫生管理法律、行政法规、部门规章和诊疗护理规范、常规，过失造成患者人身损害的事故。根据对患者人身造成的损害程度，医疗事故分为四级：一级医疗事故：造成患者死亡、重度残疾的；二级医疗事故：造成患者中度残疾、器官组织损伤导致严重功能障碍的；三级医疗事故：造成患者轻度残疾、器官组织损伤导致一般功能障碍的；四级医疗事故：造成患者明显人身损害的其他后果的。具体分级标准由国务院卫生行政部门制定。

在判断食品药品监管渎职罪的客观方面时，一定要把握食品药品安全监管机关工作人员的滥用职权行为和玩忽职守行为同造成严重后果之间的因果关系。而食品药品监管渎职罪的因果关系具有其本身的特点，即偶然性和间接性——“严重后果”的发生，并不是行为人所实施的食品药品监管渎职行为所必然造成的，在许多情况下，行为人实施渎职行为可能会导致重大损失后果的发生，也可能不发生重大损失的后果。也就是说，行为人所实施的渎职行为并不必然地导致本罪得以成立的客观危害后果的发生，客观危害后果之所以发生经常是因为中间介入了他人的行为或者由于某些事件的发生，是其他人的行为或者客观事件直接造成本罪客观危害后果的发生。即客观危害后果的发生并不是行为人的渎职行为所直接造成的，而是由与行为人的渎职行为有关的他人行为或者客观事件的发生所直接造成的。

至于“其他严重情节”和“其他特别严重情节”，可参照2021年《最高人民法院、最高人民检察院关于办理危害食品安全刑事案件适用法律若干问题的解释》，结合《渎职立案标准》中滥用职权罪、玩忽职守罪的立案标准来加以把握，从中毒伤亡人数、食品药品安全事故影响所及范围和谎报、瞒报事故情况导致损失的后果来具体认定。

3. 主体要件。本罪的主体是特殊主体，即负有食品药品安全监督管理职责的国家机关工作人员。根据我国现行《刑法》第93条的规定可知，国家机关工作人员是国家工作人员中的一种类型。但并非任何国家机关工作人员都可构成本罪，本罪就主体做出了进一步的限定，即必须是负有食品药品安全监督管理职责的国家机关工作人员。

4. 主观要件。本罪的渎职行为可分为滥用职权行为和玩忽职守行为两种类型，所以，对于本罪的主观方面可以从这两个方面出发予以认定。对于“玩忽职守型”的食品药品监管渎职罪的主观方面，学界并无争议，认为其主观方面为过失，即应当预见自己玩忽职守的行为可能导致发生重大食品安全事故或者造成其他严重后果的危害结果，因为疏忽大意而没有预见，或者已经预见而轻信能够避免。但是，对于“滥用职权型”的食品药品监管渎职罪的主观方面，学界存在较大的争议，主要有以下几种观点：第一种观点认为滥用职权的主观心理态度只能是间接故意；第二种观点认为滥用职权的主观心理态度只能是过失；第三种观点认为滥用职权的主观心理态度既可以是过失，也可以是间接故意；第四种观点认为滥用职权的主观心理态度既可以是过失，也可以是间接故意与直接故意；第五种观点认为滥用职权的主观心理态度为故意，即行为人明知自己滥用职权的行为会破坏食品药品安全监督管理机关的正常活动，损害公众对食品药品安全监管机关工作人员职务活动的合法性、客观公正性的信赖，并且希望或者放任这种结果发生。而“严重后果”虽然是本罪的构成要件，但宜作为客观的超过要素，不要求行为人希望或者放任这种结果发生。[①] 笔者认为，“滥用职权型”的食品药品监督渎职罪的主观方面通常表现为故意，但在某些情况下也可以表现为过失，具体理由请参见本书滥用职权罪一章相关论述。

《刑法》第408条之一规定，犯本罪处五年以下有期徒刑或者拘役；造成特别严重后果或者有其他特别严重情节的，处五年以上十年以下有期徒刑。徇私舞弊犯前款罪的，从重处罚。

《渎职司法解释（一）》第9条规定，负有监督管理职责的国家机关工作人员滥用职权或者玩忽职守，致使不符合安全标准的食品、有毒有害食品、假药、劣药等流入社会，对人民群众生命、健康造成严重危害后果的，依照渎职罪的规定从严惩处。

---

① 安文录、虞浔：《食品监管渎职罪疑难问题司法认定研究——以〈刑法修正案（八）〉第四十九条为主线》，载《政治与法律》2011年第9期。

【疑难指导】

一、本罪与放纵制售伪劣商品犯罪行为罪的关系

在现行刑法中，与食品药品监管渎职罪相关联的是《刑法》第 414 条放纵制售伪劣商品犯罪行为罪。所谓放纵制售伪劣商品犯罪行为罪，是指对生产、销售伪劣商品犯罪行为负有追究责任的国家机关工作人员，徇私舞弊，不履行法律规定的追究职责，情节严重的行为。要构成本罪，必须要有放纵生产、销售伪劣商品犯罪行为，对此，可以从以下两个方面进行理解和把握：第一，生产、销售伪劣商品的行为必须构成犯罪，一般的生产、销售伪劣商品行为不能成为本罪的前提，同时我们认为，生产、销售伪劣商品的行为构成犯罪，并不局限于或仅指构成刑法第三章第一节所列犯罪，还包括侵犯知识产权犯罪中与生产、销售伪劣商品罪形成想象竞合犯的那部分犯罪。第二，生产、销售伪劣商品犯罪行为最终是否被追究刑事责任不影响本罪的构成，而只是对本罪的情节是否严重产生影响。

食品药品监管渎职罪与放纵制售伪劣商品犯罪行为罪的犯罪主体相同，即均为国家机关的工作人员，但两者的犯罪领域不同，前者为食品药品安全领域，后者为所有商品领域。客观方面也不尽相同，后者放纵的必须是刑事案件，常常采取的是“以罚代刑”；而前者渎职行为的前提既可以是犯罪行为，也可以是一般食品药品安全违法违规行为。但是本罪与放纵制售伪劣商品犯罪行为罪存在一定的竞合关系，即在食品安全领域，负有食品安全监管职责的国家工作人员可能有放纵制售伪劣食品的犯罪行为，并且最终造成重大食品安全事故或者发生其他严重后果，这时，行为人的行为既符合本罪的构成要件，同时也符合放纵制售伪劣商品犯罪行为罪的构成要件。对于此种情况应当如何处理呢？刑法学界有人认为，这时应适用“特殊条款优先”的规则，食品监管渎职罪是特殊法条，放纵制售伪劣产品罪是一般法条，即渎职罪与相关犯罪法条关系及其适用选择问题是刑法立法细分造成的，相互之间形成双重的法条竞合关系。[①] 但是，我们并不同意这种观

① 安文录、虞浔：《食品监管渎职罪疑难问题司法认定研究——以〈刑法修正案（八）〉第四十九条为主线》，载《政治与法律》2011 年第 9 期。

点，我们认为，食品监管渎职罪与放纵制售伪劣商品犯罪行为罪都是渎职罪中的具体罪名，它们之间并不存在法条竞合的关系，因此，对上述情形，应采用想象竞合的原理，即择一从重处罚。

二、本罪与受贿罪的关系

针对食品药品监管渎职罪，《刑法》第408条之一规定，“徇私舞弊犯前款罪的，从重处罚”。徇私舞弊中的“徇私”可分为徇私情、徇私利。在徇私舞弊的食品药品监管渎职罪中，如果徇私利的行为本身又构成受贿罪，应如何处理？我们认为，不妨把这个问题转换一下，即若受贿罪中行为人利用职务便利为请托人谋取不正当利益的行为本身又涉嫌其他罪名，应如何处理？对此问题，刑事立法及相关司法解释只对少数罪名作了规定，且规定的处理方式有所不同：如《刑法》第399条第4款规定受贿而又徇私枉法、枉法裁判的，择一重罪论处；而1998年4月29日《最高人民法院关于审理挪用公款案件具体应用法律若干问题的解释》第7条第1款规定，因挪用公款索取、收受贿赂构成犯罪的，依照数罪并罚的规定处罚。对于《刑法》第399条第4款的性质，刑法学界有“注意规定”与“法律拟制”之争。

要想厘清本罪与受贿罪的关系，首先需要厘清两罪法条的内涵及其关系。我们认为，就徇私舞弊的食品药品监管渎职罪而言，“徇私”仅仅属于行为的动机，不存在与之对应的客观事实；而“舞弊”虽然属于本罪的客观的构成要件要素，但它并没有自己独特的意义，其仅仅表现为行为人滥用职权或玩忽职守，对危害食品药品安全的行为不予监管。而受贿罪中的“非法收受他人财物，为他人谋取利益”中的“为他人谋取利益”虽然是受贿罪的客观构成要素，但它仅仅表现为一种承诺，因为，只要行为人收受他人财物，并且承诺为他人谋取利益的，职务行为的不可收买性就受到了侵害，而不需要行为人客观上有为他人谋取利益的行为，更不需要为他人谋取的利益已经实现。

因此，如果在徇私舞弊的食品药品监管渎职罪中，行为人徇私利的行为本身又构成受贿罪，则表现为行为人的舞弊行为构成食品药品监管渎职罪，而其徇私利的行为又构成受贿罪，数行为侵犯数罪名，应当进行数罪并罚。而《刑法》第399条第4款的规定只能属于法律拟制，不具有普遍意义。

《渎职司法解释（一）》第3条规定，国家机关工作人员实施渎职犯罪并收受贿赂，同时构成受贿罪的，除《刑法》另有规定外，以渎职犯罪和受贿罪数罪并罚。

三、本罪中有关共同犯罪的问题

从实践反映的情况看，食品药品监管渎职行为也可能发生以下情形，即食品药品生产单位、销售单位生产、销售不符合食品药品安全标准的食品，而食品药品监管机关工作人员为徇私情在明知的情况下不予监管的；或者，监管人员在执法过程中发现食品药品生产单位生产的食品药品不符合食品药品安全管理法，因徇私情、私利而不依法监管的。上述两种情况中，监管人员都是明知食品药品生产单位或人员未按法律法规生产合格食品药品，而故意放任不管。对此，认为监管人员的渎职行为系他人从事食品药品安全犯罪的不作为的帮助犯。如果上述行为同时构成食品药品监管渎职罪，则属于一行为触犯数罪名，应择一从重处罚。

《渎职司法解释（一）》第4条规定，国家机关工作人员实施渎职行为，放纵他人犯罪或者帮助他人逃避刑事处罚，构成犯罪的，依照渎职罪的规定定罪处罚。国家机关工作人员与他人共谋，利用其职务行为帮助他人实施其他犯罪行为，同时构成渎职犯罪和共谋实施的其他犯罪共犯的，依照处罚较重的规定定罪处罚。国家机关工作人员与他人共谋，既利用其职务行为帮助他人实施其他犯罪，又以非职务行为与他人共同实施该其他犯罪行为，同时构成渎职犯罪和其他犯罪的共犯的，依照数罪并罚的规定定罪处罚。

【办案依据】

一、《刑法》规定

第四百零八条之一 负有食品药品安全监督管理职责的国家机关工作人员，滥用职权或者玩忽职守，有下列情形之一，造成严重后果或者有其他严重情节的，处五年以下有期徒刑或者拘役；造成特别严重后果或者有其他特别严重情节的，处五年以上十年以下有期徒刑：

（一）瞒报、谎报食品安全事故、药品安全事件的；

（二）对发现的严重食品药品安全违法行为未按规定查处的；

（三）在药品和特殊食品审批审评过程中，对不符合条件的申请准予许可的；

（四）依法应当移交司法机关追究刑事责任不移交的；

（五）有其他滥用职权或者玩忽职守行为的。

徇私舞弊犯前款罪的，从重处罚。

二、司法解释

（一）《最高人民法院、最高人民检察院关于办理危害食品安全刑事案件适用法律若干问题的解释》（2021年12月30日，法释〔2021〕24号）

为依法惩治危害食品安全犯罪，保障人民群众身体健康、生命安全，根据《中华人民共和国刑法》《中华人民共和国刑事诉讼法》的有关规定，对办理此类刑事案件适用法律的若干问题解释如下：

第一条　生产、销售不符合食品安全标准的食品，具有下列情形之一的，应当认定为刑法第一百四十三条规定的“足以造成严重食物中毒事故或者其他严重食源性疾病”：

（一）含有严重超出标准限量的致病性微生物、农药残留、兽药残留、生物毒素、重金属等污染物质以及其他严重危害人体健康的物质的；

（二）属于病死、死因不明或者检验检疫不合格的畜、禽、兽、水产动物肉类及其制品的；

（三）属于国家为防控疾病等特殊需要明令禁止生产、销售的；

（四）特殊医学用途配方食品、专供婴幼儿的主辅食品营养成分严重不符合食品安全标准的；

（五）其他足以造成严重食物中毒事故或者严重食源性疾病的情形。

第二条　生产、销售不符合食品安全标准的食品，具有下列情形之一的，应当认定为刑法第一百四十三条规定的“对人体健康造成严重危害”：

（一）造成轻伤以上伤害的；

（二）造成轻度残疾或者中度残疾的；

（三）造成器官组织损伤导致一般功能障碍或者严重功能障碍的；

（四）造成十人以上严重食物中毒或者其他严重食源性疾病的；

（五）其他对人体健康造成严重危害的情形。

第三条 生产、销售不符合食品安全标准的食品，具有下列情形之一的，应当认定为刑法第一百四十三条规定的“其他严重情节”：

（一）生产、销售金额二十万元以上的；

（二）生产、销售金额十万元以上不满二十万元，不符合食品安全标准的食品数量较大或者生产、销售持续时间六个月以上的；

（三）生产、销售金额十万元以上不满二十万元，属于特殊医学用途配方食品、专供婴幼儿的主辅食品的；

（四）生产、销售金额十万元以上不满二十万元，且在中小学校园、托幼机构、养老机构及周边面向未成年人、老年人销售的；

（五）生产、销售金额十万元以上不满二十万元，曾因危害食品安全犯罪受过刑事处罚或者二年内因危害食品安全违法行为受过行政处罚的；

（六）其他情节严重的情形。

第四条 生产、销售不符合食品安全标准的食品，具有下列情形之一的，应当认定为刑法第一百四十三条规定的“后果特别严重”：

（一）致人死亡的；

（二）造成重度残疾以上的；

（三）造成三人以上重伤、中度残疾或者器官组织损伤导致严重功能障碍的；

（四）造成十人以上轻伤、五人以上轻度残疾或者器官组织损伤导致一般功能障碍的；

（五）造成三十人以上严重食物中毒或者其他严重食源性疾病的；

（六）其他特别严重的后果。

第五条 在食品生产、销售、运输、贮存等过程中，违反食品安全标准，超限量或者超范围滥用食品添加剂，足以造成严重食物中毒事故或者其他严重食源性疾病的，依照刑法第一百四十三条的规定以生产、销售不符合安全标准的食品罪定罪处罚。

在食用农产品种植、养殖、销售、运输、贮存等过程中，违反食品安全标准，超限量或者超范围滥用添加剂、农药、兽药等，足以造成严重食物中毒事故或者其他严重食源性疾病的，适用前款的规定定罪处罚。

第六条 生产、销售有毒、有害食品，具有本解释第二条规定情形之一的，应当认定为刑法第一百四十四条规定的“对人体健康造成严重危害”。

第七条　生产、销售有毒、有害食品，具有下列情形之一的，应当认定为刑法第一百四十四条规定的“其他严重情节”：

（一）生产、销售金额二十万元以上不满五十万元的；

（二）生产、销售金额十万元以上不满二十万元，有毒、有害食品数量较大或者生产、销售持续时间六个月以上的；

（三）生产、销售金额十万元以上不满二十万元，属于特殊医学用途配方食品、专供婴幼儿的主辅食品的；

（四）生产、销售金额十万元以上不满二十万元，且在中小学校园、托幼机构、养老机构及周边面向未成年人、老年人销售的；

（五）生产、销售金额十万元以上不满二十万元，曾因危害食品安全犯罪受过刑事处罚或者二年内因危害食品安全违法行为受过行政处罚的；

（六）有毒、有害的非食品原料毒害性强或者含量高的；

（七）其他情节严重的情形。

第八条　生产、销售有毒、有害食品，生产、销售金额五十万元以上，或者具有本解释第四条第二项至第六项规定的情形之一的，应当认定为刑法第一百四十四条规定的“其他特别严重情节”。

第九条　下列物质应当认定为刑法第一百四十四条规定的“有毒、有害的非食品原料”：

（一）因危害人体健康，被法律、法规禁止在食品生产经营活动中添加、使用的物质；

（二）因危害人体健康，被国务院有关部门列入《食品中可能违法添加的非食用物质名单》《保健食品中可能非法添加的物质名单》和国务院有关部门公告的禁用农药、《食品动物中禁止使用的药品及其他化合物清单》等名单上的物质；

（三）其他有毒、有害的物质。

第十条　刑法第一百四十四条规定的“明知”，应当综合行为人的认知能力、食品质量、进货或者销售的渠道及价格等主、客观因素进行认定。

具有下列情形之一的，可以认定为刑法第一百四十四条规定的“明知”，但存在相反证据并经查证属实的除外：

（一）长期从事相关食品、食用农产品生产、种植、养殖、销售、运输、贮存行业，不依法履行保障食品安全义务的；

（二）没有合法有效的购货凭证，且不能提供或者拒不提供销售的相关食品来源的；

（三）以明显低于市场价格进货或者销售且无合理原因的；

（四）在有关部门发出禁令或者食品安全预警的情况下继续销售的；

（五）因实施危害食品安全行为受过行政处罚或者刑事处罚，又实施同种行为的；

（六）其他足以认定行为人明知的情形。

第十一条 在食品生产、销售、运输、贮存等过程中，掺入有毒、有害的非食品原料，或者使用有毒、有害的非食品原料生产食品的，依照刑法第一百四十四条的规定以生产、销售有毒、有害食品罪定罪处罚。

在食用农产品种植、养殖、销售、运输、贮存等过程中，使用禁用农药、食品动物中禁止使用的药品及其他化合物等有毒、有害的非食品原料，适用前款的规定定罪处罚。

在保健食品或者其他食品中非法添加国家禁用药物等有毒、有害的非食品原料的，适用第一款的规定定罪处罚。

第十二条 在食品生产、销售、运输、贮存等过程中，使用不符合食品安全标准的食品包装材料、容器、洗涤剂、消毒剂，或者用于食品生产经营的工具、设备等，造成食品被污染，符合刑法第一百四十三条、第一百四十四条规定的，以生产、销售不符合安全标准的食品罪或者生产、销售有毒、有害食品罪定罪处罚。

第十三条 生产、销售不符合食品安全标准的食品，有毒、有害食品，符合刑法第一百四十三条、第一百四十四条规定的，以生产、销售不符合安全标准的食品罪或者生产、销售有毒、有害食品罪定罪处罚。同时构成其他犯罪的，依照处罚较重的规定定罪处罚。

生产、销售不符合食品安全标准的食品，无证据证明足以造成严重食物中毒事故或者其他严重食源性疾病，不构成生产、销售不符合安全标准的食品罪，但构成生产、销售伪劣产品罪，妨害动植物防疫、检疫罪等其他犯罪的，依照该其他犯罪定罪处罚。

第十四条 明知他人生产、销售不符合食品安全标准的食品，有毒、有害食品，具有下列情形之一的，以生产、销售不符合安全标准的食品罪或者生产、销售有毒、有害食品罪的共犯论处：

（一）提供资金、贷款、账号、发票、证明、许可证件的；

（二）提供生产、经营场所或者运输、贮存、保管、邮寄、销售渠道等便利条件的；

（三）提供生产技术或者食品原料、食品添加剂、食品相关产品或者有毒、有害的非食品原料的；

（四）提供广告宣传的；

（五）提供其他帮助行为的。

第十五条 生产、销售不符合食品安全标准的食品添加剂，用于食品的包装材料、容器、洗涤剂、消毒剂，或者用于食品生产经营的工具、设备等，符合刑法第一百四十条规定的，以生产、销售伪劣产品罪定罪处罚。

生产、销售用超过保质期的食品原料、超过保质期的食品、回收食品作为原料的食品，或者以更改生产日期、保质期、改换包装等方式销售超过保质期的食品、回收食品，适用前款的规定定罪处罚。

实施前两款行为，同时构成生产、销售不符合安全标准的食品罪，生产、销售不符合安全标准的产品罪等其他犯罪的，依照处罚较重的规定定罪处罚。

第十六条 以提供给他人生产、销售食品为目的，违反国家规定，生产、销售国家禁止用于食品生产、销售的非食品原料，情节严重的，依照刑法第二百二十五条的规定以非法经营罪定罪处罚。

以提供给他人生产、销售食用农产品为目的，违反国家规定，生产、销售国家禁用农药、食品动物中禁止使用的药品及其他化合物等有毒、有害的非食品原料，或者生产、销售添加上述有毒、有害的非食品原料的农药、兽药、饲料、饲料添加剂、饲料原料，情节严重的，依照前款的规定定罪处罚。

第十七条 违反国家规定，私设生猪屠宰厂（场），从事生猪屠宰、销售等经营活动，情节严重的，依照刑法第二百二十五条的规定以非法经营罪定罪处罚。

在畜禽屠宰相关环节，对畜禽使用食品动物中禁止使用的药品及其他化合物等有毒、有害的非食品原料，依照刑法第一百四十四条的规定以生产、销售有毒、有害食品罪定罪处罚；对畜禽注水或者注入其他物质，足以造成严重食物中毒事故或者其他严重食源性疾病的，依照刑法第一百四十三条的规定以生产、销售不符合安全标准的食品罪定罪处罚；虽不足以造成严重食物中毒事故或者其他严重食源性疾病，但符合刑法第一百四十条规定的，以生产、销售伪劣产品罪定罪处罚。

第十八条 实施本解释规定的非法经营行为，非法经营数额在十万元以上，或者违法所得数额在五万元以上的，应当认定为刑法第二百二十五条规定的“情节严重”；非法经营数额在五十万元以上，或者违法所得数额在二十五万元以上的，应当认定为刑法第二百二十五条规定的“情节特别严重”。

实施本解释规定的非法经营行为，同时构成生产、销售伪劣产品罪，生产、销售不符合安全标准的食品罪，生产、销售有毒、有害食品罪，生产、销售伪劣农药、兽药罪等其他犯罪的，依照处罚较重的规定定罪处罚。

第十九条 违反国家规定，利用广告对保健食品或者其他食品作虚假宣传，符合刑法第二百二十二条规定的，以虚假广告罪定罪处罚；以非法占有为目的，利用销售保健食品或者其他食品诈骗财物，符合刑法第二百六十六条规定的，以诈骗罪定罪处罚。同时构成生产、销售伪劣产品罪等其他犯罪的，依照处罚较重的规定定罪处罚。

第二十条 负有食品安全监督管理职责的国家机关工作人员，滥用职权或者玩忽职守，构成食品监管渎职罪，同时构成徇私舞弊不移交刑事案件罪、商检徇私舞弊罪、动植物检疫徇私舞弊罪、放纵制售伪劣商品犯罪行为罪等其他渎职犯罪的，依照处罚较重的规定定罪处罚。

负有食品安全监督管理职责的国家机关工作人员滥用职权或者玩忽职守，不构成食品监管渎职罪，但构成前款规定的其他渎职犯罪的，依照该其他犯罪定罪处罚。

负有食品安全监督管理职责的国家机关工作人员与他人共谋，利用其职务行为帮助他人实施危害食品安全犯罪行为，同时构成渎职犯罪和危害食品安全犯罪共犯的，依照处罚较重的规定定罪从重处罚。

第二十一条 犯生产、销售不符合安全标准的食品罪，生产、销售有毒、有害食品罪，一般应当依法判处生产、销售金额二倍以上的罚金。

共同犯罪的，对各共同犯罪人合计判处的罚金一般应当在生产、销售金额的二倍以上。

第二十二条　对实施本解释规定之犯罪的犯罪分子，应当依照刑法规定的条件，严格适用缓刑、免予刑事处罚。对于依法适用缓刑的，可以根据犯罪情况，同时宣告禁止令。

对于被不起诉或者免予刑事处罚的行为人，需要给予行政处罚、政务处分或者其他处分的，依法移送有关主管机关处理。

第二十三条　单位实施本解释规定的犯罪的，对单位判处罚金，并对直接负责的主管人员和其他直接责任人员，依照本解释规定的定罪量刑标准处罚。

第二十四条　“足以造成严重食物中毒事故或者其他严重食源性疾病”“有毒、有害的非食品原料”等专门性问题难以确定的，司法机关可以依据鉴定意见、检验报告、地市级以上相关行政主管部门组织出具的书面意见，结合其他证据作出认定。必要时，专门性问题由省级以上相关行政主管部门组织出具书面意见。

第二十五条　本解释所称“二年内”，以第一次违法行为受到行政处罚的生效之日与又实施相应行为之日的时间间隔计算确定。

第二十六条　本解释自2022年1月1日起施行。本解释公布实施后，《最高人民法院、最高人民检察院关于办理危害食品安全刑事案件适用法律若干问题的解释》(法释〔2013〕12号)同时废止；之前发布的司法解释与本解释不一致的，以本解释为准。

(二)《最高人民法院、最高人民检察院关于办理渎职刑事案件适用法律若干问题的解释（一）》(2012年12月7日，法释〔2012〕18号)(节选)

第九条　负有监督管理职责的国家机关工作人员滥用职权或者玩忽职守，致使不符合安全标准的食品、有毒有害食品、假药、劣药等流入社会，对人民群众生命、健康造成严重危害后果的，依照渎职罪的规定从严惩处。

(三)《最高人民法院、最高人民检察院关于执行〈中华人民共和国刑法〉确定罪名的补充规定（七）》(2021年2月26日，法释〔2021〕2号)

根据《中华人民共和国刑法修正案（十）》(以下简称《刑法修正案（十）》)、

《中华人民共和国刑法修正案（十一）》（以下简称《刑法修正案（十一）》），结合司法实践反映的情况，现对《最高人民法院关于执行〈中华人民共和国刑法〉确定罪名的规定》《最高人民检察院关于适用刑法分则规定的犯罪的罪名的意见》作如下补充、修改：

刑法条文	罪　名
……	……
第四百零八条之一 （《刑法修正案（十一）》第四十五条）	食品、药品监管渎职罪 （取消食品监管渎职罪罪名）

……

【指导性案例】

一、最高人民检察院指导性案例第15号胡某贵等人生产、销售有毒、有害食品，行贿骆某、刘某素销售伪劣产品　朱某全、曾某中生产、销售伪劣产品　黎某文等人受贿、食品监管渎职案

（2014年2月19日最高人民检察院第十二届检察委员会第十七次会议决定，2014年2月20日发布）

【关键词】

生产、销售有毒、有害食品罪　生产、销售伪劣产品罪　食品监管渎职罪　受贿罪　行贿罪

【要旨】

实施生产、销售有毒、有害食品犯罪，为逃避查处向负有食品安全监管职责的国家工作人员行贿的，应当以生产、销售有毒、有害食品罪和行贿罪实行数罪并罚。

负有食品安全监督管理职责的国家机关工作人员，滥用职权，向生产、销售有毒、有害食品的犯罪分子通风报信，帮助逃避处罚的，应当认定为食品监管渎职罪；在渎职过程中受贿的，应当以食品监管渎职罪和受贿罪实行数罪并罚。

【相关立法】

《中华人民共和国刑法》第一百四十四条、第一百四十条、第四百零八条之

一、第三百八十五条、第三百八十九条

【基本案情】

被告人胡某贵，男，1968 年出生，重庆市人，原系食品公司股东。

被告人刘某清，男，1964 年出生，重庆市人，原系食品公司股东。

被告人叶某均，男，1954 年出生，重庆市人，原系食品公司股东。

被告人刘某富，男，1976 年出生，重庆市人，原系食品公司股东。

被告人张某富，男，1969 年出生，重庆市人，原系食品公司股东。

被告人叶某科，男，1979 年出生，重庆市人，原系食品公司驾驶员。

被告人骆某，女，1977 年出生，重庆市人，原系甲农产品批发市场销售人员。

被告人刘某素，女，1971 年出生，重庆市人，原系乙农产品批发市场销售人员。

被告人朱某全，男，1958 年出生，广东省人，无业。

被告人曾某中，男，1971 年出生，广东省人，无业。

被告人黎某文，男，1973 年出生，广东省人，原系广东省东莞市某镇人民政府经济贸易办公室（简称经贸办）副主任、某镇食品药品监督站站长，兼任某镇食品安全委员会（简称食安委）副主任及办公室主任。

被告人王某昌，男，1965 年出生，广东省人，原系某屠场稽查队队长。

被告人陈某基，男，1982 年出生，广东省人，原系某屠场稽查队队员。

被告人余某东，男，1963 年出生，湖南省人，原系市场经营管理公司仓储加工管理部主管。

（一）被告人胡某贵、刘某清、叶某均、刘某富、张某富等人于 2011 年 6 月以每人出资 2 万元，在未取得工商营业执照和卫生许可证的情况下，在乙农产品批发市场租赁加工区建立加工厂，利用病、死、残猪猪肉为原料，加入亚硝酸钠、工业用盐等调料，生产腊肠、腊肉。并将生产出来的腊肠、腊肉运至该市农产品批发市场固定铺位进行销售，平均每天销售约 500 公斤。该工厂主要由胡某贵负责采购病、死、残猪猪肉，刘某清负责销售，刘某富等人负责加工生产，张某富、叶某均等人负责打杂及协作，该加工厂还聘请了被告人叶某科等人负责运输，聘请了骆某、刘某素等人负责销售上述加工厂生产出的腊肠、腊肉，其中骆某于

2011年8月初开始受聘担任销售，刘某素于2011年9月初开始受聘担任销售。

2011年10月17日，经群众举报，执法部门查处了该加工厂，当场缴获腊肠500公斤、腊肉500公斤、未检验的腊肉半成品2吨、工业用盐24包（每包50公斤）、敌百虫8支、亚硝酸钠11支等物品；10月25日，公安机关在农产品批发市场固定铺位缴获胡某贵等人存放的半成品猪肉7980公斤，经广东省质量监督检测中心抽样检测，该半成品含敌百虫等有害物质严重超标。

（二）自2010年12月至2011年6月份期间，被告人朱某全、曾某中等人收购病、死、残猪后私自屠宰，每月运行20天，并将每天生产出的约500公斤猪肉销售给被告人胡某贵、刘某清等人。后曾某中退出经营，朱某全等人于2011年9月开始至案发期间，继续每天向胡某贵等人合伙经营的腊肉加工厂出售病、死、残猪猪肉约500公斤。

（三）被告人黎某文于2008年起先后兼任某镇产品质量和食品安全工作领导小组成员、经贸办副主任、某镇食安委副主任兼办公室主任、食品药品监督站站长，负责对某镇全镇食品安全的监督管理，包括某镇内食品安全综合协调职能和依法组织各执法部门查处食品安全方面的举报等工作。被告人余某东于2005年起在市场经营管理公司任仓储加工管理部的主管。

2010年至2011年期间，黎某文在组织执法人员查处乙农产品批发市场的无证照腊肉、腊肠加工窝点过程中，收受被告人刘某清、胡某贵、余某东等人贿款共十一次，每次5000元，合计55000元，其中胡某贵参与行贿十一次，计55000元，刘某清参与行贿十次，计50000元，余某东参与行贿六次，计30000元。

被告人黎某文在收受被告人刘某清、胡某贵、余某东等人的贿款之后，滥用食品安全监督管理的职权，多次在组织执法人员检查乙农产品批发市场之前打电话通知余某东或胡某贵，让胡某贵等人做好准备，把加工场内的病、死、残猪猪肉等生产原料和腊肉、腊肠藏好，逃避查处，导致胡某贵等人在一年多时间内持续非法利用病、死、残猪猪肉生产“敌百虫”和亚硝酸盐成分严重超标的腊肠、腊肉，销往东莞市及周边城市的食堂和餐馆。

被告人王某昌自2007年起任某屠场稽查队队长，被告人陈某基自2009年2月起任某屠场稽查队队员，二人所在单位受某镇政府委托负责某镇内私宰猪肉的稽查工作。2009年7月至2011年10月间，王某昌、陈某基在执法过程中收受刘某清、刘某富等人贿款，其中王某昌、陈某基共同收受贿款13100元，王某昌单独受贿3000元。

王某昌、陈某基受贿后，滥用食品安全监督管理的职权，多次在带队稽查过程中，明知刘某清和刘某富等人非法销售死猪猪肉、排骨而不履行查处职责，王某昌还多次在参与某镇食安委组织的联合执法行动前打电话给刘某清通风报信，让刘某清等人逃避查处。

【诉讼过程】

2011年10月22日，胡某贵、刘某清因涉嫌生产、销售有毒、有害食品罪被刑事拘留，11月24日被逮捕。2011年10月23日，叶某均、刘某富、张某富、叶某科、骆某、刘某素因涉嫌生产、销售有毒、有害食品罪被刑事拘留，11月24日被逮捕。2011年10月28日，朱某全、曾某中因涉嫌生产、销售有毒、有害食品罪被刑事拘留，11月24日被逮捕。2012年3月6日，黎某文因涉嫌受贿罪被刑事拘留，3月20日被逮捕。2012年4月26日，王某昌、陈某基因涉嫌受贿罪被刑事拘留，5月10日被逮捕。2012年3月6日，余某东因涉嫌受贿罪被刑事拘留，3月20日被逮捕。

被告人胡某贵、刘某清、叶某均、刘某富、张某富、叶某科、骆某、刘某素、曾某中、朱某全涉嫌生产、销售有毒、有害食品罪一案，由广东省东莞市公安局侦查终结，移送东莞市第一市区人民检察院审查起诉。被告人黎某文、王某昌、陈某基涉嫌受贿、食品监管渎职罪，被告人胡某贵、刘某清、余某东涉嫌行贿罪一案，由东莞市人民检察院侦查终结，移送东莞市第一市区人民检察院审查起诉。因上述两个案件系关联案件，东莞市第一市区人民检察院决定并案审查。东莞市第一市区人民检察院经审查认为，被告人胡某贵、刘某清、叶某均、刘某富、张某富、叶某科无视国法，在生产、销售的食品中掺入有毒、有害的非食品原料，胡某贵、刘某清还为谋取不正当利益，多次向被告人黎某文、王某昌、陈某基等人行贿，胡某贵、刘某清的行为均已触犯了《中华人民共和国刑法》第一百四十四条、第三百八十九条第一款之规定，被告人叶某均、刘某富、张某富、叶某科的行为均已触犯了《中华人民共和国刑法》第一百四十四条之规定；被告人骆某、刘某素在销售中以不合格产品冒充合格产品，其中骆某销售的金额五十万元以上，刘某素销售的金额二十万元以上，二人的行为均已触犯了《中华人民共和国刑法》第一百四十条之规定；被告人朱某全、曾某中在生产、销售中以不合格产品冒充合格产品，生产、销售金额五十万元以上，二人的行为均已触犯了《中华人民共和国刑法》第一百四十条之规定；被告人黎某文、王某昌、陈某基身为国家机关工作人员，利用职务之便，多次收受贿款，同时黎某文、王某昌、陈某基身为负有食品安全监督管理职责的国家机关工作人员，滥用职权为刘某清等人谋取非法利益，造成恶劣社会影响，三人的行为已分别触犯了《中华人民共和国刑法》第三百八十五条第一款、第四百零八条之一之规定；被告人余某东为谋取不正当利益，多次向被告人黎某文、王某昌、陈某基等人行贿，其行为已触犯《中华人民共和国刑法》第三百八十九条第一款之规定。2012 年 5 月 29 日，东莞市第一市区人民检察院以被告人胡某贵、刘某清犯生产、销售有毒、有害食品罪、行贿罪，叶某均、刘某富、张某富、叶某科犯生产、销售有毒、有害食品罪，骆某、刘某素犯销售伪劣产品罪，朱某全、曾某中犯生产、销售伪劣产品罪，黎某文、王某昌、陈某基犯受贿罪、食品监管渎职罪，余某东犯行贿罪，向东莞市第一人民法院提起公诉。

2012 年 7 月 9 日，东莞市第一人民法院一审认为，被告人胡某贵、刘某清、叶某均、刘某富、张某富、叶某科无视国法，在生产、销售的食品中掺入有毒、有害的非食品原料，其行为已构成生产、销售有毒、有害食品罪，且属情节严重；被告人骆某、刘某素作为产品销售者，以不合格产品冒充合格产品，其中被告人骆某销售金额为五十万元以上不满二百万元，被告人刘某素销售金额为二十万元以上不满五十万元，其二人的行为已构成销售伪劣产品罪；被告人朱某全、曾某中在生产、销售中以不合格产品冒充合格产品，涉案金额五十万元以上不满二百万元，其二人的行为已构成生产、销售伪劣产品罪；被告人黎某文身为国家工作人员，被告人王某昌、陈某基身为受国家机关委托从事公务的人员，均利用职务之便，多次收受贿款，同时，被告人黎某文、王某昌、陈某基还违背所负的食品安全监督管理职责，滥用职权为刘某清等人谋取非法利益，造成严重后果，被告人黎某文、王某昌、陈某基的行为已构成受贿罪、食品监管渎职罪；被告人胡某贵、刘某清、余某东为谋取不正当利益，多次向黎某文、王某昌、陈某基等人行贿，其三人的行为均已构成行贿罪。对上述被告人的犯罪行为，依法均应惩处，对被告人胡某贵、刘某清、黎某文、王某昌、陈某基依法予以数罪并罚。被告人刘某清系累犯，依法应从重处罚；刘某清在被追诉前主动交代其行贿行为，依法可以从轻处罚；刘某清还举报了胡某贵向黎某文行贿5000元的事实，并经查证属实，是立功，依法可以从轻处罚。被告人黎某文、王某昌、陈某基归案后已向侦查机关退出全部赃款，对其从轻处罚。被告人胡某贵、刘某清、张某富、叶某科、余某东归案后如实供述犯罪事实，认罪态度较好，均可从轻处罚；被告人黎某文在法庭上认罪态度较好，可酌情从轻处罚。依照刑法相关条款规定，判决：

（一）被告人胡某贵犯生产、销售有毒、有害食品罪和行贿罪，数罪并罚，判处有期徒刑九年九个月，并处罚金人民币十万元。被告人刘某清犯生产、销售有毒、有害食品罪和行贿罪，数罪并罚，判处有期徒刑九年，并处罚金人民币九万元。被告人叶某均、刘某富、张某富、叶某科犯生产、销售有毒、有害食品罪，分别判处有期徒刑八年六个月并处罚金人民币十万元、有期徒刑八年六个月并处罚金人民币十万元、有期徒刑八年三个月并处罚金人民币十万元、有期徒刑七年九个月并处罚金人民币五万元。被告人骆某、刘某素犯销售伪劣产品罪，分别判处有期徒刑七年六个月并处罚金人民币三万元、有期徒刑六年并处罚金人民币二万元。

（二）被告人朱某全、曾某中犯生产、销售伪劣产品罪，分别判处有期徒刑八年并处罚金人民币七万元、有期徒刑七年六个月并处罚金人民币六万元。

（三）被告人黎某文犯受贿罪和食品监管渎职罪，数罪并罚，判处有期徒刑七年六个月，并处没收个人财产人民币一万元。被告人王某昌犯受贿罪和食品监管渎职罪，数罪并罚，判处有期徒刑三年三个月。被告人陈某基犯受贿罪和食品监管渎职罪，数罪并罚，判处有期徒刑二年六个月。被告人余某东犯行贿罪，判处有期徒刑十个月。

一审宣判后，被告人胡某贵、刘某清、叶某均、刘某富、张某富、叶某科、骆某、刘某素、曾某中、黎某文、王某昌、陈某基提出上诉。

2012年8月21日，广东省东莞市中级人民法院二审裁定驳回上诉，维持原判。

二、最高人民检察院指导性案例第16号赛某、韩某武受贿、食品监管渎职案

（2014年2月19日最高人民检察院第十二届检察委员会第十七次会议决定，2014年2月20日发布）

【关键词】

受贿罪　食品监管渎职罪

【要旨】

负有食品安全监督管理职责的国家机关工作人员，滥用职权或玩忽职守，导致发生重大食品安全事故或者造成其他严重后果的，应当认定为食品监管渎职罪。在渎职过程中受贿的，应当以食品监管渎职罪和受贿罪实行数罪并罚。

【相关立法】

《中华人民共和国刑法》第三百八十五条、第四百零八条之一

【基本案情】

被告人赛某，男，云南省人，1965年出生，原系云南省某县质量技术监督局（以下简称某县质监局）局长。

被告人韩某武，男，云南省人，1963年出生，原系某县质监局副局长。

2011年9月17日，根据群众举报称粮油工业公司（位于云南省某县杨林工业园区）违法生产地沟油，时任某县质监局局长、副局长的赛某、韩某武等人到粮油工业公司现场检查，查获该公司无生产许可证，其生产区域的配套的食用油加工设备以“调试设备”之名在生产，现场有生产用原料毛猪油2244.912吨，其中有的外包装无标签标识等，不符合食品安全标准。9月21日，被告人赛某、韩某武没有计量核实毛猪油数量、来源，仅凭该公司人员陈述500吨，而对毛猪油591.4吨及生产用活性土30吨、无证生产的菜油100吨进行封存。同年10月22日，韩某武以“粮油工业公司采购的原料共59.143吨不符合食品安全标准”建议立案查处，赛某同意立案，并召开案审会经集体讨论，决定对粮油工业公司给予行政处罚。10月24日，某县质监局作出对粮油工业公司给予销毁不符合安全标准的原材料和罚款1419432元的行政处罚告知，并将行政处罚告知书送达该公司。之后，该公司申请从轻、减轻处罚。同年12月9日，赛某、韩某武以企业配合调

查及经济困难为由，未经集体讨论，决定减轻对粮油工业公司的行政处罚，某县质监局于12月12日作出行政处罚决定书，对粮油工业公司作出销毁不符合食品安全标准的原料和罚款20万元的处罚，并下达责令改正通知书，责令粮油工业公司于2011年12月27日前改正“采购的原料毛猪油不符合食品安全标准”的违法行为。12月13日，某县质监局解除了对毛猪油、活性土、菜油的封存，实际并未销毁该批原料。致使粮油工业公司在2011年11月至2012年3月，使用已查获的原料无证生产食用猪油并流入社会，对人民群众的生命健康造成较大隐患。

2011年10月至11月间，被告人赛某、韩某武在查处该案的过程中，先后两次在办公室收受该公司吴某伟（另案处理）分别送给的人民币10万元、3万元。

2012年3月13日，公安机关以该公司涉嫌生产、销售有毒、有害食品罪立案侦查。3月20日，赛某和韩某武得知该情况后，更改相关文书材料、销毁原始行政处罚文书、伪造质监局分析协调会、案审会记录及粮油工业公司毛猪油原材料的销毁材料，将所收受的13万元受贿款作为对粮油工业公司的罚款存入罚没账户。

【诉讼过程】

2012年5月4日，赛某、韩某武因涉嫌徇私舞弊不移交刑事案件罪、受贿罪被云南省某县人民检察院立案侦查，韩某武于5月7日被刑事拘留，赛某于5月8日被刑事拘留，5月21日二人被逮捕。

该案由云南省某县人民检察院反渎职侵权局侦查终结后，移送该院公诉部门审查起诉。云南省某县人民检察院经审查认为，被告人赛某、韩某武作为负有食品安全监督管理职责的国家机关工作人员，未认真履行职责，失职、渎职造成大量的问题猪油流向市场，后果特别严重；同时二被告人利用职务上的便利，非法收受他人贿赂，为他人谋取利益，二被告人之行为已触犯《中华人民共和国刑法》第四百零八条之一、第三百八十五条第一款之规定，应当以食品监管渎职罪、受贿罪追究刑事责任。2012年9月5日，云南省某县人民检察院以被告人赛某、韩某武犯食品监管渎职罪、受贿罪向云南省嵩明县人民法院提起公诉。

2012年11月26日，云南省嵩明县人民法院一审认为，被告人赛某、韩某武作为国家工作人员，利用职务上的便利，非法收受他人财物，为他人谋取利益，其行为已构成受贿罪；被告人赛某、韩某武作为质监局工作人员，在查办粮油工业公司无生产许可证生产有毒、有害食品案件中玩忽职守、滥用职权，致使查获的不符合食品安全标准的原料用于生产，有毒、有害油脂流入社会，造成严重后果，其行为还构成食品监管渎职罪。鉴于粮油工业公司被公安机关查处后，赛某、韩某武向领导如实汇报受贿事实，且将受贿款以“罚款”上交，属自首，可从轻、减轻处罚。依照刑法相关条款之规定，判决被告人赛某犯受贿罪和食品监管渎职罪，数罪并罚，判处有期徒刑六年；韩某武犯受贿罪和食品监管渎职罪，数罪并罚，判处有期徒刑二年六个月。

一审宣判后，赛某、韩某武提出上诉。

2013 年 4 月 20 日，云南省昆明市中级人民法院二审裁定驳回上诉，维持原判。

第十九章　传染病防治失职罪

【立案追诉标准】

传染病防治失职案（《刑法》第409条）

一、涉嫌下列情形之一的，应予立案：

1. 导致甲类传染病传播的；

2. 导致乙类、丙类传染病流行的；

3. 因传染病传播或者流行，造成人员重伤或者死亡的；

4. 因传染病传播或者流行，严重影响正常的生产、生活秩序的；

5. 在国家对突发传染病疫情等灾害采取预防、控制措施后，对发生突发传染病疫情等灾害的地区或者突发传染病病人、病原携带者、疑似突发传染病病人，未按照预防、控制突发传染病疫情等灾害工作规范的要求做好防疫、检疫、隔离、防护、救治等工作，或者采取的预防、控制措施不当，造成传染范围扩大或者疫情、灾情加重的；

6. 在国家对突发传染病疫情等灾害采取预防、控制措施后，隐瞒、缓报、谎报或者授意、指使、强令他人隐瞒、缓报、谎报疫情、灾情，造成传染范围扩大或者疫情、灾情加重的；

7. 在国家对突发传染病疫情等灾害采取预防、控制措施后，拒不执行突发传染病疫情等灾害应急处理指挥机构的决定、命令，造成传染范围扩大或者疫情、灾情加重的；

8. 其他情节严重的情形。

二、传染病防治失职重特大案

（一）重大案件

1. 导致乙类、丙类传染病流行的；

2. 致人死亡二人以上或者残疾五人以上的。

（二）特大案件

1. 导致甲类传染病传播的；

2. 致人死亡五人以上或者残疾十人以上的。

三、在国家对突发传染病疫情等灾害采取预防、控制措施后，具有下列情形之一的，属于刑法第四百零九条规定的“情节严重”，应予立案，处三年以下有期徒刑或者拘役：

1. 对发生突发传染病疫情等灾害的地区或者突发传染病病人、病原携带者、疑似突发传染病病人，未按照预防、控制突发传染病疫情等灾害工作规范的要求做好防疫、检疫、隔离、防护、救治等工作，或者采取的预防、控制措施不当，造成传染范围扩大或者疫情、灾情加重的；

2. 隐瞒、缓报、谎报或者授意、指使、强令他人隐瞒、缓报、谎报疫情、灾情，造成传染范围扩大或者疫情、灾情加重的；

3. 拒不执行突发传染病疫情等灾害应急处理指挥机构的决定、命令，造成传染范围扩大或者疫情、灾情加重的；

4. 具有其他严重情节的。

《最高人民检察院关于渎职侵权犯罪案件立案标准的规定》（2006 年 7 月 26 日）；《人民检察院直接受理立案侦查的渎职侵权重特大案件标准（试行）》（2001 年 8 月 4 日）；《最高人民法院、最高人民检察院关于办理妨害预防、控制突发传染病疫情等灾害的刑事案件具体应用法律若干问题的解释》（2003 年 5 月 14 日）

【犯罪构成及刑事责任】

传染病防治失职罪，是指从事传染病防治的政府卫生行政部门的工作人员严重不负责任，不履行或者不认真履行传染病防治监管职责，导致传染病传播或者流行，情节严重的行为。构成本罪需要具备以下四个要件：

1. 客体要件。本罪侵犯的客体是国家对传染病防治的管理制度。传染病是危害严重的流行性疾病。传染病的传播或者流行，不仅严重危害人民的身体健康，而且会严重影响传染病流行区人民的正常生产和生活。从事传染病防治的政府卫生行政部门工作人员，严重不负责任，而导致发生传染病传播或者流行，就直接破坏了传染病防治的管理制度。

2. 客观要件。本罪在客观方面表现为从事传染病防治工作的政府卫生行政部门工作人员严重不负责任，导致传染病传播或者流行，情节严重的行为。

严重不负责任，是指从事传染病防治的政府卫生行政部门工作人员不履行法律和其职务要求的防治传染病的职责或者在履行职务中敷衍塞责、草率应付，极端不负责任，没有切实履行起应当履行、能够履行的义务。其具体表现形式是多种多样的，如，发现重大疫情应当报告而不报告或不立即报告；发现有传染病传播或流行的可能，应当采取措施而不采取措施；对传染病病人应当采取隔离治疗措施而未采取措施；应当对传染病的预防、治疗、监测、控制和疫情的管理措施进行监督、检查而不作监督、检查或者虽作监督、检查却不认真负责；发现有关单位与个人不符合传染病防治法的规定，应当责令其改进而不责令改进或者责令改进但不作检查或不作认真的检查；等等。

导致传染病传播或者流行，是指致使传染病通过一定的途径播散给其他健康的人，致使一个地区某种传染病发病率显著超过该病历年的一般发病率水平。严重不负责任的行为必须达到情节严重，虽然因其行为造成了传染病传播或流行，但不属于情节严重，也不能构成本罪。情节严重的认定，请参见“立案追诉标准”的有关内容。

3. 主体要件。本罪的主体为特殊主体，即从事传染病防治的政府卫生行政部门工作人员。从事传染病防治的政府卫生行政部门工作人员，是指各级政府行政主管部门主管传染病防治工作的人员。各级政府领导传染病防治工作、制订传染病防治计划并组织实施。具体职责是：组织开展预防传染病的卫生健康教育；组织力量消灭病媒昆虫、动物等；有计划地建设改造公共卫生设施、创造改善公共卫生的条件；遇有传染病暴发、流行，要组织力量补救，决定紧急措施的实施等。

4. 主观要件。本罪在主观方面，既可以由过失构成，也可以由故意构成。

《刑法》第409条规定，从事传染病防治的政府卫生行政部门的工作人员严重不负责任，导致传染病传播或者流行，情节严重的，处三年以下有期徒刑或者拘役。

【疑难指导】

一、"严重不负责任"的理解和认定

这里"严重不负责任"，即行为人在其职务工作中实施了违反传染病防治法规定的严重不负责任的行为。本罪是因违反行政法规而被刑法规定为犯罪的，它与作为行政法的传染病防治法之间存有一种从属关系，其客观行为的具体方式规定在传染病防治法中。行为人构成本罪以违反有关行政法为前提，行政违法性的有无和程度，往往是界定本罪罪与非罪的标志。这可从作为行政法的传染病防治法中得到印证，例如，《中华人民共和国传染病防治法》第65条规定，地方各级人民政府未依照本法的规定履行报告职责，或者隐瞒、谎报、缓报传染病疫情，或者在传染病暴发、流行时，未及时组织救治、采取控制措施的，由上级人民政府责令改正，通报批评；造成传染病传播、流行或者其他严重后果的，对负有责任的主管人员，依法给予行政处分；构成犯罪的，依法追究刑事责任。第67条规定，县级以上人民政府有关部门未依照本法的规定履行传染病防治和保障职责的，由本级人民政府或者上级人民政府有关部门责令改正，通报批评；造成传染病传播、流行或者其他严重后果的，对负有责任的主管人员和其他直接责任人员，依法给予行政处分；构成犯罪的，依法追究刑事责任。这些规定表明，超出行政处罚范围的传染病防治失职行为应由《刑法》调整。如果行为人行政违法达到情节严重，引起传染病传播的，则由量变发生质变，由行政违法变成了刑事犯罪。也就是说，本罪中的"违反传染病防治法的规定"与传染病防治方面行政法的规定

体现出一种关联性的层次衔接。传染病防治失职罪的行政从属性，主要表现在两个方面：

（一）概念上的行政从属性

就本罪而言，刑法中涉及的专业性概念和有关术语的解释应当以作为行政法的传染病防治法的规定为依据，如传染病“暴发”指在一个局部地区短期内突然发生多例同一种传染病病人；“卫生处理”是指消毒、杀虫、灭鼠等卫生措施以及隔离、留验、就地检验等医学措施；“隔离”是指将染疫人收留在指定的处所，限制其活动并进行治疗，直到消除传染病传播的危险；“留验”是指将染疫嫌疑人收留在指定的处所进行诊察和检验。

（二）违法性要件的行政从属性

即是说传染病防治失职罪的客观行为方式及程度应当依照行政法的规定界定。根据《刑法》和作为行政法的传染病防治法律、法规的规定，本罪在具体行为方式上表现为，行为人实施了下列工作中违反传染病防治规定，严重不负责任、不履行或不正确履行法定职责情形之一的行为：对发生传染病疫情的地区或传染病病人、病原携带者、疑似传染病病人，未按照预防、控制疫情工作规范的要求做好防疫、检疫、隔离、防护、救治等工作，或者采取的防控措施不当；隐瞒、缓报、谎报或授意、指使、强令他人隐瞒、缓报、谎报疫情；拒不执行传染病疫情应急处理指挥机构的决定、命令；对传染病的预防、治疗、监测、控制和疫情管理措施不进行监督检查，或监督、检查不认真；不按规定责令被检查单位或个人限期改进传染病防治管理工作；不依法对违反传染病防治法的单位或个人给予行政处罚；等等。

二、“导致传染病传播或者流行，情节严重”的理解

所谓导致传染病传播或流行，是指在一定范围内导致传染病防治法所规定的甲类、乙类、丙类传染病疫情的发生。传染病指由于致病性微生物，如细菌、病毒、立克次体、寄生虫等侵入人体，能使人体健康受到某种损害甚至危及生命的，可以通过各种不同途径直接或间接传播，造成人群中发病或流行的一种疾病。根据《中华人民共和国传染病防治法》第 3 条规定，传染病分为甲、乙、丙三类。甲类传染病是传染性强、传播途径易实现、传播速度快、人群普遍易感的烈性传染病，包括鼠疫和霍乱。这是我国《国内交通卫生检疫条例》确定的检疫传染病，也是国际检疫传染病，一经发现，必须立即向世界卫生组织通报。乙类传染病是与甲类比较，传染性、传播途径、速度、易感人群次之的传染病，包括：传染性非典型肺炎、艾滋病、病毒性肝炎、脊髓灰质炎、人感染高致病性禽流感、麻疹、流行性出血热、狂犬病、流行性乙型脑炎、登革热、炭疽、细菌性和阿米巴性痢疾、肺结核、伤寒和副伤寒、流行性脑脊髓膜炎、百日咳、白喉、新生儿破伤风、猩红热、布鲁氏菌病、淋病、梅毒、钩端螺旋体病、血吸虫病、疟疾、甲型 H1N1 流感（原称人感染猪流感）。丙类传染病是根据其可能发生和流行的范围，通过确定疾病监测区和实验室进行监测管理的传染病，包括：流行性感冒、流行性腮腺炎、风疹、急性出血性结膜炎、麻风病、流行性和地方性斑疹伤寒、黑热病、包虫病、丝虫病，除霍乱、细菌性和阿米巴性痢疾、伤寒和副伤寒以外的感染性腹泻病。根据情况，国务院可以增加或减少甲类传染病病种，卫生部可以增加或减少乙类、丙类传染病病种，并予公布。所谓传播，是指传染病在一定范围内扩散，使不特定多数人感染上传染病，实际上已经造成了传染病传播的后果。流行是指一个地区某种传染病发病率显著超过该病历年的一般发病率水平。

参照《渎职立案标准》，传染病防治失职，情节严重包括以下情形：（1）导致甲类传染病传播的；（2）导致乙类、丙类传染病流行的；（3）因传染病传播或者流行，造成人员重伤或者死亡的；（4）因传染病传播或者流行，严重影响正常的生产、生活秩序的；（5）在国家对突发传染病疫情等灾害采取预防、控制措施后，对发生突发传染病疫情等灾害的地区或者突发传染病病人、病原携带者、疑似突发传染病病人，未按照预防、控制突发传染病疫情等灾害工作规范的要求做好防疫、检疫、隔离、防护、救治等工作，或者采取的预防、控制措施不当，造成传染范围扩大或者疫情、灾情加重的；（6）在国家对突发传染病疫情等灾害采取预防、控制措施后，隐瞒、缓报、谎报或者授意、指使、强令他人隐瞒、缓报、谎报疫情、灾情，造成传染范围扩大或者疫情、灾情加重的；（7）在国家对突发传染病疫情等灾害采取预防、控制措施后，拒不执行突发传染病疫情等灾害应急处理指挥机构的决定、命令，造成传染范围扩大或者疫情、灾情加重的；（8）其他情节严重的情形。是否具备上述情节，也是区分本罪与非罪的重要标准。

三、本罪的主观罪过是否包含故意

我们认为，本罪主观上既可以由故意构成，也可以由过失构成。通常表现为过失，在某些情况下也可以由故意构成。本罪的实际危害事由往往是已经存在或发生了的或是突发性的，因此通常这种危害事由本身不是行为人应当或能够预见的，行为人的过错在于，当这种突发性危害发生时没有依照职责去履行或全面履行制止这种危害事态继续发展的法定义务。行为人不履行或不全面履行职责不仅是因为实际发生的危害难以控制，而且是因为履行职责与其自身利益存在重大冲突，可能会影响其政绩评价。面对这种重大冲突时，行为人可能会违法作出放弃职守而保护自身利益的选择。因此，此时行为人不履行职责的行为是在对危害结果的“放任”心态支配下实施的。对于危害已经发生或已经不可避免的情况，行为人不履行或不完全履行职责的主观罪过是“间接故意”。在界定或认定传染病防治失职案的主观罪过的性质时，有学者认为，当行为人面临这种重大冲突时，其自身的保护行为本身并不是违法的，甚至还是一种“自然权利”，因此提议在追究失职者的刑事责任时，“不必过于苛刻”[①]。有学者对此却不能赞成，他们认为，“1997 年修改刑法时……主要考虑是国家机关工作人员行使着国家公权力，这些人员如果玩忽职守、滥用职权或者徇私舞弊，社会危害较大，为使国家机关工作人员正确行使权力，有必要对国家机关工作人员的渎职行为单独做出规定”。[②] 可见对于渎职罪国家的重视程度。在现实生活中，当保护国家和人民利益的法定职责与行为人自身利益发生严重冲突时，行为人要做出保护国家和人民利益而牺牲自身利益的正确选择，不仅要求行为人具有忠于职守的法律意识，并且需要行为人具有献身精神等高尚的道德情操，这种要求与本罪主体的特殊身份和他们所肩负的重大使命是相一致的。[③] 因此，立法者才有意使行为人对自己的不道德行为付出刑罚的代价。我们认为后一种意见是很有道理的，对国家机关工作人员应作出更严格的要求，与此相适应，他们的失职行为也应受到法律的严厉惩罚。

---

① 倪培兴：《犯罪客体与主观罪过的性质——以渎职罪为范例的分析（下）》，载《人民检察》2001 年第 8 期。

② 《中华人民共和国全国人民代表大会常务委员会公报》2003 年第 1 期。

③ 周伟萍：《传染病防治失职罪》，载《湖南冶金职业技术学院学报》2005 年 12 月。

四、本罪的犯罪主体都包含哪些人

根据《刑法》的规定，本罪是特殊主体，理论上也称之为身份犯，即只有具有政府卫生行政机关工作人员身份、从事传染病防治公务之身份的人员，才能成为本罪主体。1997 年修改刑法时，专设渎职罪一章，将该章的犯罪主体由国家工作人员修改为国家机关工作人员，缩小了主体范围。近年来，随着我国机构改革和行政处罚法的施行，在司法实践中遇到了一些新情况：一是法律授权规定，某些非国家机关的组织在某些领域行使行政管理职权；二是在机构改革中，有的将原来的国家机关调整为事业单位，但仍然保留其行使某些行政管理职能；三是有的国家机关将自己行使的职权依法规或规章委托给一些组织行使；四是有的国家机关根据工作需要聘用了一部分国家机关以外的人员从事公务。[①] 鉴于这些情况，本着“权利与义务相统一，行政职权与承担责任相平衡”的原则，全国人民代表大会常务委员会于 2002 年 12 月 28 日做出《渎职主体立法解释》。根据这一立法解释和《最高人民法院、最高人民检察院关于办理妨害预防、控制突发传染病疫情等灾害的刑事案件具体应用法律若干问题的解释》，从事传染病防治的政府卫生行政部门的工作人员，或者在受政府卫生行政部门委托代表政府卫生行政部门行使职权的组织中从事公务的人员，或者虽未列入政府卫生行政部门人员编制，但在政府卫生行政部门从事公务的人员，都可以成为本罪的主体。

五、本罪与工作失误的界限

因工作失误往往也会给国家和人民的利益造成重大损失，在这一点上与传染病防治失职罪有相同之处。但两者有严格的区别：

1. 客观行为特征不同。工作失误，行为人是认真履行自己的职责义务；而传染病防治失职罪则表现为行为人不履行或不正确履行自己的职责义务。

2. 导致发生危害结果的原因不同。工作失误，是由于制度不完善，一些具体政策界限不清，管理上存在弊端，以及由于国家工作人员文化水平不高，业务素质较差，缺乏工作经验，因而计划不周，措施不当，以致在积极工作中发生错误，

---

① 黄太云：《全国人大常委会〈关于中华人民共和国刑法第九章渎职罪主体适用问题的解释〉的理解与适用》，载《刑事审判参考》2003 年第 1 辑。

造成国家和人民利益遭受重大损失。而传染病防治失职罪，则是违反工作纪律和规章，由严重官僚主义、对工作极端不负责任等行为造成严重后果的。

【办案依据】

一、《刑法》规定

第四百零九条 从事传染病防治的政府卫生行政部门的工作人员严重不负责任，导致传染病传播或者流行，情节严重的，处三年以下有期徒刑或者拘役。

二、司法解释

（一）《最高人民法院、最高人民检察院关于办理妨害预防、控制突发传染病疫情等灾害的刑事案件具体应用法律若干问题的解释》（2003年5月14日，法释〔2003〕8号）

为依法惩治妨害预防、控制突发传染病疫情等灾害的犯罪活动，保障预防、控制突发传染病疫情等灾害工作的顺利进行，切实维护人民群众的身体健康和生命安全，根据《中华人民共和国刑法》等有关法律规定，现就办理相关刑事案件具体应用法律的若干问题解释如下：

第一条 故意传播突发传染病病原体，危害公共安全的，依照刑法第一百一十四条、第一百一十五条第一款的规定，按照以危险方法危害公共安全罪定罪处罚。

患有突发传染病或者疑似突发传染病而拒绝接受检疫、强制隔离或者治疗，过失造成传染病传播，情节严重，危害公共安全的，依照刑法第一百一十五条第二款的规定，按照过失以危险方法危害公共安全罪定罪处罚。

第二条 在预防、控制突发传染病疫情等灾害期间，生产、销售伪劣的防治、防护产品、物资，或者生产、销售用于防治传染病的假药、劣药，构成犯罪的，分别依照刑法第一百四十条、第一百四十一条、第一百四十二条的规定，以生产、销售伪劣产品罪，生产、销售假药罪或者生产、销售劣药罪定罪，依法从重处罚。

第三条 在预防、控制突发传染病疫情等灾害期间，生产用于防治传染病的不符合保障人体健康的国家标准、行业标准的医疗器械、医用卫生材料，或者销售明知是用于防治传染病的不符合保障人体健康的国家标准、行业标准的医疗器械、医用卫生材料，不具有防护、救治功能，足以严重危害人体健康的，依照刑法第一百四十五条的规定，以生产、销售不符合标准的医用器材罪定罪，依法从重处罚。

医疗机构或者个人，知道或者应当知道系前款规定的不符合保障人体健康的国家标准、行业标准的医疗器械、医用卫生材料而购买并有偿使用的，以销售不符合标准的医用器材罪定罪，依法从重处罚。

第四条 国有公司、企业、事业单位的工作人员，在预防、控制突发传染病疫情等灾害的工作中，由于严重不负责任或者滥用职权，造成国有公司、企业破产或者严重损失，致使国家利益遭受重大损失的，依照刑法第一百六十八条的规定，以国有公司、企业、事业单位人员失职罪或者国有公司、企业、事业单位人员滥用职权罪定罪处罚。

第五条 广告主、广告经营者、广告发布者违反国家规定，假借预防、控制突发传染病疫情等灾害的名义，利用广告对所推销的商品或者服务作虚假宣传，致使多人上当受骗，违法所得数额较大或者有其他严重情节的，依照刑法第二百二十二条的规定，以虚假广告罪定罪处罚。

第六条 违反国家在预防、控制突发传染病疫情等灾害期间有关市场经营、价格管理等规定，哄抬物价、牟取暴利，严重扰乱市场秩序，违法所得数额较大或者有其他严重情节的，依照刑法第二百二十五条第（四）项的规定，以非法经营罪定罪，依法从重处罚。

第七条 在预防、控制突发传染病疫情等灾害期间，假借研制、生产或者销售用于预防、控制突发传染病疫情等灾害用品的名义，诈骗公私财物数额较大的，依照刑法有关诈骗罪的规定定罪，依法从重处罚。

第八条 以暴力、威胁方法阻碍国家机关工作人员、红十字会工作人员依法履行为防治突发传染病疫情等灾害而采取的防疫、检疫、强制隔离、隔离治疗等预防、控制措施的，依照刑法第二百七十七条第一款、第三款的规定，以妨害公务罪定罪处罚。

第九条 在预防、控制突发传染病疫情等灾害期间，聚众“打砸抢”，致人伤残、死亡的，依照刑法第二百八十九条、第二百三十四条、第二百三十二条的规定，以故意伤害罪或者故意杀人罪定罪，依法从重处罚。对毁坏或者抢走公私财物的首要分子，依照刑法第二百八十九条、第二百六十三条的规定，以抢劫罪定罪，依法从重处罚。

第十条 编造与突发传染病疫情等灾害有关的恐怖信息，或者明知是编造的此类恐怖信息而故意传播，严重扰乱社会秩序的，依照刑法第二百九十一条之一的规定，以编造、故意传播虚假恐怖信息罪定罪处罚。

利用突发传染病疫情等灾害，制造、传播谣言，煽动分裂国家、破坏国家统一，或者煽动颠覆国家政权、推翻社会主义制度的，依照刑法第一百零三条第二款、第一百零五条第二款的规定，以煽动分裂国家罪或者煽动颠覆国家政权罪定罪处罚。

第十一条 在预防、控制突发传染病疫情等灾害期间，强拿硬要或者任意损毁、占用公私财物情节严重，或者在公共场所起哄闹事，造成公共场所秩序严重混乱的，依照刑法第二百九十三条的规定，以寻衅滋事罪定罪，依法从重处罚。

第十二条 未取得医师执业资格非法行医，具有造成突发传染病病人、病原携带者、疑似突发传染病病人贻误诊治或者造成交叉感染等严重情节的，依照刑法第三百三十六条第一款的规定，以非法行医罪定罪，依法从重处罚。

第十三条 违反传染病防治法等国家有关规定，向土地、水体、大气排放、倾倒或者处置含传染病病原体的废物、有毒物质或者其他危险废物，造成突发传染病传播等重大环境污染事故，致使公私财产遭受重大损失或者人身伤亡的严重后果的，依照刑法第三百三十八条的规定，以重大环境污染事故罪定罪处罚。

第十四条 贪污、侵占用于预防、控制突发传染病疫情等灾害的款物或者挪用归个人使用，构成犯罪的，分别依照刑法第三百八十二条、第三百八十三条、第二百七十一条、第三百八十四条、第二百七十二条的规定，以贪污罪、侵占罪、挪用公款罪、挪用资金罪定罪，依法从重处罚。

挪用用于预防、控制突发传染病疫情等灾害的救灾、优抚、救济等款物，构成犯罪的，对直接责任人员，依照刑法第二百七十三条的规定，以挪用特定款物罪定罪处罚。

第十五条 在预防、控制突发传染病疫情等灾害的工作中，负有组织、协调、指挥、灾害调查、控制、医疗救治、信息传递、交通运输、物资保障等职责的国家机关工作人员，滥用职权或者玩忽职守，致使公共财产、国家和人民利益遭受重大损失的，依照刑法第三百九十七条的规定，以滥用职权罪或者玩忽职守罪定罪处罚。

第十六条 在预防、控制突发传染病疫情等灾害期间，从事传染病防治的政府卫生行政部门的工作人员，或者在受政府卫生行政部门委托代表政府卫生行政部门行使职权的组织中从事公务的人员，或者虽未列入政府卫生行政部门人员编制但在政府卫生行政部门从事公务的人员，在代表政府卫生行政部门行使职权时，严重不负责任，导致传染病传播或者流行，情节严重的，依照刑法第四百零九条的规定，以传染病防治失职罪定罪处罚。

在国家对突发传染病疫情等灾害采取预防、控制措施后，具有下列情形之一的，属于刑法第四百零九条规定的“情节严重”：

（一）对发生突发传染病疫情等灾害的地区或者突发传染病病人、病原携带者、疑似突发传染病病人，未按照预防、控制突发传染病疫情等灾害工作规范的要求做好防疫、检疫、隔离、防护、救治等工作，或者采取的预防、控制措施不当，造成传染范围扩大或者疫情、灾情加重的；

（二）隐瞒、缓报、谎报或者授意、指使、强令他人隐瞒、缓报、谎报疫情、灾情，造成传染范围扩大或者疫情、灾情加重的；

（三）拒不执行突发传染病疫情等灾害应急处理指挥机构的决定、命令，造成传染范围扩大或者疫情、灾情加重的；

（四）具有其他严重情节的。

第十七条 人民法院、人民检察院办理有关妨害预防、控制突发传染病疫情等灾害的刑事案件，对于有自首、立功等悔罪表现的，依法从轻、减轻、免除处罚或者依法作出不起诉决定。

第十八条 本解释所称“突发传染病疫情等灾害”，是指突然发生，造成或者可能造成社会公众健康严重损害的重大传染病疫情、群体性不明原因疾病以及其他严重影响公众健康的灾害。

（二）《最高人民检察院关于渎职侵权犯罪案件立案标准的规定》（2006年7月26日，高检发释字〔2006〕2号）（节选）

一、渎职犯罪案件

（二十）传染病防治失职案（第四百零九条）

传染病防治失职罪是指从事传染病防治的政府卫生行政部门的工作人员严重不负责任，不履行或者不认真履行传染病防治监管职责，导致传染病传播或者流行，情节严重的行为。

涉嫌下列情形之一的，应予立案：

1. 导致甲类传染病传播的；

2. 导致乙类、丙类传染病流行的；

3. 因传染病传播或者流行，造成人员重伤或者死亡的；

4. 因传染病传播或者流行，严重影响正常的生产、生活秩序的；

5. 在国家对突发传染病疫情等灾害采取预防、控制措施后，对发生突发传染病疫情等灾害的地区或者突发传染病病人、病原携带者、疑似突发传染病病人，未按照预防、控制突发传染病疫情等灾害工作规范的要求做好防疫、检疫、隔离、防护、救治等工作，或者采取的预防、控制措施不当，造成传染范围扩大或者疫情、灾情加重的；

6. 在国家对突发传染病疫情等灾害采取预防、控制措施后，隐瞒、缓报、谎报或者授意、指使、强令他人隐瞒、缓报、谎报疫情、灾情，造成传染范围扩大或者疫情、灾情加重的；

7. 在国家对突发传染病疫情等灾害采取预防、控制措施后，拒不执行突发传染病疫情等灾害应急处理指挥机构的决定、命令，造成传染范围扩大或者疫情、灾情加重的；

8. 其他情节严重的情形。

三、司法文件

《人民检察院直接受理立案侦查的渎职侵权重特大案件标准（试行）》（2001年8月4日，高检发〔2001〕13号）（节选）

十八、传染病防治失职案

（一）重大案件

1. 导致乙类、丙类传染病流行的；

2. 致人死亡二人以上或者残疾五人以上的。

（二）特大案件

1. 导致甲类传染病传播的；

2. 致人死亡五人以上或者残疾十人以上的。

四、其他文件

《中华人民共和国传染病防治法》（2013年6月29日）（节选）

第三条 本法规定的传染病分为甲类、乙类和丙类。

甲类传染病是指：鼠疫、霍乱。

乙类传染病是指：传染性非典型肺炎、艾滋病、病毒性肝炎、脊髓灰质炎、人感染高致病性禽流感、麻疹、流行性出血热、狂犬病、流行性乙型脑炎、登革热、炭疽、细菌性和阿米巴性痢疾、肺结核、伤寒和副伤寒、流行性脑脊髓膜炎、百日咳、白喉、新生儿破伤风、猩红热、布鲁氏菌病、淋病、梅毒、钩端螺旋体病、血吸虫病、疟疾。

丙类传染病是指：流行性感冒、流行性腮腺炎、风疹、急性出血性结膜炎、麻风病、流行性和地方性斑疹伤寒、黑热病、包虫病、丝虫病，除霍乱、细菌性和阿米巴性痢疾、伤寒和副伤寒以外的感染性腹泻病。

国务院卫生行政部门根据传染病暴发、流行情况和危害程度，可以决定增加、减少或者调整乙类、丙类传染病病种并予以公布。

第六十五条 地方各级人民政府未依照本法的规定履行报告职责，或者隐瞒、谎报、缓报传染病疫情，或者在传染病暴发、流行时，未及时组织救治、采取控制措施的，由上级人民政府责令改正，通报批评；造成传染病传播、流行或者其他严重后果的，对负有责任的主管人员，依法给予行政处分；构成犯罪的，依法追究刑事责任。

第六十六条 县级以上人民政府卫生行政部门违反本法规定，有下列情形之一的，由本级人民政府、上级人民政府卫生行政部门责令改正，通报批评；造成传染病传播、流行或者其他严重后果的，对负有责任的主管人员和其他直接责任人员，依法给予行政处分；构成犯罪的，依法追究刑事责任：

（一）未依法履行传染病疫情通报、报告或者公布职责，或者隐瞒、谎报、缓报传染病疫情的；

（二）发生或者可能发生传染病传播时未及时采取预防、控制措施的；

（三）未依法履行监督检查职责，或者发现违法行为不及时查处的；

（四）未及时调查、处理单位和个人对下级卫生行政部门不履行传染病防治职责的举报的；

（五）违反本法的其他失职、渎职行为。

第六十七条 县级以上人民政府有关部门未依照本法的规定履行传染病防治和保障职责的，由本级人民政府或者上级人民政府有关部门责令改正，通报批评；造成传染病传播、流行或者其他严重后果的，对负有责任的主管人员和其他直接责任人员，依法给予行政处分；构成犯罪的，依法追究刑事责任。

第六十八条 疾病预防控制机构违反本法规定，有下列情形之一的，由县级以上人民政府卫生行政部门责令限期改正，通报批评，给予警告；对负有责任的主管人员和其他直接责任人员，依法给予降级、撤职、开除的处分，并可以依法吊销有关责任人员的执业证书；构成犯罪的，依法追究刑事责任：

（一）未依法履行传染病监测职责的；

（二）未依法履行传染病疫情报告、通报职责，或者隐瞒、谎报、缓报传染病疫情的；

（三）未主动收集传染病疫情信息，或者对传染病疫情信息和疫情报告未及时进行分析、调查、核实的；

（四）发现传染病疫情时，未依据职责及时采取本法规定的措施的；

（五）故意泄露传染病病人、病原携带者、疑似传染病病人、密切接触者涉及个人隐私的有关信息、资料的。

第六十九条 医疗机构违反本法规定，有下列情形之一的，由县级以上人民政府卫生行政部门责令改正，通报批评，给予警告；造成传染病传播、流行或者其他严重后果的，对负有责任的主管人员和其他直接责任人员，依法给予降级、撤职、开除的处分，并可以依法吊销有关责任人员的执业证书；构成犯罪的，依法追究刑事责任：

（一）未按照规定承担本单位的传染病预防、控制工作、医院感染控制任务和责任区域内的传染病预防工作的；

（二）未按照规定报告传染病疫情，或者隐瞒、谎报、缓报传染病疫情的；

（三）发现传染病疫情时，未按照规定对传染病病人、疑似传染病病人提供医疗救护、现场救援、接诊、转诊的，或者拒绝接受转诊的；

（四）未按照规定对本单位内被传染病病原体污染的场所、物品以及医疗废物实施消毒或者无害化处置的；

（五）未按照规定对医疗器械进行消毒，或者对按照规定一次使用的医疗器具未予销毁，再次使用的；

（六）在医疗救治过程中未按照规定保管医学记录资料的；

（七）故意泄露传染病病人、病原携带者、疑似传染病病人、密切接触者涉及个人隐私的有关信息、资料的。

第七十条 采供血机构未按照规定报告传染病疫情，或者隐瞒、谎报、缓报传染病疫情，或者未执行国家有关规定，导致因输入血液引起经血液传播疾病发生的，由县级以上人民政府卫生行政部门责令改正，通报批评，给予警告；造成传染病传播、流行或者其他严重后果的，对负有责任的主管人员和其他直接责任人员，依法给予降级、撤职、开除的处分，并可以依法吊销采供血机构的执业许可证；构成犯罪的，依法追究刑事责任。

非法采集血液或者组织他人出卖血液的，由县级以上人民政府卫生行政部门予以取缔，没收违法所得，可以并处十万元以下的罚款；构成犯罪的，依法追究刑事责任。

第七十一条 国境卫生检疫机关、动物防疫机构未依法履行传染病疫情通报职责的，由有关部门在各自职责范围内责令改正，通报批评；造成传染病传播、流行或者其他严重后果的，对负有责任的主管人员和其他直接责任人员，依法给予降级、撤职、开除的处分；构成犯罪的，依法追究刑事责任。

第七十三条 违反本法规定，有下列情形之一，导致或者可能导致传染病传播、流行的，由县级以上人民政府卫生行政部门责令限期改正，没收违法所得，可以并处五万元以下的罚款；已取得许可证的，原发证部门可以依法暂扣或者吊销许可证；构成犯罪的，依法追究刑事责任：

（一）饮用水供水单位供应的饮用水不符合国家卫生标准和卫生规范的；

（二）涉及饮用水卫生安全的产品不符合国家卫生标准和卫生规范的；

（三）用于传染病防治的消毒产品不符合国家卫生标准和卫生规范的；

（四）出售、运输疫区中被传染病病原体污染或者可能被传染病病原体污染的物品，未进行消毒处理的；

（五）生物制品生产单位生产的血液制品不符合国家质量标准的。

第七十四条　违反本法规定，有下列情形之一的，由县级以上地方人民政府卫生行政部门责令改正，通报批评，给予警告，已取得许可证的，可以依法暂扣或者吊销许可证；造成传染病传播、流行以及其他严重后果的，对负有责任的主管人员和其他直接责任人员，依法给予降级、撤职、开除的处分，并可以依法吊销有关责任人员的执业证书；构成犯罪的，依法追究刑事责任：

（一）疾病预防控制机构、医疗机构和从事病原微生物实验的单位，不符合国家规定的条件和技术标准，对传染病病原体样本未按照规定进行严格管理，造成实验室感染和病原微生物扩散的；

（二）违反国家有关规定，采集、保藏、携带、运输和使用传染病菌种、毒种和传染病检测样本的；

（三）疾病预防控制机构、医疗机构未执行国家有关规定，导致因输入血液、使用血液制品引起经血液传播疾病发生的。

第七十七条　单位和个人违反本法规定，导致传染病传播、流行，给他人人身、财产造成损害的，应当依法承担民事责任。

第七十八条　本法中下列用语的含义：

（一）传染病病人、疑似传染病病人：指根据国务院卫生行政部门发布的《中华人民共和国传染病防治法规定管理的传染病诊断标准》，符合传染病病人和疑似传染病病人诊断标准的人。

（二）病原携带者：指感染病原体无临床症状但能排出病原体的人。

（三）流行病学调查：指对人群中疾病或者健康状况的分布及其决定因素进行调查研究，提出疾病预防控制措施及保健对策。

（四）疫点：指病原体从传染源向周围播散的范围较小或者单个疫源地。

（五）疫区：指传染病在人群中暴发、流行，其病原体向周围播散时所能波及的地区。

（六）人畜共患传染病：指人与脊椎动物共同罹患的传染病，如鼠疫、狂犬病、血吸虫病等。

（七）自然疫源地：指某些可引起人类传染病的病原体在自然界的野生动物中长期存在和循环的地区。

（八）病媒生物：指能够将病原体从人或者其他动物传播给人的生物，如蚊、蝇、蚤类等。

（九）医源性感染：指在医学服务中，因病原体传播引起的感染。

（十）医院感染：指住院病人在医院内获得的感染，包括在住院期间发生的感染和在医院内获得出院后发生的感染，但不包括入院前已开始或者入院时已处于潜伏期的感染。医院工作人员在医院内获得的感染也属医院感染。

（十一）实验室感染：指从事实验室工作时，因接触病原体所致的感染。

（十二）菌种、毒种：指可能引起本法规定的传染病发生的细菌菌种、病毒毒种。

（十三）消毒：指用化学、物理、生物的方法杀灭或者消除环境中的病原微生物。

（十四）疾病预防控制机构：指从事疾病预防控制活动的疾病预防控制中心以及与上述机构业务活动相同的单位。

（十五）医疗机构：指按照《医疗机构管理条例》取得医疗机构执业许可证，从事疾病诊断、治疗活动的机构。

第二十章　非法批准征收、征用、占用土地罪

【立案追诉标准】

非法批准征收、征用、占用土地案（《刑法》第410条）

一、涉嫌下列情形之一的，属于“情节严重”，应予立案，处三年以下有期徒刑或者拘役：

1. 非法批准征用、占用基本农田10亩以上的；

2. 非法批准征用、占用基本农田以外的耕地30亩以上的；

3. 非法批准征用、占用其他土地50亩以上的；

4. 虽未达到上述数量标准，但造成有关单位、个人直接经济损失30万元以上，或者造成耕地大量毁坏或者植被遭到严重破坏的；

5. 非法批准征用、占用土地，影响群众生产、生活，引起纠纷，造成恶劣影响或者其他严重后果的；

6. 非法批准征用、占用防护林地、特种用途林地分别或者合计10亩以上的；

7. 非法批准征用、占用其他林地20亩以上的；

8. 非法批准征用、占用林地造成直接经济损失30万元以上，或者造成防护林地、特种用途林地分别或者合计5亩以上或者其他林地10亩以上毁坏的；

9. 非法批准征收、征用、占用草原40亩以上的；

10. 非法批准征收、征用、占用草原，造成20亩以上草原被毁坏的；

11. 其他情节严重的情形。

二、涉嫌下列情形之一的，属于“致使国家或者集体利益遭受特别重大损失”，处三年以上七年以下有期徒刑：

1. 非法批准征用、占用基本农田20亩以上的；

2. 非法批准征用、占用基本农田以外的耕地60亩以上的；

3. 非法批准征用、占用其他土地100亩以上的；

4. 非法批准征用、占用土地，造成基本农田5亩以上，其他耕地10亩以上严重毁坏的；

5. 非法批准征用、占用土地造成直接经济损失50万元以上等恶劣情节的；

6. 非法批准征用、占用防护林地、特种用途林地数量分别或者合计达到20亩以上；

7. 非法批准征用、占用其他林地数量达到40亩以上；

8. 非法批准征用、占用林地造成直接经济损失数额达到60万元以上，或者造成前述第1项规定的林地数量分别或者合计达到10亩以上或者本条第2项规定的林地数量达到20亩以上毁坏；

9. 非法批准征收、征用、占用草原80亩以上的；

10. 非法批准征收、征用、占用草原，造成40亩以上草原被毁坏的；

11. 非法批准征收、征用、占用草原，造成直接经济损失60万元以上，或者具有其他特别恶劣情节的。

三、非法批准征收、征用、占用土地重特大案

（一）重大案件

1. 非法批准征用、占用基本农田20亩以上的；

2. 非法批准征用、占用基本农田以外的耕地60亩以上的；

3. 非法批准征用、占用其他土地100亩以上的；

4. 非法批准征用、占用土地，造成基本农田 5 亩以上，其他耕地 10 亩以上严重毁坏的；

5. 非法批准征用、占用土地造成直接经济损失 50 万元以上的。

（二）特大案件

1. 非法批准征用、占用基本农田 30 亩以上的；

2. 非法批准征用、占用基本农田以外的耕地 90 亩以上的；

3. 非法批准征用、占用其他土地 150 亩以上的；

4. 非法批准征用、占用土地，造成基本农田 10 亩以上，其他耕地 20 亩以上严重毁坏的；

5. 非法批准征用、占用土地造成直接经济损失 100 万元以上的。

《最高人民法院关于审理破坏草原资源刑事案件应用法律若干问题的解释》（2012 年 11 月 2 日）；《最高人民法院关于审理破坏林地资源刑事案件具体应用法律若干问题的解释》（2005 年 12 月 26 日）；《最高人民检察院关于渎职侵权犯罪案件立案标准的规定》（2006 年 7 月 26 日）；《人民检察院直接受理立案侦查的渎职侵权重特大案件标准（试行）》（2001 年 8 月 4 日）；《最高人民法院关于审理破坏土地资源刑事案件具体应用法律若干问题的解释》（2000 年 6 月 19 日）

【犯罪构成及刑事责任】

非法批准征收、征用、占用土地罪，是指国家机关工作人员徇私舞弊，违反土地管理法、森林法、草原法等法律以及有关行政法规中关于土地管理的规定，滥用职权，非法批准征收、征用、占用耕地、林地等农用地以及其他土地，情节严重的行为。构成本罪需要具备以下四个要件：

1. 客体要件。本罪侵犯的客体，是国家土地管理、城市规划等机关的正常活动以及其他有关国家机关的正常管理活动。徇私舞弊行为使国家土地管理法律、法规的顺利实施受到严重干扰，损害了国家土地管理、城市规划机关的威信，损害了国家和人民的利益。

本罪的犯罪对象是土地。土地是我们赖以生存的自然资源，国有土地是社会主义全民所有的公共财产的重要组成部分，违法批准征收、征用、占用土地的行为，造成国家土地资源的浪费，可耕地面积减少，使国家土地使用收益大量流失。

2. 客观要件。本罪在客观方面表现为徇私舞弊，违反土地管理法规，滥用职权，非法批准征收、征用、占用土地，情节严重的行为。

（1）根据《全国人民代表大会常务委员会关于〈中华人民共和国刑法〉第二百二十八条、第三百四十二条、第四百一十条的解释》（2001年8月31日通过，2009年修正），（以下简称《第410条解释》）“违反土地管理法规”，是指违反土地管理法、森林法、草原法等法律以及有关行政法规中关于土地管理的规定。

（2）根据《第410条解释》，“非法批准征用、占用土地”，是指非法批准征用、占用耕地、林地等农用地以及其他土地。所谓征收土地是指国家为了公共利益需要，依照法律规定的程序和权限将农民集体所有的土地转化为国有土地，并依法给予被征地的农村集体经济组织和被征地农民合理补偿和妥善安置的法律行为。所谓征用土地，是指国家为了进行经济、文化、国防建设以及兴办社会公共事业的需要，依照有关法律规定的条件及程序，将属于集体所有的土地收归国有的一种措施。所谓占用土地，是指对土地事实上的控制、管理与使用。

（3）这里的“情节严重”，根据《最高人民法院关于审理破坏土地资源刑事案件具体应用法律若干问题的解释》（法释〔2000〕14号）第4条，国家机关工作人员徇私舞弊，违反土地管理法规，滥用职权，非法批准征用、占用土地，具有下列情形之一的，属于非法批准征用、占用土地“情节严重”，依照《刑法》第410条的规定，以非法批准征用、占用土地罪定罪处罚：①非法批准征用、占用基本农田十亩以上的；②非法批准征用、占用基本农田以外的耕地三十亩以上的；③非法批准征用、占用其他土地五十亩以上的；④虽未达到上述数量标准，但非法批准征用、占用土地造成直接经济损失三十万元以上；造成耕地大量毁坏等恶劣情节的。

根据《最高人民法院关于审理破坏林地资源刑事案件具体应用法律若干问题的解释》（法释〔2005〕15号）第2条，国家机关工作人员徇私舞弊，违反土地管理法规，滥用职权，非法批准征用、占用林地，具有下列情形之一的，属于《刑法》第410条规定的“情节严重”，应当以非法批准征用、占用土地罪判处三年以下有期徒刑或者拘役：①非法批准征用、占用防护林地、特种用途林地数量分别或者合计达到十亩以上；②非法批准征用、占用其他林地数量达到二十亩以上；③非法批准征用、占用林地造成直接经济损失数额达到三十万元以上，或者造成本条第①项规定的林地数量分别或者合计达到五亩以上或者本条第②项规定的林地数量达到十亩以上毁坏。

根据《最高人民法院关于审理破坏草原资源刑事案件应用法律若干问题的解释》（法释〔2012〕15号）第3条第1款，国家机关工作人员徇私舞弊，违反草原法等土地管理法规，具有下列情形之一的，应当认定为《刑法》第410条规定的“情节严重”：①非法批准征收、征用、占用草原四十亩以上的；②非法批准征收、征用、占用草原，造成二十亩以上草原被毁坏的；③非法批准征收、征用、占用草原，造成直接经济损失三十万元以上，或者具有其他恶劣情节的。

（4）这里“致使国家或者集体利益遭受特别重大损失”，根据《最高人民法院关于审理破坏土地资源刑事案件具体应用法律若干问题的解释》（法释〔2000〕14号）第5条，具有下列情形之一的，属于非法批准征用、占用土地“致使国家或者集体利益遭受特别重大损失”：①非法批准征用、占用基本农田20亩以上的；②非法批准征用、占用基本农田以外的耕地60亩以上的；③非法批准征用、占用其他土地100亩以上的；④非法批准征用、占用土地，造成基本农田5亩以上，其他耕地10亩以上严重毁坏的；⑤非法批准征用、占用土地造成直接经济损失50万元以上等恶劣情节的。

根据《最高人民法院关于审理破坏林地资源刑事案件具体应用法律若干问题的解释》（法释〔2005〕15号）第3条，具有下列情形之一的，属于《刑法》第410条规定的“致使国家或者集体利益遭受特别重大损失”，应当以非法批准征用、占用土地罪判处三年以上七年以下有期徒刑：①非法批准征用、占用防护林地、特种用途林地数量分别或者合计达到二十亩以上；②非法批准征用、占用其他林地数量达到四十亩以上；③非法批准征用、占用林地造成直接经济损失数额达到六十万元以上，或者造成本条第①项规定的林地数量分别或者合计达到十亩以上或者本条第②项规定的林地数量达到二十亩以上毁坏。

根据《最高人民法院关于审理破坏草原资源刑事案件应用法律若干问题的解释》（法释〔2012〕15号）第3条第2款，国家机关工作人员徇私舞弊，违反草原法等土地管理法规，具有下列情形之一，应当认定为《刑法》第410条规定的“致使国家或者集体利益遭受特别重大损失”：①非法批准征收、征用、占用草原八十亩以上的；②非法批准征收、征用、占用草原，造成四十亩以上草原被毁坏的；③非法批准征收、征用、占用草原，造成直接经济损失六十万元以上，或者具有其他特别恶劣情节的。

3. 主体要件。本罪主体是特殊主体，即国家机关工作人员，主要是指在各级政府中的主管人员，土地管理、城市规划等部门的工作人员。

4. 主观要件。本罪在主观方面必须是出于故意，即行为人明知自己的徇私舞弊行为是违反有关法律规定的，明知自己的行为可能产生的后果，而对这种后果的发生持希望或者放任的态度。行为人的犯罪动机是徇私，有的是为了贪图钱财等不法利益，有的是因碍于亲朋好友情面而徇私舞弊，有的是出于报复或嫉妒心理而徇私舞弊等。

《刑法》第410条规定，犯本罪处三年以下有期徒刑或者拘役；致使国家或者集体利益遭受特别重大损失的，处三年以上七年以下有期徒刑。

【疑难指导】

一、本罪的主体包括哪些人

首先，从依法批准征用、占用土地的设定权限，可以看出该犯罪主体有以下三类：一是县级以上人民政府领导。主要是政府中分管土地管理工作的领导；二是县级以上土地管理部门的负责人。包括法定代表人和分管建设用地的领导；三是土地管理部门具体办理建设用地的经办人员。包括业务处（科）长、办事人。

其次，根据规定的程序，批准用地应先由土地管理部门用地处（科）室的督促检可经办人审查，处（科）长审核签字，再报分管副局长签字后报局长签字。最后送政府分管领导签字批准。

再次，非法批准征用、占用土地犯罪案件，究竟应追究谁的刑事责任？如果从该罪条款字面上理解，应追究有批准权的人员的刑事责任。那么，上述“国家机关工作人员”仅指县级以上人民政府的分管领导。因为根据修订后的《中华人民共和国土地管理法》规定，只有县级以上人民政府的分管领导才能代表同级政府行使批准权。但如果这样理解的话，该罪对土地管理部门的负责人和直接经办人员就没有约束力。这在情理上和法理上显然都是不公平的，也不符合《刑法》的立法原意。

最后，为了确认该罪的犯罪主体，分清责任，应根据具体情况区别对待。具体来说：1. 如果是徇私舞弊将基本农田改为非基本农田，耕地改为非耕地报批，骗取政府领导批准的，则应追究具体办理建设用地人员的刑事责任。如果是政府领导或土地管理部门领导徇私舞弊，授意经办人员改变土地用途报批而批准的，则应追究政府领导或土地管理部门领导的刑事责任。2. 如果是无权批准或超越批准权限而非法批准用地的，应追究有徇私舞弊行为的土地管理部门法定代表人或政府主管领导人的刑事责任。

综上，因土地管理部门的领导和具体经办人员是直接贯彻执行《中华人民共和国土地管理法》等法律、法规的国家机关工作人员，实践中，他们一般是非法批准征用、占用土地罪的主要主体。

二、本罪与相关犯罪的界限

（一）本罪与非法占用农用土地罪的界限

二者的前提相同，都要求违反土地管理法规；对象相似，都涉及土地；二者都可能造成土地的毁坏。二罪的不同之处在于：

1. 主体不同。本罪是特殊主体，只能由国家机关工作人员构成，后者的主体既可以是自然人，也可以是单位。

2. 犯罪的客观表现形式不同。本罪的客观方面表现为徇私舞弊，违反《中华人民共和国土地管理法》《中华人民共和国森林法》《中华人民共和国草原法》等法律以及有关行政法规中关于土地管理的规定，滥用职权，非法批准征用、占用土地，情节严重的行为。后者表现为违反土地管理法规，非法占用耕地、林地等农用地，改变被占用土地用途，数量较大，造成耕地、林地等农用地大量毁坏行为。

3. 前提条件不同。本罪要求行为人滥用职权实施，而后者没有这个要求。

4. 犯罪对象不完全相同。本罪的对象是土地，包括农用地和其他土地，而非法占用农用地罪的犯罪对象是农用地，范围要小于本罪。

（二）本罪与非法转让、倒卖土地使用权罪的界限

二者都属于破坏土地资源的犯罪。其不同之处表现为：

1. 主体不同。本罪为特殊主体，行为人必须是国家机关工作人员。

2. 行为方式不同。本罪的行为是非法批准征用、占用土地；后者的行为是非法转让、倒卖土地使用权。

3. 前提不同。本罪要求行为人滥用职权实施犯罪行为，非法转让、倒卖土地使用权罪没有此项要求。

4. 主观目的不同。本罪无特殊的目的要求，而非法转让、倒卖土地使用权罪则必须以牟利为目的。

【办案依据】

一、《刑法》规定

第四百一十条 国家机关工作人员徇私舞弊，违反土地管理法规，滥用职权，非法批准征用、占用土地，或者非法低价出让国有土地使用权，情节严重的，处三年以下有期徒刑或者拘役；致使国家或者集体利益遭受特别重大损失的，处三年以上七年以下有期徒刑。

二、立法解释

《全国人民代表大会常务委员会关于〈中华人民共和国刑法〉第二百二十八条、第三百四十二条、第四百一十条的解释》（2009年8月27日）

全国人民代表大会常务委员会讨论了刑法第二百二十八条、第三百四十二条、第四百一十条规定的“违反土地管理法规”和第四百一十条规定的“非法批准征收、征用、占用土地”的含义问题，解释如下：

刑法第二百二十八条、第三百四十二条、第四百一十条规定的“违反土地管理法规”，是指违反土地管理法、森林法、草原法等法律以及有关行政法规中关于

土地管理的规定。

刑法第四百一十条规定的“非法批准征收、征用、占用土地”，是指非法批准征收、征用、占用耕地、林地等农用地以及其他土地。

现予公告。

三、司法解释

（一）《最高人民法院、最高人民检察院关于执行〈中华人民共和国刑法〉确定罪名的补充规定（六）》（2015年10月30日，法释〔2015〕20号）

根据《中华人民共和国刑法修正案（九）》（以下简称《刑法修正案（九）》）和《全国人民代表大会常务委员会关于修改部分法律的决定》的有关规定，现对最高人民法院《关于执行〈中华人民共和国刑法〉确定罪名的规定》、最高人民检察院《关于适用刑法分则规定的犯罪的罪名的意见》作如下补充、修改：

刑法条文	罪　名
……	……
第四百一十条 （《全国人民代表大会常务委员会关于修改部分法律的决定》第二条）	非法批准征收、征用、占用土地罪 （取消非法批准征用、占用土地罪罪名）

……

（二）《最高人民法院关于审理破坏草原资源刑事案件应用法律若干问题的解释》（2012年11月2日，法释〔2012〕15号）

为依法惩处破坏草原资源犯罪活动，依照《中华人民共和国刑法》的有关规定，现就审理此类刑事案件应用法律的若干问题解释如下：

第一条　违反草原法等土地管理法规，非法占用草原，改变被占用草原用途，数量较大，造成草原大量毁坏的，依照刑法第三百四十二条的规定，以非法占用农用地罪定罪处罚。

第二条　非法占用草原，改变被占用草原用途，数量在二十亩以上的，或者曾因非法占用草原受过行政处罚，在三年内又非法占用草原，改变被占用草原用途，数量在十亩以上的，应当认定为刑法第三百四十二条规定的“数量较大”。

非法占用草原，改变被占用草原用途，数量较大，具有下列情形之一的，应当认定为刑法第三百四十二条规定的“造成耕地、林地等农用地大量毁坏”：

（一）开垦草原种植粮食作物、经济作物、林木的；

（二）在草原上建窑、建房、修路、挖砂、采石、采矿、取土、剥取草皮的；

（三）在草原上堆放或者排放废弃物，造成草原的原有植被严重毁坏或者严重污染的；

（四）违反草原保护、建设、利用规划种植牧草和饲料作物，造成草原沙化或者水土严重流失的；

（五）其他造成草原严重毁坏的情形。

第三条 国家机关工作人员徇私舞弊，违反草原法等土地管理法规，具有下列情形之一的，应当认定为刑法第四百一十条规定的“情节严重”：

（一）非法批准征收、征用、占用草原四十亩以上的；

（二）非法批准征收、征用、占用草原，造成二十亩以上草原被毁坏的；

（三）非法批准征收、征用、占用草原，造成直接经济损失三十万元以上，或者具有其他恶劣情节的。

具有下列情形之一，应当认定为刑法第四百一十条规定的“致使国家或者集体利益遭受特别重大损失”：

（一）非法批准征收、征用、占用草原八十亩以上的；

（二）非法批准征收、征用、占用草原，造成四十亩以上草原被毁坏的；

（三）非法批准征收、征用、占用草原，造成直接经济损失六十万元以上，或者具有其他特别恶劣情节的。

第四条 以暴力、威胁方法阻碍草原监督检查人员依法执行职务，构成犯罪的，依照刑法第二百七十七条的规定，以妨害公务罪追究刑事责任。

煽动群众暴力抗拒草原法律、行政法规实施，构成犯罪的，依照刑法第二百七十八条的规定，以煽动暴力抗拒法律实施罪追究刑事责任。

第五条 单位实施刑法第三百四十二条规定的行为，对单位判处罚金，并对其直接负责的主管人员和其他直接责任人员，依照本解释规定的定罪量刑标准定罪处罚。

第六条 多次实施破坏草原资源的违法犯罪行为，未经处理，应当依法追究刑事责任的，按照累计的数量、数额定罪处罚。

第七条　本解释所称“草原”，是指天然草原和人工草地，天然草原包括草地、草山和草坡，人工草地包括改良草地和退耕还草地，不包括城镇草地。

（三）《最高人民法院关于审理破坏林地资源刑事案件具体应用法律若干问题的解释》（2005年12月26日，法释〔2005〕15号）（节选）

为依法惩治破坏林地资源犯罪活动，根据《中华人民共和国刑法》及全国人民代表大会常务委员会《关于〈中华人民共和国刑法〉第二百二十八条、第三百四十二条、第四百一十条的解释》的有关规定，现就人民法院审理这类刑事案件具体应用法律的若干问题解释如下：

第一条　违反土地管理法规，非法占用林地，改变被占用林地用途，在非法占用的林地上实施建窑、建坟、建房、挖沙、采石、采矿、取土、种植农作物、堆放或排泄废弃物等行为或者进行其他非林业生产、建设，造成林地的原有植被或林业种植条件严重毁坏或者严重污染，并具有下列情形之一的，属于刑法第三百四十二条规定的犯罪行为，应当以非法占用农用地罪判处五年以下有期徒刑或者拘役，并处或者单处罚金：

（一）非法占用并毁坏防护林地、特种用途林地数量分别或者合计达到五亩以上；

（二）非法占用并毁坏其他林地数量达到十亩以上；

（三）非法占用并毁坏本条第（一）项、第（二）项规定的林地，数量分别达到相应规定的数量标准的百分之五十以上；

（四）非法占用并毁坏本条第（一）项、第（二）项规定的林地，其中一项数量达到相应规定的数量标准的百分之五十以上，且两项数量合计达到该项规定的数量标准。

第二条　国家机关工作人员徇私舞弊，违反土地管理法规，滥用职权，非法批准征用、占用林地，具有下列情形之一的，属于刑法第四百一十条规定的“情节严重”，应当以非法批准征用、占用土地罪判处三年以下有期徒刑或者拘役：

（一）非法批准征用、占用防护林地、特种用途林地数量分别或者合计达到十

亩以上;

(二) 非法批准征用、占用其他林地数量达到二十亩以上;

(三) 非法批准征用、占用林地造成直接经济损失数额达到三十万元以上,或者造成本条第(一)项规定的林地数量分别或者合计达到五亩以上或者本条第(二)项规定的林地数量达到十亩以上毁坏。

第三条 实施本解释第二条规定的行为,具有下列情形之一的,属于刑法第四百一十条规定的“致使国家或者集体利益遭受特别重大损失”,应当以非法批准征用、占用土地罪判处三年以上七年以下有期徒刑:

(一) 非法批准征用、占用防护林地、特种用途林地数量分别或者合计达到二十亩以上;

(二) 非法批准征用、占用其他林地数量达到四十亩以上;

(三) 非法批准征用、占用林地造成直接经济损失数额达到六十万元以上,或者造成本条第(一)项规定的林地数量分别或者合计达到十亩以上或者本条第(二)项规定的林地数量达到二十亩以上毁坏。

第六条 单位实施破坏林地资源犯罪的,依照本解释规定的相关定罪量刑标准执行。

第七条 多次实施本解释规定的行为依法应当追诉且未经处理的,应当按照累计的数量、数额处罚。

(四)《最高人民法院关于审理破坏土地资源刑事案件具体应用法律若干问题的解释》(2000年6月19日,法释〔2000〕14号)(节选)

为依法惩处破坏土地资源犯罪活动,根据刑法的有关规定,现就审理这类案件具体应用法律的若干问题解释如下:

第一条 以牟利为目的,违反土地管理法规,非法转让、倒卖土地使用权,具有下列情形之一的,属于非法转让、倒卖土地使用权“情节严重”,依照刑法第二百二十八条的规定,以非法转让、倒卖土地使用权罪定罪处罚:

(一) 非法转让、倒卖基本农田五亩以上的;

(二) 非法转让、倒卖基本农田以外的耕地十亩以上的;

(三) 非法转让、倒卖其他土地二十亩以上的;

（四）非法获利五十万元以上的；

（五）非法转让、倒卖土地接近上述数量标准并具有其他恶劣情节的，如曾因非法转让、倒卖土地使用权受过行政处罚或者造成严重后果等。

第二条　实施第一条规定的行为，具有下列情形之一的，属于非法转让、倒卖土地使用权“情节特别严重”：

（一）非法转让、倒卖基本农田十亩以上的；

（二）非法转让、倒卖基本农田以外的耕地二十亩以上的；

（三）非法转让、倒卖其他土地四十亩以上的；

（四）非法获利一百万元以上的；

（五）非法转让、倒卖土地接近上述数量标准并具有其他恶劣情节，如造成严重后果等。

第三条　违反土地管理法规，非法占用耕地改作他用，数量较大，造成耕地大量毁坏的，依照刑法第三百四十二条的规定，以非法占用耕地罪定罪处罚：

（一）非法占用耕地“数量较大”，是指非法占用基本农田五亩以上或者非法占用基本农田以外的耕地十亩以上。

（二）非法占用耕地“造成耕地大量毁坏”，是指行为人非法占用耕地建窑、建坟、建房、挖沙、采石、采矿、取土、堆放固体废弃物或者进行其他非农业建设，造成基本农田五亩以上或者基本农田以外的耕地十亩以上种植条件严重毁坏或者严重污染。

第四条　国家机关工作人员徇私舞弊，违反土地管理法规，滥用职权，非法批准征用、占用土地，具有下列情形之一的，属于非法批准征用、占用土地“情节严重”，依照刑法第四百一十条的规定，以非法批准征用、占用土地罪定罪处罚：

（一）非法批准征用、占用基本农田十亩以上的；

（二）非法批准征用、占用基本农田以外的耕地三十亩以上的；

（三）非法批准征用、占用其他土地五十亩以上的；

（四）虽未达到上述数量标准，但非法批准征用、占用土地造成直接经济损失三十万元以上；造成耕地大量毁坏等恶劣情节的。

第五条 实施第四条规定的行为，具有下列情形之一的，属于非法批准征用、占用土地“致使国家或者集体利益遭受特别重大损失”：

（一）非法批准征用、占用基本农田二十亩以上的；

（二）非法批准征用、占用基本农田以外的耕地六十亩以上的；

（三）非法批准征用、占用其他土地一百亩以上的；

（四）非法批准征用、占用土地，造成基本农田五亩以上，其他耕地十亩以上严重毁坏的；

（五）非法批准征用、占用土地造成直接经济损失五十万元以上等恶劣情节的。

第八条 单位犯非法转让、倒卖土地使用权罪、非法占有耕地罪的定罪量刑标准，依照本解释第一条、第二条、第三条的规定执行。

第九条 多次实施本解释规定的行为依法应当追诉的，或者一年内多次实施本解释规定的行为未经处理的，按照累计的数量、数额处罚。

四、其他文件

（一）《全国人民代表大会常务委员会关于修改部分法律的决定》（2009年8月27日）（节选）

第十一届全国人民代表大会常务委员会第十次会议决定：

二、对下列法律和法律解释中关于“征用”的规定作出修改

（一）将下列法律和法律解释中的“征用”修改为“征收、征用”

12.《中华人民共和国刑法》第三百八十一条、第四百一十条

13. 全国人民代表大会常务委员会关于《中华人民共和国刑法》第九十三条第二款的解释

14. 全国人民代表大会常务委员会关于《中华人民共和国刑法》第二百二十八条、第三百四十二条、第四百一十条的解释

（二）《中华人民共和国草原法》（2021年4月29日）（节选）

第六十三条 无权批准征收、征用、使用草原的单位或者个人非法批准征收、征用、使用草原的，超越批准权限非法批准征收、征用、使用草原的，或者违反法律规定的程序批准征收、征用、使用草原，构成犯罪的，依法追究刑事责任；

尚不够刑事处罚的，依法给予行政处分。非法批准征收、征用、使用草原的文件无效。非法批准征收、征用、使用的草原应当收回，当事人拒不归还的，以非法使用草原论处。

非法批准征收、征用、使用草原，给当事人造成损失的，依法承担赔偿责任。

（三）《中华人民共和国土地管理法》（2019年8月26日）（节选）

第七十四条 买卖或者以其他形式非法转让土地的，由县级以上人民政府自然资源主管部门没收违法所得；对违反土地利用总体规划擅自将农用地改为建设用地的，限期拆除在非法转让的土地上新建的建筑物和其他设施，恢复土地原状，对符合土地利用总体规划的，没收在非法转让的土地上新建的建筑物和其他设施；可以并处罚款；对直接负责的主管人员和其他直接责任人员，依法给予处分；构成犯罪的，依法追究刑事责任。

第七十九条 无权批准征收、使用土地的单位或者个人非法批准占用土地的，超越批准权限非法批准占用土地的，不按照土地利用总体规划确定的用途批准用地的，或者违反法律规定的程序批准占用、征收土地的，其批准文件无效，对非法批准征收、使用土地的直接负责的主管人员和其他直接责任人员，依法给予处分；构成犯罪的，依法追究刑事责任。非法批准、使用的土地应当收回，有关当事人拒不归还的，以非法占用土地论处。

非法批准征收、使用土地，对当事人造成损失的，依法应当承担赔偿责任。

第二十一章　非法低价出让国有土地使用权罪

【立案追诉标准】

非法低价出让国有土地使用权案（《刑法》第410条）

涉嫌下列情形之一的，应予立案：

1. 非法低价出让国有土地30亩以上，并且出让价额低于国家规定的最低价额标准的百分之六十的；

2. 造成国有土地资产流失价额30万元以上的；

3. 非法低价出让国有土地使用权，影响群众生产、生活，引起纠纷，造成恶劣影响或者其他严重后果的；

4. 非法低价出让林地合计30亩以上，并且出让价额低于国家规定的最低价额标准的百分之六十的；

5. 造成国有资产流失30万元以上的；

6. 其他情节严重的情形。

本规定中的“徇私舞弊”，是指国家机关工作人员为徇私情、私利，故意违背事实和法律，伪造材料，隐瞒情况，弄虚作假的行为。

《最高人民检察院关于渎职侵权犯罪案件立案标准的规定》（2006年7月26日）

【犯罪构成及刑事责任】

非法低价出让国有土地使用权罪，是指国家机关工作人员徇私舞弊，违反土地管理法、森林法、草原法等法律以及有关行政法规中关于土地管理的规定，滥用职权，非法低价出让国有土地使用权，情节严重的行为。构成本罪需要具备以下四个要件：

1. 客体要件。本罪侵犯的客体是国家对国有土地使用管理的正常活动。《中华人民共和国土地管理法》《中华人民共和国土地管理法实施条例》《中华人民共和国城镇国有土地使用权出让和转让暂行条例》等法律、法规，对出让国有土地使用权的批准权限、程序和要求等都作了明确具体的规定，这对于合理开发、利用、经营土地，加强土地管理，促进城市建设和经济发展有着十分重要的作用。国家机关工作人员徇私舞弊，违反土地管理法规，滥用职权，非法低价出让国有土地使用权，就直接侵犯了国家对国有土地的使用管理制度，破坏了国有土地使用管理的正常活动。

2. 客观要件。本罪在客观方面表现为违反土地管理法规，徇私舞弊、滥用职权，非法低价出让国有土地使用权，情节严重的行为。出让，是指不以牟利为目的而卖出所享有的土地使用权。所谓土地使用权，是指对土地的占有、使用、收益的权利。违反土地管理法规，主要是指违反《中华人民共和国土地管理法》《协议出让国有土地使用权规定》等有关出让国有土地使用权的规定，如越权审批出让或者出让给不符合条件的单位与个人。低价出让，是指以低于国有土地使用权最低价的价格出让国有土地使用权。非法低价出让国有土地使用权的行为必须情节严重才能构成本罪。虽有非法低价出让行为，但情节尚不属于严重，也不能以本罪论处。所谓情节严重，可参见立案追诉标准的相关内容。

3. 主体要件。本罪的主体为国家机关工作人员。任何国家机关工作人员，只要违法低价出让国有土地使用权，情节达到了严重的程度，即可构成本罪。非国家机关工作人员则不能构成本罪。

4. 主观要件。本罪在主观方面必须出于故意，并且具有徇私的目的。即明知自己违反土地管理法规，低价出让国有土地使用权，但为了徇私而仍决意为之。过失不能构成本罪。对工作严重不负责任，玩忽职守，过失低价出让国有土地的，即使构成犯罪，也不是本罪，而是玩忽职守罪。虽然出于故意，但不是为了徇私，也不能以本罪论处，构成犯罪的，应是滥用职权罪。

《刑法》第410条规定，犯本罪，处三年以下有期徒刑或者拘役；致使国家或者集体利益遭受特别重大损失的，处三年以上七年以下有期徒刑。

【疑难指导】

一、如何理解“国有土地”和“国有土地使用权”

（一）国有土地的含义

我国实行土地公有制，具体包括土地国家所有制和土地集体所有制。土地管理法在国家土地所有权问题上的立法重点是对行使国家土地所有权的代表作出规定。《中华人民共和国土地管理法》第2条规定，国家土地所有权由国务院代表国家行使。同时，国务院可通过制定行政法规或发布行政命令，授权地方人民政府或其职能部门行使国家土地所有权。上述行使国家土地所有权的代表称为国有土地所有者代表。

（二）国有土地使用权的含义

国有土地使用权是用地者依其不同取得方式而享有的，具有不同法定权利内容的，与所有权相分离的，对国有土地所享有的用益性民事财产权利。国有土地使用权具有以下特征：（1）主体的广泛性。在我国，国有土地使用权的主体多为一般民事主体，对其身份资格多无特别限定。境内外法人、非法人组织及公民个人可依法取得国有土地使用权。（2）取得方式的多样性。国有土地所有者代表可依法通过出让、租赁、划拨等方式将国有土地使用权让与土地使用者。据此，用地者原始取得国有土地使用权。用地者也可依法通过市场交易的方式，继受取得国有土地使用权。（3）内容的差异性。国有土地使用权人对国有土地享有占用权、使用权，并依权利取得方式之不同享有不同的收益权、处分权。在我国，国有土地使用权可以不同方式取得，而取得方式之不同将导致权利内容具有实质性差异。国有土地使用权需经法定登记予以确认。《中华人民共和国土地管理法》第10条规定：“国有土地和农民集体所有的土地，可以依法确定给单位或者个人使用。使用土地的单位和个人，有保护、管理和合理利用土地的义务。”第12条规定：“土地的所有权和使用权的登记，依照有关不动产登记的法律、行政法规执行。依法登记的土地的所有权和使用权受法律保护，任何单位和个人不得侵犯。”国有土地使用权因法律规定的情形而终止。一般来说，国有土地使用权终止的主要原因是国家依法收回土地使用权。《中华人民共和国土地管理法》第 58 条规定：有下列情形之一的，由有关人民政府自然资源主管部门报经原批准用地的人民政府或者有批准权的人民政府批准，可以收回国有土地使用权：（1）为实施城市规划进行旧城区改建以及其他公共利益需要，确需使用土地的；（2）土地出让等有偿使用合同约定的使用期限届满，土地使用者未申请续期或者申请续期未获批准的；（3）因单位撤销、迁移等原因，停止使用原划拨的国有土地的；（4）公路、铁路、机场、矿场等经核准报废的。

二、非法低价转让国有土地使用权的行为是否能以非法低价出让国有土地使用权罪论处

根据《刑法》和有关司法解释的规定，非法低价出让国有土地使用权罪在客观上表现为违反土地管理法规，徇私舞弊、滥用职权，非法低价出让国有土地使用权，情节严重的行为。那么行为人非出让，而是非法转让国有土地使用权的行为如何认定呢？

根据《中华人民共和国城镇国有土地使用权出让和转让暂行条例》第 19 条规定，国有土地使用权的转让，是指国有土地使用者将土地使用权再转移的行为，包括出售、交换和赠与。未按照土地使用权出让合同规定的期限和条件投资开发、利用土地的，土地使用权不得转让。在我国，国有土地使用权的转让具体包括以下几类：一是原出让土地使用权的转让；二是原划拨土地使用权的转让。《中华人民共和国城市房地产管理法》第 40 条规定，以划拨方式取得土地使用权的，转让房地产时，应当按照国务院规定，报有批准权的人民政府审批。有批准权的人民政府准予转让的，应当由受让方办理土地使用权出让手续，并依照国家有关规定缴纳土地使用权出让金。以划拨方式取得土地使用权的，转让房地产报批时，有批准权的人民政府按照国务院规定决定可以不办理土地使用权出让手续的，转让方应当按照国务院规定将转让房地产所获收益中的土地收益上缴国家或者作其他处理。根据上述规定，我们可以得知，如果国家机关以低于国家规定的价格转让以划拨方式取得的国有土地使用权的（尤其是不办理土地使用权出让手续时），其社会危害性与狭义的非法低价“出让”国有土地使用权行为没有任何区别。此外，

并非所有的国有单位都可以划拨方式取得国有土地使用权，大多数国有单位如大部分国有企业也要以出让方式取得国有土地使用权，这些国有单位以出让方式取得国有土地使用权后，国家机关工作人员（如国有资产管理部门的工作人员）在一定条件下也可以低价转让这种由国有单位行使的原来以出让方式获得的土地使用权。因而，我们认为，国家机关工作人员非法低价转让国有土地使用权，情节严重的，也应以非法低价出让国有土地使用权罪论处。

三、如何认定国有土地使用权的出让价格

为加强国有土地资产管理，优化土地资源配置，规范协议出让国有土地使用权行为，2003 年 6 月 11 日原国土资源部①制定了《协议出让国有土地使用权规定》。根据这一文件第 3 条至第 6 条、第 9 条、第 11 条、第 12 条、第 17 条和第 18 条的规定，出让国有土地使用权，除依照法律、法规和规章的规定应当采用招标、拍卖或者挂牌方式外，方可采取协议方式。协议出让国有土地使用权，应当遵循公开、公平、公正和诚实信用的原则。以协议方式出让国有土地使用权的出让金不得低于按国家规定所确定的最低价。协议出让最低价不得低于新增建设用地的土地有偿使用费、征地（拆迁）补偿费用以及按照国家规定应当缴纳的有关税费之和；有基准地价的地区，协议出让最低价不得低于出让地块所在级别基准地价的 70%。低于最低价时国有土地使用权不得出让。省、自治区、直辖市人民政府国土资源行政主管部门应当依据上述规定第 5 条的规定拟定协议出让最低价，报同级人民政府批准后公布，由市、县人民政府国土资源行政主管部门实施。在公布的地段上，同一地块只有一个意向用地者的，市、县人民政府国土资源行政主管部门方可按照本规定采取协议方式出让；但商业、旅游、娱乐和商品住宅等经营性用地除外。同一地块有两个或者两个以上意向用地者的，市、县人民政府国土资源行政主管部门应当按照《招标拍卖挂牌出让国有土地使用权规定》，采取招标、拍卖或者挂牌方式出让。市、县人民政府国土资源行政主管部门应当根据国家产业政策和拟出让地块的情况，按照《城镇土地估价规程》

① 2018 年 3 月 13 日，十二届全国人大一次会议审议《国务院机构改革方案》，不再保留国土资源部，组建自然资源部。以下不再标注。

的规定，对拟出让地块的土地价格进行评估，经市、县人民政府国土资源行政主管部门集体决策合理确定协议出让底价。协议出让底价不得低于协议出让最低价。协议出让底价确定后应当保密，任何单位和个人不得泄露。协议出让土地方案和底价经有批准权的人民政府批准后，市、县人民政府国土资源行政主管部门应当与意向用地者就土地出让价格等进行充分协商，协商一致且议定的出让价格不低于出让底价的，方可达成协议。违反本规定，有下列行为之一的，对直接负责的主管人员和其他直接责任人员依法给予行政处分：（1）不按照规定公布国有土地使用权出让计划或者协议出让结果的；（2）确定出让底价时未经集体决策的；（3）泄露出让底价的；（4）低于协议出让最低价出让国有土地使用权的；（5）减免国有土地使用权出让金的。违反上述有关规定，情节严重构成犯罪的，依法追究刑事责任。国土资源行政主管部门工作人员在协议出让国有土地使用权活动中玩忽职守、滥用职权、徇私舞弊的，依法给予行政处分；构成犯罪的，依法追究刑事责任。

需要指出的是，本罪所指的非法低价出让国有土地使用权并非仅仅指低于出让最低价出让，还包括低于土地正常的市场价格出让。在实践中，还存在行为人徇私舞弊将本应以出让方式转移的国有土地使用权，非法以划拨方式将其无偿给予用地者，对于这种行为，也应当以非法低价出让国有土地使用权罪论处，这其实是一种无偿出让国有土地使用权的行为，是低价出让国有土地使用权的极端形式。

四、本罪罪与非罪的界限

根据《刑法》的规定，构成本罪必须是“情节严重”的行为，否则不构成犯罪。“情节严重”的认定，参见立案追诉标准的有关内容。

【办案依据】

一、《刑法》规定

第四百一十条　国家机关工作人员徇私舞弊，违反土地管理法规，滥用职权，非法批准征收、征用、占用土地，或者非法低价出让国有土地使用权，情节严重的，处三年以下有期徒刑或者拘役；致使国家或者集体利益遭受特别重大损失的，处三年以上七年以下有期徒刑。

二、立法解释

《全国人民代表大会常务委员会关于〈中华人民共和国刑法〉第二百二十八条、第三百四十二条、第四百一十条的解释》（2009年8月27日）

（参见本书非法批准征收、征用、占用土地罪章）

三、司法解释

（一）《最高人民检察院关于渎职侵权犯罪案件立案标准的规定》（2006年7月26日，高检发释字〔2006〕2号）（节选）

涉嫌下列情形之一的，应予立案：

1. 非法低价出让国有土地30亩以上，并且出让价额低于国家规定的最低价额标准的百分之六十的；

2. 造成国有土地资产流失价额30万元以上的；

3. 非法低价出让国有土地使用权，影响群众生产、生活，引起纠纷，造成恶劣影响或者其他严重后果的；

4. 非法低价出让林地合计30亩以上，并且出让价额低于国家规定的最低价额标准的百分之六十的；

5. 造成国有资产流失30万元以上的；

6. 其他情节严重的情形。

本规定中的“徇私舞弊”，是指国家机关工作人员为徇私情、私利，故意违背事实和法律，伪造材料，隐瞒情况，弄虚作假的行为。

（二）《最高人民法院关于审理破坏林地资源刑事案件具体应用法律若干问题的解释》（2005年12月26日，法释〔2005〕15号）（节选）

第四条 国家机关工作人员徇私舞弊，违反土地管理法规，非法低价出让国有林地使用权，具有下列情形之一的，属于刑法第四百一十条规定的“情节严重”，应当以非法低价出让国有土地使用权罪判处三年以下有期徒刑或者拘役：

（一）林地数量合计达到三十亩以上，并且出让价额低于国家规定的最低价额标准的百分之六十；

（二）造成国有资产流失价额达到三十万元以上。

第五条　实施本解释第四条规定的行为，造成国有资产流失价额达到六十万元以上的，属于刑法第四百一十条规定的“致使国家和集体利益遭受特别重大损失”，应当以非法低价出让国有土地使用权罪判处三年以上七年以下有期徒刑。

第六条　单位实施破坏林地资源犯罪的，依照本解释规定的相关定罪量刑标准执行。

第七条　多次实施本解释规定的行为依法应当追诉且未经处理的，应当按照累计的数量、数额处罚。

（三）《最高人民法院关于审理破坏土地资源刑事案件具体应用法律若干问题的解释》（2000年6月19日，法释〔2000〕14号）（节选）

第六条　国家机关工作人员徇私舞弊，违反土地管理法规，非法低价出让国有土地使用权，具有下列情形之一的，属于“情节严重”，依照刑法第四百一十条的规定，以非法低价出让国有土地使用权罪定罪处罚：

（一）出让国有土地使用权面积在三十亩以上，并且出让价额低于国家规定的最低价额标准的百分之六十的；

（二）造成国有土地资产流失价额在三十万元以上的。

第七条　实施第六条规定的行为，具有下列情形之一的，属于非法低价出让国有土地使用权，“致使国家和集体利益遭受特别重大损失”：

（一）非法低价出让国有土地使用权面积在六十亩以上，并且出让价额低于国家规定的最低价额标准的百分之四十的；

（二）造成国有土地资产流失价额在五十万元以上的。

第九条　多次实施本解释规定的行为依法应当追诉的，或者一年内多次实施本解释规定的行为未经处理的，按照累计的数量、数额处罚。

四、司法文件

《人民检察院直接受理立案侦查的渎职侵权重特大案件标准（试行）》（2001年8月4日，高检发〔2001〕13号）（节选）

二十、非法低价出让国有土地使用权案

（一）重大案件

1. 出让国有土地使用权面积在六十亩以上，并且出让价额低于国家规定的最低价额标准的百分之六十的；

2. 造成国有土地资产流失价额在五十万元以上的。

（二）特大案件

1. 出让国有土地使用权面积在九十亩以上，并且出让价额低于国家规定的最低价额标准的百分之四十的；

2. 造成国有土地资产流失价额在一百万元以上的。

五、其他文件

《中华人民共和国土地管理法》（2019年8月26日）（节选）

第七十四条 买卖或者以其他形式非法转让土地的，由县级以上人民政府自然资源主管部门没收违法所得；对违反土地利用总体规划擅自将农用地改为建设用地的，限期拆除在非法转让的土地上新建的建筑物和其他设施，恢复土地原状，对符合土地利用总体规划的，没收在非法转让的土地上新建的建筑物和其他设施；可以并处罚款；对直接负责的主管人员和其他直接责任人员，依法给予处分；构成犯罪的，依法追究刑事责任。

第七十九条 无权批准征收、使用土地的单位或者个人非法批准占用土地的，超越批准权限非法批准占用土地的，不按照土地利用总体规划确定的用途批准用地的，或者违反法律规定的程序批准占用、征收土地的，其批准文件无效，对非法批准征收、使用土地的直接负责的主管人员和其他直接责任人员，依法给予处分；构成犯罪的，依法追究刑事责任。非法批准、使用的土地应当收回，有关当事人拒不归还的，以非法占用土地论处。

非法批准征收、使用土地，对当事人造成损失的，依法应当承担赔偿责任。

第二十二章 放纵走私罪

【立案追诉标准】

放纵走私案（《刑法》第411条）

一、涉嫌下列情形之一的，应予立案：

1. 放纵走私犯罪的；
2. 因放纵走私致使国家应收税额损失累计达10万元以上的；
3. 放纵走私行为3起次以上的；
4. 放纵走私行为，具有索取或者收受贿赂情节的；
5. 其他情节严重的情形。

二、放纵走私重特大案

（一）重大案件

造成国家税收损失累计达30万元以上的。

（二）特大案件

造成国家税收损失累计达50万元以上的。

《最高人民检察院关于渎职侵权犯罪案件立案标准的规定》（2006年7月26日）；《人民检察院直接受理立案侦查的渎职侵权重特大案件标准（试行）》（2001年8月4日）

【犯罪构成及刑事责任】

放纵走私罪是指海关工作人员徇私舞弊，放纵走私，情节严重的行为。构成本罪需要具备以下四个要件：

1. 客体要件。本罪侵犯的客体是国家的海关监管制度。海关是国家的进出境监督管理机关。海关工作人员徇私舞弊，放纵走私，不仅纵容走私违法犯罪行为，破坏了海关监督秩序，使国家海关法律、法规的顺利实施受到严重干扰，还损害了国家机关特别是海关的威信。

2021 年新修订的《中华人民共和国海关法》第 72 条规定，海关工作人员必须秉公执法，廉洁自律，忠于职守，文明服务，不得有下列行为：（一）包庇、纵容走私或者与他人串通进行走私……第 96 条规定，海关工作人员有本法第 72 条所列行为之一的，依法给予行政处分；有违法所得的，依法没收违法所得；构成犯罪的，依法追究刑事责任。

2. 客观要件。本罪在客观方面表现为海关工作人员，徇私舞弊，放纵走私，情节严重的行为。

3. 主体要件。本罪主体为特殊主体，即海关工作人员。

4. 主观要件。本罪在主观方面是出于故意，即行为人明知自己的徇私舞弊行为是违反有关法律规定的，明知自己行为可能产生的后果，而对这种后果的发生持希望或者放任的态度。至于行为人的犯罪动机，有的是为了贪图钱财等不法利益，有的是因碍于亲朋好友情面而徇私舞弊，有的是出于报复或嫉妒心理而徇私舞弊等。

《刑法》第 411 条规定，犯本罪的，处五年以下有期徒刑或者拘役；情节特别严重的，处五年以上有期徒刑。

【疑难指导】

一、正确把握本罪的客观表现

本罪在客观方面表现为海关工作人员，徇私舞弊，放纵走私，情节严重的行为。

海关工作人员徇私舞弊行为，首先必须是利用职务之便进行的。所谓利用职务之便，是指利用职权或者与职务有关的便利条件。职权是指本人职务范围内的权利；与职务有关的便利条件是指虽然不是直接利用职权，但是利用了本人的职权或地位形成的便利条件。

放纵走私，是指海关工作人员为贪图财物、袒护亲友或者其他私情私利，对明知是走私行为而予以放纵的行为。情节严重的行为，主要表现为海关工作人员，出于徇私情、图私利的动机，有法不依，有章不循，利用职权，对具有走私行为和走私犯罪的人故意包庇、放纵，对应该查处的不予查处、应该处罚的不予处罚、应该依法移交司法机关追究刑事责任的不移交的行为。徇私舞弊的方法，通常表现为收集、制造提供假证据材料，篡改、毁灭证实真相的证据材料，歪曲事实，或者通风报信、私放、窝藏走私分子或者私放走私货物进出国（边）境等方法，纵容走私违法犯罪活动。需要注意的是，海关工作人员徇私舞弊，放纵走私的行为，一般只能发生在侦查或者查处阶段。

海关工作人员徇私舞弊、放纵走私的行为只有在情节严重时才构成犯罪，所谓情节严重，是指多次放纵走私；放纵多名走私行为人；放纵走私犯罪分子；放纵走私行为造成严重后果的。根据《渎职立案标准》第 1 条第 23 项规定，放纵走私罪是指海关工作人员徇私舞弊，放纵走私，情形严重的行为。涉嫌下列情形之一的，应予立案：（1）放纵走私犯罪的；（2）因放纵走私致使国家应收税额损失累计达 10 万元以上的；（3）放纵走私行为 3 起次以上的；（4）放纵走私行为，具有索取或者收受贿赂情节的；（5）其他情节严重的情形。

二、本罪与受贿罪的关系的认定

走私者为了实现顺利过关，达到偷逃税款的目的而向海关工作人员行贿，海关工作人员收受贿赂后放纵走私，此时，对海关工作人员应以何定罪，是定一罪还是数罪就成为实践中的难题，刑法理论界也颇多争议。2002 年，《最高人民法院、最高人民检察院、海关总署办理走私刑事案件适用法律若干问题的意见》（以下简称《走私意见》），其中第 16 条第 2 款规定：“海关工作人员收受贿赂又放纵走私的，应以受贿罪和放纵走私罪数罪并罚。”但是《走私意见》并没有涵盖所有的情况。下面把实践当中海关工作人员涉及受贿罪、放纵走私罪的可能情形分门别类，并结合《走私意见》，针对海关工作人员在各种情形中的行为应如何认定做一分类探讨。

（一）受贿但并不放纵走私的情形

所谓放纵走私，是指海关工作人员或为贪图财物，或为袒护亲友，或为其他私情私利，对明知是走私行为而予以放行的行为。具体表现为：明知是走私货物而私自放行；应当没收走私货物、物品或违法所得而不予没收；应当予以罚款的不予罚款；放纵走私犯罪分子；放纵不构成犯罪的违法走私人等。可见，贪图财物并非放纵走私的唯一动机或目的，没有受贿情节而利用职务之便放纵走私的行为是可能发生的。当海关工作人员利用职权或者与职务有关的便利条件，索取走私人员的财物，或者收受走私人员的财物并承诺放私，但实际上并没有实施放私行为时，海关工作人员的行为构成单纯的受贿罪。虽然这种情况比较少，但也不能说没有。比如有些走私犯罪分子为了走私行为的顺利实施，提前给予海关工作人员贿赂，但其在走私时该海关工作人员并未当班查验通关，该海关工作人员没有放纵该走私犯罪分子的走私行为，甚至没有想放纵该走私犯罪分子的走私意图，这时对于该海关工作人员应只认定为受贿罪。

（二）放纵走私但不受贿的情形

《走私意见》第16条对放纵走私予以了明确规定：负有特定监管义务的海关工作人员徇私舞弊，利用职权放任、纵容走私，情节严重的，构成放纵走私罪。放纵走私包括两种行为方式：查私过程中的放纵走私和走私过程中的放纵走私。查私过程中的放纵走私是指走私行为实施完毕以后，缉私人员在缉查走私的过程中，海关工作人员为走私人员通风报信，以种种手段阻挠缉查走私的行为，或者在追查走私犯罪的过程中，海关工作人员为走私分子开脱，应追究其刑事责任而不予追究的情形。此时，海关工作人员放纵走私罪又与渎职罪形成法条竞合，因为放纵走私罪是特殊法条，根据特殊法条优于普通法条的原则，对海关工作人员应认定为放纵走私罪。

走私过程中的放纵走私则是指走私分子在报关过程中，海关工作人员明知是走私行为而予以放行的行为。因为在此种放纵走私行为方式中，海关工作人员的放纵走私行为与走私分子的走私行为在时间、地点上存在交汇处，如何对海关工作人员定罪，实践及理论中存在争议。对此，主要是从事前有通谋和事前没有通谋两个方面来考虑的。

对于事前有通谋的，即海关工作人员与走私犯罪分子事先通谋，并在走私过程中利用海关工作人员职务之便利积极配合，放纵走私的，如何对海关工作人员定罪？是认定为走私共同犯罪还是仅定放纵走私罪？第一种观点从法律规定上予以说明，认为根据《刑法》第156条“与走私罪犯通谋，为其提供贷款、资金、帐号、发票、证明，或者为其提供运输、保管、邮寄或者其他方便的，以走私罪的共犯论处”的规定，既然法律对此已作出了明确规定，因此，海关工作人员事前与走私罪犯通谋为走私罪犯提供方便的，应认定为走私罪的共犯，而不能认定为放纵走私罪。[①] 第二种观点认为该情形是想象竞合。根据共犯理论，海关工作人员的行为一方面构成走私罪的共犯，另一方面也符合放纵走私罪的构成要件，属于一行为触犯两个罪名，在理论上符合想象竞合犯的特征，对之应根据想象竞合犯的处罚原则择一重罪处断。这也符合罪责刑相适应原则和刑法的立法精神。[②] 第三种观点认为该行为为法条竞合，海关工作人员只要利用职权，徇私情、私利，故意违背事实和法律，弄虚作假，隐瞒事实，放纵走私，情节严重的，均应根据《刑法》第411条规定认定为放纵走私罪。[③] 笔者同意第二种观点。

第一种观点违背了特殊法优于普通法的原则。《刑法》第156条虽然规定了“与走私罪犯通谋，为其提供贷款、资金、帐号、发票、证明，或者为其提供运输、保管、邮寄或者其他方便的，以走私罪的共犯论处”，但该条文并没有以列举式列明提供“放纵走私”这种通关帮助的，以走私罪的共犯论处，而且“其他方便”也不应当包括海关工作人员的“放纵走私”这种通关帮助，因为《刑法》第411条已明确海关人员放纵走私的行为是一独立罪名，是一特殊法条，优于普通法条的适用。

第二种观点与第三种观点的根本不同是由于对想象竞合犯与法条竞合犯的认识不同所造成的。目前一般认为，想象竞合犯与法条竞合犯的区别主要有以下方面：（1）二者犯罪行为触犯的罪的数量不同。法条竞合犯是在对同一法益的同一次侵犯过程中，相同的行为阶段所实现的犯罪竞合，因而法条竞合犯只有单一的有刑法意义的行为。想象竞合犯是侵犯多个法益的行为竞合于外观同一的自然行

---

① 张明楷：《刑法学（下）》，法律出版社1997年版，第952页。

② 杜国强：《渎职罪共犯及其相关问题研究》，载《法学》2005年第12期。

③ 沈宇峻：《放纵走私罪与走私罪共犯认定中的若干疑难问题》，载《华东政法学院学报》2003年第4期。

为，因而想象竞合犯蕴含了多个具有刑法意义的行为。（2）二者触犯的犯罪构成的客体不同。法条竞合犯所实现的多个犯罪构成，是在对同一法益的同一次侵犯过程中实现的，其客体具有重合性；想象竞合犯所实现的多个犯罪构成，是侵犯多个法益的行为竞合于同一身体活动，多个行为各自实现了不同的犯罪构成，其客体不具有重合性。因而此多个犯罪构成所保护的客体，起码有一个客体是重合的。（3）二者的罪数本质不同。由于法条竞合犯的多个犯罪构成保护的是同一客体，法条竞合犯触犯的多个犯罪构成具有相同的危害性基础，因而属于一罪的类型。由于想象竞合犯的多个犯罪构成保护的是不同的客体，每个犯罪构成的危害性基础都是不同的，因而应当贯彻全面评价原则，所有触犯的犯罪构成应当全部适用。可见，二者的一个关键区别在于他们侵犯的客体是否具有同一性。而走私罪和放纵走私罪在我国刑法分则分处不同的章节，侵犯的客体或者法益也不相同，因而笔者认为将上述情形定性为想象竞合更合理。

对于事前没有通谋，在走私过程中放纵走私的行为，上述第二种观点认为海关工作人员构成共同走私与放纵走私的想象竞合，应从一重罪处断。笔者不同意该观点。在该种放纵走私过程中，海关工作人员与走私犯罪分子事先并没有通谋，只是明知他人实施走私行为，而出于徇私情、私利等原因不依法查纠，对走私犯罪采取放任态度的，他们之间没有共同的走私故意和走私行为，这种行为应当认定为放纵走私罪，而不能认定为共同走私。

（三）既受贿又放纵走私的情形

《走私意见》第16条第2款规定："海关工作人员收受贿赂又放纵走私的，应以受贿罪和放纵走私罪数罪并罚。"该规定主要是考虑到受贿罪和放纵走私罪都是非常严重的犯罪，两罪并罚更能符合罪责刑相适应的原则，也体现了国家对此类犯罪严厉打击的精神。

三、海关工作人员在办理走私案件中，对应当移交司法机关的案件不移交，如何认定

此时应分两种情况区别对待：

1. 如果海关工作人员在办理走私案件的过程中，发现走私行为可能构成走私罪，却徇私舞弊，既不将案件移交司法机关追究刑事责任，也不按海关法做出处

理，应认定为放纵走私罪。

2. 如果徇私舞弊不将案件移交司法机关追究刑事责任，而是以海关法处理了事的，则应认定为徇私舞弊不移交刑事案件罪。我们认为，首先，放纵走私罪的本质在于，明知是走私犯罪而故意放行的行为，就是说，作为海关工作人员对于走私行为没有做出任何处理，而是听之任之，这种情况当然也就谈不上移交司法机关处理的问题。与放纵走私罪相比，徇私舞弊不移交刑事案件罪的本质在于，对本应移交司法机关处理的构成犯罪的案件不移交而是以海关法处理了事，从而干扰了正常的法律秩序，也姑息了走私犯罪。因此，是否按照海关法进行处理，是法律设定的两罪区别的关键所在。其次，在放纵走私罪中，由于确实放纵了走私，社会危害性严重。而在徇私舞弊不移交刑事案件罪中，虽然没有按规定移交司法机关处理，但还是依照海关法做出了一定的处理，行为的社会危害性相对轻一些。因此，放纵走私罪的法定刑重于徇私舞弊不移交刑事案件罪，是符合罪责刑相适应原则的。

四、本罪罪与非罪的界限

如果行为人主观上不是明知，而是由于其业务知识、经验不足，或者是调查研究不够充分，工作作风不够深入，思想方法简单等造成认识偏颇而发生的错误行为，即使造成一定危害后果的，一般也不构成犯罪，如果情节严重或者造成重大后果而构成其他犯罪的，应以其他相应犯罪论处。

五、本罪与玩忽职守罪的界限

海关工作人员严重不负责任，对应当发现的走私行为没有发现，造成严重后果的，应以玩忽职守罪处罚。两罪的主要区别在于：本罪的主体只能是海关工作人员，而后罪的主体不仅包括海关工作人员，而且包括其他国家机关工作人员；本罪的主观方面是直接故意，而后罪的主观方面只能是过失。

六、本罪与放行偷越国（边）境人员罪的界限

本罪与后罪的主体都可以是海关工作人员，主观上都是故意，且有明确的徇私动机，在客观方面都表现为把非法出入境行为作为合法行为予以放纵。但本罪的客体是海关监管活动，而后罪的客体则主要是国（边）境管理秩序；本罪放纵的是走私行为，而后罪放纵的则是非法进出国（边）境的行为。

【办案依据】

一、《刑法》规定

第四百一十一条 海关工作人员徇私舞弊，放纵走私，情节严重的，处五年以下有期徒刑或者拘役；情节特别严重的，处五年以上有期徒刑。

二、司法文件

《最高人民法院、最高人民检察院、海关总署关于办理走私刑事案件适用法律若干问题的意见》（2002年7月8日，法〔2002〕139号）（节选）

十六、关于放纵走私罪的认定问题

依照刑法第四百一十一条的规定，负有特定监管义务的海关工作人员徇私舞弊，利用职权，放任、纵容走私犯罪行为，情节严重的，构成放纵走私罪。放纵走私行为，一般是消极的不作为。如果海关工作人员与走私分子通谋，在放纵走私过程中以积极的行为配合走私分子逃避海关监管或者在放纵走私之后分得赃款的，应以共同走私犯罪追究刑事责任。

海关工作人员收受贿赂又放纵走私的，应以受贿罪和放纵走私罪数罪并罚。

三、其他文件

《中华人民共和国海关法》（2021年4月29日）（节选）

第七十二条 海关工作人员必须秉公执法，廉洁自律，忠于职守，文明服务，不得有下列行为：

（一）包庇、纵容走私或者与他人串通进行走私；

（二）非法限制他人人身自由，非法检查他人身体、住所或者场所，非法检查、扣留进出境运输工具、货物、物品；

（三）利用职权为自己或者他人谋取私利；

（四）索取、收受贿赂；

（五）泄露国家秘密、商业秘密和海关工作秘密；

（六）滥用职权，故意刁难，拖延监管、查验；

（七）购买、私分、占用没收的走私货物、物品；

（八）参与或者变相参与营利性经营活动；

（九）违反法定程序或者超越权限执行职务；

（十）其他违法行为。

第九十六条　海关工作人员有本法第七十二条所列行为之一的，依法给予行政处分；有违法所得的，依法没收违法所得；构成犯罪的，依法追究刑事责任。

第二十三章　商检徇私舞弊罪

【立案追诉标准】

商检徇私舞弊案（《刑法》第412条第1款）

一、涉嫌下列情形之一的，应予立案：

1. 采取伪造、变造的手段对报检的商品的单证、印章、标志、封识、质量认证标志等作虚假的证明或者出具不真实的证明结论的；

2. 将送检的合格商品检验为不合格，或者将不合格商品检验为合格的；

3. 对明知是不合格的商品，不检验而出具合格检验结果的；

4. 其他伪造检验结果应予追究刑事责任的情形。

二、商检徇私舞弊重特大案

（一）重大案件

1. 造成直接经济损失五十万元以上的；

2. 徇私舞弊，三次以上伪造检验结果的。

（二）特大案件

1. 造成直接经济损失一百万元以上的；

2. 徇私舞弊，五次以上伪造检验结果的。

《最高人民检察院关于渎职侵权犯罪案件立案标准的规定》（2006年7月26日）；《人民检察院直接受理立案侦查的渎职侵权重特大案件标准（试行）》（2001年8月4日）

【犯罪构成及刑事责任】

商检徇私舞弊罪，是指国家商检部门、商检机构的工作人员徇私舞弊，故意伪造检验结果的行为。构成本罪需要具备以下四个要件：

1. 客体要件。本罪侵犯的客体是国家进出口商品检验部门、机构的正常活动及国家其他有关机关的正常活动。

2. 客观要件。本罪在客观方面表现为国家商检部门、商检机构的工作人员徇私舞弊，故意伪造检验结果的行为。

徇私舞弊，故意伪造检验结果，是指行为人明知商检制度和我国进出口商品检验法等法律、法规有关商品检验的规定，却为图私利、徇私情，有法不依，有章不循，滥用职权，违背事实，作黑白颠倒的商检结果或者出具虚假的商品检验证单的行为。行为的表现形式多种多样，如对不合格的商品作检验合格的结果，对合格的商品作检验不合格的结果；为出具检验证书更换检验标的物；或者直接篡改检验证书；等等。本罪是行为犯，只要行为人实施了伪造检验结果的行为，就已经侵犯了国家的进出口商检制度，构成犯罪既遂。造成严重后果，只是加重法定刑的问题。根据《渎职立案标准》，商检徇私舞弊，只要涉嫌下列情形之一的，应予立案：（1）采取伪造、变造的手段对报检的商品的单证、印章、标志、封识、质量认证标志等作虚假的证明或者出具不真实的证明结论的；（2）将送检的合格商品检验为不合格，或者将不合格商品检验为合格的；（3）对明知是不合格的商品，不检验而出具合格检验结果的；（4）其他伪造检验结果应予追究刑事责任的情形。

3. 主体要件。本罪的主体为特殊主体，即国家商检部门、商检机构的工作人员。所谓国家商检部门，是指国务院商品检验部门，即国家进出口商品检验局。所谓商检机构，是指国家商检部门设在各地的进出口商品检验机构，即各省、自治区、直辖市进出口商品检验局。应当注意的是，在国家商检部门或商检机构指定的检验机构中工作的人员，如果有徇私舞弊，伪造检验结果的行为，也应以本罪论处。所谓国家商检部门或商检机构指定的检验机构，是指国家商检局指定的关于专门从事进出口商品检验的法人机构，如中国进出口商品检验总公司及其分公司，以及由于某些商品具有特殊性，一般检验机构很难从事这项检验工作，国家指定的专门负责对特殊进出口商品进行检验的有关机构，如进出口药品的检验由卫生部指定的药品检验部门办理；进出口食品的卫生检验和检疫由食品卫生检验机构办理；计量器具的检验由计量部门办理；进出口锅炉及压力容器的检验由劳动和社会保障部锅炉压力容器安全监察部门办理；船舶、主要船用设备及材料、集装箱的船舶规范检验由交通运输部船舶规范检验机构办理等。

4. 主观要件。本罪在主观方面只能由故意构成，过失不构成本罪。虽为故意但不徇私，而滥用职权伪造、出具虚假商检结果的，如果造成公共财产、国家和人民利益重大损失，则应以滥用职权罪定罪。至于其动机，有的是帮助亲朋好友，有的是泄愤报复，有的是讨好上级等。动机为何，不会影响本罪成立。

根据《刑法》第412条的规定，犯本罪，处五年以下有期徒刑或者拘役；造成严重后果的，处五年以上十年以下有期徒刑。

【疑难指导】

一、本罪罪与非罪的界限

根据《刑法》的规定，本罪的构成，并不需要造成严重后果。造成严重后果只是本罪加重处罚的情节。只要行为人在主观上是故意，并且实施了徇私舞弊，伪造商检结果的行为，就可构成犯罪。当然，在实践中还需注意的是，并非只要有这种行为就构成，还需要根据行为人伪造的次数、情节、涉及商品的数额、造成的影响等因素具体分析，综合判断。

二、本罪与相关犯罪的界限

（一）本罪与滥用职权罪的界限

本罪也是商检人员徇私舞弊滥用职权的渎职犯罪，它与《刑法》第397条规定的滥用职权罪都是行为人滥用职权的结果。主观上也有相同之处。二者的区别主要是：

1. 主体不同。本罪的主体是特定的，即国家的商检机构的工作人员。后者的主体是泛指国家机关工作人员。

2. 犯罪对象不同。本罪的犯罪对象是商品检验检疫法律法规中规定必须进行商品检验的商品，如果商检人员伪造商检结果针对的不是应该进行商品检验的商品，则不构成本罪，而是根据其行为的性质和造成的危害结果的大小，以滥用职权罪或其他罪的共犯处罚。后者则没有特定犯罪对象。

（二）本罪与逃避商检罪的界限

二者的最终目的与结果都是使应该进行商品检验才能进口或出口的商品没有检验或虽检验但不合格的商品进口或出口，破坏国家商品检验制度的行为。二者造成的危害结果在客观上也基本相同。二者的区别主要是：

1. 犯罪的主体不同。本罪的主体是特殊主体，即国家商检部门、商检机构的工作人员和这些部门、机构指定的商检机构的检验人员；后者的主体是一般主体，包括自然人和单位，指应当向商检机构报检的进出口商品发货人和收货人。

2. 犯罪的客观方面表现不同。后者表现为违反进出口商检法规定，对应当由商检机构检验的进口商品未报检验合格而擅自在境内销售或使用，或者对应当由商检机构检验的出口商品未报检验合格而擅自出口，以及对商检机构抽检不合格的上述商品以外的商品擅自出口，情节严重的行为；本罪则表现为行为人徇私舞弊、伪造商检结果，如使不合格的商品成为合格的商品，从而得以以合法的形式进出口的行为。

三、收受贿赂后又实施商检徇私舞弊犯罪行为的定性

在司法实践中，商检徇私舞弊犯罪常与受贿连在一起，行为人往往是先收受贿赂，而后利用职务便利在商品检验中徇私舞弊，为他人谋利益。在这种情况下，如果收受贿赂数额没有达到犯罪起点，行为人在商品检验中伪造检验结果，构成犯罪的，以商检徇私舞弊罪定罪处罚；但如果收受贿赂已达到犯罪起点，又伪造检验结果的，则其行为就既构成受贿罪，又构成商检徇私舞弊罪，这种情况下，是按一罪还是数罪处理？

对于这种情况，1988 年的《全国人民代表大会常务委员会关于惩治贪污罪贿赂罪的补充规定》曾规定：“因受贿而进行违法活动构成其他罪的，依照数罪并罚的规定处罚。”但 1997 年《刑法》修订时将其删去。现行《刑法》第 399 条第 4 款规定：“司法工作人员收受贿赂，有前三款行为的，同时又构成本法第三百八十五条规定之罪的，依照处罚较重的规定定罪处罚。”这一规定能否适用于其他徇私舞弊犯罪，学界意见不一。第一种观点认为，该规定属于吸收犯形态，应按吸收犯处理。[①] 第二种观点认为，在此情况下，就产生了刑法理论中的“法条竞合”现象。[②] 第三种观点认为，这种情况下的牵连关系并不明晰，应当认为是两种完全不同的犯罪，按照数罪并罚原则处理。[③] 第四种观点认为，这种情况下属于牵连犯。[④] 但对于如何处罚，有两种意见。一种意见认为应当从一重罪处罚，即按数罪中最重的一个定罪。这种情形与《刑法》第 399 条第 4 款规定的情形相同，因而可以也应当比照该款规定从一重罪处罚。[⑤] 另一种意见认为，《刑法》第 399 条第 4 款的规定对其他渎职罪既不能适用，也无指导作用，渎职犯罪牵连受贿犯罪的，应当实行数罪并罚。[⑥]

笔者认为，这种情形下应当数罪并罚，《刑法》第 399 条第 4 款属于特别规定，不具有普遍意义。《渎职司法解释（一）》第 3 条规定：“国家机关工作人员实施渎职犯罪并收受贿赂，同时构成受贿罪的，除刑法另有规定外，以渎职犯罪和受贿罪数罪并罚。”这里“刑法另有规定”，应指《刑法》第 399 条第 4 款。

【办案依据】

一、《刑法》规定

第四百一十二条 国家商检部门、商检机构的工作人员徇私舞弊，伪造检验结果的，处五年以下有期徒刑或者拘役；造成严重后果的，处五年以上十年以下有期徒刑。

前款所列人员严重不负责任，对应当检验的物品不检验，或者延误检验出证、错误出证，致使国家利益遭受重大损失的，处三年以下有期徒刑或者拘役。

---

① 全国人大法工委刑法室编：《中华人民共和国刑法释义》，法律出版社 1997 年版，第 568 页。

② 黄奇中：《刑法第 399 条第 4 款的理解与适用》，载《中国刑事法杂志》2004 年第 4 期。

③ 胡云腾主编：《刑法条文案例精解》，法律出版社 2004 年版，第 58 页。

④ 周光权：《刑法各论讲义》，清华大学出版社 2003 年版，第 575 页。

⑤ 黄奇中：《刑法第 399 条第 4 款的理解与适用》，载《中国刑事法杂志》2004 年第 4 期。

⑥ 刘志高：《刑法第 399 条第 4 款的司法适用》，载《政治与法律》2006 年第 1 期。

二、其他文件

（一）《中华人民共和国进出口商品检验法》（2021年4月29日）（节选）

第三十六条　国家商检部门、商检机构的工作人员滥用职权，故意刁难的，徇私舞弊，伪造检验结果的，或者玩忽职守，延误检验出证的，依法给予行政处分；构成犯罪的，依法追究州事责任。

（二）《中华人民共和国进出口商品检验法实施条例》（2019年3月2日）（节选）

第五十六条　出入境检验检疫机构的工作人员滥用职权，故意刁难当事人的，徇私舞弊，伪造检验结果的，或者玩忽职守，延误检验出证的，依法给予行政处分；违反有关法律、行政法规规定签发出口货物原产地证明的，依法给予行政处分，没收违法所得；构成犯罪的，依法追究刑事责任。

第二十四章　商检失职罪

【立案追诉标准】

商检失职案（《刑法》第 412 条第 2 款）

一、涉嫌下列情形之一的，应予立案：

1. 致使不合格的食品、药品、医疗器械等商品出入境，严重危害生命健康的；

2. 造成个人财产直接经济损失 15 万元以上，或者直接经济损失不满 15 万元，但间接经济损失 75 万元以上的；

3. 造成公共财产、法人或者其他组织财产直接经济损失 30 万元以上，或者直接经济损失不满 30 万元，但间接经济损失 150 万元以上的；

4. 未经检验，出具合格检验结果，致使国家禁止进口的固体废物、液态废物和气态废物等进入境内的；

5. 不检验或者延误检验出证、错误出证，引起国际经济贸易纠纷，严重影响国家对外经贸关系，或者严重损害国家声誉的；

6. 其他致使国家利益遭受重大损失的情形。

二、商检失职重特大案

（一）重大案件

1. 造成直接经济损失 100 万元以上的；

2. 5 次以上不检验或者延误检验出证、错误出证的。

（二）特大案件

1. 造成直接经济损失 300 万元以上的；

2. 7 次以上不检验或者延误检验出证、错误出证的。

《最高人民检察院关于渎职侵权犯罪案件立案标准的规定》（2006 年 7 月 26 日）；《人民检察院直接受理立案侦查的渎职侵权重特大案件标准（试行）》（2001 年 8 月 4 日）

【犯罪构成及刑事责任】

商检失职罪，是指国家商检部门、商检机构的工作人员玩忽职守，严重不负责任，对应当检验的物品不检验，或者延误检验出证，错误出证，导致国家利益遭受重大损失的行为。构成本罪需要具备以下四个要件：

1. 客体要件。本罪侵犯的客体是国家进出口商品检验部门、机构的正常活动及国家其他有关机关的正常活动。

2. 客观要件。本罪在客观方面表现为国家商检部门、商检机构的工作人员玩忽职守，严重不负责任，对应当检验的物品不检验，或者延误检验出证，错误出证，导致国家利益遭受重大损失的行为。

3. 主体要件。本罪的主体为特殊主体，即国家商检部门、商检机构的工作人员。所谓国家商检部门，是指国务院商品检验部门，即国家进出口商品检验局。

4. 主观要件。本罪在主观方面只能由过失构成，故意不构成本罪。

根据《刑法》第 412 条的规定，犯本罪的，处三年以下有期徒刑或者拘役。

【疑难指导】

一、本罪罪与非罪的界限

根据《刑法》的规定，本罪只有造成严重后果，才应追究行为的刑事责任。即行为人出具不真实的商检结果，并且造成严重后果，才能构成本罪。如果并未造成严重后果，行为人过失出具不真实商检结果的，并不构成犯罪。何谓严重后果，可以参见上述立案标准。

二、本罪犯罪主体的认定

本罪的主体为特殊主体，即国家商检部门、商检机构的工作人员。所谓国家商检部门，是指国务院商品检验部门，即国家进出口商品检验局。所谓商检机构，是指国家商检部门设在各地的进出口商品检验机构，即各省、自治区、直辖市进出口商品检验局。应当注意的是，在国家商检部门或商检机构指定的检验机构中工作的人员，如果有徇私舞弊，伪造检验结果的行为，也应以本罪论处。所谓国家商检部门或商检机构指定的检验机构，是指国家商检局指定的关于专门从事进出口商品检验的法人机构，如中国进出口商品检验总公司及其分公司，以及由于某些商品具有特殊性，一般检验机构很难从事这项检验工作，国家指定的专门负责对特殊进出口商品进行检验的有关机构，如进出口药品的检验由卫生部指定的药品检验部门办理；进出口食品的卫生检验和检疫由食品卫生检验机构办理；计量器具的检验由计量部门办理；进出口锅炉及压力容器的检验由劳动和社会保障部锅炉压力容器安全监察部门办理；船舶、主要船用设备及材料、集装箱的船舶规范检验由交通运输部船舶规范检验机构办理；等等。

三、如何把握本罪的客观表现

本罪在客观方面表现为国家商检部门、商检机构的工作人员玩忽职守，严重不负责任，对应当检验的物品不检验，或者延误检验出证，错误出证，导致国家利益遭受重大损失的行为。

所谓玩忽职守，严重不负责任，是指不履行职守或者不正确、不认真履行自己的职守。在本罪具体表现为三种情况：

1. 对应当检验的物品不检验。根据《中华人民共和国进出口商品检验法》第5条规定，对于《商检机构实施检验的进出口商品种类表》中所列的商品（除经收货人、发货人申请，国家商检部门审查批准可以免检的外），以及其他法律、行政法规规定必须经商检机构检验的进出口商品，必须经商检机构或者国家商检部门、商检机构指定的检验机构检验。应当检验而不检验，并出于过失致使国家利益遭受重大损失的，即构成本罪。应当检验而不检验，既包括根本不作检验，又包括虽然检验但只对部分物品及内容进行检验，即不对应当检验的进出口商品就其品种、质量、规格、数量、重量、包装以及是否符合安全、卫生要求等作全面的检验。

2. 延误检验出证。其是指虽然对应当检验的进出口商品进行了检验，但由于工作拖拉而致商品检验出具结果超出了法定的商品检验出证的期限。此时，只要超出了时间，不论其检验结果是否出错，都可构成本罪客观行为。根据《中华人民共和国进出口商品检验法》第 12 条规定，必须经商检机构检验的进口商品的收货人或者其代理人，应当在商检机构规定的地点和期限内，接受商检机构对进口商品的检验。商检机构应当在国家商检部门统一规定的期限内检验完毕，并出具检验证单。第 13 条规定，必须经商检机构检验的进口商品以外的进口商品的收货人，发现进口商品质量不合格或者残损短缺，需要由商检机构出证索赔的，应当向商检机构申请检验出证。第 15 条规定，必须经商检机构检验的出口商品的发货人或者其代理人，应当在商检机构规定的地点和期限内，向商检机构报检。商检机构应当在国家商检部门统一规定的期限内检验完毕，并出具检验证单。第 16 条规定，经商检机构检验合格发给检验证单的出口商品，应当在商检机构规定的期限内报关出口；超过期限的，应当重新报检。

3. 错误出证。是指对应检商品进行检验后所出具的检验结果证明内容错误，与被检商品的客观情况不相符合，如把合格检验为不合格，不合格又检验成合格等。既可以是检验的全部内容不符合事实，也可以是其中的部分内容，如规格、数量、包装等部分内容不符合事实。

本罪是结果犯，只有使国家利益遭受重大损失的，才构成犯罪。所谓致使国家利益遭受重大损失，一般是指大批出口商品被退回，或者给予外商巨额经济赔偿；大批合同订单被取消；或者进口不合格商品不能使用、销售；严重损害了对外贸易关系；使国家的声誉受到严重影响；等等。

四、本罪与玩忽职守罪的界限

二者的区别是：

1. 行为的对象不同。本罪的对象是对应当进行检验的进出口商品，后者的对象不特定。

2. 主体不同。本罪是国家商检部门、商检机构的工作人员；后者是国家机关的工作人员。

3. 客观方面不同。本罪表现为行为人玩忽职守，严重不负责任，对应当检验的物品不检验，或者延误检验出证，错误出证，导致国家利益遭受重大损失的行为。后者表现为不履行、不认真履行职责，致使公共财产、国家和人民利益遭受重大损失的行为。

五、本罪与重大责任事故罪的界限

二者的区别主要表现在：

1. 犯罪主体不同。本罪主体是国家商检部门、商检机构的工作人员。后者的主体可以是国家工作人员，也可以是非国家工作人员。

2. 侵犯的客体不同。本罪的客体是国家进出口商品检验部门、机构的正常活动及国家其他有关机关的正常活动。后者的客体是公共安全。

3. 发生的领域和环节不同。本罪只能发生在应当对进出口商品进行检验的过程中。后者发生在工厂、矿山、林场、建筑企业或者其他企业、事业单位的生产、作业中，以及直接指挥生产、作业的过程中。

【办案依据】

一、《刑法》规定

第四百一十二条 国家商检部门、商检机构的工作人员徇私舞弊，伪造检验结果的，处五年以下有期徒刑或者拘役；造成严重后果的，处五年以上十年以下有期徒刑。

前款所列人员严重不负责任，对应当检验的物品不检验，或者延误检验出证、错误出证，致使国家利益遭受重大损失的，处三年以下有期徒刑或者拘役。

二、其他文件

（一）《中华人民共和国进出口商品检验法》（2021年4月29日）（节选）

第三十六条 国家商检部门、商检机构的工作人员滥用职权，故意刁难的，徇私舞弊，伪造检验结果的，或者玩忽职守，延误检验出证的，依法给予行政处分；构成犯罪的，依法追究刑事责任。

（二）《中华人民共和国进出口商品检验法实施条例》（2022 年 3 月 29 日）（节选）

第五十五条　出入境检验检疫机构的工作人员滥用职权，故意刁难当事人的，徇私舞弊，伪造检验结果的，或者玩忽职守，延误检验出证的，依法给予行政处分；违反有关法律、行政法规规定签发出口货物原产地证明的，依法给予行政处分，没收违法所得；构成犯罪的，依法追究刑事责任。

第二十五章　动植物检疫徇私舞弊罪

【立案追诉标准】

动植物检疫徇私舞弊案（《刑法》第 413 条第 1 款）

一、涉嫌下列情形之一的，应予立案：

1. 采取伪造、变造的手段对检疫的单证、印章、标志、封识等作虚假的证明或者出具不真实的结论的；

2. 将送检的合格动植物检疫为不合格，或者将不合格动植物检疫为合格的；

3. 对明知是不合格的动植物，不检疫而出具合格检疫结果的；

4. 其他伪造检疫结果应予追究刑事责任的情形。

二、动植物检疫徇私舞弊重特大案

（一）重大案件

1. 徇私舞弊，三次以上伪造检疫结果的；

2. 造成直接经济损失五十万元以上的。

（二）特大案件

1. 徇私舞弊，五次以上伪造检疫结果的；

2. 造成直接经济损失一百万元以上的。

《最高人民检察院关于渎职侵权犯罪案件立案标准的规定》（2006 年 7 月 26 日）；《人民检察院直接受理立案侦查的渎职侵权重特大案件标准（试行）》（2001 年 8 月 4 日）

【犯罪构成及刑事责任】

动植物检疫徇私舞弊罪，是指动植物检疫机关的检疫人员徇私舞弊，伪造检疫结果的行为。构成本罪需要具备以下四个要件：

1. 客体要件。本罪侵犯的客体是国家动植物检疫机关的正常活动。徇私舞弊行为使国家动植物检疫法律、法规的顺利实施受到严重干扰，损害了国家动植物检疫机关的威信，影响国家动植物检疫机关的正常活动。

2. 客观要件。本罪在客观方面表现为检疫人员徇私舞弊，伪造检疫结果的行为。构成本罪，不要求造成严重后果；造成严重后果，是本罪的加重情节。

3. 主体要件。本罪的主体是特殊主体，即动植物检疫机关的检疫人员。动植物检疫机关，包括国家动植物检疫机关及其在对外开放的口岸和进出境动植物检疫业务集中的地点设立的口岸动植物检疫机关。

4. 主观要件。本罪在主观方面必须是出于故意，即行为人明知自己的徇私舞弊行为是违反有关法律规定的，明知自己行为可能产生的后果，而对这种后果的发生持希望或者放任的态度。行为人的犯罪动机是徇私，有的是为了贪图钱财等不法利益，有的是因碍于亲朋好友情面而徇私舞弊，有的是出于报复或嫉妒心理而徇私舞弊等。

根据《刑法》第 413 条规定，犯本罪的，处五年以下有期徒刑或者拘役；造成严重后果的，处五年以上十年以下有期徒刑。

【疑难指导】

一、正确把握本罪的客观表现

本罪在客观方面表现为检疫人员徇私舞弊，伪造检疫结果的行为。

根据《中华人民共和国进出境动植物检疫法》及其实施条例规定，进出境的动植物、动植物产品和其他检疫物，装载动植物、动植物物品和其他检疫物的容器、包装铺垫材料以及来自动植物检疫区的运输工具、进境拆解的废旧船舶，有关法律、行政法规、国际条约规定或者贸易合同约定应当实施进出境动植物检疫的其他货物物品应当依法进行检疫。

伪造检疫结果，是指滥用职权，出具虚假的、不符合应检物品实际情况的检疫结果，如根本不对应检动植物等检疫物进行检疫而放任危害结果出具检疫结果；明知为不合格的检疫物品但为了徇私仍然签发、出具检疫合格的单证或在海关报关单上加盖检疫合格印章，为检疫合格的检疫物品出具不合格的检疫证明等。其具体表现在检疫放行通知单、动物过境许可证、动物检疫证书、植物检疫证书、动物健康证书、兽医卫生证书、熏蒸消毒证书等由检疫机关出具的有关动植物及其产品及其他检疫物健康或者卫生情况检疫证书中。应当指出，伪造检疫结果，既包括伪造、出具被检疫的内容全部虚假的结果，又包括伪造、出具被检疫的内容部分不符合事实的结果。

构成本罪，不要求造成严重后果；造成严重后果，是本罪的加重情节。

根据《渎职立案标准》的规定，行为人徇私舞弊，伪造检疫结果涉嫌下列情形之一的，应予立案：（1）采取伪造、变造的手段对检疫的单证、印章、标志、封识等作虚假的证明或者出具不真实的结论的；（2）将送检的合格动植物检疫为不合格，或者将不合格动植物检疫为合格的；（3）对明知是不合格的动植物，不检疫而出具合格检疫结果的；（4）其他伪造检疫结果应予追究刑事责任的情形。

二、本罪罪与非罪的界限

根据《刑法》的规定，构成本罪并不要求实际造成严重后果。严重后果是对行为量刑时考虑的因素。只要行为人明知其伪造检疫结果，但仍故意实施伪造行为的，就可成立本罪。当然，构成犯罪还必须具有一定的标准，并非一切伪造检疫结果的行为都构成犯罪，而应根据具体情况分析。如需根据行为人伪造的次数、情节及动植物检疫数额的大小，造成的影响等综合认定。

三、本罪与相关犯罪的界限

（一）本罪与妨害国境卫生检疫罪的界限

两罪都是故意犯罪，而且都可能引起检疫病进入社会生产、人民生活之中，造成大范围、大面积的传播，危害不特定多数人的健康和财产。但是二者又有原则性的区别：

1. 主体不同。前罪的主体只能是动植物检疫机关的检疫人员，其他自然人或单位都不能成为该罪的主体；后者则是自然人和单位都能成为其犯罪的主体。

2. 故意内容不一样。前罪行为人的故意是明知自己伪造动植物检疫结果而为之；后罪行为人的故意是明知应当接受国境卫生检疫检查，而故意逃避或拒绝检查。

3. 客观方面不同。前罪表现为行为人徇私舞弊，伪造检疫结果；后罪表现为行为人违反国境检疫规定，逃避对人身或者物品的卫生检查，已经引起检疫传染病的传播，或者有引起检疫传染病传播危险的行为。前罪的犯罪对象是应当进行检疫的进出境动植物；后罪的犯罪对象则是对进出境的人身或物品的卫生检疫。

（二）本罪与逃避动植物检疫罪的界限

两罪都与动植物检疫有关，违反进出境动植物检疫法的规定的犯罪，二者的区别主要表现在：

1. 主体不同。前罪的主体是特殊主体，只能是动植物检疫机关的检疫人员；后罪的主体是一般主体，主要是指运输、携带、邮寄动植物，动植物产品和其他检疫物进出境的人员。

2. 主观方面不同。前罪是故意犯罪；后罪则是故意违反动植物检疫规定，逃避或拒绝接受检查，但对引起重大动植物疫情这一结果是过失。

3. 客观方面不同。前罪是行为人徇私舞弊、伪造检验结果；后者是违反进出境动植物检疫法的规定，引起重大动植物疫情的行为。后者必须有严重结果，才能成立该罪。而前者则不以有危害结果为成立要件。

（三）本罪与商检徇私舞弊罪的界限

两罪都是故意犯罪，都是通过伪造、变造手段实施犯罪行为。但两罪之间也存在原则区别：

1. 犯罪主体不同。本罪的主体是动植物检疫机关的检疫人员；后者的主体是国家商检机构工作的商检人员。

2. 客观方面不同。前者表现为伪造动植物检疫结果；后者表现为伪造商品检验的结果。

3. 客体不同。前者侵犯的客体是国家对进出境动植物进行检疫的管理活动；后者侵犯的客体是国家对进出境商品实行检验的正常管理活动。

四、本罪一罪与数罪的不同情形

根据《刑法》的规定，动植物检疫机关的检疫人员，徇私舞弊，伪造检疫结果的，构成本罪。实践中，行为人伪造检疫结果如果出于贪利动机，还应查明行为人是否同时存在受贿的情形。如果收受他人财物等已达到受贿罪的立案标准，则对行为人应当以本罪和受贿罪实行数罪并罚。

【办案依据】

一、《刑法》规定

第四百一十三条 动植物检疫机关的检疫人员徇私舞弊，伪造检疫结果的，处五年以下有期徒刑或者拘役；造成严重后果的，处五年以上十年以下有期徒刑。

前款所列人员严重不负责任，对应当检疫的检疫物不检疫，或者延误检疫出证、错误出证，致使国家利益遭受重大损失的，处三年以下有期徒刑或者拘役。

二、其他文件

（一）《中华人民共和国进出境动植物检疫法》（2009年8月27日）（节选）

第四十五条 动植物检疫机关检疫人员滥用职权，徇私舞弊，伪造检疫结果，或者玩忽职守，延误检疫出证，构成犯罪的，依法追究刑事责任；不构成犯罪的，给予行政处分。

（二）《中华人民共和国动物防疫法》（2021年1月22日）（节选）

第九十条 动物疫病预防控制机构及其工作人员违反本法规定，有下列行为之一的，由本级人民政府或者农业农村主管部门责令改正，通报批评；对直接负责的主管人员和其他直接责任人员依法给予处分：

（一）未履行动物疫病监测、检测、评估职责或者伪造监测、检测、评估结果的；

（二）发生动物疫情时未及时进行诊断、调查的；

（三）接到染疫或者疑似染疫报告后，未及时按照国家规定采取措施、上报的；

（四）其他未依照本法规定履行职责的行为。

第一百零九条 违反本法规定，造成人畜共患传染病传播、流行的，依法从重给予处分、处罚。

违反本法规定，构成违反治安管理行为的，依法给予治安管理处罚；构成犯罪的，依法追究刑事责任。

违反本法规定，给他人人身、财产造成损害的，依法承担民事责任。

第二十六章　动植物检疫失职罪

【立案追诉标准】

动植物检疫失职案（《刑法》第413条第2款）

一、涉嫌下列情形之一的，应予立案：

1. 导致疫情发生，造成人员重伤或者死亡的；

2. 导致重大疫情发生、传播或者流行的；

3. 造成个人财产直接经济损失15万元以上，或者直接经济损失不满15万元，但间接经济损失75万元以上的；

4. 造成公共财产或者法人、其他组织财产直接经济损失30万元以上，或者直接经济损失不满30万元，但间接经济损失150万元以上的；

5. 不检疫或者延误检疫出证、错误出证，引起国际经济贸易纠纷，严重影响国家对外经贸关系，或者严重损害国家声誉的；

6. 其他致使国家利益遭受重大损失的情形。

二、动植物检疫失职重特大案

（一）重大案件

1. 造成直接经济损失100万元以上的；

2. 导致疫情发生，造成人员死亡2人以上的；

3. 5次以上不检疫，或者延误检疫出证、错误出证，严重影响国家对外经贸关系和国家声誉的。

（二）特大案件

1. 造成直接经济损失300万元以上的；

2. 导致疫情发生，造成人员死亡5人以上的；

3. 7次以上不检疫，或者延误检疫出证、错误出证，严重影响国家对外经贸关系和国家声誉的。

《最高人民检察院关于渎职侵权犯罪案件立案标准的规定》（2006年7月26日）；《人民检察院直接受理立案侦查的渎职侵权重特大案件标准（试行）》（2001年8月4日）

【犯罪构成及刑事责任】

动植物检疫失职罪，是指动植物检疫机关的检疫人员严重不负责任，对应当检疫的检疫物不检疫，或者延误检疫出证、错误出证，致使国家利益遭受重大损失的行为。构成本罪需要具备以下四个要件：

1. 客体要件。本罪侵犯的客体是国家动植物检疫机关的正常活动。徇私舞弊行为使国家动植物检疫法律、法规的顺利实施受到严重干扰，损害了国家动植物检疫机关的威信，影响国家动植物检疫机关的正常活动。

2. 客观要件。本罪在客观方面表现为动植物检疫机关的检疫人员严重不负责任，对应当检疫的物品不检疫，或者延误检疫出证、错误出证，致使国家利益遭受重大损失的行为。

严重不负责任，是一种严重违背职责义务的行为。《中华人民共和国进出境动植物检疫法》对检疫机关及其工作人员规定了一系列的职责，如对进出境的动植物、动植物产品和其他检疫物，装载动植物、动植物产品和其他检疫物的容器、包装物，以及来自动植物疫区的运输工具，应依照该法规定实施检疫；对输入、输出动植物、动植物产品和其他检疫物，由口岸动植物检疫机关实施检疫，经检疫合格的，检疫机关应签发检疫单证或检疫证书，经检疫不合格的，应签发《检疫处理通知单》；输入、输出的动植物、动植物产品和其他检疫物，需调离海关监管区检疫的，检疫机关应签发《检疫调离通知单》；等等。动植物检疫机关的检疫人员不履行或不忠实履行法律所规定的这些职责，严重不负责任，对应当检疫的物品不检疫，或者不按照规定的地点和期限检疫出证，或者出具与实际情况不相符的检疫单证，致使国家利益遭受重大损失的，符合本罪的客观特征。就方式而言，可分为三种情况：(一) 对应当检疫的检疫物不检疫。既包括对全部应当检疫的检疫物未进行检疫，又包括只对其中部分应当检疫的检疫物进行检疫，对其他应当检疫的检疫物不进行检疫，如只检疫动植物本身，不检疫其装载工具、包装物等。(二) 延误检疫出证。虽然对应当检疫的检疫品进行了检疫，但却未按规定的检疫时间出具检疫结果证明，即超过了检疫期限。超过了检疫期限，不论其所出具的检疫结果是否错误，如果给国家利益造成重大损失的，都可构成本罪。(三) 错误出证。即对检疫物在检疫后出具了不符合检疫物实际情况的虚假的检疫结果证明，如将不合格检疫为合格，将合格检疫成不合格等。只要具有上述三种严重不负责任行为的方式之一即可构成本罪。

本罪属结果犯，只有使国家利益遭受重大损失时才构成犯罪。所谓致使国家利益遭受重大损失，一般是指致使国家遭受重大经济损失；引起动植物疫情，或者有引起动植物疫情严重后果的；严重影响国家的对外贸易关系，损害国家的声誉等。具体标准可参见“立案追诉标准”的相关内容。

3. 主体要件。本罪的主体是特殊主体，即动植物检疫机关的检疫人员。动植物检疫机关，包括国家动植物检疫机关及其在对外开放的口岸和进出境动植物检疫业务集中的地点设立的口岸动植物检疫机关。

4. 主观要件。本罪在主观方面只能由过失构成，故意不构成本罪。

根据《刑法》第 413 条的规定，犯本罪的，处三年以下有期徒刑或者拘役。

【疑难指导】

一、本罪罪与非罪的界限

根据《刑法》的规定，本罪只有致使国家利益遭受重大损失的，才构成犯罪。这里的“国家利益遭受重大损失”可参照《渎职立案标准》来认定。概括起来说就是，动植物检疫失职罪的危害结果可以分为物质性危害结果和非物质性危害结果。

1. 物质性危害结果，是指经过动植物检疫失职行为的作用而引起被损对象的有形的可以具体测量确定的变化结果。如人体的伤害、死亡，财产的损失等。上述《渎职立案标准》对本罪的物质性危害结果采取列举的方式予以明确化、具体化，在实践中较容易掌握和操作，但在实践中对该“立案标准”的具体运用仍应注意以下几个问题：

（1）立案标准第1项规定，因不检疫或延误检疫出证、错误出证，要导致疫情发生，造成人员重伤或者死亡。这里的疫情不一定是重大疫情，一般疫情即可，但要求由于疫情的发生，使人传染上该病，并因此导致人员重伤或者死亡的结果。只要因此导致人员重伤或者死亡的结果，不论重伤或者死亡多少人，都可成罪。

（2）立案标准第2项规定，因不检疫或延误检疫出证、错误出证，要导致重大疫情发生、传播或流行。重大疫情，是指动物一、二类传染病、寄生虫病或植物危险性病、虫、杂草等，上述病虫害的名目由国务院农业主管部门公布。发生，是指重大疫情发生。传播，是指动植物检疫传染病已经传染给其他健康的动植物或人群。流行，是指一个地区某种检疫传染病发病率显著超出该病历年的一般发病率水平。①

（3）立案标准第3项和第4项要求直接经济损失达15万元以上，或者直接经济损失不满15万元，但间接经济损失75万元以上；或者公共财产或者法人、其他组织财产直接经济损失30万元以上或者直接经济损失不满30万元，但间接经济损失150万元以上，但笔者认为有下列情形之一的，虽然合同确定的债权存在，但已无法实现债权的，应认定为行为人的渎职行为造成了经济损失：①债务人已经法定程序被宣告破产的；或者债务人虽未宣告破产，注销工商、税务登记，但名存实亡，无财产可供执行，债权人无法实现债权的。②债务人潜逃，去向不明，侦查终结前未查获有资产可供偿还的；或者债务人死亡，无资产可供继承的。③因行为人的责任，致使超过诉讼时效的。④有证据证明债权无法实现的其他情况。

（4）立案标准第5项规定，因不检疫或者延误检疫出证、错误出证，要引起

① 韩耀元：《渎职罪的定罪与量刑》，人民法院出版社2000年版，第496页。

国际经济贸易纠纷，严重影响国家对外经贸关系，或者严重损害国家声誉。严重影响国家对外经贸关系，或者严重损害国家声誉，是指不检疫或者延误出证、错误出证的行为已使我国外贸企业的信誉或者有关动植物及其制品的声誉受到严重损害，在一定时期内影响我国对外出口和对外贸易的发展。①

2. 非物质性危害结果，是指本罪行为造成的非物质形态的结果，其表现形式不像物质性危害结果那样具有直观性和可测量性，而是要通过对群众心理、社会秩序、国际影响等的综合观察才能体现出来。如上述《渎职立案标准》规定的“严重影响国家对外经贸关系，或者严重损害国家声誉的”就是渎职犯罪的非物质性危害后果。由于《渎职立案标准》对本罪的非物质性危害结果，未作详细列举和说明，故实践中不易把握和认定。根据司法实践，笔者认为，可作如下理解和认定：

（1）本罪行为影响了我国与缔约国或者与其他国家、地区的关系，损害我国在世界上的威望和地位。（2）本罪行为影响了对外方针、政策，造成不良国际影响。（3）本罪行为被国内外媒体广泛报道，严重影响国际形象。（4）本罪行为在一定范围内造成恶劣影响，使他国公民或者国家对我国国家机关及其工作人员信任度下降。（5）本罪行为造成某一地区、某一行业系统不稳定，引起冲突事件发生。（6）本罪行为损害国家机关工作秩序，使一定地区民众对该地区国家机关缺乏信任，公信力大为下降。（7）本罪行为造成其他恶劣社会影响的。②

3. 实践中还应注意本罪与因工作失误或制度、检验方法等原因而导致的延误检疫出证与错误出证的区别。二者的区别主要是：

（1）从主观上，要看行为人是否违反职责规定，主观上是否预见到自己的行为可能发生重大损失的后果。如果违反了职责规定，且主观上应当预见到其行为可能发生危害的结果，但却没有预见，则主观上存在过失。如果行为人并未违反职责，那么即使发生了危害结果，也属主观上无法预见，属意外事件。

（2）从客观上，要看行为人违反职责规定的行为与所发生的危害结果是否具

---

① 樊建民：《论动植物检疫失职罪》，载《河北法学》2007 年 9 月。
② 樊建民：《论动植物检疫失职罪》，载《河北法学》2007 年 9 月。

有刑法上的因果关系，即因果作用力的大小，构成危害结果大小如何，如果没有刑法上的因果关系或因果关系的作用力不大，则属于工作失误。如果具有刑法上的因果关系，并且因果关系的作用力足够大，则属于犯罪。

二、本罪与玩忽职守罪的区别

两罪都是过失犯罪，都是因对工作不负责任、玩忽职守，致使国家利益遭受重大损失的行为。实践中应当从以下几方面把握二者的界限：

（1）行为的对象不同。本罪的对象是应当进行检疫的进出境动植物；后者的对象没有特定。

（2）主体不同。前者的主体是国家检疫机构、部门的动植物检疫人员；后者的主体是国家机关工作人员。

（3）客观方面的表现不同。前者表现为动植物检疫机关的检疫人员严重不负责，对应当检疫的物品不检疫或者延误检疫出证、错误出证，致使国家利益遭受重大损失的行为；后者表现为不履行、不正确履行或放弃履行职责，致使公共财产、国家和人民利益遭受重大损失的行为。后者的含义和范围比前者要广。

在构成本罪的同时，若致使公共财产、国家和人民利益遭受重大损失，则这一玩忽职守行为又符合《刑法》第 397 条玩忽职守罪的一般规定，构成玩忽职守罪。这是一行为触犯了不同的法条，且两法条的内容具有包容关系，成立法条竞合犯。其中玩忽职守罪是一般法，动植物检疫失职罪是特别法，且两法条的法定刑相同，故根据特别法优先的原则，一般应以动植物检疫失职罪定罪处罚。

若动植物检疫机关的检疫人员，严重不负责任，对应当检疫的检疫物不检疫，或者延误检疫出证、错误出证，情节特别严重，致使国家利益遭受重大损失的，构成动植物检疫失职罪；但在构成本罪的同时，此行为又符合《刑法》第 397 条玩忽职守罪的加重情节规定，构成玩忽职守罪。这也是一行为触犯了不同的法条，且两法条的内容具有包容关系，成立法条竞合犯。但因为此时玩忽职守罪的法定刑重于动植物检疫失职罪的法定刑，为了贯彻执行罪责刑相适应的刑法基本原则，不应适用特别法优先的法条竞合原则，根据重法优先的原则处理似乎更为妥当。

若动植物检疫机关的检疫人员，严重不负责任，对应当检疫的检疫物不检疫，或者延误检疫出证、错误出证，虽然没有致使国家利益遭受重大损失，却致使公共财产、人民利益遭受重大损失，则行为不能构成动植物检疫失职罪，只能构成玩忽职守一罪。

三、本罪与商检失职罪的界限

本罪与商检失职罪在主客观方面有很大的相似性，如都发生在进出口检验检疫活动中，都是行为人严重不负责任，对应当检验检疫的物品不检验检疫，或者延误检验检疫出证、错误出证，致使国家利益遭受重大损失；两者都侵犯了国家进出口检验、检疫管理活动等；且因为原国家进出口商品检验局、原国家动植物检验局和原国家卫生检疫局已撤销，其所属机构业已撤销，合并成立了国家进出口检验检疫局，故动植物检疫人员和商品检验人员实际上在一个部门工作，只是所从事的职业分工不同而已。若是负有动植物检疫职责的动植物检疫人员严重不负责任，对应当检疫的检疫物不检疫，或者延误检疫出证、错误出证，致使国家利益遭受重大损失，就构成动植物检疫失职罪；若是负有商品检验职责的商检人员对应当检验的物品不检验，或者延误检验出证、错误出证，致使国家利益遭受重大损失，则构成商检失职罪。

【办案依据】

一、《刑法》规定

第四百一十三条 动植物检疫机关的检疫人员徇私舞弊，伪造检疫结果的，处五年以下有期徒刑或者拘役；造成严重后果的，处五年以上十年以下有期徒刑。

前款所列人员严重不负责任，对应当检疫的检疫物不检疫，或者延误检疫出证、错误出证，致使国家利益遭受重大损失的，处三年以下有期徒刑或者拘役。

二、其他文件

（一）《中华人民共和国进出境动植物检疫法》（2009年8月27日）（节选）

第四十五条 动植物检疫机关检疫人员滥用职权，徇私舞弊，伪造检疫结果，或者玩忽职守，延误检疫出证，构成犯罪的，依法追究刑事责任；不构成犯罪的，给予行政处分。

（二）《中华人民共和国动物防疫法》（2021年1月22日）（节选）

第九十条 动物疫病预防控制机构及其工作人员违反本法规定，有下列行为之一的，由本级人民政府或者农业农村主管部门责令改正，通报批评；对直接负责的主管人员和其他直接责任人员依法给予处分：

（一）未履行动物疫病监测、检测、评估职责或者伪造监测、检测、评估结果的；

（二）发生动物疫情时未及时进行诊断、调查的；

（三）接到染疫或者疑似染疫报告后，未及时按照国家规定采取措施、上报的；

（四）其他未依照本法规定履行职责的行为。

第一百零九条 违反本法规定，造成人畜共患传染病传播、流行的，依法从重给予处分、处罚。

违反本法规定，构成违反治安管理行为的，依法给予治安管理处罚；构成犯罪的，依法追究刑事责任。

违反本法规定，给他人人身、财产造成损害的，依法承担民事责任。

第二十七章 放纵制售伪劣商品犯罪行为罪

【立案追诉标准】

放纵制售伪劣商品犯罪行为案（《刑法》第414条）

一、涉嫌下列情形之一的，应予立案：

1. 放纵生产、销售假药或者有毒、有害食品犯罪行为的；

2. 放纵生产、销售伪劣农药、兽药、化肥、种子犯罪行为的；

3. 放纵依法可能判处三年有期徒刑以上刑罚的生产、销售伪劣商品犯罪行为的；

4. 对生产、销售伪劣商品犯罪行为不履行追究职责，致使生产、销售伪劣商品犯罪行为得以继续的；

5. 3次以上不履行追究职责，或者对3个以上有生产、销售伪劣商品犯罪行为的单位或者个人不履行追究职责的；

6. 其他情节严重的情形。

二、放纵制售伪劣商品犯罪行为重特大案

（一）重大案件

1. 放纵生产、销售假药或者有毒、有害食品犯罪行为，情节恶劣或者后果严重的；

2. 放纵依法可能判处五年以上十年以下有期徒刑刑罚的生产、销售伪劣商品犯罪行为的；

3. 五次以上或者对五个以上有生产、销售伪劣商品犯罪行为的单位或者个人不履行追究职责的。

（二）特大案件

1. 放纵生产、销售假药或者有毒、有害食品犯罪行为，造成人员死亡的；

2. 放纵依法可能判处十年以上刑罚的生产、销售伪劣商品犯罪行为的；

3. 七次以上或者对七个以上有生产、销售伪劣商品犯罪行为的单位或者个人不履行追究职责的。

《最高人民检察院关于渎职侵权犯罪案件立案标准的规定》（2006 年 7 月 26 日）；《人民检察院直接受理立案侦查的渎职侵权重特大案件标准（试行）》（2001 年 8 月 4 日）

【犯罪构成及刑事责任】

放纵制售伪劣商品犯罪行为罪，是指对生产、销售伪劣商品犯罪行为负有追究责任的国家机关工作人员，徇私舞弊，不履行法律规定的追究职责，情节严重的行为。构成本罪需要具备以下四个要件：

1. 客体要件。本罪侵犯的客体是国家对产品质量的监督管理制度。生产、销售伪劣商品的犯罪活动，已成为建立社会主义市场经济体制新形势下危害国计民生的一个突出问题，因而国家十分重视对生产、销售的商品质量的监督管理。如在产品质量法中，具体确定了产品质量监督管理的机构、职责和制度，规定了产品质量责任，并列举了构成犯罪的生产、销售伪劣商品的种种行为。这些规定对于加强产品质量的监督管理，明确产品质量责任，惩治生产、销售伪劣商品的行为，保护用户和消费者的合法权益，保障人体健康以及人身、财产安全，维护社会经济秩序，有着十分重要的意义。国家机关工作人员，徇私舞弊，不履行法律规定的追究职责，必然妨害有关法律、法规的贯彻实施，破坏国家对产品质量的监督管理制度，严重妨害监督管理活动。

2. 客观要件。本罪在客观方面表现为徇私舞弊，对生产、销售伪劣商品犯罪的行为不履行法律规定的追究责任，情节严重的行为。构成本罪表现为不作为，而且表现为纯正的不作为。

构成本罪，必须是不履行法律规定的追究生产、销售伪劣商品犯罪行为达到情节严重的程度。情节严重，一般是指多次不追究生产、销售伪劣商品犯罪的企业事业单位或者个人；或者对多个有生产、销售伪劣商品犯罪行为的单位或者个人不予追究；或者不追究性质严重的生产、销售伪劣商品的企业事业单位或者个人；或者因不追究行为造成严重的后果或者恶劣的影响。具体可参见“立案追诉标准”的相关内容。

3. 主体要件。本罪的主体为特殊主体，即负有追究责任的国家机关工作人员。主要是指负有法律规定的查处生产、销售伪劣商品的违法犯罪行为的义务的国家工作人员，包括各级政府中主管查禁生产、销售伪劣商品的人员；有查禁职责的公安机关、检察机关、法院机关中的司法人员；以及行业主管部门如技术监督部门和工商行政管理部门中的人员。

4. 主观要件。本罪在主观方面是故意。即明知是有生产、销售伪劣商品犯罪行为的犯罪分子而不予追究刑事责任。如果不知是犯罪分子，而不予追究刑事责任，不构成本罪。本罪的动机是徇私。

根据《刑法》第414条的规定，犯本罪的，处五年以下有期徒刑或者拘役。

【疑难指导】

一、正确把握本罪罪与非罪的界限

根据《刑法》的规定，放纵制售伪劣商品的行为只有情节严重的，才构成犯罪。这里情节严重，可以参照《渎职立案标准》的相关规定。此外，构成本罪并不要求实际发生了犯罪分子没有被追诉或者没有被追究责任的结果。只要行为人徇私舞弊，不履行法律规定的追究职责，情节严重，即构成本罪。

实践中，常常有利用国家工作人员政策水平不高、业务能力不强，而生产、销售伪劣商品，逃避法律制裁的现象。对此，负有追究职责的国家工作人员并没有主观上的罪过，不能对此以犯罪论处。也就是说，区分工作失误与构成犯罪的关键在于考察行为人主观是否有罪过。

二、本罪与徇私枉法罪的界限

从广义上讲本罪也是一种徇私枉法行为，但本罪与徇私枉法罪有明显不同，主要区别是：

1. 本罪的主体是对生产、销售伪劣商品负有追究责任的国家机关工作人员，这些人员包括部分司法人员，也包括司法人员以外的其他国家机关工作人员；徇私枉法罪的主体只能是司法人员，即依法从事侦查、审判、监管工作的人员。

2. 本罪是对制售伪劣商品的犯罪行为和犯罪分子徇私舞弊，不履行法律规定的职责，从而放纵这种犯罪行为；徇私枉法罪的行为比较复杂，也包括明知是无罪的人而使其受追诉和在刑事审判活动中故意违背事实和法律作枉法裁判。

3. 本罪行为所对应的犯罪是特定的，只能是制售伪劣商品的犯罪，且只能用不作为的方式实施；徇私枉法行为对应的犯罪是不特定的，只要是具备了刑法分则具体条文规定的犯罪构成的行为即可，并且徇私枉法行为既可以用作为的方式实施，也可以用不作为的方式实施。

4. 司法工作人员明知是制售伪劣商品的犯罪分子而故意包庇不使他受到追诉的，同时构成本罪与徇私枉法罪，应按想象竞合犯，从一重罪处罚。

三、本罪与窝藏、包庇罪的界限

二者都是故意犯罪，都实施了包庇行为，使本应受到法律追究、制裁的犯罪行为人得以逃避法律的制裁，因此，二者的界限容易混淆。二者的区别主要是：

1. 主体不同。前罪的主体是特殊主体，即对生产、销售伪劣商品犯罪行为负有追究责任的国家机关工作人员；后罪的主体是一般主体，凡达到刑事责任年龄，具有刑事责任能力的自然人均可构成本罪。

2. 客观方面表现不同。前罪表现为对负有的追究生产、销售伪劣商品犯罪行为的职责不履行或不正确履行，是其对职责的不履行和利用职务进行的徇私舞弊行为；后罪则表现为实施了帮助犯罪分子的行为，如提供隐蔽处所，向犯罪分子提供钱物，提示方向、线路和场所，以帮助其逃匿；或向司法机关提供不真实的证明，为犯罪分子掩盖罪行等，实质在于为犯罪分子提供条件，帮助其逃避法律制裁。如果行为人对制售伪劣商品的犯罪行为予以包庇是利用了职务，则应以前罪定罪，如果没有利用职务，则应以后罪定罪。

3. 行为对象不同。前罪是对生产、销售伪劣商品的犯罪分子；后罪是对一切犯罪分子，包括未决犯和已决犯。

4. 客体不同。前罪侵犯的客体是国家对产品质量的监督管理制度；后罪侵犯的客体是司法机关同犯罪分子作斗争的正常活动。

四、本罪与徇私舞弊不移交刑事案件罪的区别

徇私舞弊不移交刑事案件罪是指行政执法人员徇私舞弊，对依法应当移交司法机关追究刑事责任的案件不移交，情节严重的行为。本罪与徇私舞弊不移交刑事案件罪在犯罪主体、犯罪对象范围上有交叉关系，但在主观罪过上本罪是放纵的故意，徇私舞弊不移交刑事案件罪是不移交的故意。在客观方面，本罪是放纵行为，徇私舞弊不移交刑事案件罪是对依法应当移交司法机关追究刑事责任的案件不移交，而违法以其他方式处理，如予以掩饰隐瞒不追究任何责任（放纵）或者把犯罪行为当作违法行为处理结案，以行政处罚代替刑事处罚。当对制售伪劣商品犯罪行为负有追究责任的行政执法人员徇私舞弊，对应当移交司法机关追究刑事责任的制售伪劣商品犯罪行为既不移交，也不追究任何责任，而是予以掩饰隐瞒，则其既构成放纵制售伪劣商品犯罪行为罪，也构成徇私舞弊不移交刑事案件罪，属于法条竞合，应当择一重罪论处。

五、本罪与受贿罪的竞合问题

本罪是徇私舞弊不履行法律规定的追究职责，放纵生产、销售伪劣商品犯罪的行为。当行为人在收受了制售伪劣商品犯罪分子的财物后徇私舞弊，对制售伪劣商品犯罪行为放纵不予追究的，则其既构成放纵制售伪劣商品犯罪行为罪又构成受贿罪，属于这两个罪的想象竞合，应该择一重罪论处。

【办案依据】

一、《刑法》规定

第四百一十四条 对生产、销售伪劣商品犯罪行为负有追究责任的国家机关工作人员，徇私舞弊，不履行法律规定的追究职责，情节严重的，处五年以下有期徒刑或者拘役。

二、其他文件

(一)《中华人民共和国消费者权益保护法》(2013年10月25日)(节选)

第六十一条 国家机关工作人员玩忽职守或者包庇经营者侵害消费者合法权益的行为的，由其所在单位或者上级机关给予行政处分；情节严重，构成犯罪的，依法追究刑事责任。

(二)《中华人民共和国产品质量法》(2018年12月29日)(节选)

第八条 国务院市场监督管理部门主管全国产品质量监督工作。国务院有关部门在各自的职责范围内负责产品质量监督工作。

县级以上地方市场监督管理部门主管本行政区域内的产品质量监督工作。县级以上地方人民政府有关部门在各自的职责范围内负责产品质量监督工作。

法律对产品质量的监督部门另有规定的，依照有关法律的规定执行。

第六十五条 各级人民政府工作人员和其他国家机关工作人员有下列情形之一的，依法给予行政处分；构成犯罪的，依法追究刑事责任：

(一)包庇、放纵产品生产、销售中违反本法规定行为的；

(二)向从事违反本法规定的生产、销售活动的当事人通风报信，帮助其逃避查处的；

(三)阻挠、干预市场监督管理部门依法对产品生产、销售中违反本法规定的行为进行查处，造成严重后果的。

第二十八章　办理偷越国（边）境人员出入境证件罪

【立案追诉标准】

办理偷越国（边）境人员出入境证件案（《刑法》第 415 条）

一、负责办理护照、签证以及其他出入境证件的国家机关工作人员涉嫌在办理护照、签证以及其他出入境证件的过程中，对明知是企图偷越国（边）境的人员而予以办理出入境证件的，应予立案。

二、办理偷越国（边）境人员出入境证件重特大案

（一）重大案件

1. 违法办理三人以上的；

2. 违法办理三次以上的；

3. 违法为刑事犯罪分子办证的。

（二）特大案件

1. 违法办理五人以上的；

2. 违法办理五次以上的；

3. 违法为严重刑事犯罪分子办证的。

《最高人民检察院关于渎职侵权犯罪案件立案标准的规定》（2006 年 7 月 26 日）；《人民检察院直接受理立案侦查的渎职侵权重特大案件标准（试行）》（2001 年 8 月 4 日）

【犯罪构成及刑事责任】

办理偷越国（边）境人员出入境证件罪，是指负责办理护照、签证以及其他出入境证件的国家机关工作人员，对明知是企图偷越国（边）境的人员，予以办理出入境证件的行为。构成本罪需要具备以下四个要件：

1. 客体要件。本罪侵犯的客体是国家的出入境管理制度。国家对出入境的人员实行严格的管理制度，对维护国家的主权、安全和社会秩序，保护公民出入境的正当权益，促进国际交往，有着十分重要的意义。《中华人民共和国公民出境入境管理法》和《中华人民共和国出境入境管理法》明确规定了我国的出入境管理制度和出入境管理人员的职责。出入境管理人员违反职责，对明知是企图偷越国（边）境的人员，予以办理出入境证件的，就直接侵害了国家的出入国（边）境管理制度，会给国家安全和社会管理秩序造成严重的损害。因此，对这种渎职行为必须予以刑事制裁。

2. 客观要件。本罪在客观方面表现为在办理护照、签证以及其他出入境证件的过程中，对明知是企图偷越国（边）境的人员，予以办理出入境证件的行为。越境，指越过国（边）境。其中，国境是国与国之间的国境线；边境是指一国内实行有效管理的区域与未对其实施有效管理的分界线。越境必须持有有效的护照、签证或其他诸如边境公务通行证、过境通行证、港澳同胞回乡证等出入境证件。如果没有上述证件或使用超过有效期限的出入境证件而越境的，则都是偷越国（边）境。如果对企图偷越境人员办理出入境证件，即可构成本罪。所谓办理，在本罪中是指对于不符合条件的企图偷越境人员利用职务，非法签发护照、签证等有效证件的行为。所谓护照，是指一国主管机关发给本国公民出国旅行、在外居留、经商等，以证明其国籍和身份的证件，包括外交护照、公务护照和普通护照。所谓签证，是指国内或国外主管机关在本国公民或外国公民所持有的护照或者其他旅行证件上签证、盖章，表示准许其出入国（边）境的行为。除护照、签证外，还有其他可以凭其出入国（边）境的证件，如边防证、海员证、过境通行证、港澳同胞回乡证等。构成本罪，须利用职务上的便利。所谓利用职务，是指利用自己职务范围内的权力，以及地位形成的便利条件。如果没有利用职务，就不可能构成本罪，构成犯罪的，应以他罪如伪造国家机关证件罪等论处。根据《渎职立案标准》负责办理护照、签证以及其他出入境证件的国家机关工作人员涉嫌在办理护照、签证以及其他出入境证件的过程中，对明知是企图偷越国（边）境的人员而予以办理出入境证件的，应予立案。

3. 主体要件。本罪的主体要件为特殊主体，只能由负责办理护照、签证以及其他出入境证件的国家机关工作人员构成，如外交、外事、公安等有关的人员。根据我国出入境管理有关法律、法规的规定，负责办理护照、签证以及其他出入境证件的国家机关是公安部、公安部授权的地方公安机关和外交部、外交部授权的地方外事部门。公安机关和外事部门在国内办理签证、证件的分工，原则上是外交和公务护照的签证由外交部和地方外事部门办理；普通护照的签证由公安机关办理。因而，能够成为办理偷越国（边）境人员出入境证件罪的犯罪主体的，就只能是上述国家机关中负责办理护照、签证等出入境证件的国家机关工作人员。

4. 主观要件。本罪在主观方面是故意犯罪，即明知他人是企图偷越国（边）境的人员而故意给其办理出入境证件，构成本罪须以明知为要件，如果因工作不负责任、疏忽大意、审查不严等原因而错误地为企图偷越国（边）境人员办理了出入境证件，则不构成本罪。但对于严重不负责任，草率从事，造成严重后果的，应当按玩忽职守罪论处。对“明知”的认定，不能仅凭犯罪嫌疑人、被告人的口供，而应根据案件的整个过程、情节予以全面的分析，只要能证明行为人知道或者应当知道对方是企图偷越国（边）境的人员仍予以办理出入境证件的，应认定为“明知”。本罪不要求必须以营利为目的。其动机各种各样，有的可能是出于私利，有的可能是碍于亲友情面等。过失不构成本罪，如后果严重的，可以玩忽职守罪论处。

根据《刑法》第415条规定，犯本罪的，处三年以下有期徒刑或者拘役；情节严重的，处三年以上七年以下有期徒刑。

【疑难指导】

一、本罪与相关犯罪的界限

（一）本罪与提供伪造、变造的出入境证件罪的界限

由于司法实践中负责办理护照、签证以及其他出入境证件的国家机关工作人

员，对明知是企图偷越国（边）境的人员，仍提供伪造、变造的护照、签证等出入境证件的行为，容易导致法律适用上的模糊，因此，有必要区分两罪。两罪的主要区别是：

1. 在犯罪主体上，本罪的主体限定为负责办理护照、签证以及其他出入境证件的国家机关工作人员，是特殊主体，结合我国出入境管理法规及其实施细则的规定，这些国家机关工作人员是指外交部、外事机构、公安部门、港务监督局等有权发证的机关及他们授权的机关工作人员；而提供伪造、变造的出入境证件罪的主体则没有身份上的限制，它不是国家机关工作人员职务上的犯罪，可以由包括国家机关工作人员在内的所有达到刑事责任年龄具有刑事责任能力的自然人实施，其主体是一般主体。

2. 在犯罪客观方面上，本罪表现为对明知是企图偷越国（边）境的人员，予以办理出入境证件的行为；而提供伪造、变造的出入境证件罪，则表现为向他人提供伪造、变造的护照、签证等出入境证件的行为，其中“伪造的出入境证件”，是指无权制作护照、签证等出入境证件的人，非法制作的出入境证件，“变造的出入境证件”，是指用涂改、抹擦、拼接等方法，对真实的出入境证件进行加工改制，改变其真实内容所制作的出入境证件，“提供”既可以是有偿的，也可以是无偿的，不论伪造、变造的出入境证件是行为人自己伪造、变造的，还是他人伪造、变造的，不影响该罪的成立。

3. 在犯罪主观方面上，故意的内容不同。本罪的主观故意表现为行为人明知是企图偷越国（边）境的人员，仍为其办理出入境证件，让企图偷越国（边）境人员偷越国（边）境，或对企图偷越国（边）境表示放任不管；而后罪的主观故意表现为明知是伪造、变造的出入境证件而提供给他人。

（二）本罪与放行偷越国（边）境人员罪的界限

放行偷越国（边）境人员罪是指边防、海关等国家机关工作人员，对明知是偷越国（边）境的人员，予以放行的行为。由于在实践中，该罪往往发生在为偷越国（边）境人员办理出入境证件罪之后，是后继的另一种破坏我国出入境管理秩序的犯罪，因此，有必要区别两罪的不同。两罪的主要区别是：

1. 两罪在客观方面的表现不同。后罪表现为对明知是偷越国（边）境的人员而予以放行的行为，这里的“放行”，是指让偷越国（边）境的人员通过边卡、口岸，进出国（边）境；而本罪在客观方面，则表现为在办理护照、签证以及其他出入境证件的过程中，对明知是企图偷越国（边）境的人员，予以办理出入境证件的行为。

2. 两罪的主体不同。后罪的主体是边防、海关等国家机关工作人员；而本罪的主体为负责办理护照、签证以及其他出入境证件的国家机关工作人员，即指在外交、外事、公安等部门工作，依法行使办理护照、签证以及其他出入境证件职权的人员。

二、本罪一罪与数罪的认定

在司法实践中，要正确区分办理偷越国（边）境人员出入境证件罪的一罪与数罪的不同情形，如果行为人在实施该罪过程中索贿、受贿且数额尚未达到犯罪程度的，按犯该罪且“情节严重”的法定刑幅度处刑，如果索贿、受贿数额达到了犯罪数额的，由于行为人是分别基于两个不同的犯罪故意，实施了两个不存在牵连关系、吸收关系等情形的犯罪行为，符合两种具体犯罪的犯罪构成，故构成数罪，应分别定罪，按数罪并罚原则，实行并罚。

如果行为人在实施该罪过程中，采取的是伪造、变造出入境证件的手段，给企图偷越国（边）境人员办理出入境证件的，由于两个犯罪行为是手段与目的的牵连关系，故不以数罪处理，而应按处理牵连犯的原则“从一重罪”，以本罪且“情节严重”的法定刑从重处罚。

如果行为人在实施本罪的过程中，采取伪造、变造或盗窃本机关印章的手段，给企图偷越国（边）境人员办理出入境证件的，也不以数罪处理，也按处理牵连犯的原则“从一重罪”，以本罪且“情节严重”的法定刑从重处罚。

【办案依据】

一、《刑法》规定

第四百一十五条　负责办理护照、签证以及其他出入境证件的国家机关工作人员，对明知是企图偷越国（边）境的人员，予以办理出入境证件的，或者边防、海关等国家机关工作人员，对明知是偷越国（边）境的人员，予以放行的，处三年以下有期徒刑或者拘役；情节严重的，处三年以上七年以下有期徒刑。

二、其他文件

《中华人民共和国出境入境管理法》（2012年6月30日）（节选）

第四条 公安部、外交部按照各自职责负责有关出境入境事务的管理。

中华人民共和国驻外使馆、领馆或者外交部委托的其他驻外机构（以下称驻外签证机关）负责在境外签发外国人入境签证。出入境边防检查机关负责实施出境入境边防检查。县级以上地方人民政府公安机关及其出入境管理机构负责外国人停留居留管理。

公安部、外交部可以在各自职责范围内委托县级以上地方人民政府公安机关出入境管理机构、县级以上地方人民政府外事部门受理外国人入境、停留居留申请。

公安部、外交部在出境入境事务管理中，应当加强沟通配合，并与国务院有关部门密切合作，按照各自职责分工，依法行使职权，承担责任。

第十一条第一款 中国公民出境入境，应当向出入境边防检查机关交验本人的护照或者其他旅行证件等出境入境证件，履行规定的手续，经查验准许，方可出境入境。

第十二条 中国公民有下列情形之一的，不准出境：

（一）未持有效出境入境证件或者拒绝、逃避接受边防检查的；

（二）被判处刑罚尚未执行完毕或者属于刑事案件被告人、犯罪嫌疑人的；

（三）有未了结的民事案件，人民法院决定不准出境的；

（四）因妨害国（边）境管理受到刑事处罚或者因非法出境、非法居留、非法就业被其他国家或者地区遣返，未满不准出境规定年限的；

（五）可能危害国家安全和利益，国务院有关主管部门决定不准出境的；

（六）法律、行政法规规定不准出境的其他情形。

第十五条 外国人入境，应当向驻外签证机关申请办理签证，但是本法另有规定的除外。

第十六条 签证分为外交签证、礼遇签证、公务签证、普通签证。

对因外交、公务事由入境的外国人，签发外交、公务签证；对因身份特殊需要给予礼遇的外国人，签发礼遇签证。外交签证、礼遇签证、公务签证的签发范围和签发办法由外交部规定。

对因工作、学习、探亲、旅游、商务活动、人才引进等非外交、公务事由入境的外国人，签发相应类别的普通签证。普通签证的类别和签发办法由国务院规定。

第二十一条　外国人有下列情形之一的，不予签发签证：

（一）被处驱逐出境或者被决定遣送出境，未满不准入境规定年限的；

（二）患有严重精神障碍、传染性肺结核病或者有可能对公共卫生造成重大危害的其他传染病的；

（三）可能危害中国国家安全和利益、破坏社会公共秩序或者从事其他违法犯罪活动的；

（四）在申请签证过程中弄虚作假或者不能保障在中国境内期间所需费用的；

（五）不能提交签证机关要求提交的相关材料的；

（六）签证机关认为不宜签发签证的其他情形。

对不予签发签证的，签证机关可以不说明理由。

第二十五条　外国人有下列情形之一的，不准入境：

（一）未持有效出境入境证件或者拒绝、逃避接受边防检查的；

（二）具有本法第二十一条第一款第一项至第四项规定情形的；

（三）入境后可能从事与签证种类不符的活动的；

（四）法律、行政法规规定不准入境的其他情形。

对不准入境的，出入境边防检查机关可以不说明理由。

第二十七条　外国人出境，应当向出入境边防检查机关交验本人的护照或者其他国际旅行证件等出境入境证件，履行规定的手续，经查验准许，方可出境。

第二十八条　外国人有下列情形之一的，不准出境：

（一）被判处刑罚尚未执行完毕或者属于刑事案件被告人、犯罪嫌疑人的，但是按照中国与外国签订的有关协议，移管被判刑人的除外；

（二）有未了结的民事案件，人民法院决定不准出境的；

（三）拖欠劳动者的劳动报酬，经国务院有关部门或者省、自治区、直辖市人民政府决定不准出境的；

（四）法律、行政法规规定不准出境的其他情形。

第八十五条 履行出境入境管理职责的工作人员，有下列行为之一的，依法给予处分：

（一）违反法律、行政法规，为不符合规定条件的外国人签发签证、外国人停留居留证件等出境入境证件的；

（二）违反法律、行政法规，审核验放不符合规定条件的人员或者交通运输工具出境入境的；

……

（六）滥用职权、玩忽职守、徇私舞弊，不依法履行法定职责的其他行为。

第八十八条 违反本法规定，构成犯罪的，依法追究刑事责任。

第八十九条 本法下列用语的含义：

出境，是指由中国内地前往其他国家或者地区，由中国内地前往香港特别行政区、澳门特别行政区，由中国大陆前往台湾地区。

入境，是指由其他国家或者地区进入中国内地，由香港特别行政区、澳门特别行政区进入中国内地，由台湾地区进入中国大陆。

外国人，是指不具有中国国籍的人。

第二十九章　放行偷越国（边）境人员罪

【立案追诉标准】

放行偷越国（边）境人员案（《刑法》第415条）

一、边防、海关等国家机关工作人员涉嫌在履行职务过程中，对明知是偷越国（边）境的人员而予以放行的，应予立案。

二、放行偷越国（边）境人员重特大案

（一）重大案件

1. 违法放行三人以上的；

2. 违法放行三次以上的；

3. 违法放行刑事犯罪分子的。

（二）特大案件

1. 违法放行五人以上的；

2. 违法放行五次以上的；

3. 违法放行严重刑事犯罪分子的。

《最高人民检察院关于渎职侵权犯罪案件立案标准的规定》（2006年7月26日）；《人民检察院直接受理立案侦查的渎职侵权重特大案件标准（试行）》（2001年8月4日）

【犯罪构成及刑事责任】

放行偷越国（边）境人员罪，是指边防、海关等国家机关工作人员，对明知是偷越国（边）境的人员而予以放行的行为。构成本罪需要具备以下四个要件：

1. 客体要件。本罪侵犯的客体是国家的海关或边防的正常活动。根据我国有关法律规定，海关是进境出境的监督管理机关，海关人员有权查阅进境出境人员的证件。人员出境入境时，应向边防检查站出示证件，边防检查站人员对未持有护照等出入境证件、持无效出入境证件、持伪造、涂改、冒用的出入境证件或拒绝交付出入境证件的人员有权不予放行，这是边防、海关等国家机关工作人员的权力，也是其必须履行的职责。如果海关、边防等国家机关工作人员不认真履行职责，对明知是偷越国（边）境的人员私自放行，则构成犯罪。

2. 客观要件。本罪在客观方面表现为利用职务之便，非法放行他人偷越国（边）境的行为。所谓利用职务之便，是指利用主管、经管、经手办理护照、签证或负责审查、核对护照、签证等出入境证件的职务之便。如果国家工作人员没有利用职务之便，而以其他方法帮助他人偷越国（边）境的，应按偷越国（边）境罪的共犯论处。所谓非法放行他人偷越国（边）境，是指违反规定，为企图偷越国（边）境人员签发护照、签证等有效出入境证件，或者不履行检查出入境的职责，对偷越国（边）境人员予以放进或放出的行为。

如果上述国家工作人员与组织、运送他人偷越国（边）境的犯罪分子相勾结，实施上述非法放行偷越国（边）境的行为，则应属于组织他人偷越国（边）境罪和运送他人偷越国（边）境罪的共犯，因此，应依照组织他人偷越国（边）境罪和运送他人偷越国（边）境罪定罪处罚。根据《渎职立案标准》，边防、海关等国家机关工作人员涉嫌在履行职务过程中，对明知是偷越国（边）境的人员而予以放行的，应予立案。

3. 主体要件。本罪的主体要件为特殊主体，即海关、边防等国家机关工作人员。

4. 主观要件。本罪在主观方面是故意犯罪，即明知是偷越国（边）境的人员，而故意予以放行。本罪不要求必须以营利为目的。其动机是各种各样的，有的可能是出于私利，有的可能是碍于亲友情面等。过失不构成本罪，如后果严重的，可以玩忽职守罪论处。

根据《刑法》第415条的规定，犯本罪，处三年以下有期徒刑或者拘役；情节严重的，处三年以上七年以下有期徒刑。

【疑难指导】

一、本罪罪与非罪的界限

根据《刑法》的规定，本罪必须是边防、海关这些负责查验、审阅申请出入境人员有关有效证件、询问有关情况，并依法决定是否准许其进出通过国（边）境的国家机关工作人员所为，并且，在主观方面限定于故意，即明知对方是偷越国（边）境人员，却仍予以放行、准许其出入国（边）境，所以，区分本罪与非罪的界限，主要从两个方面来把握：

1. 从主体上来把握。如果不是由边防、海关等负责查验、查阅出入境人员有关有效证件、询问有关情况，并依法决定是否准许其进入通过国（边）境的国家机关工作人员，就谈不上对明知是偷越国（边）境人员予以放行，也就不可能单独构成放行偷越国（边）境人员罪。如果事先与边防、海关等国家机关工作人员有通谋的，可以构成本罪的共犯。

2. 从主观方面来把握。如果行为人不存在明知是偷越国（边）境人员的情况，而是由于疏忽大意、工作不负责任、审查不严等原因造成偷越国（边）境人员非法出入国（边）境的，则不构成犯罪，只是一般违法违纪行为，如果致使公共财产、国家和人民利益遭受重大损失的，如导致犯有其他重大犯罪的多人偷越国（边）境的，则可构成玩忽职守罪。

二、本罪与相关犯罪的界限

（一）本罪与为偷越国（边）境人员办理出入境证件罪的界限

由于两罪都是在明知企图偷越国（边）境人员的情况下实施的，客观上都程度不同地推动着企图偷越国（边）境人员的非法出入国（边）境。二者的区别是：

1. 犯罪主体不同。本罪是负责查验、查阅申请出入国（边）境人员有关有效证件、询问有关情况，并依法决定是否准许其进出通过国（边）境的边防、海关等国家机关工作人员职务上的犯罪，故该罪的主体只能是边防、海关等国家机关工作人员；而后者是负责办理护照、签证以及其他出入境证件的外交、外事、公安、港务监督部门工作人员的一种职务犯罪，所以，该罪的主体是负责办理护照、签证以及其他出入境证件的国家机关工作人员。

2. 在犯罪客观方面的具体表现不一样。本罪在客观方面表现为明知是不履行法定的必备手续，不在规定的关卡、口岸进出国（边）境，或虽在规定的关卡、口岸出入境，但以伪造的证件或其他欺骗手段蒙混出入境的，却仍准许其非法出入通过国（边）境；而后者在客观方面表现为明知是不履行必备的法定手续、不按规定提交必要的各种文件、证明，或者明知提交的各种文件、证明是虚构的、伪造、变造的，却仍发给出入境证件。

（二）本罪与滥用职权罪的界限

两罪的区别是：

1. 直接客体不同。本罪侵犯的直接客体是我国的出入境管理秩序，而后者侵犯的直接客体是国家机关的正常秩序。

2. 犯罪客观方面的具体表现不同。本罪表现为明知是偷越国（边）境的人员，仍予以放行，准许其非法出入通过国（边）境；而后者表现为违反法律、法规规定的权限和程序，擅自处理自己无权决定、处理的事项，或者违反规定处理公务的行为。

3. 犯罪主体范围不同。本罪的主体是边防、海关等负责查验申请出入境人员有关有效证件，并依法决定是否准许其出入通过国（边）境的特定国家机关的工作人员，而滥用职权罪的主体没有这种限制，它的范围比较广泛。

4. 犯罪主观方面不完全相同。本罪是一种故意犯罪，既可以由直接故意构成，也可由间接故意构成，但过失不构成本罪。而后者在主观方面既可以是故意，也可以是过失。

三、本罪一罪与数罪的认定

在司法实践中，要正确区分本罪一罪与数罪的不同情形，如果行为人在实施该罪过程中索贿、受贿且数额尚未达到犯罪程度的，按本罪一罪论处，如果索贿、受贿数额达到了犯罪数额的，由于行为人是分别基于两个不同的犯罪故意，实施了两个不存在牵连关系、吸收关系等情形的犯罪行为，符合两种具体犯罪的犯罪构成，故构成数罪，应分别定罪，按数罪并罚原则，实行并罚。

倘若行为人以提供伪造、变造的出入境证件或出售出入境证件的方法，利用职务之便，对明知是偷越国（边）境的人员，予以放行的，因两罪间存在牵连关系，故不以数罪论处，而按处理牵连犯的原则，“从一重罪”处断。

【办案依据】

《刑法》规定

第四百一十五条　负责办理护照、签证以及其他出入境证件的国家机关工作人员，对明知是企图偷越国（边）境的人员，予以办理出入境证件的，或者边防、海关等国家机关工作人员，对明知是偷越国（边）境的人员，予以放行的，处三年以下有期徒刑或者拘役；情节严重的，处三年以上七年以下有期徒刑。

第三十章 不解救被拐卖、绑架妇女、儿童罪

【立案追诉标准】

不解救被拐卖、绑架妇女、儿童案（《刑法》第416条第1款）

一、涉嫌下列情形之一的，应予立案：

1. 导致被拐卖、绑架的妇女、儿童或者其家属重伤、死亡或者精神失常的；

2. 导致被拐卖、绑架的妇女、儿童被转移、隐匿、转卖，不能及时进行解救的；

3. 对被拐卖、绑架的妇女、儿童不进行解救3人次以上的；

4. 对被拐卖、绑架的妇女、儿童不进行解救，造成恶劣社会影响的；

5. 其他造成严重后果的情形。

二、不解救被拐卖、绑架妇女、儿童重特大案

（一）重大案件

1. 5次或者对5名以上被拐卖、绑架的妇女、儿童不进行解救的；

2. 因不解救致人死亡的。

（二）特大案件

1. 7次或者对7名以上被拐卖、绑架的妇女、儿童不进行解救的；

2. 因不解救致人死亡3人以上的。

《最高人民检察院关于渎职侵权犯罪案件立案标准的规定》（2006年7月26日）；《人民检察院直接受理立案侦查的渎职侵权重特大案件标准（试行）》（2001年8月4日）

【犯罪构成及刑事责任】

不解救被拐卖、绑架妇女、儿童罪，是指对被拐卖、绑架的妇女、儿童负有解救职责的国家机关工作人员，接到被拐卖、绑架的妇女、儿童及其家属的解救要求或者接到其他人的举报，而对被拐卖、绑架的妇女、儿童不进行解救，造成严重后果的行为。构成本罪需要具备以下四个要件：

1. 客体要件。本罪侵犯的客体是国家机关工作人员解救妇女、儿童的职务活动和国家机关的信誉。负有解救职责的国家机关工作人员本应认真负责地履行自己解救被拐卖、绑架的妇女、儿童的职责，如果其拒不履行职责，不但使国家机关工作人员解救妇女、儿童的职务活动不能进行或难以进行，还会使被拐卖、绑架的妇女、儿童及其亲属和群众对国家机关不信任和不满，损害国家机关的信誉。

被拐卖的妇女与儿童，是指为拐卖妇女、儿童的犯罪分子所控制、出卖的妇女与儿童，包括出于出卖目的，而为犯罪分子所绑架的妇女、儿童及所偷盗的婴幼儿。被拐卖的妇女与儿童如已被他人收买的，也应属于被拐卖的妇女与儿童，从而可以成为本罪对象。被绑架的妇女与儿童，是指实施绑架的犯罪分子所控制的妇女与儿童，如出于勒索财物的目的而绑架的妇女、儿童以及除出卖目的之外的其他目的而进行绑架并把被绑架人作为人质的妇女与儿童。不属上述情况的妇女与儿童，即使为犯罪分子所控制如被非法剥夺人身自由、强奸、强制猥亵、暴力干涉婚姻自由等所暂时或较长时间控制的妇女及儿童，也不能成为本罪对象。对属于后一种情况的妇女与儿童，置之不理，不进行解救的，不能构成本罪。

2. 客观要件。本罪在客观方面表现为对被拐卖、绑架的妇女、儿童负有解救职责的国家机关工作人员接到被拐卖、绑架的妇女、儿童及其家属的解救要求或者接到其他人的举报，而不进行解救，造成严重后果的行为。行为人负有解救被拐卖、绑架的妇女、儿童的职责，并接到“解救要求”或“举报”。这是履行解救义务的前提条件。必须具有不进行解救的行为，所谓不进行解救，即行为人接到解救要求或者举报后，不采取任何解救措施，或者推诿、拖延解救工作。这是一种不作为的犯罪。如不向主管负责解救的部门汇报情况；不制定解救方案、计划；不安排布置解救行动等。必须是因为不解救而造成严重后果。虽有不解救的行为，但未造成严重后果的，不构成本罪。所谓造成严重后果，主要是指造成被拐卖、绑架的妇女、儿童或者其亲属重伤、死亡等后果以及引起其他犯罪案件发生，等等。具体可参见“立案追诉标准”的相关内容。

3. 主体要件。本罪的主体是特殊主体，即负有解救被拐卖、绑架的妇女、儿童职责的国家机关工作人员。国家机关工作人员的范围是非常宽泛的，但只有那些负有特定的解救职责的国家机关工作人员，才可能成为本罪的主体。虽然是国家机关工作人员，但其如果不负有特定的解救职责，便不能构成本罪。这里的“解救职责”，是指在职务范围内或责任范围内具有“解救”的职责。在我国，负有解救被拐卖、绑架的妇女、儿童职责的国家机关工作人员一般包括各级人民政府中主管解救工作的工作人员、公安机关的工作人员以及其他负有会同公安机关解救职责的国家机关工作人员，如法院、检察、司法、民政甚至妇联部门等的工作人员。非国家机关工作人员或者虽为国家机关工作人员但不负有解救职责的，不能构成本罪。

4. 主观要件。本罪在主观方面表现为故意，过失不构成本罪。即明知是被拐卖、绑架的妇女、儿童需要进行解救而不进行解救。对于因不解救而造成严重的后果而言，则可能属于过失，也可以是间接故意。至于其动机可多种多样，有的是怕麻烦，有的是怕报复，有的是为了私情等，其动机如何，则不影响本罪成立。

根据《刑法》第416条的规定，犯本罪的，处五年以下有期徒刑或者拘役。

【疑难指导】

一、本罪罪与非罪的界限

不解救被拐卖、绑架妇女、儿童罪既然是负有解救职责的国家机关工作人员，在应当履行解救职责并且也能够履行解救职责的情况下，以消极的不作为行为方式实施的不解救被拐卖、绑架的妇女、儿童，并且造成了严重后果，那么，在实践中，就应当从以下三个方面来把握罪与非罪的界限：

1. 从主体身份的认定上来区分罪与非罪的界限。不解救被拐卖、绑架妇女、儿童罪是对被拐卖、绑架的妇女、儿童负有解救职责的国家机关工作人员的一种职务犯罪，如果认定行为人不负有解救被拐卖、绑架的妇女、儿童的职责，或者根本与解救被拐卖、绑架的妇女、儿童职责就没有关系，那么，其即使接到被拐卖、绑架的妇女、儿童及其家属的解救要求或者接到其他人的举报后，不进行解救，且造成了严重后果的，也不构成犯罪，只能按违反道德或违反纪律的行为论处。

2. 从行为是否造成了严重后果上来把握罪与非罪的界限。根据《刑法》的规定，不解救被拐卖、绑架妇女、儿童罪在客观方面必须具备“造成严重后果”的要件，不具备“造成严重后果”的，则不构成犯罪，只属于一般违法行为，应处以行政处分、行政处罚。所谓“造成严重后果”，可参照《渎职立案标准》来认定。

3. 从行为人应当履行解救职责时是否能够履行方面来区分罪与非罪的界限。负有解救被拐卖、绑架的妇女、儿童职责的国家机关工作人员，只有在能够履行其应当履行的解救职责时而不进行解救，并造成严重后果的，才构成犯罪，否则，当其遇到了无法预见或无法抗拒的自然灾害或外来阻力，如接到解救举报后，正准备采取措施组织营救时，突然发生地震，或者意想不到地被犯罪分子的同伙非法捆绑起来，以至于自己没有也无法履行解救职责，造成了被拐卖、绑架的妇女、儿童或其家属发生伤、亡事故或者引发其他犯罪案件的，则不构成犯罪。

二、本罪与阻碍解救被拐卖、绑架妇女、儿童罪的界限

由于不解救被拐卖、绑架妇女、儿童罪与阻碍解救被拐卖、绑架妇女、儿童罪，均是负有解救被拐卖、绑架的妇女、儿童的国家机关工作人员的职务犯罪，两者在侵犯的客体、犯罪主体、犯罪主观方面存在共性，因此，为了更好地掌握这两种犯罪的犯罪特征，正确适用法律，准确惩治负有解救职责的国家机关工作人员的不同职务犯罪，有必要将这两种犯罪的界限予以正确划分。这两种犯罪的主要区别表现在客观方面的具体行为特征不同，本罪在客观方面是负有解救职责的国家机关工作人员，接到被害人及其家属的解救要求或其他人的举报后，在应当履行并且能够履行解救职责的情况下，以消极地不进行解救的不作为行为方式，造成了被害人或其家属发生伤、亡事件或引发其他犯罪案件等严重危害后果，而后罪在客观方面，表现为负责或者参与解救的国家机关工作人员利用其负有的解救被拐卖、绑架的妇女、儿童的职务或者职权范围内的便利条件，对解救工作人为地设置障碍，干扰解救工作的顺利进行，其具体表现形式，在实际生活中多种多样，但基本上都是积极的作为，当然不排除个别情况下的以消极不作为来阻碍解救工作，同时，本罪是行为犯，客观上，不要求造成某种危害后果。

三、本罪与玩忽职守罪的界限

本罪是对被拐卖、绑架的妇女、儿童负有解救职责的国家机关工作人员的玩忽职守（确切地说，应该是放弃职守）的犯罪，因此，为了保证正确适用法律，有必要将不解救被拐卖、绑架妇女、儿童罪与玩忽职守罪加以区分。这两种职务犯罪的界限可以从以下三个主要方面来认识和掌握：

1. 侵犯的直接客体不同。本罪侵犯的直接客体是被拐卖、绑架的妇女、儿童的人身安全，而玩忽职守罪侵犯的直接客体则是国家机关的正常管理秩序。

2. 在客观方面的具体表现不同。本罪在客观方面的表现很具体，并与违背解救职责联系在一起，即表现为负有解救职责的国家机关工作人员，接到被拐卖、绑架的妇女、儿童及其家属的解救要求或者接到其他人的举报，却以消极的不履行解救职责的不作为方式，对被拐卖、绑架的妇女、儿童不进行解救，并因此造成了严重后果，而玩忽职守罪在客观方面的表现很笼统，带有一般性，即表现为放弃职守，不履行自己应当履行的职责，或者是在履行职责的过程中，马虎草率，敷衍塞责，严重不负责任，并且因此致使公共财产、国家和人民利益遭受重大损失。

3. 犯罪主体范围不同。本罪的主体限定为对被拐卖、绑架的妇女、儿童负有解救职责的国家机关工作人员，具体包括各级政府中有关主管打击拐卖、绑架妇女、儿童违法犯罪活动，解救被拐卖、绑架的妇女、儿童的工作的工作人员，公安机关的工作人员以及其他负有会同公安机关解救被拐卖、绑架的妇女、儿童职责的国家机关工作人员，而玩忽职守罪的主体是国家机关工作人员。

本罪与玩忽职守罪是特殊规定与一般规定的关系，按照特别法优于一般法的规定，对这类案件一般应按本罪处理。

【办案依据】

一、《刑法》规定

第四百一十六条　对被拐卖、绑架的妇女、儿童负有解救职责的国家机关工作人员，接到被拐卖、绑架的妇女、儿童及其家属的解救要求或者接到其他人的举报，而对被拐卖、绑架的妇女、儿童不进行解救，造成严重后果的，处五年以下有期徒刑或者拘役。

负有解救职责的国家机关工作人员利用职务阻碍解救的，处二年以上七年以下有期徒刑；情节较轻的，处二年以下有期徒刑或者拘役。

二、司法文件

《公安部关于打击拐卖妇女儿童犯罪适用法律和政策有关问题的意见》（2000年3月24日，公通字〔2000〕25号）（节选）

六、关于不解救或者阻碍解救被拐卖的妇女、儿童等渎职犯罪

对被拐卖的妇女、儿童负有解救职责的国家机关工作人员不履行解救职责，或者袒护、纵容甚至支持买卖妇女、儿童，为买卖妇女、儿童人员通风报信，或者以其他方法阻碍解救工作的，要依法处理：

（一）对被拐卖的妇女、儿童负有解救职责的公安、司法等国家机关工作人员接到被拐卖的妇女、儿童及其家属的解救要求或者接到其他人的举报，而对被拐卖的妇女、儿童不进行解救的，要交由其主管部门进行党纪、政纪、警纪处分；构成犯罪的，应当以不解救被拐卖妇女、儿童罪移送人民检察院追究刑事责任。

（二）对被拐卖的妇女、儿童负有解救职责的公安、司法等国家机关工作人员利用职务阻碍解救被拐卖的妇女、儿童，构成犯罪的，应当以阻碍解救被拐卖妇女、儿童罪移送人民检察院追究刑事责任。

……

第三十一章　阻碍解救被拐卖、绑架妇女、儿童罪

【立案追诉标准】

阻碍解救被拐卖、绑架妇女、儿童案（《刑法》第 416 条第 2 款）

一、涉嫌下列情形之一的，应予立案：

1. 利用职权，禁止、阻止或者妨碍有关部门、人员解救被拐卖、绑架的妇女、儿童的；

2. 利用职务上的便利，向拐卖、绑架者或者收买者通风报信，妨碍解救工作正常进行的；

3. 其他利用职务阻碍解救被拐卖、绑架的妇女、儿童应予追究刑事责任的情形。

二、阻碍解救被拐卖、绑架妇女、儿童重特大案

（一）重大案件

1. 三次或者对三名以上被拐卖、绑架的妇女、儿童阻碍解救的；

2. 阻碍解救致人死亡的。

（二）特大案件

1. 五次或者对五名以上被拐卖、绑架的妇女、儿童阻碍解救的；

2. 阻碍解救致人死亡二人以上的。

《最高人民检察院关于渎职侵权犯罪案件立案标准的规定》（2006 年 7 月 26 日）；《人民检察院直接受理立案侦查的渎职侵权重特大案件标准（试行）》（2001 年 8 月 4 日）

【犯罪构成及刑事责任】

阻碍解救被拐卖、绑架妇女、儿童罪，是指对被拐卖、绑架的妇女、儿童负有解救职责的公安、司法等国家机关工作人员利用职务阻碍解救被拐卖、绑架的妇女、儿童的行为。构成本罪需要具备以下四个要件：

1. 客体要件。本罪所侵害的客体为复杂客体，其既侵犯了国家机关及其工作人员的信誉，而且还侵犯了被拐卖、绑架妇女、儿童的人身权利。其侵害的对象由其所侵害的客体的多重性所决定，故本身亦具有多重性，一般包括依法正在执行解救公务活动的国家机关工作人员，协助执行解救活动的非国家机关工作人员和被拐卖、绑架的妇女或儿童。

2. 客观要件。本罪在客观方面表现为利用职务阻碍解救被拐卖、被绑架的妇女、儿童的行为。本罪客观行为可以表现为作为，也可以表现为不作为。本罪不要求有具体的危害后果，只要负有解救职责的国家机关工作人员利用职务实施了阻碍解救的行为，无论是否得逞，是否造成严重后果，均构成本罪。

3. 主体要件。本罪的主体是特殊主体，即负有解救被拐卖、绑架的妇女、儿童职责的国家机关工作人员。

4. 主观要件。本罪在主观方面表现为故意且必须是直接故意。行为人既认识到自己的行为是在阻碍解救被拐卖、绑架的妇女、儿童，也希望发生被拐卖、绑架的妇女、儿童未获解救的结果。如只是认识到自己行为可能阻碍解救被拐卖的妇女、儿童，但主观上并不希望发生这种结果的，不构成本罪，导致严重后果的，以玩忽职守罪论处。

根据《刑法》第416条的规定，犯本罪的，处二年以上七年以下有期徒刑；情节较轻的，处二年以下有期徒刑或者拘役。

【疑难指导】

一、本罪罪与非罪的界限

本罪必须是对被拐卖、绑架的妇女、儿童负有解救职责的国家机关工作人员利用职务之便利实施阻碍解救行为。对被拐卖、绑架的妇女、儿童不负有解救职责或者与解救工作无关的国家机关工作人员，即使利用其职务的影响实施了某些干扰、妨碍解救工作的行为，也不构成犯罪，只是一般违法、违纪行为，如果是以暴力、威胁方法阻碍解救的，构成《刑法》第277条规定的妨害公务罪。如果所实施的阻碍解救工作的行为不是利用职务之便实施的，不构成犯罪，属于一般违法违纪行为。

二、本罪与相关犯罪的界限

（一）本罪与妨害公务罪的界限

1. 侵犯的客体不同。尽管二者可能同为侵犯国家工作人员解救妇女、儿童的公务活动，但前罪还侵犯了国家机关的声誉。

2. 客观方面不同。妨害公务罪只能是以暴力、威胁的方法阻碍国家工作人员的解救公务，而本罪阻碍的方法多种多样，但都只能是利用职务阻碍。被妨害的公务必须是国家工作人员执行的解救公务，而本罪既可以是阻碍解救妇女、儿童的公务，又可以是其他公民的非公务的解救活动。

3. 主观方面不同。妨害公务罪行为人主观上只需明知阻碍的是国家工作人员执行公务即可，不须明知何种公务、何类国家工作人员执行公务，而本罪行为人主观上明知自己阻碍的是解救妇女、儿童的公务活动。

4. 主体的区别。妨害公务罪是一般主体，而本罪主体为特殊主体，仅限于负有解救职责的国家工作人员。

（二）本罪与聚众阻碍解救被收买的妇女、儿童罪的界限

1. 侵犯客体不同。本罪除侵犯国家工作人员解救妇女、儿童的公务活动外，还侵犯国家机关的声誉，而聚众阻碍解救被收买的妇女、儿童罪不侵犯国家机关的声誉。

2. 客观方面不同。本罪客观行为多种多样，且限定为利用职务实施，阻碍的解救活动可以是公务也可以是非公务，而聚众阻碍解救被收买的妇女、儿童罪行为形式只限定为以“聚众”的形式，且阻碍的仅限于解救被收买的妇女、儿童的公务行为。

3. 主体上不同。本罪主体仅限于负有解救职责的国家机关工作人员，而聚众阻碍解救被收买的妇女、儿童罪的主体为实施阻碍行为的首要分子，可以是国家机关工作人员，也可以是非国家机关工作人员。

4. 主观方面不同。本罪主观故意的内容是意图阻碍解救被拐卖、绑架的妇女、

儿童的公务活动和非公务活动，而聚众阻碍解救被收买的妇女、儿童罪的故意内容是意图阻碍解救被收买的妇女、儿童的公务活动。

（三）本罪与拒不解救被拐卖、绑架妇女、儿童罪的界限

二者侵犯的客体和主体要件相同，区别是：

1. 在客观方面，本罪行为既可以是作为，也可以是不作为，但主要表现为作为形式，且构成该罪不以发生严重后果为条件。但拒不解救妇女、儿童罪行为只能是不作为，且构成要以发生严重后果为条件。

2. 主观上的区别。本罪行为人主观上必须是直接故意，不管是明知自己行为必然会发生还是可能会发生阻碍解救活动的结果，但意志因素上均是希望发生阻碍解救活动的后果。拒不解救妇女、儿童罪主观上只能是不希望发生阻碍解救妇女、儿童的活动，或对不履行解救职责所导致的严重后果没预见到必然发生，或不期望其发生。

三、如何认定"利用职务阻碍解救被拐卖、绑架的妇女、儿童"的行为

本罪所谓利用职务，是指负有解救职责的国家机关工作人员利用职权范围主管、负责解救被拐卖、绑架的妇女、儿童工作的便利，而不是利用国家机关工作人员身份的便利阻碍解救工作。所谓解救职责是指法律、法规所赋予的把被拐卖、绑架的妇女、儿童从贩卖人、收买人或绑架人手中解救出来、安置或者送返被害人等解救工作的职责。我国目前履行这些职责的机关、组织主要为公安机关、民政部门、妇联。故主管解救工作的也主要是这些机关和组织的工作人员。

对"解救被拐卖、绑架的妇女、儿童"中的"解救"应作广义的理解。它既包括负有解救职责的国家机关工作人员依法履行职责，以使被拐卖、绑架、收买的妇女、儿童摆脱他人非法控制，解除其与买主非法形成的各种社会关系的公务行为，也应包括被收买的妇女、儿童及其亲友要求解救的行为，或普通公民进行的解救行为。

"阻碍解救"中"阻碍"的行为多种多样，如向犯罪分子通风报信，泄露解救的执行人员、时间、步骤等消息；在他人要求解除收买人与被收买人之间非法形成的婚姻、收养关系时，宣布这种关系"合法"予以维护；对要求解救的被拐买、绑架的妇女、儿童及其亲属进行威胁、蒙骗，令其不得报案，要求解救；责

令被拐卖、绑架的妇女、儿童与买主共同生活；向上级部门或要求提供协助的其他执行解救公务的国家工作人员提供虚假的情况或拒绝提供或隐瞒情况；利用自己知道内情的便利为他人如何阻碍解救出谋划策等。

四、何谓“负有解救被拐卖、绑架的妇女、儿童职责”

本罪的主体是特殊主体，即负有解救被拐卖、绑架的妇女、儿童职责的国家机关工作人员。国家机关工作人员的范围是非常宽泛的，但只有那些负有特定的解救职责的国家机关工作人员，才可能成为本罪的主体。虽然是国家机关工作人员，并且实施了阻碍解救的行为，但其如果不负有特定的解救职责，便不能构成本罪。这里的“解救职责”，是指在职务范围内或责任范围内具有“解救”的职责。根据有关法律规定，各级人民政府对被拐卖、绑架的妇女、儿童有解救职责，解救职责由公安机关会同有关部门执行。具体指各级人民政府、公安、检察、法院、民政、妇联等部门中主管、分管和直接参与解救工作的国家工作人员。上述人员负有把被拐卖、绑架的妇女、儿童从贩卖人、收买人或者绑架人手中解脱出来，以及安置送返被害人等解救工作职责。

【办案依据】

一、《刑法》规定

第四百一十六条 对被拐卖、绑架的妇女、儿童负有解救职责的国家机关工作人员，接到被拐卖、绑架的妇女、儿童及其家属的解救要求或者接到其他人的举报，而对被拐卖、绑架的妇女、儿童不进行解救，造成严重后果的，处五年以下有期徒刑或者拘役。

负有解救职责的国家机关工作人员利用职务阻碍解救的，处二年以上七年以下有期徒刑；情节较轻的，处二年以下有期徒刑或者拘役。

二、司法文件

《公安部关于打击拐卖妇女儿童犯罪适用法律和政策有关问题的意见》（2000年3月24日，公通字〔2000〕25号）（节选）

六、关于不解救或者阻碍解救被拐卖的妇女、儿童等渎职犯罪

对被拐卖的妇女、儿童负有解救职责的国家机关工作人员不履行解救职责，

或者袒护、纵容甚至支持买卖妇女、儿童，为买卖妇女、儿童人员通风报信，或者以其他方法阻碍解救工作的，要依法处理：

（一）对被拐卖的妇女、儿童负有解救职责的公安、司法等国家机关工作人员接到被拐卖的妇女、儿童及其家属的解救要求或者接到其他人的举报，而对被拐卖的妇女、儿童不进行解救的，要交由其主管部门进行党纪、政纪、警纪处分；构成犯罪的，应当以不解救被拐卖妇女、儿童罪移送人民检察院追究刑事责任。

（二）对被拐卖的妇女、儿童负有解救职责的公安、司法等国家机关工作人员利用职务阻碍解救被拐卖的妇女、儿童，构成犯罪的，应当以阻碍解救被拐卖妇女、儿童罪移送人民检察院追究刑事责任。

（三）行政执法人员徇私情、私利，伪造材料，隐瞒情况，弄虚作假，对依法应当移交司法机关追究刑事责任的拐卖妇女、儿童犯罪案件不移交司法机关处理，构成犯罪的，以徇私舞弊不移交刑事案件罪移送人民检察院追究刑事责任。

（四）有查禁拐卖妇女、儿童犯罪活动职责的国家机关工作人员，向拐卖妇女、儿童的犯罪分子通风报信、提供便利，帮助犯罪分子逃避处罚，构成犯罪的，以帮助犯罪分子逃避处罚罪移送人民检察院追究刑事责任。

第三十二章　帮助犯罪分子逃避处罚罪

【立案追诉标准】

帮助犯罪分子逃避处罚案（《刑法》第417条）

一、涉嫌下列情形之一的，应予立案：

1. 向犯罪分子泄漏有关部门查禁犯罪活动的部署、人员、措施、时间、地点等情况的；

2. 向犯罪分子提供钱物、交通工具、通讯设备、隐藏处所等便利条件的；

3. 向犯罪分子泄漏案情的；

4. 帮助、示意犯罪分子隐匿、毁灭、伪造证据，或者串供、翻供的；

5. 其他帮助犯罪分子逃避处罚应予追究刑事责任的情形。

二、帮助犯罪分子逃避处罚重特大案

（一）重大案件

1. 三次或者使三名以上犯罪分子逃避处罚的；

2. 帮助重大刑事犯罪分子逃避处罚的。

（二）特大案件

1. 五次或者使五名以上犯罪分子逃避处罚的；

2. 帮助二名以上重大刑事犯罪分子逃避处罚的。

《最高人民检察院关于渎职侵权犯罪案件立案标准的规定》（2006年7月26日）；《人民检察院直接受理立案侦查的渎职侵权重特大案件标准（试行）》（2001年8月4日）

【犯罪构成及刑事责任】

帮助犯罪分子逃避处罚罪，是指有查禁犯罪活动职责的司法及公安、国家安全、海关、税务等国家机关工作人员，向犯罪分子通风报信、提供便利，帮助犯罪分子逃避处罚的行为。构成本罪需要具备以下四个要件：

1. 客体要件。本罪侵犯的客体是国家机关的威信和正常活动。本罪的犯罪对象必须是犯罪分子，包括犯罪之后，潜逃在外，尚未抓获的犯罪分子，也包括尚未被司法机关发觉的犯罪分子。

2. 客观要件。本罪在客观方面表现为有查禁犯罪活动职责的国家机关工作人员，向犯罪分子通风报信、提供便利，帮助犯罪分子逃避处罚的行为。

通风报信、提供便利的行为可能发生在犯罪分子被发现后，也可能发生在犯罪分子被发现前。所谓通风报信，是指向犯罪分子泄露、提供有关查禁犯罪活动的情况、信息，如查禁的时间、地点、人员、方案、计划、部署等。其既可以当面口述，又可以通过电话、短信等方式告知，还可以通过第三人转告。所谓提供便利条件，是指向犯罪分子提供住处等隐藏处所；提供钱、物、交通工具、证件资助其逃跑；或者指点迷津，协助其串供、隐匿、毁灭、伪造、篡改证据；等等。无论其提供便利的方式如何，其目的只有一个，即帮助犯罪分子逃避制裁，免受刑事追究或者其他处罚如行政处罚。

行为人实施上述行为必须是利用其查禁犯罪活动的职责便利，不论行为的结果如何，只要行为人利用其查禁犯罪活动的职责便利条件，实施了向犯罪分子通风报信、提供便利，帮助犯罪分子逃避处罚的行为，即构成犯罪。情节是否严重，只是量刑轻重的问题。

3. 主体要件。本罪的主体为特殊主体，只能是负有查禁犯罪活动职能的国家机关工作人员，非上述人员不能构成本罪主体。有查禁犯罪活动职责的国家机关工作人员，此外，根据2003年《全国法院审理经济犯罪案件工作座谈会纪要》核心精神，在乡（镇）以上中国共产党机关、人民政协机关中主管查禁犯罪活动的人员也包括在内。

4. 主观要件。本罪在主观方面表现为故意，即要求行为人必须出于故意才能构成。行为人明知其为犯罪分子处于查禁之列，仍然向其通风报信、提供便利，目的在于使犯罪分子逃避处罚。至于行为人主观上出于何种动机，是出于恻隐之心还是基于亲朋关系等，在此不问。如果不知是犯罪分子，无意透露消息提供便利的，不构成本罪。但是一旦发现是犯罪分子仍然为其通风报信、提供便利，帮助其逃避处罚的，则应以本罪论处。

根据《刑法》第417条的规定，犯本罪，处三年以下有期徒刑或者拘役；情节严重的，处三年以上十年以下有期徒刑。

【疑难指导】

一、"利用职务之便"是否是本罪的必备要件

虽然《刑法》没有明确规定本罪行为必须"利用职务之便"，但同样要求行为人行为必须与其查禁犯罪的特定职责密切相关。因为查禁犯罪活动有着严格的程序规定，一方面，活动的参与者必须具有查禁犯罪职责的身份；另一方面，不同的案件或同一案件的办案程序中不同的环节，由特定的单位部门和人员分工负责，有查禁犯罪职责身份的人不一定能参加某一具体的查禁犯罪活动，如尚处在公安侦查阶段的案件，法院审判人员显然尚无查禁该犯罪的职责，又如检察院侦查人员甲和乙分别办理A案和B案，均承担着打击犯罪的职责，但甲对乙办理的B案或乙对甲办理的A案来说，却不具有查禁的职责，因此，并不是所有具有查禁犯罪活动职责身份的人向犯罪分子通风报信、提供便利都构成本罪，只有"利用查禁犯罪的职务之便"进行的通风报信、提供便利行为才是帮助犯罪分子逃避处罚的行为。因此，在实践中要分清行为人向犯罪分子通风报信、提供便利行为利用的是"职务之便"还是"工作之便"或是其他便利条件，从而对罪与非罪、此罪与彼罪作出正确判断。

从司法实践看，利用职务之便，往往有以下情形：（1）利用直接承办或参与办理特定、具体案件的职务便利。（2）利用协助办理查禁犯罪活动的便利，如协助外地司法机关工作人员办案等。（3）利用领导、监督查禁犯罪的便利。通常包括两种情形，一是单位中主管、分管侦查、检察、审判、监管等工作的领导，利用他们在查禁犯罪活动中具有的领导、指挥、决策的职务便利；二是上级业务部门工作人员利用其在查禁犯罪活动中的纵向领导、指导、监督的职务便利。（4）利用监管的职务便利。

二、对本罪中“犯罪分子”的理解

理解本罪中的“犯罪分子”，应该把握以下几个方面：

1. 本罪中的“犯罪分子”主要是指尚未经过人民法院审理并确定有罪的犯罪嫌疑人。“犯罪分子”并不是一个严格的刑法学术语，它的含义比较模糊，使用的场合也很多，除了在刑法学研究、刑事立法和刑事司法中使用外，日常生活中也经常用到它，其含义会随着使用主体、使用场合的不同而发生变化。在刑事司法活动中，被司法机关怀疑实施了犯罪行为、准备或已经开始被追诉但尚未被人民法院依法审判并被确定构成犯罪的人，叫犯罪嫌疑人或刑事被告人；经过人民法院的依法审判并被确定构成犯罪的人，叫犯罪人或罪犯。“犯罪分子”一词既可以指上述的犯罪嫌疑人（或刑事被告人），也可以指上述的罪犯，还可以同时指犯罪嫌疑人和罪犯。现行《刑法》中的“犯罪分子”一词，在总则中大多是指罪犯，而在分则中则主要是指犯罪嫌疑人。具体到本罪而言，帮助犯罪分子逃避处罚中的“犯罪分子”，主要是指在国家机关工作人员通风报信、提供便利时尚未受到追诉而实际犯有罪行的人或尚未经人民法院审判的犯罪嫌疑人或者刑事被告人等。

2. 本罪中的“犯罪分子”也包括被人民法院依法审判并被确定构成犯罪的人，即罪犯。一般而言，已经被人民法院判定有罪的人，由于查禁犯罪的主要工作已经结束，犯罪分子已被判决，通风报信、提供便利已无法帮助其逃避应得的处罚，如果司法人员为罪犯提供条件帮助其脱逃以逃避处罚的，应构成《刑法》第400条第1款规定的私放在押人员罪，因而不能成为本罪的行为对象。但是，不能排除已决犯在刑罚执行的过程中脱逃而重新成为抓捕的对象，在这种情况下，他们仍然可能成为被帮助逃避处罚的对象。因此，在特定的情况下，罪犯也是可以成为本罪的对象的。

3. 本罪中的“犯罪分子”不以最终被人民法院确定有罪为要件。这是因为，首先，犯罪嫌疑人在被追诉的过程中，如果国家机关工作人员为其通风报信、提供便利条件，可能会导致司法机关无法获取足够证据来认定其构成犯罪，还可能会导致司法机关因犯罪嫌疑人潜逃而无法通过审判来确定其构成犯罪。如果以被法院确定有罪为要件，就是在鼓励国家机关工作人员“将帮助进行到底”，因为如果帮助成功，犯罪嫌疑人逃脱了法律制裁，那么他们不会被认定构成本罪；相反，如果帮助不成功，他们将要构成本罪。这显然是不可思议的。其次，如果本罪的成立以被帮助的犯罪嫌疑人最终被人民法院确定有罪为前提，那么从刑事诉讼上来说，本罪就必须等待被帮助的犯罪嫌疑人审理完毕之后才能审理，且不说诉讼期间如何解决，单是本罪的独立性问题就值得怀疑。因此，如果司法机关已经开始对犯罪嫌疑人进行追诉活动，国家机关工作人员为其通风报信、提供便利以帮助其逃避处罚的，即使人民法院最终并未将犯罪嫌疑人确定为罪犯，国家机关工作人员仍然可以构成本罪。

综上所述，本罪中的“犯罪分子”应指触犯《刑法》而应当或已经受到刑罚处罚的人，包括犯罪嫌疑人、刑事被告人和罪犯。

三、本罪罪与非罪的界限

如果行为人是无意中泄露了有关查禁活动的情况，或在不知情的情况下提供了一些便利，又没有给公共财产、国家和人民利益造成重大损失的，则不构成犯罪，属于一般违法违纪行为，要及时进行教育。如果行为人虽然不是故意向犯罪分子通风报信、提供便利，但过失泄露情况、提供便利，给公共财产、国家和人民的利益造成了重大损失的，应认定为国家机关工作人员玩忽职守罪；如果行为人是故意向犯罪分子通风报信、提供便利，以达到帮助犯罪分子逃避处罚的目的，则构成帮助犯罪分子逃避处罚罪。在司法实际中，如何认定行为人是无意中泄露查禁犯罪活动的有关情况及在不知情的情况下提供的便利，一般来说，可以从行为人与犯罪分子的关系、客观环境等诸方面综合分析、考察，科学判定。

四、本罪与相关犯罪的界限

（一）本罪与徇私枉法罪的界限

根据《刑法》第399条第1款的规定，徇私枉法罪是指司法工作人员徇私枉法、徇情枉法，对明知是无罪的人而使他受追诉、对明知是有罪的人而故意包庇不使他受追诉，或者在刑事审判活动中故意违背事实和法律作枉法裁判的行为。从犯罪的构成要件上来看，本罪与徇私枉法罪既有明显区别，也存在交叉重合之处。

1. 从犯罪成立的时间要求来看，本罪既可以发生在刑事诉讼过程之中，也可以发生在行政机关追究一般违法行为的过程中；徇私枉法罪只能发生在刑事诉讼的过程之中。

2. 从主体的范围上来看，本罪的主体是有查禁犯罪活动职责的国家机关工作人员，包括各级党委、政府机关中主管查禁犯罪活动的人员，公安机关、检察机关、法院机关、司法机关的工作人员以及海关、市场监督管理部门等其他有查禁犯罪活动职责的行政执法机关的工作人员；徇私枉法罪的主体是司法工作人员。

3. 从犯罪的主观方面来看，本罪对行为人是否出于徇私或徇情的动机没有明确要求；徇私枉法罪明确规定行为人必须出于徇私或徇情的动机。

4. 从犯罪的客观方面来看，本罪要求行为人向犯罪分子通风报信、提供便利，帮助犯罪分子逃避处罚。行为的对象是犯罪分子，行为的结果是犯罪分子逃避处罚；徇私枉法罪要求行为人对明知是无罪的人而使他受追诉、对明知是有罪的人而故意包庇不使他受追诉，或者在刑事审判活动中故意违背事实和法律作枉法裁判。行为的对象是犯罪分子或无罪的人，行为的结果是犯罪分子逃避追诉、审判或者无罪的人受到追诉或者审判。

（二）本罪与窝藏、包庇罪的界限

二者的区别主要是：

1. 侵犯的直接客体不同。本罪侵犯的直接客体是国家机关的正常管理秩序，后者侵犯的直接客体是我国的正常司法秩序。

2. 犯罪主体范围不同。本罪是负有查禁犯罪活动职责的国家机关工作人员的职务犯罪，其主体自然限定于有查禁犯罪活动职责的国家机关工作人员，是特殊主体；而后者的主体则是一般主体，没有身份上的特殊要求。

3. 犯罪客观方面表现不同。本罪表现为故意向犯罪分子通风报信、提供便利，帮助其逃避处罚；而后者表现为明知是犯罪的人而为其提供隐藏处所、财物，帮助其逃匿或者作假证明包庇的行为。

五、本罪一罪与数罪的认定

（一）本罪与包庇黑社会性质组织罪的竞合

包庇黑社会性质组织罪，根据《刑法》第 294 条第 3 款的规定，是指国家机关工作人员包庇黑社会性质的组织的行为。本罪与包庇黑社会性质组织罪在构成要件方面存在差别：

1. 从主体上看，本罪的主体是有查禁犯罪活动职责的国家机关工作人员，而包庇黑社会性质组织罪的主体是国家机关工作人员，只要是国家机关工作人员即可，并不要求有查禁犯罪活动的职责。

2. 从客观行为看，本罪是行为人向犯罪分子通风报信、提供便利，而包庇黑社会性质组织罪是包庇黑社会性质的组织，至于包庇的具体行为方式，在所不限。

3. 从行为的对象看，本罪的对象是犯罪分子，包括各类犯罪的犯罪分子，并不专指某一类犯罪的犯罪分子，而包庇黑社会性质组织罪的对象是黑社会性质组织的成员，具有特定性。同时，两罪的共同之处也是很清楚的：都可由负有查禁犯罪活动职责的国家机关工作人员构成，都可表现为通风报信、提供便利的行为，都可以黑社会性质组织中的犯罪分子为对象。因此，实践中对两罪的区分也容易发生混淆。例如，某市公安局查处一个黑社会性质组织案件，欲对犯罪嫌疑人甲采取强制措施。该公安局负责查处的公安人员乙在甲的家人向其探问情况时，将上述消息告知了甲的家人。甲得知后逃匿，后被捕获。对于上述案件中的行为人乙应定本罪还是包庇黑社会性质组织罪呢？

2000 年 12 月 4 日《最高人民法院关于审理黑社会性质组织犯罪的案件具体应用法律若干问题的解释》第 5 条第 1 款规定：“刑法第二百九十四条第四款规定的‘包庇’，是指国家机关工作人员为使黑社会性质组织及其成员逃避查禁，而通风报信，隐匿、毁灭、伪造证据，阻止他人作证、检举揭发，指使他人作伪证，帮助逃匿，或者阻挠其他国家机关工作人员依法查禁等行为。”因此，乙的行为已经构成包庇黑社会性质组织罪，同时，乙的行为也完全符合本罪的构成要件，属于法条竞合，依照重法优于轻法的原则，对行为人应定包庇黑社会性质组织罪。

（二）本罪与帮助毁灭、伪造证据罪的竞合

帮助毁灭、伪造证据罪，根据《刑法》第 307 条第 2 款的规定，主体为一般主体，客观方面表现为，在诉讼中帮助当事人毁灭、伪造证据，主观方面是故意。负有查禁犯罪活动职责的国家机关工作人员在诉讼中帮助犯罪分子毁灭、伪造证据的，情节严重的，即同时构成本罪与帮助毁灭、伪造证据罪，按照法条竞合的原则应依本罪对行为人定罪处罚。但值得注意的是，第 307 条第 3 款规定："司法工作人员犯前两款罪的（即妨害作证罪和帮助毁灭、伪造证据罪——作者注），从重处罚。"该款规定似乎是排除了对司法工作人员实施帮助犯罪分子毁灭、伪造证据行为定其他罪名（包括本罪）的可能性，我们认为不能这样理解，因为在这种情况下，即使按照帮助毁灭、伪造证据罪对行为人从重处罚，最高刑也只有三年有期徒刑，而与本罪的十年有期徒刑悬殊。所以，我们认为应对《刑法》第 307 条第 3 款规定的适用范围进行限制，司法工作人员在刑事诉讼活动中帮助犯罪分子毁灭、伪造证据的，仍然按本罪定罪，不适用《刑法》第 307 条第 3 款的规定；而在民事和行政等诉讼活动中帮助当事人毁灭、伪造证据的，以帮助毁灭、伪造证据罪定罪，适用《刑法》第 307 条第 3 款的规定。

【办案依据】

一、《刑法》规定

第四百一十七条　有查禁犯罪活动职责的国家机关工作人员，向犯罪分子通风报信、提供便利，帮助犯罪分子逃避处罚的，处三年以下有期徒刑或者拘役；情节严重的，处三年以上十年以下有期徒刑。

二、司法文件

（一）《公安部关于打击拐卖妇女儿童犯罪适用法律和政策有关问题的意见》（2000 年 3 月 24 日，公通字〔2000〕25 号）（节选）

六、关于不解救或者阻碍解救被拐卖的妇女、儿童等渎职犯罪

……

（四）有查禁拐卖妇女、儿童犯罪活动职责的国家机关工作人员，向拐卖妇女、儿童的犯罪分子通风报信、提供便利，帮助犯罪分子逃避处罚，构成犯罪的，以帮助犯罪分子逃避处罚罪移送人民检察院追究刑事责任。

（二）《最高人民法院、最高人民检察院、公安部、国家工商行政管理局关于依法查处盗窃、抢劫机动车案件的规定》（1998年5月8日，公通字〔1998〕31号）（节选）

十、公安人员对盗窃、抢劫的机动车辆，非法提供机动车牌证或者为其取得机动车牌证提供便利，帮助犯罪分子逃避处罚的，依照《刑法》第四百一十七条规定处罚。

第三十三章　招收公务员、学生徇私舞弊罪

【立案追诉标准】

招收公务员、学生徇私舞弊案（《刑法》第418条）

一、涉嫌下列情形之一的，应予立案：

1. 徇私舞弊，利用职务便利，伪造、变造人事、户口档案、考试成绩或者其他影响招收工作的有关资料，或者明知是伪造、变造的上述材料而予以认可的；

2. 徇私舞弊，利用职务便利，帮助5名以上考生作弊的；

3. 徇私舞弊招收不合格的公务员、学生3人次以上的；

4. 因徇私舞弊招收不合格的公务员、学生，导致被排挤的合格人员或者其近亲属自杀、自残造成重伤、死亡，或者精神失常的；

5. 因徇私舞弊招收公务员、学生，导致该项招收工作重新进行的；

6. 其他情节严重的情形。

二、招收公务员、学生徇私舞弊重特大案

（一）重大案件

1. 5次以上招收不合格公务员、学生或者一次招收5名以上不合格公务员、学生的；

2. 造成县区范围内招收公务员、学生工作重新进行的；

3. 因招收不合格公务员、学生，导致被排挤的合格人员或者其亲属精神失常的。

（二）特大案件

1. 7次以上招收不合格公务员、学生或者一次招收7名以上不合格公务员、学生的；

2. 造成地市范围内招收公务员、学生工作重新进行的；

3. 因招收不合格公务员、学生，导致被排挤的合格人员或者其亲属自杀的。

《最高人民检察院关于渎职侵权犯罪案件立案标准的规定》（2006年7月26日）；《人民检察院直接受理立案侦查的渎职侵权重特大案件标准（试行）》（2001年8月4日）

【犯罪构成及刑事责任】

招收公务员、学生徇私舞弊罪，是指国家机关工作人员在招收公务员、省级以上教育行政部门组织招收学生的工作中徇私舞弊，情节严重的行为。构成本罪需要具备以下四个要件：

1. 客体要件。本罪侵犯的客体是国家机关的正常活动和招收工作制度。招收工作关系到招收对象的前途和命运，是一项政策性很强的工作，在招考工作中的徇私舞弊，严重破坏了国家对招收公务员、学生招考制度，妨害了国家对人才的选拔、培养，危害了国家机关的管理活动。因此，对招收公务员、学生工作中的徇私舞弊情节严重的行为予以刑罚制裁，对严肃招考和维护国家人才、干部选拔培养制度，以及反腐倡廉、净化社会风气，促进社会主义精神文明建设都具有十分重要的意义。

2. 客观要件。本罪在客观方面表现为利用职务之便或者不依法履行职责，在招收公务员、学生工作中徇私舞弊，情节严重的行为。

所谓招收，是指通过考试按照国家规定的条件予以录用、录取。既包括向社会公开招考，亦包括在某一范围内进行招收，但不包括某一单位的内部考试录用人员。所谓徇私舞弊，是指出于个人目的，将不符合招收条件的人员予以录用或录取。其方式可多种多样，有的是篡改年龄；有的是篡改考试成绩；有的是隐瞒不良表现如违法犯罪行为；有的是伪造体检表、个人履历表及立功受奖记录；有的是篡改档案材料；有的是故意排挤符合条件的候选人以便让不符合条件的人补缺；如此等等，但无论其方式如何，其目的都是将不符合条件的情况隐瞒或者伪装为符合条件，以违反规定予以录用、录取。徇私舞弊情节是否严重，是划分本罪罪与非罪的显著特征。

构成本罪的情节严重为要件。所谓情节严重，主要是指由于徇私舞弊，给国家招考声誉造成极坏的影响，或者严重扰乱了招考工作的正常秩序，造成人力、财力的重大损失；严重危害考生个人身心健康，给考生或者其家庭造成重大损失；多次实施徇私舞弊行为；等等。具体的认定可参见“立案追诉标准”的相关内容。

3. 主体要件。本罪的主体是特殊主体，即是负有特定招收公务员、学生职责的国家机关工作人员。负有特定招收公务员、学生职责的国家机关工作人员，主要是负责招收公务员、招生的国家机关工作人员，如各级人民政府中的人事部门、教育行政管理部门的工作人员。其他国家机关如果向社会公开招考公务人员，其工作人员如果徇私舞弊，情节严重的，亦可构成本罪，其他人员不能成为本罪主体。

4. 主观要件。本罪在主观方面，必须是出于故意，即行为人明知自己的徇私舞弊行为是违反有关法律规定的，明知自己行为可能产生的后果，而对这种后果的发生持希望或者放任的态度。

根据《刑法》第 418 条的规定，犯本罪，处三年以下有期徒刑或者拘役。

【疑难指导】

一、本罪中“公务员”及“学生”的认定

根据 2018 年新修订的《中华人民共和国公务员法》（以下简称《公务员法》）第 2 条第 1 款规定，本法所称公务员，是指依法履行公职、纳入国家行政编制、由国家财政负担工资福利的工作人员。从实践看，当前我国公务员主要包括以下人员（工勤人员除外）：各级人大机关工作人员、各级行政机关工作人员、各级政协机关工作人员、各级监察机关工作人员、各级审判机关工作人员、各级检察机关工作人员、各民主党派机关工作人员等。然而在我国实际工作中，除了以上人员外，还有一些人根据我国人事制度，依法执行和履行相应的工作，例如

参公单位、选调生、政法干警招录人员。对于他们，一般也应认定为公务员，但这可以成为其构成本罪名中对于公务员的认定吗?

从目前国家管理实际出发，适当扩大公务认定范围是实事求是的做法。将法官、检察官纳入《公务员法》调整范畴，其人员招录工作完全按照招收公务员的工作流程及标准，同时也纳入本罪的调整范围。而在每年国家公务员招收考试、各省公务员招收考试中参公单位也是依据招收公务员的工作流程进行的招录，因此应该也将他们认定为公务员。通过对上文提及的《公务员法》相关法律条文的研究以及全面考量选调生、政法干警招录工作流程、培养方向可以看出，对于《刑法》第418条中公务员的理解可以进行扩大解释。选调生应该被纳入公务员范畴。所谓选调生是指省一级的党委组织部门根据本省需要从高校应届毕业生中选取优秀人员到基层锻炼工作。与一般公务员相比，他们同样也接受了招收考试，只是在今后培养方向上与一般工作人员有着较大的不同。但是两者在招收、管理上类似，因此应该将选调生纳入公务员的认定范围内。政法干警在考试选拔等方式上与招收公务员类似，不同的是政法干警考取成功后应试者需要按照培养要求到指定院校进行若干年限的培训，培训期满后回到报考单位工作，因此也应该将他们认定为公务员。

在《刑法》法条中，对于本罪中“学生”的定义目前没有作出具体规定。就一般生活经验上的理解，只要在学校学习就可以被理解为学生。但是很明显这种理解并不适用于本罪名所认定的“学生”。通过对我国当前教育体系进行分析就会发现，根据教育类型、教育等级以及受教育年龄进行区分，我国的教育分为国家义务教育阶段及非义务教育阶段。《中华人民共和国义务教育法》规定，义务教育即是我国公民的权利同样也是义务。那么对于义务教育而言，相关教育主管部门以及义务教育小学、中学等只有给学龄儿童提供教育的义务而没有招收的权利。然而，在公民接受了国家提供的义务教育之后，面对今后的人生即可以选择通过进行各类型考试继续深造，同样也可以选择不再接受教育，这个时候就需要国家通过规定来保障选择权的公平性。

《渎职立案标准》中指出，本罪中的学生是指由省级以上教育行政部门组织招收的学生。从《渎职立案标准》中可以发现，招收考试是否由省级以上教育部门负责成为认定学生范畴的重要依据。然而这个看似明确的规定在现实应用时也遭遇困境。我国对于高考、研究生招录等考试组织工作规范明确，不存在争议，然而因为各省实际情况不同，对于中考学生是否能够列入本罪学生范畴就产生了争议。通过查询中国裁判文书网公布的案例，在某县招收学生徇私舞弊罪案例中，法院最终对中考招录工作中实施徇私舞弊行为的被告人认定构成本罪。通过此判例应当认为中考学生也可以列入招收公务员、学生徇私舞弊罪的学生范畴。[①] 我国每年举办各类型的考试，除了上文提到的考试类型之外，一些由国家组织的职业资格类考试也是频发舞弊现象，那么对于诸如国家统一法律职业资格类考试、教师资格考试等其他专业类型考试中发生徇私舞弊现象，是否应该由本罪进行调整呢？我们应当以是否犯了公民平等接受国家教育权来进行考量。国家统一法律职业资格考试、教师资格类考试与传统意义上国家提供给公民教育资源不同，它是应考者个体通过自身才能取得某种职业认证资格的考试，只要应考者达到一定的能力水平就可以通过考试。因此在本质上这类考试与教育部门负责的招收考试有着本质性的不同。如果在此类考试中行为人发生违法犯罪行为，由其他刑法条款对其进行定罪处罚。

除此之外，每年社会上还会举行其他类型的考试，如各类培训机构和院校、私立院校招收学生的考试等。我们认为，要依据个案不同进行认定，只要考试是由省级教育主管部门组织的就可以认定为本罪中的学生，如果不是则不需要用本罪进行调整。[②]

二、关于本罪既未遂的认定问题

对于本罪在司法认定过程中如何确定其既遂与未遂问题，刑法理论界主要存在以下两种观点：

其一，以行为人在公务员招考、学生招录工作当中的徇私舞弊行为是否实行终了为标准，对于其招收的结果在所不问。[③] 其二，以行为人在公务员招考、学生

---

① （2015）孟刑初字第 115 号，载中国裁判文书网，https：//wenshu. court. gov. cn/website/wenshu/181107ANFZ0BXSK4/index. html？docId = 59c1753b53c44b5f9a38ee27ea76ee5d，最后访问时间：2022 年 5 月 11 日。

② 杨建宇：《招收公务员、学生徇私舞弊罪若干问题研究》，内蒙古大学 2017 年硕士学位论文。

③ 杨建宇：《招收公务员、学生徇私舞弊罪若干问题研究》，内蒙古大学 2017 年硕士学位论文。

招录工作当中的徇私舞弊行为实行终了且实际上招收了学生、公务员并已向社会公布了相关事实。[①]

我们认为第一种观点更符合现实生活中打击徇私舞弊的需要，也契合本罪的司法认定。结合我国刑法关于未遂犯的相关规定，主要是因为学界对犯罪未得逞的蕴含存在不同的看法，所以才会出现两种不同的关于本罪既遂标准的判断。我们认为，未遂犯的处罚依据是作为结果的危险，也就是说行为所造成的一种危险状态。具体到犯罪未得逞上讲，就是指行为人所欲达到的危害结果没有具体发生。

具体到本罪中，行为人所欲追求的只是在招考、招录工作当中徇私舞弊行为的完成，至于利害关系人是否被录用在所不问。关于本罪中的招考公务员、学生招录的过程一般都会包括报名、笔试、面试等环节，这整个招收招录的过程都有可能出现徇私舞弊的现象。而现实的招收招录工作当中，每一个招录工作的环节有可能只有一个具体的工作人员负责，也就是说即使他在这个环节上徇私舞弊，但最终是否决定录取并不取决于他。从这个层面上讲，如果必须要求录取结果的发生显然与现实相悖。换言之，某个具体的环节当中负责的工作人员一般是不能够帮助其达到所欲。而且最终是否被录取，行为人也不敢保证，他们只负责做好自己的招录环节就算已经完成了“请托的任务”（徇私舞弊的行为）。比如，在公务员招考、学生招录过程中的报名环节负责该工作的工作人员只要漠视或者为该考生制作假身份信息提供帮助的，就视为其舞弊行为已经完成，也就认定成立本罪，至于最终结果如何在所不问。

另外，关于《刑法》第418条的成立要求“情节严重”。然而我们认为不可因此将本罪视为结果犯。刑法意义上的结果，一般是指在犯罪行为的作用下所产生的破坏。结合《渎职立案标准》，本罪的情节严重只是行为人实施行为之后的一种后果。也就是说，本罪当中的后果是徇私舞弊行为间接作用下产生的。据此来看犯罪分子只要有徇私舞弊的行为，并且符合《渎职立案标准》当中规定的“情节严重”的情形，此时就认为已经构成本罪的既遂标准。很显然，第二种观点当中

---

① 许金约：《招收公务员、学生徇私舞弊罪的未遂界定》，载《检察时报》2001年9月。

要求录取结果的出现，是与当前的司法解释和客观实际相悖的。同时我们结合刑法罪责刑相适应的基本原则，如果将第二种观点作为认定本罪的既遂标准，不仅背离了该原则，而且有放纵犯罪的嫌疑。[①]

三、关于本罪的共犯认定问题

本罪属于身份犯，犯罪主体为国家机关工作人员。结合共犯与身份犯的刑法理论，本罪在司法实践当中的共犯问题主要有两个方面：

一是无身份者与有身份者的共同犯罪，刑法理论上对于不具有某罪构成身份的人与具备某罪构成身份的人共同实施真正身份犯罪时，一般认定构成共同犯罪。当然在这种情况中，不具备该种身份的人一般成立教唆或者帮助犯。由此我们便能够得出的结论就是，一般的主体帮助或者教唆某种身份的人实施以该身份为构成要件要素的犯罪时，应当以共犯论处。本罪的主体要求具备特殊的身份，根据刑法理论上的观点，我们认为，一般的主体与国家机关工作人员相勾结，利用国家机关工作人员职务上的便利，在招收公务员、学生的过程中徇私舞弊的，在此过程中应当认定国家机关工作人员是实行犯，一般的主体属于招收公务员、学生徇私舞弊罪的共犯。

二是不同身份的人共同犯罪，虽然《最高人民法院关于审理贪污、职务侵占案件如何认定共同犯罪几个问题的解释》明确规定在企业、公司等单位当中，不具备国家身份的人与国家工作人员相勾结共同犯罪的，按照主犯的犯罪性质认定。依照此规定，也就是将具有低职位身份的人视为无身份者，而将职位较高身份的人视为有身份者，最终按照职位较高的人的身份对共同犯罪定性。但《渎职司法解释（一）》第4条后两款明确规定，不同身份的人各自利用自身的身份实施犯罪，应当按照自己的身份成立相应的犯罪，同时构成对方身份的帮助犯，由于行为人只有一个行为，应当按照想象竞合犯择一重罪认定共同犯罪；如果是具有身份的人与人同谋，既利用自身职务帮助他人，又以非职务行为与他们实施其他犯罪的，应当坚持数罪并罚。我们认为《渎职司法解释（一）》中关于不同身份者

① 厉志：《论招收公务员、学生徇私舞弊罪的司法认定》，甘肃政法学院2016年硕士学位论文。

的共同犯罪的认定更符合司法实践。①

四、本罪与受贿罪的牵连关系的认定

对招收公务员、学生过程当中行为人受贿后又徇私舞弊或者行为人先徇私舞弊后受贿行为的认定，当前刑法理论学界对此主要存在以下四种观点：

第一，科刑的一罪（牵连犯论）。该观点认为，该行为本身应当被评价为数罪，但由于前后两个行为之间存在类型性的关联，应当从一重罪论处。在本罪中，国家机关工作人员在接受请托人的行贿或索贿后，又利用其职务便利徇私舞弊的，前后两个行为具有关联性，属于牵连犯，故而按照牵连犯论处。②

第二，科刑的一罪（想象竞合犯）。该观点认为，应当按照想象竞合犯论处（择一重罪）。该说认为，行为人受贿后牟利的行为应当属于一个受贿行为，应看成一个整体，符合想象竞合犯的特征，应择一重罪论处。③

第三，单纯的一罪（法条竞合犯）。该观点认为，该行为属于国家机关工作人员在招收公务员、学生的过程中受贿，而后来的谋利又触发其他罪名。从实质上讲，就是一个行为侵犯了一个法益，只是符合了数个法条的规定，但从法条间的逻辑上看，只能适用一个法条，择一重罪论处。④

第四，数罪并罚。该观点认为，在公务员招考、学生招录工作的过程中，行为人（本罪的犯罪主体）接受贿赂（受贿）的行为本身就触犯了刑法分则第八章关于贪污贿赂犯罪的规定，侵犯了其本身职务的廉洁性，构成受贿罪；其后又实施徇私舞弊的行为，符合本罪的犯罪构成，前后两个行为，侵犯了不同的法益，应当数罪并罚。

我们认为，对于此行为应当数罪并罚。具体理由如下：

其一，对于上述的第一种观点，我们承认受贿行为与徇私舞弊行为存在牵连

---

① 厉志：《论招收公务员、学生徇私舞弊罪的司法认定》，甘肃政法学院2016年硕士学位论文。

② 冯亚东：《受贿罪与渎职罪竞合问题》，载《法学研究》2000年第1期。

③ 冯亚东：《受贿罪与渎职罪竞合问题》，载《法学研究》2000年第1期。

④ 黄国盛：《受贿后实施渎职行为的罪数分析——兼论刑法第399条第4款的理解与运用》，载《中国刑事杂志》2010年第1期。

关系，但有牵连关系并不一定构成刑法意义上的牵连犯。在实践当中，负责公务员招考、学生招录工作的行为人，一般都是将自己的职务行为作为一种交易的形式。我们认为，行为人徇私舞弊招录公务员、学生的行为只是一种手段，真正谋利才是其目的。也就是说，不可否认这种牵连关系的存在。根据当前司法实践中的主流观点，要成立刑法意义上的牵连犯，只有当某种手段通常（被一般人认作或者按照一般的经验法则来看）用于实施某种犯罪或者某种原因通常导致某种结果的时候，就认定存在刑法意义上的牵连关系。就本罪而言，我们认为以公务员招考、学生招录工作中的徇私舞弊作为手段谋取利益的行为在日常生活当中并不多见，或者说并不被大众所认可。而且就行为人的受贿行为与徇私舞弊行为而言，这本身就是两个行为，侵犯了不同的法益，结合受贿罪与本罪的犯罪构成，行为人完全满足此二罪的犯罪构成。应当说行为人的前后行为分别被认定为受贿罪、招收公务员、学生徇私舞弊罪，由于前后行为是两个独立的行为并非刑法上的牵连关系，故而应当数罪并罚。

其二，无论是单纯的一罪（法条竞合犯）还是科刑的一罪（想象竞合犯），其共同点都是要求只有一个行为。对于上述的第二种观点我们不敢苟同，行为人的行为显然是前后两个独立的行为，触犯了两个不同的法益。据此，我们认为第二种、第三种观点不必考虑。

其三，《渎职司法解释（一）》第3条明确规定了国家机关工作人员实施渎职犯罪又有受贿行为的，应当数罪并罚。此外，对于我国《刑法》第399条第4款当中的“特殊规定”，应当认定为该规定仅仅适用于第399条当中的有关罪名的特殊规定，依据罪刑法定原则，不可因此类推适用其他犯罪。①

五、本罪与组织考试作弊罪，非法出售、提供试题、答案罪，代替考试罪的界限

为了能够有效惩治此类型犯罪，震慑犯罪分子的嚣张气焰，净化社会气氛，树立良好社会价值引导，2015年《中华人民共和国刑法修正案（九）》第25条

① 厉志：《论招收公务员、学生徇私舞弊罪的司法认定》，甘肃政法学院2016年硕士学位论文。

中新增了组织考试作弊罪，非法出售、提供试题、答案罪，代替考试罪。我们认为，组织考试作弊罪，非法出售、提供试题、答案罪，代替考试罪隶属于“妨害社会管理秩序犯罪”，此类犯罪侵犯的客体是公民平等参加考试的权利和国家对组织考试的管理秩序。而招收公务员、学生徇私舞弊罪隶属于渎职类犯罪，其犯罪客体中包含招收公务员、学生管理活动。本罪与考试作弊等犯罪存在想象竞合犯的情况，应当依照从一重罪处断原则处理。

六、本罪主体的认定

招收公务员、学生徇私舞弊罪的主体是特殊主体，即国家机关工作人员。具体来讲，一般是指政府职能部门具有招录公务员与学生职权的工作人员。根据《中华人民共和国教育法》第 14 条的规定，国务院教育行政部门主管全国的教育事业，县级以上地方各级人民政府教育行政部门主管本行政区域内的教育工作。招收学生工作主要由这些部门以及政府设置的其他有关的招生部门负责实施。本罪的主体主要是上述部门的工作人员，例如政府部门主管公务员招录命题、考试、录用的工作人员等。据此，招收公务员、学生徇私舞弊罪的主体是国家机关工作人员，具体应是指具有招收公务员、学生工作职责的国家机关工作人员，包括国家机关中主管招收公务员工作的领导人员以及具体负责招收公务员工作的人事部门的工作人员、教育部门的工作人员以及其他与招收公务员、学生工作有关的国家机关工作人员等。非上述人员不能成为招收公务员、学生徇私舞弊罪的犯罪主体，不能构成招收公务员、学生徇私舞弊罪。

司法实践中，具体负责招收学生考试的工作人员大多数为在校老师，而监考老师能否成为招收学生徇私舞弊罪的犯罪主体，理论界及司法实务界对此有一定的争议。《渎职主体立法解释》规定：在依照法律、法规规定行使国家行政管理职权的组织中从事公务的人员，或者在受国家机关委托代表国家机关行使职权的组织中从事公务的人员，或者虽未列入国家机关人员编制但在国家机关中从事公务的人员，在代表国家机关行使职权时，有渎职行为，构成犯罪的，依照刑法关于渎职罪的规定追究刑事责任。该司法解释明确了：对于国家机关工作人员的认定，身份如何并不重要，其职责是什么，是否享有相应职权者，才最为关键。因为单纯有一定身份者，如果不享有相应的职权，就没有渎职的可能；而享有相应职权者，如果不能恪尽职守，就可能使管理相对人的权利受到侵害，也会损害国家机关的形象。因而，依据上述立法解释，监考老师虽不是国家机关工作人员，但是监考老师是受教育行政部门委托，具体负责考试招录工作的，如其在招录过程中徇私舞弊招收不合格的学生，造成严重后果的也应按招收学生徇私舞弊罪处理。

七、本罪罪与非罪的界限

对于国家机关工作人员在招收公务员、学生工作中徇私舞弊，是否构成犯罪的问题，关键在于是否具备严重情节。如果情节严重，应依法认定为构成招收公务员、学生徇私舞弊罪。而对于情节没有达到严重程度的，则不应认定为招收公务员、学生徇私舞弊罪。对于不构成招收公务员徇私舞弊罪的招收公务员徇私舞弊行为，根据《公务员法》第十七章的规定，对主要的或者直接负责人员，根据情节轻重，给予批评教育或者行政处分。对不构成招收学生徇私舞弊罪的招收学生徇私舞弊行为，对直接负责的主管人员和其他责任人员给予行政处分。因此，区分罪与非罪的界限在于是否情节严重。

认定是否情节严重可参照《渎职立案标准》认定。

【办案依据】

《刑法》规定

第四百一十八条 国家机关工作人员在招收公务员、学生工作中徇私舞弊，情节严重的，处三年以下有期徒刑或者拘役。

第三十四章　失职造成珍贵文物损毁、流失罪

【立案追诉标准】

失职造成珍贵文物损毁、流失案（《刑法》第419条）

一、涉嫌下列情形之一的，应予立案：

1. 导致国家一、二、三级珍贵文物损毁或者流失的；

2. 导致全国重点文物保护单位或者省、自治区、直辖市级文物保护单位损毁的；

3. 其他后果严重的情形。

二、失职造成珍贵文物损毁、流失重特大案

（一）重大案件

1. 导致国家一级文物损毁或者流失一件以上的；

2. 导致国家二级文物损毁或者流失三件以上的；

3. 导致国家三级文物损毁或者流失五件以上的；

4. 导致省级文物保护单位严重损毁的。

（二）特大案件

1. 导致国家一级文物损毁或者流失三件以上的；

2. 导致国家二级文物损毁或者流失五件以上的；

3. 导致国家三级文物损毁或者流失十件以上的；

4. 导致全国重点文物保护单位严重损毁的。

《最高人民检察院关于渎职侵权犯罪案件立案标准的规定》（2006年7月26日）;《人民检察院直接受理立案侦查的渎职侵权重特大案件标准（试行）》（2001年8月4日）

【犯罪构成及刑事责任】

失职造成珍贵文物损毁、流失罪，是指文物行政部门、公安机关、海关、城乡建设规划部门等国家机关工作人员严重不负责任，造成珍贵文物损毁或者流失，后果严重的行为。构成本罪需要具备以下四个要件：

1. 客体要件。本罪侵犯的客体是国家机关的正常活动。由于国家工作人员对本职工作严重不负责，不遵纪守法，违反规章制度，不履行应尽的职责义务，致使国家机关的文物保护工作遭到破坏，给国家、集体和人民利益造成严重损害，从而危害了国家机关的正常活动。犯罪对象为珍贵文物，毁损一般的文物，不构成本罪。

2. 客观要件。本罪在客观方面表现为国家机关工作人员违反工作纪律、规章制度，擅离职守不尽职责义务，或者不正确履行职责义务，造成珍贵文物损毁或者流失，后果严重的行为。

3. 主体要件。本罪主体是特殊主体，即国家机关工作人员。本条所称"国家机关工作人员"是指负有管理、保护文物职责的国家机关工作人员，包括博物馆（院）、纪念馆、图书馆的工作人员、文化行政部门中主管文物保护工作的人员等，并非指所有的国家工作人员。

4. 主观要件。本罪的主观方面只能由过失构成，故意不构成本罪，也就是说，行为人对于其行为所造成重大损失结果，在主观上并不是出于故意而是由于过失造成的。也就是他应当知道自己严重不负责任的行为，可能会造成珍贵文物损毁或者流失，但是由于疏忽大意而没有预见，或者是虽然已经预见到可能会发生，但他凭借着自己的知识或者经验而轻信可以避免，以致发生了造成严重损失的危害结果。行为人主观上的过失是针对造成重大损失的结果而言，但并不排斥行为人对违反工作纪律和规章制度或对自己的作为和不作为行为可能是故意的情形。如果行为人在主观上对于危害结果的发生不是出于过失，而是出于故意，不仅可预见到，而且希望或者放任它的发生，那就不构成本罪，而构成其他的故意犯罪。

根据《刑法》第419条的规定，犯本罪，处三年以下有期徒刑或者拘役。

【疑难指导】

一、何谓“珍贵文物”

本罪的犯罪对象为珍贵文物，毁损一般的文物，不构成本罪。所谓珍贵文物，是指具有重要历史、艺术、科学价值的文物，主要包括国家规定的一、二级文物，三级文物要确定为珍贵文物的，应经国家文物鉴定委员会确认。其中，一级文物是指具有特别重要价值的代表性文物；二级文物是指具有重要价值的文物；三级文物为具有一定价值的文物。至于文物，按照《中华人民共和国文物保护法》第2条的规定，则是指：（1）具有历史、艺术、科学价值的古文化遗址、古墓葬、古建筑、石窟寺和石刻、壁画；（2）与重大历史事件、革命运动或者著名人物有关的以及具有重要纪念意义、教育意义或者史料价值的近代现代重要史迹、实物、代表性建筑；（3）历史上各时代珍贵的艺术品、工艺美术品；（4）历史上各时代重要的文献资料以及具有历史、艺术、科学价值的手稿和图书资料等；（5）反映历史上各时代、各民族社会制度、社会生产、社会生活的代表性实物。文物认定的标准和办法由国务院文物行政部门制定，并报国务院批准。具有科学价值的古脊椎动物化石和古人类化石同文物一样受国家保护。

二、如何准确把握本罪的客观方面

本罪在客观方面表现为国家机关工作人员违反工作纪律、规章制度，擅离职守不尽职责义务，或者不正确履行职责义务，造成珍贵文物损毁或者流失，后果严重的行为。

严重不负责任，是指不履行法律规定和其职务要求的文物保护、管理职责，或者在履行职务中敷衍塞责，草率应付，不尽职责。其具体表现形式是多种多样的，例如对馆藏珍贵文物不按规定建立固定、专用的库房，设专人管理；库房设备和措施不符合防火、防盗、防潮、防虫、防尘、防光、防震、防空气污染的要求；珍贵文物出库归库手续不健全；安全检查制度形同虚设；发现不安全因素，不及时采取措施纠正；发生火灾、文物失窃等案件不及时报告当地公安部门、文物行政管理部门和国家文物局等。具体表现如何，不影响本罪的成立。所谓损毁，即损坏和毁灭，既包括使珍贵文物部分破损，使其丧失部分价值，即造成原有价值的减少，例如，使能作为珍贵文物的手稿大面积污损，致其字迹难以辨认，又包括使珍贵文物完全毁灭，从而丧失其全部价值，如珍贵书画被烧毁，珍贵陶器、瓷器被砸碎等。所谓流失，是指被盗、遗失而下落不明或者流落至国外、境外。

本罪是结果犯，严重不负责任的行为必须后果严重，才构成犯罪。所谓后果严重，根据《渎职立案标准》规定，失职造成珍贵文物损毁、流失罪，涉嫌下列情形之一的，应予立案：（1）导致国家一、二、三级珍贵文物损毁或者流失的；（2）导致全国重点文物保护单位或者省、自治区、直辖市级文物保护单位损毁的；（3）其他后果严重的情形。

三、本罪罪与非罪的界限

本罪要求必须造成严重后果的才构成犯罪，若造成一般性的文物损毁或者流失的，就不能以犯罪论处。所谓严重后果的认定，可以参照《渎职立案标准》。

四、本罪与玩忽职守罪的界限

二者的区别主要表现在：

1. 侵害的直接客体有所不同。本罪侵害的直接客体是国家对文物保护、管理的正常秩序，而玩忽职守罪侵害的直接客体则是国家机关的正常管理秩序，二者的区别是，前者带有行业特点，与特定管理部门的管理工作性质相关，具有针对性，而后者只是泛指各种国家机关的管理秩序，内容不确定，具有原则性。

2. 犯罪客观方面的表现不同。本罪在客观上表现为行为人在文物保护、管理工作中严重不负责任，造成珍贵文物损毁或者流失，后果严重的行为；而后者在客观上表现为严重不负责任，不履行或者不认真履行职责的行为。

3. 犯罪主体范围不同。本罪的主体限定为负责保护、管理文物的国家机关工作人员，而后者的主体是国家机关工作人员，比前者的范围宽泛。

二者是特殊与一般的关系。

【办案依据】

一、《刑法》规定

第四百一十九条 国家机关工作人员严重不负责任，造成珍贵文物损毁或者流失，后果严重的，处三年以下有期徒刑或者拘役。

二、其他文件

《中华人民共和国文物保护法》（2017年11月4日）（节选）

第七十六条 文物行政部门、文物收藏单位、文物商店、经营文物拍卖的拍卖企业的工作人员，有下列行为之一的，依法给予行政处分，情节严重的，依法开除公职或者吊销其从业资格；构成犯罪的，依法追究刑事责任：

（一）文物行政部门的工作人员违反本法规定，滥用审批权限、不履行职责或者发现违法行为不予查处，造成严重后果的；

（二）文物行政部门和国有文物收藏单位的工作人员借用或者非法侵占国有文物的；

（三）文物行政部门的工作人员举办或者参与举办文物商店或者经营文物拍卖的拍卖企业的；

（四）因不负责任造成文物保护单位、珍贵文物损毁或者流失的；

（五）贪污、挪用文物保护经费的。

前款被开除公职或者被吊销从业资格的人员，自被开除公职或者被吊销从业资格之日起十年内不得担任文物管理人员或者从事文物经营活动。

主要参考文献

一、著作类

1. 中国法制出版社编：《中华人民共和国刑法及司法解释指导案例全书》，中国法制出版社 2021 年版。

2. 王晓东：《贪污贿赂、渎职犯罪司法实务疑难问题解释》，人民法院出版社 2020 年版。

3. 陈建勇、曾群、彭恋编著：《渎职犯罪案例与实务》，清华大学出版社 2017 年版。

4. 霍亚鹏、缪树权主编：《反渎职侵权实务讲堂》，中国检察出版社 2017 年版。

5. 韩起祥主编：《腐败渎职犯罪的刑法控制策略》，人民出版社 2017 年版。

6. 朱声敏：《明代州县官司法渎职研究》，天津古籍出版社 2017 年版。

7. 李忠诚：《渎职罪实体认定与程序适用问题研究》，中国检察出版社 2017 年版。

8. 陈洪兵：《贪污贿赂渎职罪解释论与判例研究》，中国政法大学出版社 2015 年版。

9. 李文生、胡卫列主编：《反渎职侵权业务教程》，中国检察出版社 2015 年版。

10. 陈洪兵：《贪污贿赂渎职罪解释论与判例研究》，中国政法大学出版社 2015 年版。

11. 李文生：《清代职务犯罪问题研究》，中国检察出版社 2015 年版。

12. 最高人民检察院渎职侵权检察厅、法制日报社编：《反渎职侵权实践与创新》，中国检察出版社 2015 年版。

13. 张国轩主编：《渎职犯罪典型案例剖析》，江西人民出版社 2015 年版。

14. 徐志伟主编：《贪污贿赂罪与渎职罪》，中国民主法制出版社 2014 年版。

15. 缪树权、张红梅：《贿赂犯罪的司法认定与证据适用》，中国检察出版社 2014 年版。

16. 缪树权、郭冰：《渎职犯罪的司法认定与证据适用》，中国检察出版社 2014 年版。

17. 缪树权、刘林呐：《侵权犯罪的司法认定与证据适用》，中国检察出版社 2014 年版。

18. 黄现师：《渎职罪犯罪构成研究》，中国政法大学出版社 2013 年版。

19. 卢海霞等：《渎职罪规范研究》，中国检察出版社 2013 年版。

20. 李翔：《腐败法法律体系构建的中国路径研究》，上海人民出版社 2013 年版。

21. 刘贤明：《宪法与公约视角下中国反腐败立法研究》，国家行政学院出版社 2013 年版。

22. 包玉球：《反腐倡廉立法研究》，中国社会科学出版社 2013 年版。

23. 陈泽宪主编：《〈联合国反腐败公约〉与中国刑事法治的完善》，中国检察出版社 2010 年版。

24. 李翔：《国际反腐败公约与国内法协调问题研究》，中国人民大学出版社 2010 年版。

25. 朱立恒：《腐败犯罪的司法控制》，中国检察出版社 2010 年版。

26. 李晓明等：《控制腐败法律机制研究》，法律出版社 2010 年版。

27. 段龙飞、任建明：《香港反腐败制度体系研究》，中国方正出版社 2010 年版。

28. 田禾主编：《亚洲反腐败法律机制比较研究》，中国人民公安大学出版社 2009 年版。

29. 任建明、杜治洲：《腐败与反腐败理论、模型和方法》，清华大学出版社 2009 年版。

30. 陈新民：《反腐镜鉴的新加坡法治主义——一个东方版本的法治国家》（*The Rule of Law in Singapore —A successful of Ruled of law in oriental Version*），法律出版社 2009 年版。

31. 郑广宇：《反渎职侵权实务研究》，中国检察出版社 2009 年版。

32. 任彦君、赵学彬：《渎职罪的司法适用》，中国方正出版社 2009 年版。

33. 苏彩霞、胡陆生、蒋建宇：《〈联合国反腐败公约〉与我国刑事法的协调完善》，吉林大学出版社 2008 年版。

34. 陈雷：《反腐败国际公约视野下我国反腐败刑事立法及其完善》，中国人民公安大学 2008 年版。

35. 张兆松、李志雄、章晓民：《渎职犯罪的理论与实践》，中国检察出版社 2008 年版。

36. 李秀娟：《中国反腐败立法构建研究——以〈联合国反腐败公约〉为视角》，中国方正出版社 2007 年版。

37. 欧斌、余丽萍、李广民：《国际反腐败公约与国内司法制度问题研究》，人民出版社 2007 年版。

38. 卢建平、张旭辉编：《美国反海外腐败法解读》，中国方正出版社 2007 年版。

39. 李秋芳：《世界主要国家和地区反腐败体制机制研究》，中国方正出版社 2007 年版。

40. 陈斌、刘继国等：《渎职犯罪司法适用》，法律出版社 2006 年版。

41. 缪树权：《渎职罪疑难问题研究》，中国检察出版社 2006 年版。

42. 缪树权：《渎职、侵权案件重点、难点问题的司法适用》，中国法制出版社 2006 年版。

43. 曾代伟：《中国法制史》，法律出版社 2006 年版。

44. 贾济东：《渎职罪构成研究》，知识产权出版社 2005 年版。

45. 储槐植：《美国刑法》，北京大学出版社 2005 年版。

46. 陈卫东主编：《模范刑事法典》，中国人民大学出版社 2005 年版。

47. 王俊平主编：《刑法新增犯罪研究》，人民法院出版社 2004 年版。

48. 蒋小燕、王安异：《渎职罪比较研究》，中国人民公安大学出版社 2004 年版。

49. 杨书文：《复合罪过形式论纲》，中国法制出版社 2004 年版。

50. 黄风等主编：《被判刑人移管国际暨区域合作》，中国人民公安大学出版社 2004 年版。

51. 马长生、邱兴隆主编：《刑法热点问题研究》，湖南人民出版社 2003 年版。

52. 张军等主编：《中国刑法学年会文集（2003 年度）第一卷、第二卷（上、下册）》，中国人民公安大学出版社 2003 年版。

53. 马克昌：《比较刑法原理》，武汉大学出版社 2002 年版。

54. 张俊霞、郝守财主编：《渎职罪的理论与司法适用》，中国检察出版社 2002 年版。

55. 胡世凯：《“明主治吏不治民”：中国传统法律中的官吏渎职罪研究》，中国政法大学出版社 2002 年版。

56. 谢望原：《台港澳刑法与大陆刑法比较研究》，中国人民公安大学出版社 2001 年版。

57. 吴存在主编：《渎职犯罪的法律适用》，人民法院出版社 2001 年版。

58. 马长生主编：《新刑法新问题研究》，湖南大学出版社 2001 年版。

59. 高铭暄等主编：《新中国刑法学五十年（上、中、下册）》，中国方正出版社 2000 年版。

60. 韩耀元：《渎职罪的定罪与量刑》，人民法院出版社 2000 年版。

61. 谢望远主编：《国家工作人员犯罪认定中疑点难点问题研究（修订版）》，中国方正出版社 2000 年版。

62. 胡驰主编：《国家工作人员失职犯罪界限与定罪量刑研究（修订版）》，中国方正出版社 2000 年版。

63. 胡驰主编：《国家工作人员滥用职权犯罪界限与定罪量刑研究》，中国方正出版社 2000 年版。

64. 王秀梅主编：《国家工作人员犯罪的数额认定与立案标准研究（修订版）》，中国方正出版社 2000 年版。

65. 张穹主编：《贪污贿赂渎职“侵权”犯罪案件立案标准精释》，中国检察出版社 2000 年版。

66. 高铭暄主编：《刑法学》，北京大学出版社 2000 年版。

67. 高铭暄、马克昌主编：《刑法学（上编）》《刑法学（下编）》，中国法制出版社 1999 年版。

68. 陈兴良：《刑法适用总论（上卷）》《刑法适用总论（下卷）》，法律出版社 1999 年版。

69. 何秉松主编：《职务犯罪的预防与惩治》，中国方正出版社 1999 年版。

70. 高格主编：《定罪与量刑（上、下卷）》，中国方正出版社 1999 年版。

71. 张明楷：《外国刑法纲要》，清华大学出版社 1999 年版。

72. 刘生荣主编：《施刑范典（上、下）》，中国方正出版社 1999 年版。

73. 孙谦主编：《国家工作人员职务犯罪研究》，法律出版社 1999 年版。

74. 张智辉：《国际刑法通论（增补本）》，中国政法大学出版社 1999 年版。

75. 刘家琛主编：《新刑法案例释解（修订本·上）》《新刑法案例释解（修订本·下）》，人民法院出版社 1999 年版。

76. 杨敦先、苏惠渔、刘生荣、胡云腾主编：《新刑法施行疑难问题研究与适用》，中国检察出版社 1999 年版。

77. 柯葛壮：《涉外、涉港澳台刑事法律研究》，上海社会科学院出版社 1999 年版。

78. 何秉松主编：《刑法教程》，中国法制出版社 1998 年版。

79. 高铭暄等编：《新中国刑法立法文献资料总览》，中国人民公安大学出版社 1998 年版。

80. 高铭暄主编：《刑法修改建议文集》，中国人民大学出版社 1997 年版。

81. 陈兴良主编：《刑法疏议》，中国人民公安大学出版社 1997 年版。

82. 高西江主编：《中华人民共和国刑法的修订与适用》，中国方正出版社 1997 年版。

83. 梁华仁、裴广川主编：《新刑法通论》，红旗出版社 1997 年版。

84. 张穹主编：《刑法适用手册（下）》，中国人民公安大学出版社 1997 年版。

85. 周其华：《新刑法各罪适用研究》，中国法制出版社 1997 年版。

86. 中国检察理论研究所编：《刑法新罪名通论》，中国法制出版社 1997 年版。

87. 陈兴良、曲新久、顾永中：《案例刑法教程（上、下卷）》，中国政法大学出版社 1996 年版。

88. 马克昌、丁慕英主编：《刑法的修改与完善》，人民法院出版社 1995 年版。

89. 张智辉：《刑事责任通论》，警官教育出版社 1995 年版。

90. 樊凤林、宋涛主编：《职务犯罪的法律对策及治理》，中国人民公安大学出版社 1994 年版。

91. 杨敦先、曹子丹主编：《改革开放与刑法发展》，中国检察出版社 1993 年版。

92. 杨敦先、周其华、姜伟编：《廉政建设与刑法功能》，法律出版社 1991 年版。

93. 张穹主编：《职务犯罪概论》，中国检察出版社 1991 年版。

94. 全国人大常委会办公厅研究室编：《国外廉政法律法规介绍》，中国民主法制出版社 1990 年版。

95. 减克和：《尚书文字校诂》，上海教育出版社 1995 年版。

96. 中国大百科全书出版社编辑部编著：《中国大百科全书》，中国大百科全书出版社 1986 年版。

97. 林尹注：《周礼今注今译》，书目文献出版社 1985 年版。

二、译著类

1. 陈卫东主编：《模范刑事法典》，中国人民大学出版社 2005 年版。

2. 《丹麦刑法典与单位刑事执行法》，谢望源译，北京大学出版社 2005 年版。

3. 《芬兰刑法典》，肖怡译，北京大学出版社 2005 年版。

4. 《瑞典刑法典》，陈琴译，北京大学出版社 2005 年版。

5. ［德］克劳斯·罗克辛：《德国刑法学总论（第一卷）》，王世洲译，法律出版社 2005 年版。

6. 《瑞士联邦刑法典（2003 年修订）》，徐久生、庄敬华译，中国方正出版社 2004 年版。

7. 《韩国刑事诉讼法》，马相哲译，中国政法大学出版社 2004 年版。

8. 《泰国刑法典》，吴光侠译，中国人民公安大学出版社 2004 年版。

9. 《奥地利联邦共和国刑法典》，徐久生译，中国方正出版社 2004 年版。

10. ［美］道格拉斯·N. 胡萨克：《刑法哲学》，谢望原等译，中国人民公安大学出版社 2004 年版。

11. ［美］乔治·P. 弗莱彻：《刑法的基本概念》，蔡爱惠、陈巧燕、江溯译，中国政法大学出版社 2004 年版。

12. 最高人民检察院法律政策研究室组织编译：《所有人的正义——英国司法改革报告》，中国检察出版社 2003 年版。

13. 朗胜、熊选国主编：《荷兰司法机构组织法、荷兰刑事诉讼法（节译）》，法律出版社 2003 年版。

14. 《俄罗斯联邦刑事诉讼法典》，黄道秀译，中国政法大学出版社 2003 年版。

15. ［日］牧野英一：《日本刑法通义》，陈承泽译，中国政法大学出版社 2003 年版。

16. ［日］大谷实：《刑法各论》，黎宏译，法律出版社 2003 年版。

17. ［日］大冢仁：《刑法概说（各论）》，冯军译，中国人民公安大学出版社 2003 年版。

18. ［美］H. W. 埃尔曼：《比较法律文化》，高鸿钧等译，清华大学出版社 2002 年版。

19. ［德］汉斯·海因里希·耶赛克、托马斯·魏根特：《德国刑法教科书》，徐久生译，中国法制出版社 2001 年版。

20. 《德国刑法典》，徐久生、庄敬华译，中国法制出版社 2000 年版。

21. ［俄］斯库拉托夫、列别捷夫主编：《俄罗斯联邦刑法典释义》，黄道秀译，中国政法大学出版社 2000 年版。

22. ［新西兰］杰里米·波普兰编著：《反腐策略——来自透明国际的报告》，王淼洋等译，上海译文出版社 2000 年版。

23. 《加拿大刑法典》，卞建林等译，中国政法大学出版社 1999 年版。

24. 《日本刑法典》，张明楷译，法律出版社 1998 年版。

25. ［南非］罗伯特·克里特加德：《控制腐败》，杨光斌等译，中央编译出版社 1998 年版。

26. ［法］卡斯东·斯特法尼等：《法国刑法总论精义》，罗结珍译，中国政法大学出版社 1998 版。

27. ［意］帕多瓦尼：《意大利刑法学原理》，陈忠林译，法律出版社 1998 年版。

28. 中国政法大学澳门研究中心、澳门政府法律翻译办公室编：《澳门刑法典、澳门刑事诉讼法典》，澳门政府法律翻译办公室译，法律出版社 1997 年版。

29. ［日］谷口安平、王亚新：《程序的正义与诉讼》，刘荣军译，中国政法大学出版社 1996 年版。

30.《法国刑法典》，罗结珍译，中国人民公安大学出版社 1995 年版。

31. ［意］贝卡利亚：《论犯罪与刑罚》，黄风译，中国大百科全书出版社 1993 年版。

32. 最高人民检察院《反贪污贿赂法》研究起草小组编译：《外国和港澳台地区反贪污贿赂法规汇编》，中国检察出版社 1991 年版。

33. ［法］孟德斯鸠：《论法的精神》，张雁深译，商务印书馆 1961 年版。

三、论文类

1. 郭英杰：《渎职犯罪轻刑化问题研究》，载《法制与社会》2016 年第 11 期。

2. 邵士第、郑玲莉、赵刚：《渎职侵权犯罪轻刑化现象应引起重视》，载《法制与社会》2016 年第 11 期。

3. 帅清华：《唐代以来环境渎职犯罪立法研究》，载《兰台世界》2015 年第 10 期。

4. 王瑞玲、丁子明：《渎职罪中剥夺公职资格刑之提倡》，载《湖南工业大学学报（社会科学版）》2013 年第 4 期。

5. 李忠诚：《渎职罪损害后果认定问题研究》，载《中国刑事法杂志》2013 年第 1 期。

6. 赵云昌：《应提高渎职罪的法定刑》，载《检察日报》2013 年 4 月 8 日。

7. 胡世凯：《官吏渎职罪与中国传统法律“明主治吏不治民”特征的形成》，载《中国外资》2012 年第 6 期。

8. 岳启杰：《渎职侵权犯罪轻刑化实证分析》，载《广西政法管理干部学院学报》2011 年第 9 期。

9. 刘海渤：《中意两国渎职罪刑事立法的比较研究》，载《中国刑事法杂志》2011 年第 10 期。

10. 焦勇：《渎职罪的若干问题研究》，载《广西政法管理干部学院学报》2010 年第 4 期。

11. 黄小林：《论渎职罪的类型》，载《法学研究》2010 年第 34 期。

12. 谢治东：《渎职罪立法完善宏观研究》，载《前沿》2010 年第 11 期。

13. 焦勇：《渎职罪的若干问题研究》，载《广西政法管理干部学院学报》2010 年第 7 期。

14. 彭蕾、王芳：《论〈唐律疏议〉对监临官犯罪的规定与启示》，载《理论界》2009 年第 1 期。

15. 关福金、郭开元：《渎职行为及其类型》，载《中国检察官》2008 年第 4 期。

16. 陈智元：《国内外渎职罪犯罪主体比较》，载《国际关系学院学报》2007 年第 1 期。

17. 胡仁智：《汉律中的司法官吏渎职罪考评》，载《甘肃政法学院学报》2007 年第 5 期。

18. 高一飞：《论犯罪竞合关系中的特别法与普通法》，载《社会科学》2006 年第 6 期。

19. 侯雯：《浅谈唐代对官吏渎职行为的处罚》，载《首都师范大学学报（社会科学版）》2005 年第 6 期。

20. 吴学斌、俞娟：《徇私枉法罪的基本问题研究》，载《政治与法律》2005 年第 3 期。

21. 贾济东：《论渎职罪的罪过形式》，载《中南民族大学学报（人文社会科学版）》2005 年第 3 期。

22. 胡东飞：《“复合罪过形式”概念质疑》，载《云南大学学报（法学版）》2005 年第 6 期。

23. 周光权：《依职权论也不能任意扩大渎职罪主体范围》，载《检察日报》2005 年 9 月 8 日。

24. 韩宁：《渎职罪主体研究》，载《山东行政学院山东省经济管理干部学院学报》2005 年第 5 期。

25. 李林启：《关于徇私枉法罪若干问题的探讨》，载《湖南公安高等专科学校学报》2005 年第 1 期。

26. 潘晓甫：《徇私枉法罪中“徇情”动机辨析》，载《人民检察》2005 年第 2 期。

27. 段战平:《关于徇私枉法罪几个问题的探讨》，载《甘肃政法学院学报》2005 年第 9 期。

28. 黄华平、梁晟源:《试论滥用职权罪的主观罪过》，载《中国人民公安大学学报》2004 年第 4 期。

29. 邢瑞:《关于玩忽职守罪罪过形式的理论思考》，载《兰州学刊》2004 年第 2 期。

30. 马松建:《徇私枉法罪主观方面研究》，载《河南省政法管理干部学院学报》2004 年第 4 期。

31. 马松建:《徇私枉法罪客观方面疑难问题探讨》，载《河北法学》2004 年第 7 期。

32. 杜国强:《渎职罪主体立法解释评析与完善探究》，载《检察实践》2004 年第 2 期。

33. 蒋兰香:《渎职罪主体新论——对一个立法解释的解读》，载《时代法学》2004 年第 1 期。

34. 郑厚勇:《质疑渎职罪主体的司法解释和立法解释》，载《长江大学学报（社会科学版）》2004 年第 4 期。

35. 侯启舞:《渎职罪中的罪数探讨为他人谋取非法利益又收受他人财物行为的认定处罚》，载《内蒙古农业大学学报（社会科学版）》2004 年第 3 期。

36. 胡乾坤、陈智元:《滥用职权罪的客观要件解释》，载《北华大学学报（社会科学版）》2004 年第 1 期。

37. 邓林:《浅谈对滥用职权行为危害后果的认定》，载《人民司法》2004 年第 1 期。

38. 谢晓强:《徇私枉法罪的认定》，载《中国律师》2004 年第 11 期。

39. 田明、张欣:《关于徇私枉法罪若干问题的探讨》，载《天中学刊》2004 年第 1 期。

40. 周光权:《依“职权论”也不能任意扩大渎职罪主体范围》，载《检察日报》2003 年 9 月 8 日。

41. 狄世深:《从滥用职权罪的罪过形式谈起——再探滥用职权罪》，载《贵州警官职业学院学报》2003 年第 3 期。

42. 朱林贤、连银军：《渎职罪应变结果犯为危险犯》，载《检察日报》2003 年 5 月 12 日。

43. 彭胜坤：《滥用职权罪立法比较与借鉴》，载《湖北警官学院学报》2003 年第 1 期。

44. 周光权：《厘清职务权限是认定渎职罪的前提》，载《检察日报》2003 年 9 月 15 日。

45. 李祖华、陈庭会：《玩忽职守罪犯罪构成的立法研究》，载《长沙航空职业技术学院学报》2003 年第 2 期。

46. 徐冰、徐永祥：《玩忽职守罪的法律特征及其预防》，载《江西社会科学》2003 年第 7 期。

47. 牛克干、阎芳：《试论徇私枉法罪中“徇私”的理解与认定》，载《政治与法律》2003 年第 3 期。

48. 高兵：《徇私枉法罪疑难问题分析》，载《人民检察》2003 年第 1 期。

49. 翟中东：《关于徇私枉法罪若干问题的探讨》，载《河南公安高等专科学校学报》2003 年第 6 期。

50. 周光权：《危害结果仍是区分渎职罪未遂与既遂标志》，载《检察日报》2003 年 10 月 21 日。

51. 李希慧、贾济东、廖焱清：《渎职罪主体解释回顾及立法建言》，载《国家检察官学院学报》2003 年第 4 期。

52. 武小凤：《论渎职罪主体构成的统一性要求》，载《兰州大学学报（社会科学版）》2003 年第 2 期。

53. 李希慧、贾济东：《关于“国家机关工作人员”的本质论》，载《中南大学学报（社会科学版）》2003 年第 3 期。

54. 黄太云：《全国人大常委会〈关于《中华人民共和国刑法》第九章渎职罪主体适用问题的解释〉的理解与适用》，载《人民检察》2003 年第 2 期。

55. 蒋日杰、刘兴明：《渎职罪溯源》，载《检察实践》2003 年第 3 期。

56. 刘莉萍：《立法思想层面下的渎职罪研究》，载《福建轻纺》2003 年第

4 期。

57. 熊艳峰：《滥用职权罪的立法价值及相关问题思考》，载《湖南公安高等专科学校学报》2003 年第 6 期。

58. 蒋小燕：《浅议刑法中滥用职权罪的客观方面》，载《中南大学学报（社会科学版）》2003 年第 6 期。

59. 吴冠华、孙晶：《滥用职权罪主体的司法认定》，载《黑龙江省政法管理干部学院学报》2003 年第 6 期。

60. 缪树权：《滥用职权罪研究》，载《检察实践》2003 年第 3 期。

61. 李祖华、陈庭会：《玩忽职守犯罪构成的立法研究》，载《长沙航空职业技术学院学报》2003 年第 6 期。

62. 张惠芳：《析玩忽职守罪主体的立法缺陷与完善》，载《山西高等学校社会科学学报》2003 年第 3 期。

63. 李希慧：《关于玩忽职守罪几个问题的思考——以洛阳东都商厦大火案为中心》，载《湖北警官学院学报》2003 年第 2 期。

64. 狄世深：《玩忽职守型犯罪的特点、成因及对策》，载《烟台大学学报（哲学社会科学版）》2003 年第 7 期。

65. 李晓明：《我国刑法中“国家工作人员”的再研究》，载《湖北警官学院学报》2002 年第 3 期。

66. 贾宇、舒洪水：《论刑法中“国有公司”及“受委派从事公务的人员”之认定》，载《法学评论》2002 年第 3 期。

67. 郝守才：《我国刑法中国家工作人员的界定标准》，载《河南省政法管理干部学院学报》2002 年第 4 期。

68. 河南省人民检察院课题组：《渎职犯罪主体研究》，载《国家检察官学院学报》2002 年第 5 期。

69. 彭胜坤：《滥用职权罪的立法缺陷及完善》，载《人民检察》2002 年第 11 期。

70. 陈小杉：《滥用职权罪犯罪构成要件之界定》，载《邵阳学院学报（社会科学）》2002 年第 1 期。

71. 马长生、尤金亮：《中外渎职罪主体的比较研究》，载《湖南省政法管理干部学院学报》2002 年第 4 期。

72. 冯亚东、胡东飞：《犯罪既遂标准新论——以刑法目的为视角的剖析》，载《发现》2002 年第 9 期。

73. 李玉华：《渎职罪主体争议问题探讨》，载《检察实践》2002 年第 2 期。

74. 蔡先初、胡金国：《渎职罪中“前案”的确定标准》，载《人民检察》2002 年第 9 期。

75. 夏恩静：《论滥用职权罪与受贿罪的竞合》，载《国家检察官学院学报》2002 年第 4 期。

76. 张克文、齐文远：《论滥用职权罪的罪过形式——从立法与实践的角度分别探讨》，载《河南省政法管理干部学院学报》2002 年第 2 期。

77. 薛红、余军生：《滥用职权罪在司法实践中的现状及立法探讨》，载《河南社会科学》2002 年第 5 期。

78. 王杨：《从玩忽职守罪的法定刑看我国的传统法律观念》，载《湖南省政法管理干部学院学报》2002 年第 5 期。

79. 秦崇茗、周永福：《玩忽职守罪若干问题研究》，载《当代法学》2002 年第 8 期。

80. 缪树权：《试论玩忽职守罪》，载《检察实践》2002 年第 3 期。

81. 刘忠：《徇私枉法罪原案两个问题的探讨》，载《河南公安高等专科学校学报》2002 年第 2 期。

82. 陈谞、聂立泽：《试论渎职罪的立法缺陷》，载《法学评论》2001 年第 5 期。

83. 杨凯：《论渎职罪刑事立法之不足与完善》，载《福建政法管理干部学院学报》2001 年第 1 期。

84. 李希慧、逄锦温：《试论滥用职权罪的客观行为》，载《湘潭工学院学报（社会科学版）》2001 年第 4 期。

85. 吴步钦：《论玩忽职守罪之特征》，载《人民检察》2001 年第 2 期。

86. 王福生：《浅谈徇私枉法罪客观方面的认定》，载《人民检察》2001 年第 3 期。

87. 陈剑、王天宝：《试论徇私枉法罪的几个问题》，载《当代法学》2001 年第 4 期。

88. 王福生：《浅谈徇私法罪客观方面的认定》，载《人民检察》2001 年第 3 期。

89. 倪培兴：《犯罪客体与主观罪过的性质——以渎职罪为范例的分析（上、下）》，载《人民检察》2001 年第 7 期、第 8 期。

90. 鲍绍坤：《论贪污贿赂罪、渎职罪的竞合、惩治和防范》，载《中国刑事法杂志》2001 年第 2 期。

91. 肖中华：《渎职罪认定中的几个共性问题探析》，载《法学论坛》2001 年第 5 期。

92. 岳文华、曹忠良、李顺新、郭献民：《渎职罪原案立案管辖研究》，载《人民检察》2001 年第 1 期。

93. 张雅维：《玩忽职守罪与滥用职权罪辨析》，载《中华女子学院山东分院学报》2001 年第 3 期。

94. 薛荣、李麒：《滥用职权罪的司法认定及立法完善》，载《山西大学学报（哲学社会科学版）》2001 年第 1 期。

95. 谭光定：《玩忽职守犯罪研究》，载《探索》2001 年第 2 期。

96. 储槐植、杨书文：《再论复合罪过形式》，载陈兴良主编：《刑事法评论（第七卷）》，中国政法大学出版社版 2000 年版。

97. 那述宇：《关于贪污贿赂罪、渎职罪在刑法分则体系中的定位问题》，载《南通师范学院学报（哲学社会科学版）》2000 年第 1 期。

98. 宋长春：《论渎职罪主体的界定》，载《人民检察》2000 年第 11 期。

99. 阮方民：《“国家工作人员”概念若干问题辨析》，载《浙江大学学报（人文社科版）》2000 年第 2 期。

100. 田书彩：《渎职犯罪主观心态探究》，载《人民检察》2000 年第 12 期。

101. 蒋熙辉：《滥用职权罪相关问题之思考》，载《中国刑事法杂志》2000 年第 5 期。

102. 马松建：《过失危险犯比较研究》，载《郑州大学学报（社科版）》2000

年第 4 期。

103. 苏彩霞：《结果犯理论的反思及界定》，载《中国刑事法杂志》2000 年第 1 期。

104. 杜发全、裴王建：《渎职罪主体的内涵与外延辨析》，载《理论导刊》2000 年第 11 期。

105. 程宗璋：《试论国家机关工作人员》，载《甘肃行政学院学报》2000 年第 1 期。

106. 冯亚东：《受贿罪与渎职罪竞合问题》，载《法学研究》2000 年第 1 期。

107. 常宇：《受贿罪与渎职罪关系的再认识——綦江虹桥案的启示》，载《法学》2000 年第 3 期。

108. 唐光荣：《浅谈滥用职权罪》，载《成都行政学院学报》2000 年第 4 期。

109. 白春华：《试论玩忽职守罪的客观方面》，载《河南省政法管理干部学院学报》2000 年第 5 期。

110. 董迎涛：《玩忽职守罪客观构成要件探析》，载《河南社会科学》2000 年第 6 期。

111. 陈正云：《认定国家工作人员职务犯罪若干问题研究》，载《政法论坛》1999 年第 4 期。

112. 刘艳红：《也论新刑法第 397 条的罪名与罪过》，载《法学评论》1999 年第 6 期。

113. 储槐植、杨书文：《滥用职权的行为结果》，载《法学杂志》1999 年第 3 期。

114. 陈建清：《试论徇私枉法罪》，载《山东法学》1999 年第 1 期。

115. 储槐植、杨书文：《复合罪过形式探析——刑法理论对现行刑法内含的新法律现象之解读》，载《法学研究》1999 年第 1 期。

116. 金泽刚：《结果犯的概念及其既遂形态研究》，载《法律科学》1999 年第 3 期。

117. 陈守华、李文岫：《国家工作人员与国家机关工作人员辨析》，载《辽宁公安司法管理干部学院学报》1999 年第 4 期。

118. 温军：《渎职罪的法律规定中存在的问题》，载《人民检察》1999 年第 10 期。

119. 陈晓南：《浅论玩忽职守罪主体的缺陷与完善》，载《现代法学》1999 年第 1 期。

120. 陈建清：《试论徇私枉法罪》，载《山东法学》1999 年第 1 期。

121. 孙谦、尹伊君：《国家工作人员职务犯罪论》，载《法学研究》1998 年第 4 期。

122. 李洁：《论滥用职权罪的罪过形式》，载《法学家》1998 年第 4 期。

123. 张兆松：《滥用职权罪主观要件浅析》，载《人民检察》1998 年第 4 期。

124. 李永鑫、吴步钦：《滥用职权罪散论》，载《人民检察》1998 年第 3 期。

125. 江礼华：《论国家工作人员范围的界定》，载《中央检察官管理学院学报》1998 年第 4 期。

126. 王洪祥、罗庆东、韩耀元：《刑法实施中若干问题研究》，载《中国刑事法杂志》1998 年第 2 期。

127. 金泽刚：《若干个罪的罪过性质问题研究》，载《中国刑事法杂志》1998 年第 6 期。

128. 田书彩：《滥用职权罪与玩忽职守罪的异同》，载《人民检察》1998 年第 3 期。

129. 廖增昀：《滥用职权罪与公民权利保障》，载《政法论坛》1996 年第 4 期。

130. 肖介清：《关于玩忽职守罪两个问题的探讨》，载《法商研究》1996 年第 1 期。

131. 邓又天、李永升：《关于渎职罪立法问题的系统研究》，载《贵州大学学报》1995 年第 4 期。

132. 周瑞杰：《严惩玩忽职守罪需提高法定》，载《大家谈》1994 年第 4 期。

133. 江旭伟：《浅谈秦汉时期对官吏渎职罪的惩处》，载《宝鸡文理学院学报（哲学社会科学版）》1994 年第 1 期。

134. 张世欣：《徇私枉法罪的立法完善》，载《中外法学》1994 年第 3 期。

135. 陈兴良：《论身份在定罪量刑中的意义》，载《法学研究》1986 年第 6 期。

四、学位论文类

1. 杨芮：《唐律司法渎职罪研究》，郑州大学2017年硕士学位论文。

2. 李雪媛：《渎职罪认定若干问题研究》，大连海事大学2017年博士学位论文。

3. 黄炳：《论渎职侵权犯罪轻刑化问题与解决》，华中师范大学2017年硕士学位论文。

4. 侯洁：《清代官吏职务犯罪探析——以〈刑案汇览全编〉为中心》，甘肃大学2015年硕士学位论文。

5. 陈士力：《论渎职罪的刑罚配置及其完善》，苏州大学2013年硕士学位论文。

6. 刘旭芳：《渎职犯罪的危害结果若干问题研究》，南昌大学2013年硕士学位论文。

7. 施丹：《论玩忽职守罪的立法完善》，辽宁大学2012年硕士学位论文。

8. 闫姝冰：《论滥用职权罪的立法完善》，辽宁大学2012年硕士学位论文。

9. 王淑玲：《唐代地方官员犯罪研究》，上海师范大学2012年硕士学位论文。

10. 杨铁刚：《渎职犯罪危害结果问题研究》，郑州大学2011年硕士学位论文。

11. 王瑞蕾：《宋代官吏渎职犯罪与惩治研究》，河北大学2011年博士学位论文。

12. 刘小娟：《渎职犯罪法定刑配置研究》，广西民族大学2010年硕士学位论文。

13. 余小满：《宋代职务犯罪研究》，河南大学2010年博士学位论文。

14. 王忠元：《中国古代渎职犯罪源流考》，黑龙江大学2009年硕士学位论文。

15. 包健：《渎职罪研究》，华东政法大学2008年博士学位论文。

16. 田良：《滥用职权型渎职罪立法研究》，吉林大学2008年博士学位论文。

17. 杨雪莹：《渎职罪主体问题研究》，华东政法大学2008年硕士学位论文。

18. 许相明：《我国渎职罪问题之研究》，中国政法大学2007年硕士学位论文。

19. 李文生：《清代职务犯罪问题研究——以贪污与渎职犯罪为重点》，中国政法大学2006年博士学位论文。

20. 曾乐乐：《渎职罪基本问题研究》，四川大学2006年硕士学位论文。

21. 徐俊杰：《滥用职权罪研究》，中国政法大学2004年硕士学位论文。

22. 路玲：《试论明代职官渎职犯罪》，中国政法大学2004年硕士学位论文。

23. 白珍琼：《渎职罪若干问题研究》，厦门大学2001年硕士学位论文。

图书在版编目（CIP）数据

读职罪立案追诉标准与疑难指导／缪树权著；国家检察官学院职务犯罪研究所编．—北京：中国法制出版社，2022. 7

刑法常见罪名立案追诉标准与疑难指导／缪树权主编

ISBN 978-7-5216-2746-6

Ⅰ．①渎… Ⅱ．①缪…②国… Ⅲ．①渎职罪-立案-标准-中国 Ⅳ．①D924. 393. 4

中国版本图书馆 CIP 数据核字（2022）第 117614 号

策划编辑：陈兴　谢雯　　责任编辑：谢雯　　封面设计：周黎明

渎职罪立案追诉标准与疑难指导

DUZHIZUI LI'AN ZHUISU BIAOZHUN YU YINAN ZHIDAO

著者/缪树权

编者/国家检察官学院职务犯罪研究所

经销/新华书店

印刷/三河市紫恒印装有限公司

开本/730 毫米×1030 毫米　16 开　　印张/ 24. 75　字数/ 311 千

版次/2022 年 7 月第 1 版　　2022 年 7 月第 1 次印刷

中国法制出版社出版

书号 ISBN 978-7-5216-2746-6　　定价：89. 00 元

北京市西城区西便门西里甲 16 号西便门办公区

邮政编码：100053　　传真：010-63141600

网址：http：//www. zgfzs. com　　**编辑部电话：010-63141802**

市场营销部电话：010-63141612　　**印务部电话：010-63141606**

（如有印装质量问题，请与本社印务部联系。）